高等学校规划教材

房地产开发与经营

第二版

尚宇梅 主编 张 茜 副主编

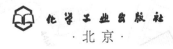
化学工业出版社
·北京·

内容简介

《房地产开发与经营》(第二版)介绍了房地产开发与经营的相关知识,具体内容包括:房地产开发概述、房地产开发项目前期策划、房地产开发项目的前期工作、房地产开发项目可行性研究、房地产开发资金筹集、房地产开发项目的工程建设管理、房地产开发项目的市场营销和物业管理、房地产交易管理与权属登记、房地产税收制度。本教材力求使学生掌握房地产开发与经营的基本特点,掌握房地产开发项目的投资决策阶段、前期工作阶段、工程建设阶段、销售与物业管理阶段等各个阶段的特征和主要工作,为学生将来从事房地产行业的经营管理活动奠定理论基础。

《房地产开发与经营》(第二版)可以作为工程管理专业、房地产开发与管理专业的教材或教学参考书,也可以作为建筑经济管理、土木工程、市场营销等专业的参考用书。

图书在版编目(CIP)数据

房地产开发与经营/尚宇梅主编. —2版. —北京:化学工业出版社,2021.8(2023.2重印)
高等学校规划教材
ISBN 978-7-122-39110-0

Ⅰ.①房… Ⅱ.①尚… Ⅲ.①房地产开发-高等学校-教材②房地产管理-经营管理-高等学校-教材 Ⅳ.①F293.34

中国版本图书馆CIP数据核字(2021)第087349号

责任编辑:满悦芝 文字编辑:李 曦
责任校对:宋 玮 装帧设计:张 辉

出版发行:化学工业出版社(北京市东城区青年湖南街13号 邮政编码100011)
印 装:涿州市般润文化传播有限公司
787mm×1092mm 1/16 印张16¾ 字数416千字 2023年2月北京第2版第2次印刷

购书咨询:010-64518888 售后服务:010-64518899
网 址:http://www.cip.com.cn
凡购买本书,如有缺损质量问题,本社销售中心负责调换。

定 价:55.00元 版权所有 违者必究

前　言

房地产开发与经营课程是工程管理专业和房地产开发与管理专业的主干课程之一，该课程主要研究房地产项目从产生创意至项目策划、可行性研究与投资决策、融资决策、规划设计、工程建设与竣工验收、市场营销与物业管理、交易管理等一系列开发经营活动内容。通过该课程的学习，学生能够掌握房地产开发与经营的基本特点，掌握房地产开发项目的投资决策、前期工作、工程建设、销售和物业管理各个阶段的特征和主要工作，为学生将来从事房地产开发与经营管理活动奠定理论基础。

本教材总结了编者多年从事教学、科研的经验，力图融入近年来房地产市场的新研究成果。本教材具有以下特点：

（1）教材注重与房地产经济学等相关课程的衔接，结合国家新出台的房地产政策法规，按照房地产市场对专业人才的知识需求进行编写。

（2）教材按照房地产开发与经营活动的阶段划分为主线的原则，将房地产开发与经营课程体系确定为九部分内容：房地产开发概述、房地产开发项目策划、房地产开发项目前期工作、房地产开发项目可行性研究、房地产开发项目资金筹集、房地产开发项目建设管理、房地产开发项目市场营销和物业管理、房地产交易管理与权属登记、房地产开发与经营税费。

（3）本教材每章配备课程讨论、课程思考与练习、模拟考试（使用教材附电子版资料）等互动环节的教学活动，实现教学互动，配合教师授课或学生自学以达到学习目标。

本教材可作为工程管理专业和房地产开发与管理专业的教材或教学参考书，也可以作为建筑经济管理专业、土木工程、市场营销等专业的专业选修课的教材。

本教材自 2012 年由化学工业出版社出版发行，得到了使用者的充分肯定，2013 年 10 月，本教材获陕西普通高校优秀教材二等奖。第一版教材出版以来，我国的房地产市场发生了很大的变化，原教材中的有些内容急需补充完善。2018 年 9 月，西安财经大学资助本教材的修订再版，在此表示感谢。

本教材由尚宇梅主编，张茜副主编。各章的编写分工为：第一、八、九章由西安财经大学尚宇梅编写，第二、七章由西安财经大学张茜编写，第三章由西安财经大学周旭编写；第四章由西安科技大学史玉芳编写；第五章由西安财经大学向寿生编写；第六章由西安财经大学刘成编写。全书由尚宇梅统一审定、修改和定稿。此外，在编写过程中，编者参考了许多国内外专家学者的研究成果和参考文献，在此，谨向他们表示崇高的谢意。

由于房地产业是一个朝阳产业，在实践中尚处于不断发展和完善中，加之编者学识所限，书中疏漏之处敬请各位读者和同行批评指正。

西安财经大学　尚宇梅
2021 年 8 月

目　录

第一章　房地产开发概述 … 1

第一节　房地产业概述 … 1
一、房地产和房地产业的基本概念 … 1
二、房地产业的基本特点和地位 … 4

第二节　房地产开发的特征及分类 … 9
一、房地产开发的含义 … 9
二、房地产开发的特征 … 9
三、房地产开发的地位和作用 … 11
四、房地产开发的分类 … 12

第三节　房地产开发的主要程序和主要参与者 … 13
一、房地产开发的主要程序 … 13
二、房地产开发的主要参与者 … 16

第四节　房地产开发企业及类型 … 17
一、房地产开发企业 … 17
二、房地产开发企业类型 … 17

复习思考题 … 19

第二章　房地产开发项目前期策划 … 20

第一节　房地产开发项目策划概述 … 20
一、房地产开发项目策划的含义 … 20
二、房地产开发项目策划的特性 … 20
三、房地产开发项目策划的作用 … 22
四、房地产开发项目策划的工作流程和阶段划分 … 22
五、房地产开发项目策划的主要内容 … 23

第二节　房地产市场分析 … 26
一、房地产市场分析的基础——市场调查 … 26
二、房地产市场分析的内容 … 28

第三节　房地产市场细分与目标市场 … 31
一、房地产市场细分 … 32
二、房地产目标市场选择 … 35

第四节　房地产产品定位 … 37
一、房地产产品的概念与产品类型 … 37
二、房地产产品定位的概念及流程 … 39

第五节　房地产市场需求预测 ……………………………………………… 44
    一、市场机会的把握 ………………………………………………………… 44
    二、几种典型的房地产开发项目需求分析 ………………………………… 46
   第六节　房地产投资方向的选择 …………………………………………… 49
    一、房地产投资的类型 ……………………………………………………… 49
    二、房地产投资的利弊 ……………………………………………………… 50
    三、房地产投资的风险 ……………………………………………………… 51
   第七节　房地产开发场地的选择 …………………………………………… 52
    一、场地选择的概念和影响要素分析 ……………………………………… 52
    二、不同类型房地产项目对位置的特殊要求 ……………………………… 54
   复习思考题 …………………………………………………………………… 55

第三章　房地产开发项目的前期工作 ………………………………………… 56
   第一节　房地产开发用地的取得 …………………………………………… 56
    一、土地与土地理论 ………………………………………………………… 56
    二、中国现行土地制度概述 ………………………………………………… 61
    三、土地的所有权 …………………………………………………………… 62
    四、土地使用权 ……………………………………………………………… 63
    五、房地产开发中土地使用权的取得 ……………………………………… 69
    六、开发建设中的土地储备、征收 ………………………………………… 70
    七、闲置土地处理 …………………………………………………………… 74
   第二节　房地产开发项目的规划与设计 …………………………………… 76
    一、城市规划与房地产开发的关系 ………………………………………… 76
    二、房地产开发项目规划设计内容 ………………………………………… 78
    三、房地产开发项目的规划管理 …………………………………………… 86
   第三节　房地产开发项目建设前的准备工作 ……………………………… 87
    一、房地产开发项目的招投标 ……………………………………………… 87
    二、办理建筑工程施工许可 ………………………………………………… 89
   复习思考题 …………………………………………………………………… 90

第四章　房地产开发项目可行性研究 ………………………………………… 91
   第一节　房地产开发项目可行性研究的内容和步骤 ……………………… 91
    一、可行性研究的含义及作用 ……………………………………………… 91
    二、可行性研究的阶段划分 ………………………………………………… 92
    三、可行性研究的编制要求 ………………………………………………… 94
   第二节　房地产开发项目的投资与收入估算 ……………………………… 95
    一、房地产开发项目投资分析的特点 ……………………………………… 95
    二、房地产开发项目投资与成本费用估算 ………………………………… 96
    三、房地产开发项目收入估算 ……………………………………………… 99
    四、资金使用计划与资金筹措 ……………………………………………… 100

第三节　房地产开发项目财务评价和不确定性分析 …… 101
　一、房地产开发项目财务评价概述 …… 101
　二、房地产开发项目财务评价的内容和步骤 …… 102
　三、房地产开发项目财务评价的基本报表 …… 102
　四、房地产开发项目财务评价指标 …… 109
　五、房地产开发项目的不确定性分析 …… 115
第四节　房地产开发项目可行性研究报告的撰写 …… 116
　一、房地产开发项目可行性研究报告的基本构成 …… 116
　二、房地产开发项目可行性研究报告的撰写要领 …… 117
复习思考题 …… 119

第五章　房地产开发资金筹集 …… 120

第一节　房地产开发资金筹集的基本概念 …… 120
　一、房地产开发资金总额的构成 …… 120
　二、融资主体 …… 121
　三、资金来源与融资方式 …… 122
　四、资金筹集的原则 …… 123
第二节　房地产开发资金的筹集方式 …… 124
　一、资本金筹措 …… 124
　二、债务资金筹措 …… 125
第三节　房地产开发资金筹集规划 …… 127
　一、房地产开发资金筹集规划的概念 …… 127
　二、房地产开发资金筹集结构分析 …… 128
　三、房地产开发资金筹集的成本分析 …… 128
第四节　房地产开发资金筹措方案的决策 …… 131
　一、融资方案分析 …… 131
　二、资本结构的优化与筹资方案的决策 …… 134
复习思考题 …… 134

第六章　房地产开发项目的工程建设管理 …… 135

第一节　房地产开发项目工程建设的组织与管理方式 …… 135
　一、房地产开发项目工程建设的组织方式 …… 135
　二、房地产开发项目工程建设阶段的管理方式 …… 136
　三、建设监理制度 …… 137
第二节　开发项目工程建设进度管理 …… 138
　一、开发项目进度计划概述 …… 138
　二、项目工程建设进度计划的实施与检查 …… 141
　三、项目施工进度计划的比较方法 …… 143
第三节　开发项目工程建设投资控制 …… 148
　一、开发项目投资控制概述 …… 148

二、工程建设投资控制的方法 ··· 149
　第四节　开发项目质量控制和安全管理 ··· 153
　　一、开发项目质量控制概述 ··· 154
　　二、工程建设质量控制任务和过程 ·· 156
　　三、工程质量验收 ·· 159
　　四、开发项目的安全管理 ·· 163
　复习思考题 ··· 166

第七章　房地产开发项目的市场营销和物业管理 ································ 167
　第一节　房地产收益的获取方式和销售形式分析 ···························· 167
　　一、房地产收益获取方式及其分析 ·· 167
　　二、房地产销售方式 ··· 168
　第二节　房地产促销 ··· 169
　　一、房地产促销方式 ··· 170
　　二、房地产促销组合 ··· 171
　　三、房地产广告促销策略 ·· 173
　第三节　房地产产品定价 ·· 175
　　一、房地产产品定价策略 ·· 175
　　二、房地产价格调整 ··· 179
　第四节　物业管理 ·· 182
　　一、物业管理的任务和内容 ··· 182
　　二、物业管理的管理团体和管理规约 ··· 186
　复习思考题 ··· 188

第八章　房地产交易管理与权属登记 ··· 189
　第一节　房地产交易管理 ·· 189
　　一、房地产交易及其管理 ·· 189
　　二、房地产转让 ··· 191
　　三、商品房预售 ··· 194
　　四、房地产抵押 ··· 196
　　五、房屋租赁 ·· 200
　第二节　房地产权属登记 ·· 202
　　一、房地产权属登记的内含 ··· 203
　　二、我国房地产权属登记体系 ·· 204
　　三、房地产权属登记资料管理 ·· 215
　　四、房地产权属档案管理 ·· 216
　复习思考题 ··· 218

第九章　房地产税收制度 ·· 219
　第一节　房地产税收概述 ·· 219

  一、税收的基本知识 219
  二、我国现行的房地产税收体系 221
 第二节 房产税 226
  一、房产税概述 226
  二、房产税的基本内容 227
 第三节 城镇土地使用税 229
  一、城镇土地使用税概述 229
  二、城镇土地使用税的基本内容 230
 第四节 耕地占用税 233
  一、耕地占用税概述 233
  二、耕地占用税的基本内容 233
 第五节 土地增值税 236
  一、土地增值税概述 236
  二、土地增值税的基本内容 237
  三、土地增值税的筹划 241
 第六节 契税 241
  一、契税概述 241
  二、契税的基本内容 242
 第七节 印花税 245
  一、印花税概述 245
  二、印花税的基本内容 245
 第八节 增值税等"两税一费" 247
  一、增值税等"两税一费"概述 247
  二、增值税的基本内容 249
  三、城市维护建设税的基本内容 252
  四、教育费附加的基本内容 252
 第九节 企业所得税与个人所得税 252
  一、企业所得税、个人所得税概述 252
  二、企业所得税的基本内容 253
  三、个人所得税概述 256
  四、个人所得税的基本内容 256
 复习思考题 259

参考文献 260

第一章 房地产开发概述

【本章提要】 本章主要介绍了房地产、房地产业和房地产开发的基本概念，房地产业的基本特点、地位和作用；阐述了房地产开发的特征、地位和分类，我国房地产开发的程序和主要参与者，房地产开发企业及其类型、资质管理制度等主要内容。

第一节 房地产业概述

一、房地产和房地产业的基本概念

（一）房地产的基本概念及特性

1. 房地产的基本概念

房地产是指土地、建筑物及固着在土地、建筑物上不可分离的部分及其附带的各种权益。它属于不动产（英文常用 real estate 或 real property 表示），有狭义和广义两层内涵。

（1）狭义的房地产 是指土地及地上、地下的建筑物，包括土地和预售房屋、新房屋和旧房屋。

（2）广义的房地产 是指作为物质实体的房地产及附着在其上面的各种权益及其经营活动的总称。包括以下三个方面的含义。

① 房地产是房产和地产的有机结合，房依地而建，地为房之载体，房地不可分离。

② 房地产是实物和权益的有机结合。实物即土地、建筑物及其他附着物，它是房地产各种权益的载体，是一切经济活动的物质基础。依托于房地产物质实体上的权益是指由法律设定的房地产各种权利以及享有这些权利所能获得的利益或收益，如所有权、占有权、使用权、租赁权、抵押权等。实物和权益两者不可分离。

③ 房地产是以地产为核心的。从房地产的物质形态来看，土地可以独立存在，且永久性存在，但房屋必须依附于土地而存在；从房地产市场的发展来看，土地的获得、占有是房地产业的基础和前提，也是房地产开发经营活动的开端；从房地产的价值构成来看，房地产价格包含地价和房价两个部分，且地价是房地产价格的主要构成部分；从发展的观点来看，地价在房地产总价值中所占的比重会越来越高。因此，地产是房地产的核心。

2. 房地产的特性

房地产与其他经济产品相比较，既有一般商品的属性，又有其特殊性，是一种特殊商品。其特殊性主要表现在房地产的自然特性、房地产的经济特性和房地产的社会制度特性三个方面。

（1）房地产的自然特性 房地产的自然特性体现在它的位置固定性、异质性、耐久性和有限性等方面。

① 房地产位置的固定性和异质性。土地位置是不能移动的,决定了房地产位置的固定性。房地产位置的固定性一般可从以下理解,即自然地理位置的固定性、交通位置与社会经济位置的相对固定性。理解房地产位置的固定性,对于理解房地产的特点具有十分重要的作用。房地产的异质性也被称为差别性,是指从时间、地点和空间位置来看,世界上没有任何两个或两个以上的房地产是相同的或完全一样的。房地产的异质性决定了每一宗房地产的价值都不相同。

② 房地产使用的耐久性和效用的多层次性。根据《民用建筑设计统一标准》(GB 50352—2019)的规定,建筑的设计使用年限依据建筑物的重要性分四个类别,如表 1-1 所示。房地产的使用年限较长,有的甚至长达百年以上。在效用上,房地产同时具备生存资料、享受资料和发展资料三个不同层次的性质,可以分为居住房地产和非居住房地产两大类,非居住房地产又可分为商业、办公、工业、农业和特殊用途房地产。

表 1-1 建筑设计使用年限分类

类别	设计使用年限/年	适用建筑
1	5	临时性建筑
2	25	易于替换结构构件的建筑
3	50	普通建筑和构筑物
4	100	纪念性建筑和特别重要的建筑

③ 土地的稀缺性和房地产的有限性。土地具有不可再生的性质,故其面积总量是一定的。这使得附着于土地的房屋等建筑物不能无限地发展、扩张,必然使得房地产的供给受到限制,以至不能完全满足或适应房地产需求增长的需要,从而形成房地产供求之间的矛盾。

(2) 房地产的经济特性　房地产的经济特性是由房地产的自然特性决定的,体现在以下几个方面。

① 房地产经济价值的积累性和衰减性。一方面,房地产的每个连续投资增加房地产的价值;另一方面,房地产经济价值的积累并不能增加商品的价值。如一个城市的土地,无论其历史上投入过多少劳动,这座城市的土地价值也只能和当前与此城市相当的城市土地具有相同的价值,并不会因为过去投入的劳动多,现在的价值就会大。而且,房地产随时间的推移会有价值的损耗和消耗。所以,房地产价值的积累和衰减是一个事物的两个方面。

② 房地产利用的报酬递减性和合理集约性。房地产开发过程中建筑物规划设计超过一定的层数或高度,所在地块的容积率将提高,也提高整个地区的土地开发强度,容易引发城市交通、基础设施负荷加重以及景观恶化等问题,会给整个地区的生态环境和基础设施带来额外压力,降低房地产购买者的满意度,开发商投资利润率就会呈递减趋势,即房地产利用存在着报酬递减现象。为此,必须对土地进行科学合理利用,处理好土地利用容积率合理界限和合理集约的问题。

③ 房地产权利的可分割性与权益的流动性。房地产所有权(含土地使用权)是房地产法定权利的综合体,在法律许可的情况下,房地产所有权可以分割出售和转让给不同的生产者和消费者。流动性是指商品兑换成现金的能力,房地产权益的流动性较差,即它较难迅速变现。

④ 房地产供给的稀缺性和经营的垄断性。土地的有限性决定了房地产供给的相对稀缺性。我国宪法规定"城市的土地属于国家所有",政府高度垄断建设用地供应一级市场,使得地方

政府拥有了控制土地供给规模、节奏、地段、用途结构的绝对垄断权力。开发商通过"招、拍、挂"方式获得土地，开发周期往往需要三至五年甚至更长，决定了投资和经营房地产项目需要大量的资金和专业管理团队，行业进入门槛较高。所以，虽然各地房地产开发商的数量较多，但真正进行项目运作的企业并不多，优质房地产企业的垄断地位在不断加强。

⑤ 房地产是具有消费属性与投资属性的特殊商品。消费属性是指房地产主要满足居民的住房需求；投资属性是指房地产为生产、经营活动提供场所，是其他产业的生产投入要素，也是居民财富的重要组成部分。消费属性是房地产的基础属性，投资属性是派生属性。房地产不仅是大宗消费品和稳健投资品，更是具有强烈金融属性的抵押品和杠杆产品，用好了其金融特性，将极大挖掘经济潜力；而过分加杠杆，将加速房地产泡沫化。

⑥ 房地产的保值与增值性。房地产的保值性是指投入到房地产领域的资金的增值速度能抵消货币的贬值速度，或者说将资金投入到某宗房地产一段时间后所收回的资金，可保证完全能购买到当初的投资额可以购买到的同等的商品和服务。房地产的增值性是指因其具有使用的耐久性，不仅可以在较长的一段时间里保存其价值，而且还会随着时间的推移，不断地增值。

(3) 房地产的社会制度特性　房地产的社会制度特性体现在它的财富性、社会稳定性、产权法律性。

① 房地产的财富性。社会财富表现为动产、不动产和知识产权三方面，房地产是最重要的不动产。

② 房地产的社会稳定性。衣食住行是人类基本的生活需要，住房关系着学区、医院、商圈、交通设施等诸多因素，住房已成为最大的民生工程和社会问题。

③ 房地产产权的法律性。房地产产权具有排他性和垄断性，且这种排他性和垄断性需要用法律形式来加以界定并予以保护。

(二) 房地产业的基本概念及分类

1. 房地产业的基本概念

(1) 房地产业的概念　房地产业是指以土地和建筑物为经营对象，从事房地产开发、建设、经营、管理以及维修、装饰和服务的集多种经济活动为一体的综合性产业。在实际生活中，人们习惯上将从事房地产开发和经营的行业称为房地产业。

(2) 房地产业的内容　房地产业是从事土地和房地产开发、经营、管理和服务的行业，主要包括：土地开发，土地使用权的出让、转让，房屋的建设、维修、管理，房屋所有权的买卖、租赁，房地产的抵押贷款以及由此形成的房地产中介服务和房地产市场调控与管理。

2. 房地产业分类

按照《国民经济行业分类》(GB/T 4754—2017) 规定，将房地产业分为以下几大类：

(1) 房地产开发经营　指房地产开发企业进行的房屋、基础设施建设等开发，以及转让房地产开发项目或者销售房屋等活动。

(2) 物业管理　指物业服务企业按照合同约定，对房屋及配套的设施设备和相关场地进行维修、养护、管理，维护环境卫生和相关秩序的活动。

(3) 房地产中介服务　指房地产咨询、房地产价格评估、房地产经纪等活动。

(4) 房地产租赁经营　指各类单位和居民住户的营利性房地产租赁活动，以及房地产管理部门和企事业单位、机关提供的非营利性租赁服务，包括体育场地租赁服务。

(5) 其他房地产业。

3. 房地产业与建筑业关系

房地产业与建筑业的业务对象都是房地产，房地产业与建筑业往往是甲方和乙方的合作关系。建筑业是物质生产部门，属于第二产业；房地产业兼有生产（开发）、经营、管理、服务等多种性质，属于第三产业。

二、房地产业的基本特点和地位

（一）房地产业的基本特点

1. 从区域经济来看

（1）房地产业是一个区域差异较大的行业 我国幅员辽阔，按区域经济发展状况可分为东部、中部、西部和东北部地区。东部地区经济发展快，市场化程度高，在长三角、珠三角和京津冀城市群的带动下，东部地区房地产开发投资规模和市场成熟度远超过中西部地区。2019年全国东、中、西部和东北地区房地产开发企业完成投资额132194亿元，其中东部地区以69313亿元远远领先于中部地区的27588亿元和西部地区的30186亿元；东部地区占总投资额的52%，中部地区占总投资额的21%，西部地区占总投资额的23%，如图1-1所示。

"一带一路"倡议使西部快速发展，为房地产业创造了发展机遇。2019年西部地区商品房销售面积比2018年增长4.4%，其他区域商品房销售面积均同比减少；西部地区商品房销售额比2018年增长10.8%，增幅远远超过其他地区，显示出房地产投资热潮正由东部一线大城市向新经济、政策热点的西部地区纵深扩展，如表1-2所示。

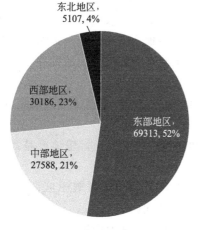

图1-1 2019年全国东、中、西部和东北地区房地产开发投资情况（单位：亿元）

（资料来源：国家统计局2020年1月17日发布资料整理）

表1-2 2019年全国东、中、西部和东北地区房地产销售情况

地 区	商品房销售面积		商品房销售额	
	绝对数/万平方米	比2018年增长/%	绝对数/亿元	比2018年增长/%
全国总计	171558	-0.1	159725	6.5
东部地区	66607	-1.5	83833	5.8
中部地区	50037	-1.3	35505	4.9
西部地区	47410	4.4	34488	10.8
东北地区	7503	-5.3	5899	2.8

（资料来源：国家统计局2020年1月17日发布）

（2）房地产业是一个级差收益明显的行业 房地产业的级差收益体现在各地区社会经济发展水平存在着巨大的差异，使得房地产经济活动在各地区的差异也较大，而且这种差异将会随着地区经济的发展变化处于一个不断的变动和发展之中，呈现一种动态的过程。所以，房地产业自身的这种区域性产业特征，决定了各个地区房地产价格、房地产投资者、经营者的收益状况存在较大区别，从而形成明显的级差收益现象。

2. 从行业特征来看

（1）房地产业是一个具有高度综合性的行业　房地产业贯穿生产、流通、消费、服务等各个领域，参与建筑物的规划、勘察设计和土地开发等活动；通过商品房买卖、租赁等方式进入流通领域，逐渐收回成本和利润；在商品房的消费过程中涉及房地产中介服务、权属登记、税收和物业管理等高度综合性活动。

（2）房地产业是一个具有高度关联性的行业　房地产业的运行和发展涉及众多的相关行业，显示出较强的关联性。从关联分析的三种情况来看，回顾（后向）效应是对为本产业供应生产资料的产业的影响，房地产开发将会加大对钢材、水泥、木材、玻璃、化工和建筑机械等产品的需求，从而带动这些产业发展。前瞻（前向）效应即对因本产业发展而产生需求、获得发展动力的产业的影响，房地产业主要促进了建筑、纺织、装饰、厨卫设备、金融、商业、服务业等产业的发展。旁侧（侧向）效应是指本产业发展对社会的影响，如城市公用设施、工作居住环境和社会文明水准等。房地产业的关联性如图1-2所示。

3. 从投资过程来看

（1）房地产业是一个具有高投资的行业　国家统计局公布的2009～2018年全国房地产开发企业完成投资额从36241.81亿元增长到120263.51亿元，平均年增长23.2%，房地产开发投资额不断创历史新高，如表1-3所示。房地产业的高投资还体现在房地产业的经济活动需要大量资金的投入和运作，2009～2018年全国房地产开发企业自筹资金从17949.12亿元增长到55830.65亿元，平均年增长21.1%。一项房地产投资或开发项目，少则需要数千万、多则数十亿元人民币，与其他产业相比，它是一个高投资的行业。

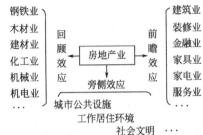

图1-2　房地产业的关联性示意图

表1-3　2009～2018年全国房地产开发企业投资经营情况

指标	2009年	2010年	2011年	2012年	2013年
本年完成投资额/亿元	36241.81	48259.40	61796.89	71803.79	86013.38
自筹资金/亿元	17949.12	26637.21	35004.57	39081.96	47424.95
资产负债率/%	73.5	74.5	75.4	75.2	76.0
营业利润/亿元	4728.58	6111.48	5798.58	6001.33	9562.67
指标	2014年	2015年	2016年	2017年	2018年
本年完成投资额/亿元	95035.61	95978.85	102580.61	109798.53	120263.51
自筹资金/亿元	50419.80	49037.56	49132.85	50872.22	55830.65
资产负债率/%	77.0	77.7	78.3	79.1	79.1
营业利润/亿元	6143.13	6165.54	8673.23	11728.11	18543.71

（资料来源：国家统计局中国统计年鉴整理）

（2）房地产业是一个具有高风险的行业　房地产业是资金密集型行业，从前期的土地竞拍，到中期的开发建设，再到后期的营销都需要大量而持续的资金支持。房地产开发企业利用财务杠杆，向金融部门或其他企业借贷筹资，增加了企业的资产负债率；2009～2018年全国房地产开发企业资产负债率一直处于70%以上（如表1-3所示），而房地产项目开发投资周期长、资金回收慢,因此具有较高的经营风险。

(3) 房地产业是一个具有高收益的行业　我国房地产开发项目实行资本金制度,资本金占项目总投资的比例不得低于20%～30%,企业自有资金在30%左右就可以充分利用财务杠杆运作项目,只要项目进展顺利,成功地将商品销售出去,企业的收益是相当可观的。2009～2018年全国房地产开发企业营业利润从4728.58亿元增长到18543.71亿元,平均年增长29.2%,如表1-3所示。同时,由于土地的稀缺性和不可再生性使得住房在长周期视角下具有抵御通货膨胀和保值增值的功能,房地产投资的高收益特性使其成为资本追逐的市场。根据中国统计年鉴数据,1998年北京的商品住房销售均价为4769元/平方米,2018年则为37420元/平方米,20年间价格涨幅高达684.65%,年均涨34.23%,属于高收益投资。

4. 从社会经济活动来看

(1) 房地产业是一个易受政策影响的行业　房地产开发项目具有前期投入高、开发周期长、实行预售制度、合作开发现象普遍等特点,开发商的融资和消费者购房贷款资金大多数都来自银行,为了金融安全和社会稳定,在项目开发前、中、后期均受到严格的限制要求和审批监管;国家金融政策的调整影响着房地产业的走向,为促使房地产市场的健康可持续发展,政府管理部门也经常发布新的针对性政策对房地产市场实施宏观调控。

(2) 房地产业是一个与法律制度紧密关联的行业　由于房地产业涉及整个社会经济活动的各个方面,与国家、集体、个人的利益密切相关,国家通过房地产法律体系的建设和完善,规范房地产开发经营行为,维护房地产权利人的正当权益,保障房地产市场秩序,为房地产业的健康稳定发展保驾护航。

(二) 房地产业的地位

房地产业是国民经济的重要组成部分,为国民经济各部门提供基本生产要素,各行业都拥有一定的房地产,都是房地产业经济活动的参与者。房地产业在国民经济体系处于基础性、先导性、支柱性和民生性产业的地位。

1. 房地产业是国民经济的基础性产业

基础性产业是指其在国民经济中是社会再生产和各种经济活动的载体,是国民经济中不可缺少的部分。房地产开发为人们提供满足居住需求的生活资料,又提供厂房、商铺、办公用房等重要的生产资料;房地产商品是基础性的物质生活资料和社会生产基本要素,涉及社会生产和再生产以及教育、科学、文化、卫生等,是各种社会经济活动运行的基础、物质载体和空间条件,贯穿于社会生产和再生产的各个环节,房地产业具有基础产业特征。

2. 房地产业是国民经济的先导性产业

产业的先导性是指该产业的关联度达到一定程度,它的繁荣与萧条,成为其他相关产业生产经营的机遇、市场空间和条件,从而具有导向的功能。房地产业产业链长、关联度高;据一些工业发达国家统计,房地产业的产值每增加"1",就能使相关产业的产值增加"1.5～2"。而在我国,每增加1亿元的住宅投资,其他23个相关产业就相应地增加投入1.479亿元,被带动的直接相关或间接相关的产业达60多个[1]。

房地产业的兴衰直接和间接推动相关联行业的发展,而关联行业的政策波动也影响着房地产业,如由于生态环境保护的需要,各地方政府都出台了对河道的保护措施,有的地方甚至禁止开采河沙,导致河沙供应的紧缺,对开发成本、质量产生影响。房地产业能对较多产

---

[1] 简德三、王洪卫:《房地产经济学》,上海财经大学出版社,2003,第34页。

业产生带动和推动作用,使得在一定范围和时期内,国民经济发展随之产生波动起伏,体现房地产业对宏观经济运行状况的敏感性和超前性。房地产业是国民经济的晴雨表,具有先导性的地位。

3. 房地产业是国民经济的支柱性产业

支柱性产业是指在国民经济发展中起着骨干性、支撑性作用的产业。支柱性产业具有产出规模大,在国内生产总值中占较大比重,产业增加值占 GDP 百分之五以上;市场扩张能力强,需求弹性高,发展快于其他行业;具有扩大就业、产业关联度高等特点。2009~2018 年房地产业增加值占 GDP 比重从 2009 年的 5.4% 提升到 2018 年的 7.0%,房地产业发展对国民经济增长贡献度大,如表 1-4 所示。近十年,我国房地产开发企业投资额逐年增加保持强劲的势头,在全国固定资产投资中占 1/6 左右(表 1-4 所示),显示出经济新常态下房地产业仍具有重要的地位。房地产业关联度高,能够带动的上下游相关产业数量多、范围大;房地产业对国民经济增长的贡献度较大,具有推动国民经济增长的能量。所以,房地产业已经成为国民经济的支柱产业❶。

表 1-4 2009~2018 年房地产业增加值在 GDP 占比

指标	2009 年	2010 年	2011 年	2012 年	2013 年
国内生产总值/亿元	348517.7	412119.3	487940.2	538580.0	592963.2
房地产业增加值/亿元	18760.5	23326.6	27780.7	30751.9	35340.4
房地产业增加值/GDP/%	5.4	5.7	5.7	5.7	6.0
房地产开发完成投资额/亿元	36241.81	48259.40	61796.89	71803.79	86013.38
全社会固定资产投资/亿元	224599	251684	311485	374695	446294
开发投资占固定投资比例/%	16.6	19.2	19.8	19.2	19.3
指标	2014 年	2015 年	2016 年	2017 年	2018 年
国内生产总值/亿元	643563.1	688858.2	746395.1	832035.9	919281.1
房地产业增加值/亿元	38086.4	42573.8	49969.4	57086.0	64623.0
房地产业增加值/GDP/%	5.9	6.2	6.7	6.9	7.0
房地产开发完成投资额/亿元	95035.61	95978.85	102580.61	109798.53	120263.51
全社会固定资产投资/亿元	512021	562000	606466	641238	645675
开发投资占固定投资比例/%	18.6	17.1	16.9	17.1	18.6

(资料来源:国家统计局发布的国家数据整理)

4. 房地产业是国民经济的民生性产业

改革开放 40 多年来,我国经济快速增长,2018 年中国经济总量排名世界第二;但是这种高增长具有明显的粗放型特征,在经济增长的"三驾马车"中,更多依赖投资和出口,而房地产投资又是投资中的重要领域。不但个别地方政府热衷于以房地产拉动经济增长,房地产业畸高的产业平均利润率也吸引着众多企业纷纷加入,房地产业吸引了大量的经济资源。过快上涨的房价,反过来进一步推动房地产业非理性扩张,高房价使城镇居民家庭负担过重。购房者实际可支配收入相对较低。

实践证明,商品房的商品(投资)属性和民生(居住)属性不能简单割裂开来;居住属

---

❶ 国务院《国务院关于促进房地产市场持续健康发展的通知》,国发 [2003] 18 号。

性是住房的基本属性，投资属性属于住房的派生属性。离开了居住属性，住房的投资属性要么不复存在，要么只能对社会产生负面效应。完全依赖市场机制，不仅不能解决住房市场的根本矛盾，还将进一步扭曲社会经济结构。2007年8月，国务院24号文件《国务院关于解决城市低收入家庭住房困难的若干意见》指出：住房问题是重要的民生问题。2016年12月中央经济工作会议提出，要坚持"房子是用来住的、不是用来炒的"的定位，要求回归住房居住属性。住房是人民过上幸福生活的基本保障，住房问题关系民生、内需的扩大和国民经济的健康发展，要求抑制投资性住房需求，综合运用金融、土地、财税、投资、立法等手段，加快研究建立符合国情、适应市场规律的基础性制度和长效机制。

（三）房地产业的历史沿革

房地产业在我国是一个既古老而又新生的产业，说其古老是因为三千多年前的青铜器铭文中，就出现了田地交换和买卖的记载；近代考古发现不少砖刻或铅刻的土地买卖契约，较早的有汉建元元年（公元前140年）的砖刻契约；在公元178年曹仲诚的土地买卖契约上，有土地位置、面积、买卖人姓名，还有证明人的姓氏，最后还有"如天帝律令"一语，表明这一块土地的买卖是按当时的法律进行的，即当时已经有了关于土地买卖的法律。我国近代的房地产开发，是鸦片战争后西方列强进入开埠城市后展开的；帝国主义侵略者在上海滩头，利用旧中国的买办，在租界利用"土地章程"修订"地皮章程"，竞相投资开发房地产牟取暴利。在高额利润的吸引下，大批外商房地产公司如雨后春笋般地出现于上海滩，他们凭借不平等条约的特权，强行在租界推行西方整套的不动产交易操作程序。由于中国人对房地产的传统偏好，以及政局不稳、战争频繁的历史因素，上海房地产成为社会闲散资金保值、增值的最好手段，旧中国的军阀官僚搜刮民脂民膏也最喜在上海租界置产，使上海房地产业得到迅速的发展。

1949年中华人民共和国成立后，为了稳定人民生活和城市房地产秩序，积极开展经济建设，国家经过五年时间摸家底、建章立制；接收旧政府房地产档案、确认产权归属、代管无主房屋、没收敌伪房地产、打击房地产投机和各种非法活动。各地建立房地产管理机构，制定了有关政策规定，开展了大规模的房地产清查登记，高效率地建立了新政府的房地产管理秩序。国家从极其紧张的财政经费中，拨出专款改造旧社会遗留的棚户区和贫民窟，建造新住宅，对于稳定民心、恢复经济起到了重要作用。

1956年至1965年，由于当时理论和认识的禁锢，随着工商业社会主义改造，全国城镇陆续开始了以"国家经租"的形式对出租私有房屋进行了社会主义改造，付给房主租金，赎买房主产权；私有企业占有的土地，国家也以赎买的方式收回国有，使城市房屋和土地的所有制构成发生了根本变化，确立了公有制在社会主义城市房地产中的主体地位。

党的十一届三中全会以来，随着社会主义经济体制改革的全面展开，在城市进行了城镇住房制度改革、城镇土地使用制度改革和房地产生产体制改革，新时期社会主义的房地产业萌生了。1987年10月，中国共产党第十三次代表大会报告中正式提出：社会主义的市场体系，不仅包括消费品和生产资料等商品市场，而且应当包括资金、劳务、技术、信息和房地产等生产要素市场。在我国社会主义经济发展史上第一次提出了建立房地产市场，确立了房地产市场的地位，宣告了我国社会主义房地产市场的诞生。

改革开放40余载，中国房地产市场从无到有，从小到大。1980年，邓小平同志发表"关于建筑业和住宅问题的谈话"，确定了房子是可以卖的，开启中国房地产业的先河，拉开我国住房制度改革的大幕。1987年，深圳终于迎来我国首次土地拍卖，让中国土地商品化实现了历史性突破。1988年，国务院召开了"第一次全国住房制度改革工作会议"，标志着我国住房制度改革进入整体方案设计和全面试点阶段。1989年,深圳市房屋交易所正式成立,这是我国第一家房地产交易所。从实际情况来看,现代意义的中国房地产市场启动在1989年。1993年,第一次房地产调控;中国楼市的"第一个黄金十年"(1984~1993年),随着"国16条"的横空出世画上句点。针对房地产出台的16条调控措施,首次对房地产市场进行大规模清理整顿,中国的第一个房地产泡沫(海南)随之破灭。1994年,第一部房地产法律《中华人民共和国城市房地产管理法》颁布,标志着中国房地产法制逐步成熟。1998年,国务院23号文件《国务院关于进一步深化城镇住房制度改革加快住房建设的通知》,首次提出停止住房实物分配,逐步实行住房分配货币化,建立和完善以经济适用住房为主的多层次城镇住房供应体系;市场化的"商品房"成为城市住房建设的主角。2010年,万科集团成为我国首个年累计销售金额破千亿的房企。2016年,鉴于全国房价居高不下的状态,中央经济工作会议首次提出"房子是用来住的、不是用来炒的"定位。让房子回归居住属性,也表达出政府对房地产调控的决心。

以史为鉴,可以知兴替。从"房子可以当商品卖"到"房住不炒",从第一场土地拍卖到如今租售并举,中国房地产业的茁壮成长,正步入长效机制时代。

第二节 房地产开发的特征及分类

一、房地产开发的含义

《中华人民共和国城市房地产管理法》第二条指出:房地产开发,是指在依据本法取得国有土地使用权的土地上进行基础设施、房屋建设的行为。

《城市房地产开发经营管理条例》第三条指出:房地产开发经营应当按照经济效益、社会效益、环境效益相统一的原则,实行全面规划、合理布局、综合开发、配套建设。

通俗地讲,房地产开发就是通过多种资源的组合使用而为人类提供入住空间,并改变人居环境的一种活动。这里的资源包括了土地、建筑材料、城市基础设施、城市公共配套设施、劳动力、资金、品牌和专业人员经验等诸方面,如图1-3所示。

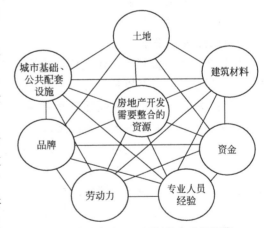

图1-3 房地产开发需要整合的资源❶

二、房地产开发的特征

(一)房地产开发最本质的特征是综合性

1. 综合性是房地产开发的内在要求

随着国民经济的发展,城镇化进程的加快,出现了城市人口激增、住宅紧缺、交通堵

---

❶ 筑龙论坛.地产精英俱乐部.2020-03-06。

塞、环境恶化等现象，要求房地产企业在开发过程中必须坚持"全面规划、合理布局、综合开发、配套建设"的方针；将房地产开发全过程放在整个城市建设与发展的大系统中，严格按照城市规划进行开发建设，对必要的基础配套设施、公共设施进行统一规划，协调建设，实行房地产综合开发，缺乏"综合性"与"配套性"的开发是不符合现代城市建设要求的。

2. 综合性表现为开发过程中工作关系的广泛性及项目操作的复杂性

房地产开发过程中环节很多，涉及的部门与关系也很多，要涉及规划、勘察、设计、施工、供电、供水、供气、供暖、交通、教育、卫生、消防、环境、园林等部门；每一个开发项目所涉及的土地条件、融资方式、建筑设计与施工技术的要求、市场竞争情况等都有区别，这些工作都是密切联系、相辅相成的，任何一个环节的滞后都将影响到房地产开发的顺利推进。因此，在房地产开发过程中必须综合考虑项目操作的关联性，整个工作的完整性决定房地产开发最终的成败。

3. 综合性体现在房地产开发须与国民经济其他部门相互协调

房地产开发必须与本国、本地区各产业部门的发展相协调，并起到一定的先导作用，脱离国情、区情，发展速度过快或过缓，规模过大或过小，都会给经济和社会的发展带来不良的影响。

（二）房地产开发过程具有长期性

1. 产品形成过程周期长

房地产开发从投入资本到资金回收，从破土动工到形成产品、竣工交付使用，需要经过准备阶段、施工阶段、销售阶段等，尤其是在建筑施工阶段，需要集中大量的劳动力、建筑材料、施工机械、专有人员的技术等，通过一砖一石、一管一线的建造才能最终形成产品，整个过程往往需要较长的时间。一般来说，普通项目开发周期至少三五年，规模较大的开发项目建设周期长达十几年时间。

2. 投资回收周期长

房地产开发投资额大，建设资金少则几千万元，多则上亿元，而从产品建设到资金回收，往往经过几年甚至更长的时间，投资回收期长。

（三）房地产开发具有很强的时序性

1. 房地产开发必须按照一定的操作程序

房地产开发活动受政府土地、规划、建设等部门的行政管理，许多工作受到行政审批的制约，具有规范的操作程序。房地产开发必须按照土地的获取、项目策划、规划设计到项目施工建设，从房地产租赁、销售到物业管理这样的操作程序（在某些情况下各阶段的工作可能会提前或交替进行，如房地产销售可提前到项目施工建设之前，即"预售"）。

2. 房地产开发空间的时序性也很强

房地产开发的最终产品是形成能够满足人类生产、生活的基础设施和房屋建设的行为，这种行为受到基本建设程序的制约。建筑施工程序和施工顺序是建筑产品生产过程中阶段性的固有规律和分部分项工程的先后次序，建筑施工时要求先地下后地上，地下工程先深后浅的顺序；先主体后装饰、管线工程先场外后场内的顺序；在考虑工种顺序时，要考虑空间顺序等。开发商必须要有周密的计划，使各个环节紧密衔接，协调进行，以缩短周期，降低风险。

（四）房地产开发具有很强的地域性

房地产位置的固定性使得房地产的使用、价值、市场等带有强烈的地域性特征，并且使房地产开发投资更为地域所限制。

1. 从微观来看，房地产开发项目受区位和地段的影响很大

房地产的位置是固定的，地段的交通、商业配套、环境、升值潜力等因素都与项目有关，因此，开发商对项目的选址尤其谨慎。

2. 从宏观来看，投资地区的社会经济特征对开发项目影响很大

每一个地区的投资开发政策、市场需求状况、消费者的支付能力都有可能不一样，这就需要开发商认真研究当地市场，制订相应的开发方案。

（五）房地产开发具有较高的风险性

1. 投资规模大，筹集巨额资金的风险

房地产投资额特别大，国内很多房地产开发公司主要靠银行贷款筹措资金，有的公司融资所占比例达70%。因此，房地产开发项目运作很容易受到国家宏观经济政策和土地政策的影响，开发风险很大。

2. 开发周期长，不确定性带来的市场风险

房地产项目的开发周期较长，期间政治、经济、金融、贸易、市场供需等不确定性因素的变数是很难把握的，这些因素的变化都有可能给项目带来市场的风险。例如：2007年美国爆发次贷危机形成了席卷全球的金融危机，也影响了我国的房地产业，行业景气进入下降区间，国房景气指数由2008年初的106.11，2008年8月份降至101.78。房地产市场的景气下降、量减价跌。

3. 产品具有很强的刚性，项目在相当长时间内几乎没有重建的可能性

房地产产品是一种大体量的硬性产品，一旦建成一般不可能做功能上大的改变；如果房地产项目在建成后遇到定位偏差、销售不畅等问题，很难将项目做功能上的改变，很大程度上需要推倒重建新的项目，这显然不具有可操作性，必然给房地产开发企业带来风险。

三、房地产开发的地位和作用

（一）房地产开发的地位

1. 房地产开发是房地产业发展的基础

在房地产开发中，作为房地产生产者和经营者的开发企业，将商品经济的运行机制引入房地产生产、流通、消费各环节，促进了房地产市场的形成，加速了房地产业的发展。

2. 房地产开发是房地产业发展的龙头

在城市建设中，只有实行综合开发才能保证统一规划、统一设计、配套建设的指导思想得以贯彻和实施，才能保证房地产业沿着正常轨道健康发展。

3. 房地产开发在城市建设中占有主导地位

房地产开发是城市建设活动中最活跃的因素。各自为政、分散建设使城市总体规划难以实现，而综合开发将使城市规划得以落实，城市建设合理、健康地发展，综合开发也会使房地产业在城市建设中处于主导地位。

（二）房地产开发的作用

1. 有利于城市综合功能的发挥

实行房地产开发，可以使每一个项目从规划设计到施工管理等都能在城市总体规划的部署下做统筹安排，使各个环节得到合理衔接并协调进行，最大化发挥城市的综合功能。

2. 有利于城市总体规划的实现

实行房地产开发，避免了见缝插针、分散建设、配套滞后、布局混乱、景观单调等不协调现象。在城市规划指导下，对旧城实行成街、成片改造，对新区实行综合配套开发，符合城市规划的要求。

3. 有利于减少投资成本

（1）节约用地　房地产开发企业从提高开发项目经济效益出发，最大程度地发挥土地开发的规模效应和使用效益，避免配套设施重复建设，提高配套设施的利用效率，从而达到节约用地的目的。一般综合开发比分散建设可提高土地利用系数 10%～15%。

（2）缩短工期　实行房地产开发，可统筹施工，组织大的平行流水、立体交叉作业，加快建设速度。房地产开发企业与施工承包企业的经济关系以施工合同作为保证，施工企业必须在合同规定的工期内完成项目，提前完工有奖励，拖延工期受罚。一般综合开发工期比分散建设工期可缩短 1/3 左右。

（3）降低造价　房地产综合开发，集中进行统一的土地征收、拆迁安置、规划设计以及施工管理，减少了综合管理费用，并通过招投标严格控制了工程造价，降低了工程成本。一般综合开发造价比分散建设造价可降低 10% 左右。

（4）节省人力和物力　就开发项目而言，一般每万平方米至少应配置管理人员 10 人左右；实行综合开发，约 50 人的项目开发团队一般具有每年竣工 20 万平方米的开发能力，平均每万平方米需要 2.5 人左右，是分散建设的 1/4。就施工单位而言，大规模承包施工，人员与机械设备的流动性相对减少，临设工程投入少，有利于施工企业提高劳动生产率，降低工程成本。

4. 有利于合理解决城市建设和维护资金的来源

实行房地产开发，开发企业直接参与城市建设，使城市面貌得到较大改善；城市政府将土地有偿出让，可获得大量的城市建设和维护资金，从而形成城市建设的良性循环。

5. 有利于推进房屋商品化

房地产开发将市场经济的运行机制引入房地产生产、流通和消费诸环节，加快了城市房屋建设的步伐，缓解了居民的住房矛盾，有利于推进房屋商品化。

四、房地产开发的分类

房地产开发的形式多种多样，从不同的角度可以划分出不同的类型。

（一）根据开发项目所在位置分类

根据开发项目所在位置不同，房地产开发可分为城市新区房地产开发（新开发）和旧城区房地产开发（再开发）。

城市新区房地产开发是指在城市现有的建成区以外的一定地段，进行集中成片、综合配套的开发建设活动，体现了城市空间形态向水平方向发展。城市新区房地产开发具有配套建设投资大的特点。

旧城区房地产开发是指在原有的城市建成区内，为满足城市社会经济发展需要，保护城市优秀的历史文化遗产和传统风貌，充分利用并发挥现有各项设施的潜力，根据城市的实际情况和存在的主要矛盾，有计划、有步骤、有重点地对旧城区进行充实和更新。所以，保护、利用、充实和更新构成了旧城区房地产开发的完整概念。

（二）根据开发规模分类

根据开发项目的规模不同，房地产开发可分为单项开发和成片开发。

单项开发是指开发规模较小、占地少、功能比较单一、配套开发设施简单的相对独立的项目。这种项目开发投资较小，建设周期较短，往往表现为分散建造的一些单项工程或单位工程。

成片开发是指开发范围广、占地多、项目类型多、投资巨大、建设周期长的综合性开发。成片开发往往表现为成街成片地建造多个工程项目，实施多种配套；成片开发在具体的实施过程中往往采取分期分批、"滚动开发"的方式。

（三）根据开发项目的使用功能分类

根据开发项目的使用功能不同，房地产开发可分为居住房地产开发、工业房地产开发、商业房地产开发、办公用房地产开发、旅游和娱乐休闲性房地产开发等。

居住房地产开发包括普通住宅、高档公寓、别墅等；工业房地产开发包括厂房、仓库等；商业房地产开发包括商场、购物中心、商业店铺、超级市场、批发市场等；办公用房地产开发包括商务办公楼（写字楼）等；旅游和娱乐休闲性房地产开发包括美食城、餐馆、快餐店、游乐场、娱乐城、康乐中心、俱乐部、影剧院等。

（四）根据开发的方式分类

根据开发方式不同，房地产开发可分为定向开发、联合开发、合作开发和单独开发。

定向开发是指面向企事业单位或拆迁户，为其代建房屋，开发企业按每平方米建筑面积收取一定比例的管理费。这种开发项目属于定向销售，不对外销售或者尾房对外销售。这种方式虽然开发商盈利不大，但开发企业基本没有风险。

联合开发是指几家开发企业共同出资开发房地产项目，并按投资比例共同承担风险，共同获得利益的方式。

合作开发是指具有房地产开发资质的一方与提供建设用地使用权或提供资金、技术、劳务等一方或多方在共担风险、共享收益条件下合作开发房地产项目，并按协商的比例分房或进行利润分成。

单独开发是指具有房地产开发资质的开发企业独家出资开发，自负盈亏，从获得土地使用权、规划设计、建设到策划营销全部由该企业组织完成的开发方式。对于经验丰富、技术力量较强、资金雄厚、管理水平较高的开发企业可以采取这种开发方式。

第三节　房地产开发的主要程序和主要参与者

一、房地产开发的主要程序

房地产开发项目从开发商有投资意向开始至项目建设完毕出租或出售并实施物业管理，一般来说包括四个阶段，即投资决策阶段、前期工作阶段、工程建设阶段、租售与物业管理阶段，如图1-4所示。当然，房地产开发的阶段划分并不是一成不变的，在某些情况下各阶段的工作可能会交替进行。

（一）投资决策阶段

投资决策阶段是整个房地产项目开发过程中最关键的一项工作，其目的是通过一系列的

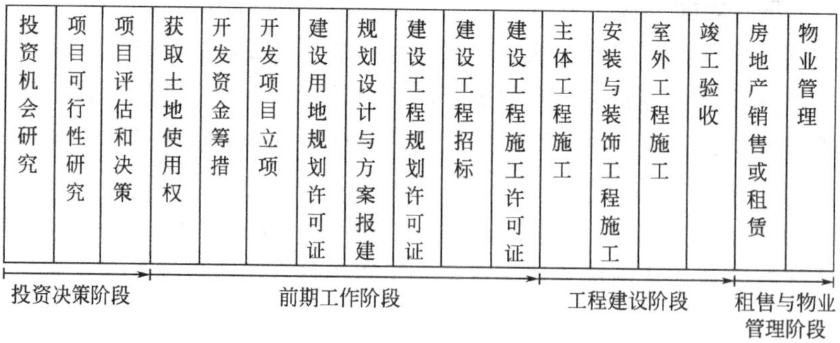

| 投资机会研究 | 项目可行性研究 | 项目评估和决策 | 获取土地使用权 | 开发资金筹措 | 开发项目立项 | 建设用地规划许可证 | 规划设计与方案报建 | 建设工程规划许可证 | 建设工程招标 | 建设工程施工许可证 | 主体工程施工 | 安装与装饰工程施工 | 室外工程施工 | 竣工验收 | 房地产销售或租赁 | 物业管理 |

| 投资决策阶段 | 前期工作阶段 | 工程建设阶段 | 租售与物业管理阶段 |

图1-4 房地产项目开发流程图

调查研究和分析，为开发企业选择项目开发方案提供决策依据。本阶段的主要工作包括投资机会研究、项目可行性研究与项目评估和决策。

投资机会研究主要包括投资机会寻找和筛选两个步骤。在投资机会寻找过程中，房地产开发商根据各个渠道获得的信息，形成开发项目的初步设想，包括项目的选址、筹资、配套建设，通过与城市规划部门、土地管理部门及建筑商、投资商的接触，进一步进行市场分析，使项目设想具体化，开发商根据开发经验和投资能力筛选项目投资的可能性。

项目可行性研究主要包括市场分析和项目财务评价两部分。市场分析主要分析市场的供求关系、竞争环境、目标市场及其可支付的价格水平。市场分析是一系列与项目有关的专项调查研究，是进行后续项目财务评价研究的基础，关系到项目的成败。项目财务评价是根据市场分析的结果，就项目的经营收入与费用进行比较分析，对项目的预期收入水平进行估算，对开发中的关键因素进行预测，从而在若干个开发方案中选择最合适的方案。

项目评估和决策是开发商决策主体在可行性研究分析的基础上，通过企业发展战略和市场未来预期来评估和决策拟开发项目。如果认为项目可行，就可以草签购买土地使用权或有关合作的意向书，或者准备参加土地使用权的竞买；若认为项目预期收益水平不可接受，或虽有收益但风险过大，可以选择放弃项目。

（二）前期工作阶段

前期工作阶段是指在投资决策分析后到正式施工之前的一段时间，这一时间内要完成的主要工作是获取土地使用权、开发资金筹措、开发项目立项、规划设计与方案报建等。

地为房之载体，房地产开发的前提是获取土地使用权。《城市房地产开发经营管理条例》规定：房地产开发用地应当以出让方式取得，但是，法律和国务院规定可以采用划拨方式的除外。土地使用权出让或者划拨前，县级以上地方人民政府城市规划行政主管部门和房地产开发主管部门应对房地产开发项目的性质、规模和开发期限、城市规划设计条件、基础设施和公共设施的建设要求、基础设施建成后的产权界定、项目拆迁补偿、安置要求等提出要求，并出具书面意见，其内容作为土地使用权出让的依据之一。房地产开发项目应纳入固定资产投资计划，开发商持立项申请书、土地使用权证、开发企业资质证书等资料向计划管理部门提出立项申请（不使用国有资金的项目实行备案制度）等。房地产开发项目立项后，开发商持项目的批准、核准、备案文件和签订的国有土地使用权出让合同，向城市、县人民政府城乡规划主管部门领取建设用地规划许可证。

房地产开发需要大量的资金，仅依靠开发商的自有资金是远远不够的，资金筹集是保证开发活动顺利进行的重要条件。开发商应尽快实施资金筹集计划，通过一些合理有效的筹资方式落实资金，如向金融机构申请贷款、发行债券、寻找合作投资开发的合作伙伴，还可以制订合理的营销策划方案和预售计划以加快资金的回收等。

规划设计是房地产开发建设所遵守的依据和准则，是对所在地块空间布局的预先安排。合理的规划设计是对投资决策方案的完善和补充，开发商应做好规划设计的组织和委托工作，保证规划设计成果质量。项目报建是开发商持其委托设计单位完成的建设工程设计方案进行报建，各地方政府对报建范围、报建程序都有详细的管理条例。建筑设计方案经城市规划管理部门和消防处、抗震办、人防等管理部门审查通过后，可进一步编制项目的施工图和技术文件，再报城市规划管理部门及有关专业管理部门审批、核发建设工程规划许可证。

开发商获取"建设工程规划许可证"后即开始建设工程招投标工作和"建筑工程施工许可证"办理。至此，房地产开发项目进入工程建设实施阶段。

为了规范房地产市场行为，加强城市建设管理部门对开发项目实施的全过程跟踪监督和指导，开发商持国有土地使用权证书、建设用地规划许可证等审批手续原件到房地产开发主管部门备案，领取"房地产开发项目手册"。"房地产开发项目手册"应当记录项目实施过程中的主要事项，并定期报送房地产开发主管部门备案，实施对开发项目的跟踪管理。

(三) 工程建设阶段

项目的工程建设阶段是指从项目开工到竣工验收的全过程，是将开发过程中涉及的人力、材料、机械设备、资金等资源聚集在一个特定的空间与时点上，将项目建设计划付诸正式实施的活动。开发项目已经委托承包给建筑施工企业来完成，开发商的主要任务是以合同管理为手段，运用计划、组织、协调、控制、检查、验收等方法，对开发项目的主体工程施工、安装与装饰工程施工、室外工程施工等技术和经济活动，按照国家标准、规范和合同规定的目标，进行严格监督、控制和管理，以确保开发项目总体目标的最终实现。

项目的竣工验收是施工全过程的最后一道程序，它是建设投资成果转入生产或使用的标志，也是全面考核投资效益、检验设计和施工质量的重要环节。项目验收分为预验收和综合验收。预验收是指在综合验收之前，开发企业与监理公司对工程质量进行全面检查，包括隐蔽工程验收资料、关键部位施工记录等，根据检查结果，提出需返工的工程及其修竣期限。综合验收是指在预验收的基础上，经开发企业申请，由政府的建筑质量监督部门组织的竣工验收。对于某些规模大的开发项目，其中的单项工程竣工后，可分别进行竣工验收，开具竣工验收书，在综合验收时作为附件。经验收合格后，项目方可交付使用。

(四) 租售和物业管理阶段

以上三个阶段都属于房地产开发环节，项目竣工交付使用后进入房地产经营环节，即市场交易、流通阶段，这一阶段的主要任务就是房地产销售或租售和物业管理工作。

销售阶段是连接房地产生产和消费的桥梁，只有良好的销售量才能实现房地产的价值，使房地产投资得到良性循环，促进房地产业的发展。对房地产出租或出售两种方式的选择，一般要根据市场状况、开发商对回收资金的迫切程度和开发项目的类型来选择。对于居住物业通常以出售为主；对写字楼、酒店、商业用房和工业用房，通常是租售并举，以出租为主。为了缩短房地产开发的投资周期和分散投资风险，在项目定位时就要研究产品的销售计划，当房地产开发达到《城市商品房预售管理办法》规定的商品房预售条件时，及时进行预租售工作，竣工验收后申请办理房地产产权登记。

物业管理是指业主通过选聘物业服务企业，由业主和物业服务企业按照物业服务合同约定，对房屋及配套的设施设备和相关场地进行维修、养护、管理，维护物业管理区域内的环境卫生和相关秩序的活动；其目的是为业主和非业主使用人提供高效、优质、经济的服务，使物业发挥最大的使用效益和经济效益。

二、房地产开发的主要参与者

房地产项目开发过程是一个庞大的系统工程，每一个项目从策划到竣工验收交付使用都是由开发商组织操作，其他参与者配合才能完成的。开发过程的主要参与者有房地产开发商、房地产投资商、建筑承包商、政府相关管理部门、金融机构、专业顾问，每一个参与者在系统中都发挥着重要的作用。

（一）房地产开发商

开发商是房地产开发项目的出资者、组织者、管理者、协调者和整个过程的参与者，是房地产开发全部工作的直接决策人、受益人和责任人。房地产开发企业开发房地产产品的目的是在注重社会效益和环境效益的前提下，通过实施开发过程来获取直接的经济效益。开发商通过对开发项目进行出售，快速收回投资并获得收益，房地产开发商也可以自持物业、通过出租项目获得稳定收入。

（二）房地产投资商

房地产投资商作为投资主体参与房地产经济活动，投资商投资开发房地产的主要目的与房地产开发企业相同，但是在获利方式上有一定的差异。投资商投资开发房地产产品不是通过出售的方式来迅速获得回报，而是在一个较长的时期内通过稳定的经营获得利润，或者直接购买房地产产品从事商务经营活动。因此，房地产投资商更注重产品的抗风险性，更能承受较低的初始回报率。

（三）建筑承包商

建筑承包商是指被开发商作为项目发包人接受的、具有项目施工承包主体资格的当事人，建筑承包商是房地产开发项目产品质量的责任人和房地产开发项目建设阶段风险的承担者；建筑承包商不享受项目经营效益，只是从工程建设施工中获得经营利润。建筑承包商按照建筑工程施工承包合同的要求组织人员、设备、技术和材料进行施工，因此承包商的队伍素质、管理水平直接关系着房地产产品的质量。建筑承包商只有同开发商紧密配合，才能使项目开发达到预期目标。

（四）政府相关管理部门

在房地产开发过程中，政府相关的土地、城市规划、建设、市政、房产管理等部门是房地产开发活动的行政管理者，以法律法规、宏观经济政策等手段对房地产开发活动进行管理和控制。政府有时以开发商身份投资参与民生性项目建设，甚至以投资主体身份进行重大项目建设，如廉租房、公租房等，其目的是改善低收入阶层的居住条件，提高城镇居民的生活环境质量，协调房地产开发的社会效益、环境效益和经济效益三者的关系。

（五）金融机构

金融机构一般以资金提供者身份参与房地产开发，有时也以直接投资人身份进行房地产开发。金融机构是房地产开发项目建设资金的支持者，房地产开发项目消费者资金的支持者。我国现行的房地产金融是伴随着房地产业的兴起而产生和发展起来的，已形成了一个以中国人民银行为领导，以建设银行、工商银行、农业银行、中国银行房地产信贷部为主体，其他商业银行房地产信贷部和地方性住房储蓄银行为辅助，住房合作社、信贷投资公司、各类保险公司等为补充的房地产金融机构体系。

（六）专业顾问

由于房地产开发投资及交易管理过程相当复杂，房地产市场上的大多数买家和卖家不可能有足够的经验和技能来处理房地产生产、交易、使用过程中遇到的各种问题，因此，房地产市场上的供给者和需求者有必要在不同的阶段聘请专业顾问公司提供咨询顾问服务。这些专业顾问人员主要包括：建筑师、规划师、环境顾问、交通顾问、房地产估价师、会计师、地产代理、物业管理经理、市场研究专家、经济师及造价工程师、律师等。

第四节 房地产开发企业及类型

一、房地产开发企业

企业是一个法律概念，是由法律赋予的人格化的民事行为主体。企业要依法成立，经主管部门核准登记，取得法人资格，从法律上确认企业法人的地位和规范企业法人的民事权利与责任。企业一般是指以营利为目的，运用各种生产要素向市场提供商品或服务，实行自主经营、自负盈亏、独立核算的具有法人资格的社会经济组织。

房地产开发企业，是指依法设立、自主经营、自负盈亏，实行独立核算，从事房地产开发与经营活动的具有企业法人资格的经济实体。

二、房地产开发企业类型

（一）按照企业产权关系划分

按照企业产权关系可将房地产开发企业分为全民所有制房地产开发企业、集体所有制房地产开发企业、中外合资形式的房地产开发企业、中外合作经营的房地产开发企业和外资房地产开发企业五种类型。

全民所有制房地产开发企业的财产属于全民所有，国家依照所有权和经营权分离的原则授予企业经营管理权，企业对国家授予其经营管理的财产承担民事责任。

集体所有制房地产开发企业是资产属于劳动群众集体所有、实行共同劳动，在分配方式上以按劳分配为主体的社会主义经济组织。

中外合资经营房地产开发企业是指中国合营者与外国合营者依照中国法律的规定，在中国境内共同投资、共同经营并按投资比例分享利润、分担风险及亏损的企业。

中外合作经营房地产开发企业是以确立和完成一个房地产开发项目而签订契约进行合作生产经营的企业，是一种可以有股权，也可以无股权的合约式的经济组织。合作方的权利和义务，包括投资或者合作条件、收益或者产品分配、风险和亏损的分担、经营管理的方式和合作企业终止时财产的归属等事项，均在合作企业合同中加以约定。合作双方签署的合同，经审批机关批准后，受国家法律保护。

外资房地产开发企业是指外国的公司、企业、其他经济组织或者个人，依照中国法律在中国境内设立的全部资本由外国投资者投资的房地产开发企业。外资企业依法取得中国的法人资格，按照国际税收惯例，我国应对其行使居民管辖权。

(二) 按照企业经营业务范围划分

按照企业经营业务范围可将房地产开发企业分为专营公司、兼营公司和项目公司三种类型。

房地产专营公司是指长期专门从事房地产开发、租售、中介服务及物业管理等某一方面经营业务的企业。

房地产兼营公司是指以其他经营项目为主，兼营房地产开发经营业务的企业。

房地产项目公司是指针对某一特定房地产开发项目而设立的企业。许多合资经营和合作经营的房地产开发公司即属于这种类型，其生命期从项目开始，当项目结束时终了，这种组织形式便于进行经营核算，是房地产开发企业常用的一种形式。

(三) 按照企业的资质等级划分

为了加强房地产开发企业资质管理，规范房地产开发企业经营行为，《房地产开发企业资质管理规定》将房地产开发企业按照企业条件分为一、二、三、四四个资质等级。各个资质等级的条件见表1-5所示。

表1-5 房地产开发企业资质等级条件

资质等级	从事房地产开发经营时间/年	近3年累计竣工房屋建筑面积/$10^4 m^2$	连续几年建筑工程质量合格率达100%	上一年房屋建筑施工面积/$10^4 m^2$	有职称的专业管理人员	中级以上职称的管理人员	有资格证书的专职会计人员
一级资质	≥5	≥30	5	≥15	≥40人	≥20人	≥4人
二级资质	≥3	≥15	3	≥10	≥20人	≥10人	≥3人
三级资质	≥2	≥5	2		≥10人	≥5人	≥2人
四级资质	≥1				≥5人		≥2人

《房地产开发企业资质管理规定》指出：未取得房地产开发资质等级证书（以下简称资质证书）的企业，不得从事房地产开发经营业务。房地产开发企业资质等级实行分级审批，一级资质由省、自治区、直辖市人民政府建设行政主管部门初审，报国务院建设行政主管部门审批；二级资质及二级资质以下企业的审批办法由省、自治区、直辖市人民政府建设行政主管部门制定。经资质审查合格的企业，由资质审批部门发给相应等级的资质证书。

新设立的房地产开发企业应当自领取营业执照之日起30日内，持下列文件到房地产开发主管部门备案，办理房地产开发企业资质：①营业执照复印件；②企业章程；③企业法定代表人的身份证明；④专业技术人员的资格证书和劳动合同；⑤房地产开发主管部门认为需要出示的其他文件。

房地产开发主管部门应在收到备案申请后30日内向符合条件的企业核发"暂定资质证书"。"暂定资质证书"的有效期为1年，延长期限不得超过2年，自领取"暂定资质证书"之日起1年内无开发项目的，"暂定资质证书"有效期不得延长。房地产开发企业应在"暂定资质证书"有效期满前1月内向房地产开发主管部门申请核定资质等级。

《房地产开发企业资质管理规定》规定：房地产开发企业的资质实行年检制度。对于不符合原定资质条件或者有不良经营行为的企业，由原资质审批部门予以降级或者注销资质证书。房地产开发主管部门应当将房地产开发企业资质年检结果向社会公布。

《房地产开发企业资质管理规定》规定：一级资质的房地产开发企业承担房地产项目的

建设规模不受限制，可以在全国范围承揽房地产开发项目。二级资质及二级资质以下的房地产开发企业可以承担建筑面积 25 万平方米以下的开发建设项目，承担业务的具体范围由省、自治区、直辖市人民政府建设行政主管部门确定。各资质等级企业应当在规定的业务范围内从事房地产开发经营业务，不得越级承担任务。

复习思考题

1. 房地产的含义是什么？
2. 房地产有哪些经济特性和社会制度特性？
3. 如何认识房地产业的含义及其基本特点？
4. 试述房地产开发的程序。
5. 试述房地产开发的主要参与者。
6. 试分析网络经济对房地产开发有何影响？
7. 让学生课堂讨论知名房企的发展历程及经营模式。

第二章　房地产开发项目前期策划

【本章提要】 本章主要介绍了房地产开发项目策划中涉及的有关房地产市场分析的步骤、内容、信息类型和市场调查的方法；房地产市场细分和目标市场的选择；房地产产品及其定位的方法和流程；房地产市场需求的预测方法和投资方向的选择以及房地产开发场地的选择等主要内容。

第一节　房地产开发项目策划概述

一、房地产开发项目策划的含义

（一）策划的概念

策划一词被各种媒体广泛使用，在很多影片的片尾都要出现策划一词，这一词已经成为目前的一个流行词。在我国，策划一词最早出现在《后汉书·隗嚣传》中"是以功名终申，策画复得"之句。其中"画"与"划"相通互代，"策画"即"策划"，意思是计划、打算。"辞海"中对策划的解释是"设计规划，密谋计划"。日本和田创认为：策划是通过实践活动获取更佳效果的智慧，它是一种智慧创造行为。美国企业管理学者认为：策划是一种程序，在本质上是一种运用脑力的理性行为，策划是对将来发生的事情所作的当前的谋划。

所以说，策划就是策略、谋划，是为达到一定目标，在调查、分析有关材料的基础上，遵循一定的程序，对未来某项工作或事件事先进行系统的、全面的构思、谋划，制订和选择合理可行的执行方案，并根据目标要求和环境变化对方案进行修改、调整的一种创造性的社会活动过程。

（二）房地产开发项目策划的含义

房地产开发项目策划是在房地产市场调查研究的基础上，就房地产项目开发的时机、项目选址、开发产品定位等，运用一定的分析工具和方法进行分析后做出的安排。对房地产开发项目策划的理解应当从以下几个方面进行：一是房地产开发项目策划具有明确的目的性；二是房地产开发项目策划是在市场调研和市场定位基础上进行的创造性活动；三是房地产开发项目策划应综合运用各种策划手段和创新性思维对各种资源进行整合；四是房地产开发项目策划要遵循特定的程序进行；五是房地产开发项目策划最终要形成可操作性的策划文本；六是房地产开发项目策划必须有专业化的团队分工。

二、房地产开发项目策划的特性

从房地产市场的角度看房地产开发项目策划具有以下一些特性。

（一）地域性

房地产开发项目策划的地域性体现在以下几个方面：第一，要考虑房地产开发项目的区域经济情况。在我国，由于各区域的地理位置、自然环境、经济条件、市场状况很不一样，要进行房地产项目策划就不能不考虑这些情况。第二，要考虑房地产开发项目周围的市场情况。从房地产市场来讲，房地产项目策划要重点把握市场的供求情况、市场的发育情况，以及市场的消费倾向等。第三，要考虑房地产项目的区位情况，如房地产项目所在地的功能区位、地理区位、街区区位等。

（二）系统性

房地产开发项目策划的系统性体现在以下几个方面：第一，房地产项目策划是一个庞大的系统工程，各个策划子系统组成一个大系统，缺一不可，密切联系，有机统一。第二，房地产项目开发从开始到完成，经过市场调研、投资研究、规划设计、建筑施工、营销推广、物业服务等几个阶段，每个阶段构成策划的子系统，各个子系统又由更小的子系统组成。第三，各个子系统各有一定的功能，而整个系统的功能并非简单的是各个子系统功能的总和，系统的结构与功能具有十分密切的联系。

（三）前瞻性

房地产开发项目策划的前瞻性体现在：房地产项目策划的理念、创意、手段应着重表现为超前、预见性。房地产项目完成的周期少则二三年，多则三五年甚至更长，如果没有超前的眼光和预见的能力，那么企业的损失将是巨大的。房地产项目策划的超前眼光和预见能力，在各个阶段都要体现出来。在市场调研阶段，要预见到几年后房地产项目开发的市场情况；在投资分析阶段，要预知未来开发的成本、售价、资金流量的走向；在规划设计阶段，要在小区规划、户型设计、建筑立面等方面预测未来的发展趋势；在营销推广阶段，要弄清当时的市场状况，并在销售价格、推广时间、楼盘包装、广告发布等方面要有超前的眼光。

（四）市场性

房地产开发项目策划的市场性体现在：房地产项目策划要适应市场的需求，吻合市场的需要。一是房地产项目自始至终要以市场为主导，顾客需要什么商品房，就建造什么商品房，永远以市场需求为依据；二是房地产项目要随着市场的变化而变化，房地产的市场变了，策划的思路、定位都要变；三是房地产项目策划要造就市场、创造市场。

（五）创新性

房地产开发项目策划的创新性体现在：房地产项目策划要追求新意、独创、永不雷同。房地产项目策划创新，首先表现为概念新、主题新。因为主题概念是项目的灵魂，是项目发展的指导原则，只有概念、主题有了新意，才能使产品具有与众不同的内容、形式和气质。其次表现为方法新、手段新。策划的方法与手段虽有共性，但运用在不同场合、不同地方，其所产生的效果也不一样。还要通过不断的策划实践，创造出新的方法和手段来。

（六）操作性

房地产开发项目策划的操作性体现在以下几个方面：一是在实际市场环境中有可操作的条件，市场条件不允许，操作好项目是相当困难的；二是在具体的实施上有可操作的方法；三是策划方案要易于操作、容易实施。经常有一些策划方案设计了非常理想的策略，但完全脱离了市场的客观实际或超出了发展商的负担能力和实施能力，因而也只能是空洞的纸上谈兵。

（七）多样性

房地产开发项目策划的多样性体现在：房地产项目策划要比较和选择多种方案。在房地产开发项目中，开发方案是多种多样的，要对多种方案进行权衡比较，扬长避短，选择最科学、最合理、最具操作性的一种。同时，房地产项目策划方案也不是一成不变的。应在保持一定稳定性的同时，根据房地产市场环境的变化，不断对策划方案进行调整和变动，以保证策划方案对现实的最佳适应状态。

三、房地产开发项目策划的作用

（一）房地产开发项目策划能提高开发企业的决策能力

房地产开发项目策划是在对房地产项目所在的市场调研后形成的，它是策划人分析房地产市场后给出的科学的决策建议。因此，它可以作为房地产企业的参考，使房地产开发企业及企业家决策更为准确，避免项目在运作中出现偏差，提高开发企业的经济效益，也增强了整个社会的效益。

（二）房地产开发项目策划能增强房地产开发项目竞争能力

随着房地产市场竞争不断加剧，不断创新的营销概念，不断突破的开发模式，一个个超级大楼盘相继出现，开发商的竞争压力不断加大。在这种情况下，优秀的房地产开发项目策划就能发挥它的特长，增强开发项目的竞争能力，使开发商赢得市场的主动地位。

（三）房地产开发项目策划能提高开发企业的管理创新能力

房地产企业要赢得市场，商品房要卖得出去，重点是管理创新。策划人帮助房地产开发企业管理创新，就是遵循科学的策划程序，从寻求房地产开发项目的问题入手，探索解决管理问题的有效途径。

（四）房地产开发项目策划能有效地整合房地产项目资源

房地产项目开发需要调动很多资源协调发展，如概念资源、人力资源、物力资源、社会资源等。这些资源在房地产策划还没参与以前，是分散的、零乱的，甚至是没有中心的。房地产开发项目策划能明确它们的功能，分析它们之间的关系，将它们整合在一起形成优势，为房地产开发项目顺利进行服务。

四、房地产开发项目策划的工作流程和阶段划分

（一）房地产开发项目策划的组织和工作流程

房地产项目策划的组织主要有两种途径：一是开发企业在企业内部选聘和组建策划部。二是开发企业在外部选聘专业的房地产策划公司做策划方案。随着房地产业社会化分工越来越细，更多的开发企业选择专业的房地产策划公司进行房地产开发项目的策划工作。

不管是选择哪种方式，房地产开发项目策划一般都要经过如图 2-1 所示的工作流程，来完成阶段的或全程的房地产策划方案。

（二）房地产项目策划的阶段划分

1. 房地产项目全程策划

房地产项目全程策划，简单地说就是对房地产

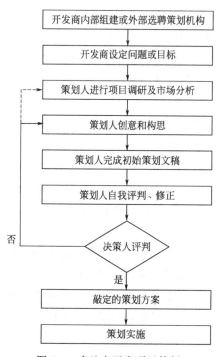

图 2-1 房地产开发项目策划主要工作流程图

开发项目进行全过程的策划,即从市场调研、土地取得、投资分析、项目定位、规划设计、建筑方案、建筑施工、项目形象、项目营销、品牌培植以及物业服务等各个方面都进行全方位策划❶。

2. 房地产项目策划的阶段

由于房地产项目的规模大小不一,房地产开发商的开发能力又不一定相同,因此,房地产开发商聘请专业房地产策划机构做的策划方案就不一定是全程策划。如果按照开发项目策划所涉及的时期,房地产开发项目策划大体分为了三个阶段:一是开发项目前期策划阶段,二是项目营销期策划阶段,三是项目售后期策划阶段。

开发项目前期策划主要做项目的区位分析、项目产品定位,以及物业管理建议、项目投资决策分析;项目营销期策划主要做项目主题和形象设计、价格和渠道的确定、促销和推广策划;项目售后期策划主要做物业管理策划。

房地产项目策划的阶段划分如图2-2所示。

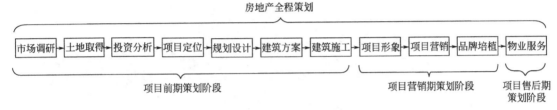

图 2-2 房地产项目策划阶段示意图

五、房地产开发项目策划的主要内容

(一) 房地产市场调查策划

房地产市场调查策划是指对房地产项目开发中涉及的诸多要素,比如:经济、政策、法规、规划、国土、市场、消费者、人文、地理、交通、商业、市政配套等进行的客观调查,并通过策划人科学系统的定量、定性分析和逻辑判断,寻找到满足项目众多元素的结合点,比如:城市规划条件的满足、房地产开发商经济合理回报的需要、购房消费者的有效需求等。简而言之,房地产市场调查是房地产开发项目策划的基础,房地产开发项目策划是房地产市场调查的归宿。房地产市场调查的成果及结论对后续各阶段的策划具有方向性和指导性,房地产市场调查是房地产开发项目策划的首要环节。

房地产市场调查策划的内容一般包括:房地产市场环境调查;房地产市场需求和消费行为调查;房地产产品调查;房地产价格调查;房地产促销调查;房地产营销渠道调查;房地产市场竞争情况调查。房地产市场调查的最终成果要写成房地产市场调查报告,在报告中提出若干建议方案,供开发商在决策时参考。

(二) 房地产投资策划

房地产投资策划与房地产项目开发经营的全过程是类似的,但其侧重点是房地产开发项目在各个阶段的决策分析。

房地产投资策划的主要内容是:项目投资方向的分析和选择、项目投资场地的选择、项目投资风险分析和项目的可行性研究。

---

❶ 丁烈云:《房地产开发》,中国建筑工业出版社,2010,第50页。

房地产投资策划的过程主要包括：收集市场信息；投资分析；土地开发权的获得；房地产建设开发；房地产营销管理。

（三）房地产项目主题策划

房地产开发最终展现在人们面前的是实实在在的房地产实体，而在此之前要有规划设计和建筑设计方案图纸。从设计的角度来看，这些设计往往需要表达一种主题，它们可以是某一可识别的内容，也可以是一种含义，还可以是某一预期形象。房地产项目主题概念是房地产产品与品牌的核心内涵。成功的主题策划往往赋予项目更多的精神内涵，引领一种新的生活理念和生活方式。

【案例1】某项目主题定位[①]

项目位于陕西省西咸新区秦汉新城板块，毗邻规划中的童世界，位于文化旅游城已建成的沣泾大道的北侧，汉惠大道（未建）以西，规划路（未建）以东（详见案例图1）。

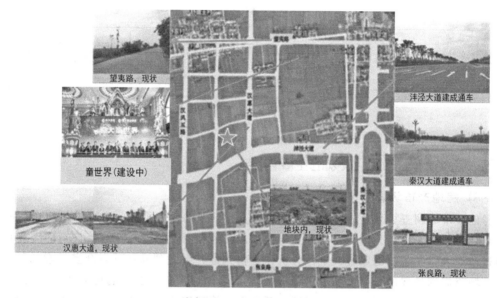

案例图1 宗地四至示意图

城市扩容让西安、咸阳两座古城在秦汉新城对接融洽，本项目居秦汉新城中轴，未来可期，空间上致敬秦汉盛世时代；文脉上悦见秦汉新城未来；周边两河多园大生态，坐拥文化旅游城商业、旅游、医教全配套，以西安童世界的发展远景为依托，采用"中魂西技"手法，通过"悦礼、悦境、悦品、悦享"四个维度打造一个"大都市工作，西西里生活"的全能、全龄互动的生态宜居区，居住格局上秉承传统居住礼序，居住理念上创新传统与现代兼顾的悦园生活，彰显历史文脉与现代生活的契合点。因此，本项目的主题定位为"致时代，悦未来"。

项目主题定位关键词：秦汉中轴/童世界旁/生态宜居/全龄人居/典范区

"秦汉中轴"（中心化）——西咸新区秦汉新城核心区域；

"童世界旁"（多元化）——承接旅游发展、产业联动发展的城市高度；

[①] 案例资料来源于西安财经大学2019届本科优秀毕业论文（工程管理，阮秋晨）。

"生态宜居"（人文化）——体现项目的生态资源、高品质的人居环境；

"全龄人居"（全生命周期）——全方位满足各年龄不同层次生活需求功能；

"典范区"（层级化）——坐拥文旅城商业、旅游、医疗、教育全配套的生活典范。

（四）房地产产品设计策划

房地产产品设计策划就是研究如何科学地制订房地产开发项目在立项之后的项目规划和建筑设计要完成的设计任务问题，摒弃单纯依靠经验确定设计内容和设计任务的不科学、不合理的传统方法，利用对开发项目目标所处社会环境及相关因素的逻辑分析和数理分析，研究开发项目任务书对设计的合理导向，制订和论证建筑设计任务，科学地确定设计内容，并寻找达到这一目标的科学方法。

在房地产项目主题确定之后，就可以按照确定的主题进行房地产产品设计策划。其主要内容包括：开发项目总体平面规划、套型、户型及户型比、户型面积、交通系数、公摊系数、使用系数、配置标准、环境景观设计等，房地产项目产品本身的品质是产品设计策划最主要的策划内容。

房地产开发项目产品策划是介于城市规划方案与建筑设计方案之间的一项重要"衔接"工作，也是我国目前房地产业发展过程中比较薄弱的环节，是房地产市场经济发展到今天的必然产物。

（五）房地产营销策划

房地产营销策划是指房地产策划人及开发商对将来要发生的房地产产品营销行为进行的超前决策。开发商为实现盈利的目的，达到预期的盈利目标，就必须与房地产策划人建立密切的关系，科学地分析房地产市场、顾客及与之相关的各种因素，然后创造性地运用自身的才能，力求在恰当的时间、适当的地点，以合适的价格和促销方式让顾客获得满足。如果开发商要推销一种理念，就有必要采取一定的策略和方式使顾客自觉地接受它，而在这个过程中，营销策划人员所做的分析、判断、推理、预测、构思、设计、安排、部署、实施等活动，就是房地产产品营销策划工作。

房地产营销策划就是将房地产市场调查、项目产品策划两阶段的策划成果，通过系统而形象的表现手法将产品的各种优势、卖点淋漓尽致地呈现给锁定的目标客户群。房地产营销策划的内容包括：房地产销售主题和概念策划、房地产价格策划、房地产营销渠道策划、楼盘形象包装策划、房地产促销组合和销售推广策划。

（六）房地产项目物业管理策划

物业管理就是物业管理企业受业主委托，以商业经营的方式管理物业，为业主和承租人提供高效、优质和经济的物业维护服务。项目物业管理策划的主要内容包括以下三点。

1. 物业经营

物业经营主要是指按房地产市场经济规律进行商业策划、制订并实施销售方案，或是评估租金，制订出租方案，以使物业保值甚至增值。现在的房地产开发物业管理活动可以向前延伸到销售阶段，因此，前期的物业管理活动有物业经营的工作内容。

2. 物业维护

物业维护主要是掌握房地产的变动和使用情况，使房屋得到及时修缮，保持房屋的使用功能，使房屋的数量、产权、建筑形式、完好程度、设备使用情况等及时准确地记录下来，及时变更有关记录；此外，工作还包括物业管理公司内部财务、人事上的综合管理，以保证经营、服务的正常运行的策划。

3. 物业服务

物业服务主要是指及时、准确地满足业主要求，如保洁、保安、绿化及各种特约服务的策划。

物业管理策划的主要作用是体现房地产产品或开发企业品牌的延伸策划，包含房地产产品的售前、售中、售后各服务阶段。物业管理质量对开发企业品牌和后续项目的投资开发有着很大的影响，物业管理策划的作用愈来愈明显。

第二节　房地产市场分析

一、房地产市场分析的基础——市场调查

（一）房地产市场调查的概念和实施步骤

1. 房地产市场调查的概念

房地产市场调查是指开发投资者用科学的理论和方法及现代化的调查技术手段，系统地收集、整理及分析确定市场机会所需信息资料的过程。

2. 房地产市场调查实施步骤

（1）明确目标　即确定研究对象的类别和范围，明确需要解决的问题。

（2）制订研究计划　即根据研究目标、资金情况和研究力量，制订一个收集必要信息的最有效的计划。

（3）组织实施计划　即按计划规定的时间、方法、内容、步骤进行信息资料收集工作。

（4）分析和处理信息　即对数据进行编辑加工、分类归档，并对数据进行分析，在数据之间建立起联系。

（5）提出研究报告　报告一般包括以下内容：引言（说明研究目的、对象、范围、方法和时间等）；摘要；正文（宏观因素分析、与特定项目相关的因素调查和分析）；结论与建议；附件。

（二）房地产市场调查的主要内容

房地产业是一个综合性非常强的行业，涉及面广，决定了房地产市场调查也是一个综合分析的过程。房地产市场调查的内容主要包括以下几个方面。

1. 市场环境调查

（1）宏观环境调查　市场环境处在不断变化之中，总是不断产生着新的机遇和危机，房地产开发需要从变化中发现商机。宏观环境是房地产市场调研最重要的任务，为房地产开发的科学决策提供宏观依据。房地产市场宏观环境主要包括经济环境、政策环境、人口环境、文化环境、行业环境等。

（2）区域环境调查　区域环境调查是指对项目所在区域的城市规划、景观、交通、人口构成、商圈等区位条件进行分析，对项目地块所具有的区位价值进行判断。具体包括以下几个方面。

① 结合项目所在城市的总体规划，分析项目的区域规划、功能定位、开发现状及未来定位。

② 进行区域的交通条件研究。

③ 对影响区域发展的其他因素和条件进行研究，如历史因素、文化因素、发展水平等。

④ 对区域内楼盘的总体价格水平与供求关系进行分析。

(3) 项目微观环境调查　项目的微观环境调查又称为项目开发条件分析，其目的是分析项目自身的开发条件及发展状况，对项目自身价值提升的可能性与途径进行分析，同时为以后的市场定位做准备。主要包括以下几个方面。

① 对项目的用地现状及开发条件进行分析。

② 对项目地块的周边配套和环境进行分析。

③ 对项目的对外联系程度、交通组织等进行分析。

2. 消费者调查

(1) 消费者的购买力水平调查　消费者的购买力水平是影响住房消费最重要的因素，它直接决定了消费者的购房承受能力。

(2) 消费者的购买倾向调查　消费者的购买倾向主要包括物业类别、品牌、户型、面积偏好、位置偏好、预期价格、物业管理、环境景观等。

(3) 消费者的共同特性调查　主要包括消费者的年龄、文化程度、家庭结构、职业、原居住地等。

3. 竞争楼盘调查

竞争楼盘分为两大类，一类是与所在项目处在同一区域的楼盘；另一类是不同区域但是定位相似的楼盘。竞争楼盘调查主要包括以下几个方面。

(1) 产品　主要指产品所在区位和产品特征。区位包括位置、交通条件、周边环境、发展规划等。产品特征包括建筑参数、面积户型、装修标准、配套设施、交房时间等。

(2) 价格　价格是房地产营销中最基本、最便于调控的因素，一般从单价、总价和付款方式来描述一个楼盘的价格情况。

单价是楼盘各种因素的综合反映，反映的是楼盘品质的高低，是判断一个楼盘真正价值的指标。总价反映的是目标客户群的选择，通过总价能够掌握产品的市场定位和目标市场。付款方式是房屋总价在时间上的一种分配，实际上也是一种隐蔽的价格调整手段和促销工具，用以缓解购房人的付款压力，扩大目标客户群的范围，提高销售率。

(3) 广告　广告是房地产促销的主要手段，包括售楼处、广告媒体、广告投入强度和诉求点等。

售楼处地点选择、装修设计、形象展示是整体广告策略的体现。广告媒体主要有报刊和户外媒体，在实际工作中，选择的媒体应与产品的特性相吻合。广告投入强度可从户外媒体的块数和大小、报刊刊登的篇幅和次数来判断。广告的诉求点也就是物业的卖点，反映了开发商想向购房人传达的信息，是产品竞争优势的展示。

4. 销售情况

销售情况是判断一个楼盘优劣最终的指标，但是它也是最难获得准确信息的，主要包括以下内容。

(1) 销售率　销售率反映了一个楼盘被市场接纳的程度。

(2) 销售顺序　销售顺序是指不同房屋的成交先后顺序，可以按照总价的顺序，也可以按照户型或是面积的顺序排列。从中可分析出不同价位、不同面积、不同户型的产品被市场接纳的程度，反映了市场需求结构和细节。

(3) 客户群分析　通过对客户群职业、年龄、家庭结构、收入的统计，可以反映出购房人的信息，从中分析其购买动机，找出本楼盘影响客户购买的行为因素，以及各因素影响力的大小。

通过对竞争楼盘的调研，可以分析竞品的规划特点、价格策略、广告策略和销售的组织、实施情况，以此为基础可制定本公司项目的市场定位和营销策略。

二、房地产市场分析的内容

房地产市场是从事房产、土地的出售、租赁、买卖、抵押等交易活动的场所或领域。房产包括作为居民个人消费资料的住宅，也包括作为生产资料的厂房、办公楼等。土地包括国家所有的土地和集体所有的土地。一般说来，土地市场的交易活动是土地使用权的转让或租赁。

房地产市场分析是指对房地产市场的投资环境、房地产产品供需状况、市场趋势所进行的调查和分析。房地产项目前期策划的主要内容之一就是做房地产市场分析，然后再进行市场投资机会的选择。

（一）房地产开发市场分析的步骤

1. 房地产开发市场分析的目的

（1）把握投资机会与方向　房地产市场包括土地使用市场、房产市场、房地产资金市场、劳务市场、技术信息市场等。房地产市场分析的目的之一就是掌握相应市场信息资料，对市场进行预测，在不同的市场之间进行比较选择，从而确定最优的投资方向。

（2）对拟开发项目进行市场定位　房地产市场分析就是为了发现市场机会，实现目标市场销售。目标市场是房地产企业确定的作为服务对象的某些具有相同消费需求的群体所组成的市场。确定项目的目标市场后，就可以结合项目本身的条件对其进行市场定位。

（3）指导项目的规划设计　不同的消费市场对房地产产品的规划设计要求是不同的，在确定了项目的目标市场之后，应根据目标客户群体的消费偏好进行房地产产品的规划和设计，这一点也正是建立在房地产市场分析的基础之上的。

2. 房地产开发市场分析的重要性

房地产开发企业的市场环境是不断变化的，开发商必须通过对房地产市场的调查，了解消费者对房地产产品的最新需求，以及对现有房地产产品的最新意见，以寻找房地产项目开发的最佳市场切入点，从而不断开拓市场，提高企业在市场上的占有率。房地产市场分析与预测的重要性主要体现在以下几个方面。

（1）开发商对拟开发项目没有或很少有相关的经验　中国的房地产市场是一个迅速发展起来的市场，20世纪90年代的房地产市场还可以凭开发商个人的胆量和经验取得房地产开发的成功，但随着我国房地产市场迅速发展，变化莫测的市场使很多开发商对市场的认识和把握能力略显不足。因此，有必要对房地产市场进行调研和市场分析。

（2）开发项目持续时间较长，市场的变化是不可避免的　早期的房地产项目规模相对较小，市场开发的时间短，竞争弱，但随着配套齐全、容量大的超级房地产开发项目的出现，开发项目持续三五年甚至十几年的情况也比较多了。在此期间市场的变化是在所难免的，因此需要运用更为科学的市场分析和预测方法对房地产的未来走势进行预测和分析，以把握房地产发展的正确方向，规避风险。

（3）市场情况不确定因素较多　影响房地产市场的不确定性因素有自然、经济、社会、政策等，这些因素对房地产市场的影响有时会很大，必须进行科学的房地产市场分析。

3. 房地产开发市场分析的具体步骤

(1) 确定市场分析的目的　房地产市场分析要围绕"服务决策"这个根本的目的来进行，向开发商提供观念正确、事实准确、分析科学、结论可靠的房地产市场分析报告，以期全面、客观地了解实际情况，进而作出正确决策，规避房地产开发风险。

(2) 确定市场分析的目标　这里主要是指房地产市场区域界限的确定，它是房地产市场分析的基本单位，具有完整的房地产市场特征范围，一般以行政区划来划分。

(3) 确定市场分析的方法　市场分析的方法运用是否得当，直接影响着市场分析的质量。在房地产市场分析方法的选择和运用上，要提倡科学性、客观性，反对片面性、局限性。既要注意定性分析，也要搞好定量研究；既要收集历史资料，也要预测未来；要运用统计分析、预测研究、社会调查、计算机处理等先进的调研方法和科学的分析手段。

房地产市场分析的方法有：SWOT分析法、比率-人口相乘法、马利兹亚城市商业房产需求预测法、房地产开发度指数（power ratio）法、建筑策划差异法、目标客户需求定位法、头脑风暴法等，其中常用的方法是SWOT分析法。在项目前期策划阶段，策划师一般要针对项目的地理环境、人文环境、政治环境、经济环境和竞争环境等要素进行全方位的SWOT分析。SWOT分析法包含以下三大步骤。

① 分析环境因素。利用各种研究方法，分析项目内部环境因素和外部环境因素。内部环境因素包括优势因素和劣势因素，它们是项目自身存在的积极和消极因素，属于主动因素，一般分为管理、组织、经营、财务、销售等不同的方面。外部环境因素包括机会因素和威胁因素，它们是影响项目发展的有利和不利外部因素，属于客观因素，包括政治、经济、社会、人口、市场、竞争等不同的方面。在调查分析这些因素时，不仅要考虑到历史与现状，更要考虑未来的发展趋势。

② 构造SWOT矩阵。将调查得出的各种因素根据轻重缓急或影响程度等排序方式构造SWOT矩阵。在此过程中，那些对公司或项目发展有直接的、重要的、迫切的、久远的影响因素优先排列出来，而将间接的、次要的、不急的、短暂的影响因素排列在后面。

③ 制订相应对策。在完成环境因素分析和SWOT矩阵构造后，便可以制订出相应的对策。制订对策的基本思路是发挥优势因素，克服劣势因素，利用机会因素，化解威胁因素；考虑过去，立足当前，着眼未来。这些对策包括：WT对策，即考虑劣势因素和威胁因素，努力使这些因素的影响趋于最小；WO对策，即注重考虑劣势因素与机会因素，努力使劣势因素趋于最小，使机会因素趋于最大；ST因素，即弥补不足，把握机会，着重考虑优势因素和威胁因素，努力使优势因素趋于最大，使威胁因素趋于最小；SO对策，对于有些项目劣势，在无法弥补的情况下，只能采取扬长避短的策略，发挥项目优势，把握市场机会。

【案例2】 某项目SWOT分析

SWOT分析一览表

优势 （strength）	片区价值：项目处于大西安房地产发展的新崛起板块，西咸新区中心位置，市场认可度较高，有较好的市场预期。 交通优势：规划轨道交通17号线穿过项目区，13号线城际轨道、多条快速道路，距机场仅10分钟车程，距北客站30分钟车程，对外交通条件好，有利于承接主城区外延性需求。 环境优势：项目内部绿化率高，生活休闲资源丰富，生态环境良好，临近泾河，景观朝向优越，周边建筑遮挡较少，有利于项目整体采光。 升值潜力：位于西安恒大文化旅游城内，容易聚集大盘规模气势，毗邻规划中的童世界，有利于产业集聚和联动发展，升值潜力大

续表

劣势 (weakness)	噪声影响：临近快速路，距离机场较近，有噪声污染，影响居住感受。 交通出行：项目目前规划公交线路少，辐射范围小，短期内无地铁利好消息，出行不便利。 生活配套：本项目所在区域非秦汉新城主中心城区，还需要一定时间发展，周边目前人气不旺，部分村庄农田待拆迁，居住氛围差，缺乏日常商业配套，近期将不会有明显的改善，居家生活便利性不强
机会 (opportunity)	区域升温：秦汉新城近年招商力度不断加大，房地产市场持续升温，项目目标客户群不断涌入，外来客户区域认同感逐渐增强，价值得到进一步提升，经济发展迅速，有利于住房市场购买力的提高，市场可挖掘空间巨大。 市场空白：项目所属区域塬北综合服务区内缺少中高端住宅和大型商业，项目具有后发优势。 政策支持：秦汉新城需要一个特色产业推进地区经济实力及核心竞争力，升级消费服务链，项目得天独厚毗邻童世界——秦汉新城文旅产业大IP，且国家及区域政府大力支持发展文化产业，秦汉新城旅游业发展迅速，观光投资客逐年增加，且区域内不限购，为投资客提供了较高的投资回报率
威胁 (threat)	宏观政策：目前西安抑制投资的宏观导向，对项目有连带影响，同时未来的调控政策为未来秦汉新城楼市带来不确定因素。 区域分流：区域内其他板块同时发展对项目客群有一定的分流，并与本项目形成正面竞争。 特色发展：主城区客户跳出主城区置业仍有区位及品质方面的障碍，如何区别于其他项目，并形成发展有自身特色的项目对本案至关重要
SO 对策	依托城市稀缺景观资源和文化旅游城，定位中高端，以品质领衔塬北宜居区域
WO 对策	渲染未来价值，通过完备项目自身配套、区域规划利好弱化现阶段的居住氛围差、不成熟等不利因素
ST 对策	以配套、资源、品质、大盘气势等核心竞争力填补市场空白点，跳出市场宣传效果的重叠，尽快抢占西安、咸阳等市场，分流竞争项目的客户
WT 对策	项目有交叉地进行连续规划开发，并分期销售一定量现金流产品，减小风险

（4）开展各个层次的市场分析　房地产市场是一个系统的市场，在进行房地产市场分析时要做好以下各个层次的市场分析。

① 进行区域经济环境和市场分析。主要包括考察整个区域经济环境，判断区域房地产市场处于何种发展阶段，找到影响房地产市场变化的主要因素，对区域房地产发展前景进行预测。

② 专业市场分析。按照物业类型进行市场细分，对各专业市场的供给和需求进行对比预测。包括对各专业市场的供求关系、空置率、市场成交量、市场吸纳能力和速度的罗列和预测，从而揭示各专业市场的需求潜力及分布状况。

③ 项目市场分析。根据对市场潜力、竞争对手及目标客户的分析，找到项目的机会点，预估房地产项目的市场占有率。

（5）提出市场分析的结论与建议　在以上研究分析的基础上，需要在房地产市场分析报告中给出明确的市场分析研究结论。

（二）房地产开发市场分析的内容

房地产开发市场分析的内容较为复杂与多样，归纳起来主要有以下一些内容。

1. 房地产市场宏观因素分析

（1）政治因素　是指国家及地区的政局的稳定性，政策是否连续，法律法规是否健全，与周边地区及整个国家的外交状况，历届政府是否主要致力于发展经济，有无地区壁垒乃至冲突的可能等。

（2）经济因素　是指项目所在地区的经济发展状况，包括国民收入、物价与通货膨胀水平、利率、消费模式、私人投资工具的收益率以及国际贸易状况和外资动向等。

（3）人文、地理因素　是指项目所在地的人文状况、地理条件、居民文化程度和偏好。

（4）宗教信仰和习俗　是指地区长期形成的信仰习俗对消费者选择物业类型的倾向性，这对于了解消费者心理是非常重要的。

（5）法律因素　是指国家或地区对项目所在地外来投资的保护政策或优惠政策和税收政策。

2. 房地产市场状况分析

房地产市场状况分析主要要做以下区域性因素分析。

（1）地区经济发展水平　包括房屋价格水平、收入支出水平、文化程度、出租车价格、重工业与轻工业的比例、城市建设面积占该市总面积比例等。

（2）地区产业结构和发展政策　包括第一产业、第二产业和第三产业所占地区经济的比例、数量；地区政府对各个产业未来发展的政策。

（3）地区发展战略　主要是政府对地区经济、社会发展中的各方面关系和对地区经济发展的指导思想所要达到的目标、所应解决的重点和所需经历的阶段以及必须采取的对策的总筹划和总决策。

（4）人口因素　包括人口的数量、质量、人口的构成、人口的发展、人口分布和迁移等各种因素的综合范畴。

（5）环境因素　影响房地产价格的环境因素包括大气环境、声学环境、卫生环境、视觉环境、水文环境等的状况。

3. 针对房地产开发项目的相关因素分析

房地产项目相关因素分析主要做以下微观市场因素分析。

（1）地段位置与技术因素　主要指地段与城市中心的相对位置关系及地段的地形、地貌、水文地质状况及承载力等技术因素。

（2）基础设施与公共设施　城市基础设施是指城市中的上下水、电、气、热、通信、道路和公共交通等设施；公共设施是指学校、文化、娱乐、商业服务和行政办公等设施。基础设施完善、公共设施齐全的地段，具有优越的区位环境，具有乐观的市场前景。

（3）邻里影响　是指地段周围的社会经济环境给地段造成的影响。用经济学术语来讲，有利的邻里影响将成为项目的外部效益，不利的邻里影响将成为项目的外部成本。

（4）规划控制　规划控制的主要条件是土地使用性质和开发强度。土地使用性质决定了项目的类型，开发强度决定了项目的规模。

4. 竞争性分析

基于之前对竞争楼盘的调查，对其产品设计、产品定价、广告策略、销售渠道进行研究，并对未来竞争情况进行分析与估计。

第三节　房地产市场细分与目标市场

由于房地产消费者构成极为复杂，不便于我们进行把握和控制，因此，有必要对房地产市场进行细分，然后，根据房地产项目的定位去确定目标市场。

一、房地产市场细分

(一) 市场细分的内容

1. 市场细分的概念

房地产市场细分是指将整个房地产市场按照购买者的需求特性,划分为若干个具有相同需求的消费者群体组成的细分市场。即市场细分的目的是将具有类似需求的消费者加以分类,以便于营销者了解顾客需求差异,发现市场机会。

2. 市场细分的意义

市场细分的目的是确定目标市场,明确营销目标,从而赢得市场竞争优势。

3. 市场细分的作用

(1) 为房地产企业提供了市场机会　特别是在房地产市场由卖方市场转变为买方市场的情况下,可更好地寻找市场空缺,避免过度竞争,从而保证房地产商品的销售和资金迅速回笼。

(2) 有利于中小房地产企业开发市场　由于中小房地产企业的规模小、资金有限,所以必须占领适合于自己企业特质的房地产细分市场去做开发。如果中小房地产企业善于发现、细分出一个与本企业的实力和优势相适应的小市场,推出相应的房地产产品或服务,往往能获得较好的经济效益。因此,房地产细分能让中小房地产企业避免过度竞争,它是适合于中小房地产企业开展营销活动的一个有效的方法。

(3) 有利于集中资源,提高房地产企业的核心竞争力和长期竞争优势　通过市场细分,企业就能找到最适合自己的一项或几项经营业务,增强市场调研的针对性,提高企业对市场的应变能力,从而使企业把自己的人、财、物资源相对集中地投入到这些业务中,针对目标市场制定适当的营销组合策略,取得最大的经济效益。

(4) 有利于制定、调整房地产企业的营销战略和策略　房地产市场细分可以帮助房地产开发企业及时了解房地产目标客群的特殊需求偏好及变化,帮助房地产开发企业制定准确合理的产品定位,并据此采取灵活有效的房地产市场营销策略。也即根据目标市场的需要改良现有房地产产品和开发新的房地产产品,使之适销对路。

(二) 房地产市场细分的程序

房地产市场细分按如下基本程序进行。

1. 调查阶段

房地产市场调查应贯穿于市场细分的始终。该阶段的调查,是指在营销目标初步确定之后,按照目标所确定的市场和范围进行的调查,调查的深度视市场分析人员对市场熟悉的程度和对市场信息把握的程度而定。

2. 分析阶段

分析阶段的主要工作是对调查资料的研究。在分析阶段,市场研究人员不仅要依据自己的直觉、理性分析、感性经验、逻辑推理对所收集到的信息资料进行真伪判断、可信度与可利用价值的判断,而且要利用各种统计分析工具从大量的调查数据中,寻找出某种规律性的东西。

3. 市场划分

市场划分即依据市场调查资料和统计分析结果实施市场分割。这一阶段依据市场分割的细化程度又可划分为如下四个环节。

(1) 市场初步分割 即依据细分变量对市场类型进行初步划分。如依据顾客主要特征把消费者划分为不同的类型。

(2) 筛选 即对初步分割的市场进行深入研究，寻找主要特征变量。如研究潜在顾客群体的差异，寻找主要特征，剔除次要因素，分析不同需求，舍去共同需求。

(3) 命名 对初步选定的细分市场进行标识。应采用形象化的方法，对细分市场进行简单及富有艺术性的处理，命名标识细分市场的特点。

(4) 检验与评估 对拟定的细分市场依据进行检查，对其有效性与可行性进行评估，对市场规模、市场范围、市场经济进行预测，为决策者提供可靠的评估报告。

(三) 房地产市场细分依据

1. 房地产市场细分参数的选择应注意的问题

① 根据房地产的社会经济用途，房地产市场可分为住宅市场和生产经营用房地产市场，这两类市场需求主体差异很大，应分别对其市场细分参数进行讨论。

② 房地产市场细分充分显示出消费者对房地产周围环境的评价和偏好。

③ 房地产市场细分应注重消费者对房地产管理和服务的需求。

④ 市场细分参数不是一成不变的，企业应树立市场动态变化的观念。

⑤ 在进行市场细分时，可以按一个细分参数细分市场，但大多数情况下，应把多种细分参数结合起来进行细分。

2. 住宅市场的细分因素

(1) 地理因素 地理因素作为住宅市场细分变量主要是指潜在消费者的地理分布状况。如地区、地域特征、城市规模、人口密度，以及地区自然环境、生活环境、交通环境等。潜在的消费者原来所处的地理环境或多或少地影响着消费者的生活方式，也影响着他们对新购住房的需求偏好。地理因素还是预测市场规模的重要因素。

(2) 人口因素 人口因素是消费者群体分类的基本变量。如人口的年龄、性别、家庭结构、职业、文化程度、宗教、民族、收入水平等，均可作为市场细分的因素。

家庭结构因素包括三个方面：①家庭规模，指家庭人口数的多少以及家庭组织范围的大小。社会经济发展程度越高，家庭规模就越小。②家庭类型，分为单身家庭、夫妻家庭、核心家庭（一对夫妻和其未婚子女构成）、主干家庭（有两代以上的人，而每代只有一对夫妻组成的家庭）、联合家庭（有两代以上的人，而每代只有两对以上夫妻组成的家庭）、其他家庭。③家庭代际数，是指家庭成员中由几代人构成。

年龄因素中年龄分组通常关注的是青年、中年和老年组的分类。不同的年龄结构，对居住环境有不同的要求，购买力水平也有一定的差距。如青年群体大多喜欢交通方便、新潮的住宅，受支付能力的限制，大多倾向于小户型；中年群体对居住环境有更高的要求，并考虑教育配套；老年群体在购房时优先考虑的往往是就医、购物的方便程度。

收入水平因素是住宅市场细分的一个重要因素。不同收入水平的家庭对住宅的需求数量和质量要求是不同的。随着人们收入水平的提高，住宅需求的类型从生存型到发展型乃至享受型发展。

至于职业、文化程度、宗教、种族、民族之类的人文因素，都是影响住房需求的变量。如职业与文化程度决定着住房消费偏好，以及对居住环境、配套设施的特殊要求；由于宗教信仰、种族、民族等因素的作用，往往会形成完全不同类型的消费群体及某些特殊的消费偏好。

(3) 心理因素 心理细分是以人们购买住宅的动机、生活方式以及个性等心理参数作为划分住宅消费者群的基础。

① 购买动机。自用或投资。自用住宅主要着眼于住宅的使用价值，投资住宅着眼于获利性。

② 生活方式。指人们对消费、工作和娱乐的特定习惯和倾向性方式。

③ 个性。表现在对住宅的式样、装修、色彩、室内平面布局、邻里关系和区位环境等方面的心理偏好。

（4）行为因素　行为参数是指人们对住宅产品的知识、态度、使用。不少经营者相信行为参数是创建细分市场的最佳起点。

① 使用时机。根据人们对住宅产生需要、购买或使用的时机加以区别，抓住消费者对住宅的使用时机，及时提供与需求相一致的各类住宅产品及管理服务，是企业开拓和占领新的住宅市场的有效策略。

② 追求利益。根据购买者对住宅所追求的不同利益而形成的一种有效的细分市场方式。

③ 购前阶段。已知→了解→深入了解→希望占有→沟通→实施购买。

住宅市场细分因素一览如表 2-1 所示。

表 2-1　住宅市场细分因素一览表

客群分类	标签	家庭特征	置业动机及特点	支付能力	产品需求	置业关注点
塔尖族	神秘人物、行业领袖	大太阳多口之家	占据城市顶级资源，对价格不敏感，注重资源稀缺性	超高	顶级别墅，大尺寸三房或以上	不可复制的资源、地段、顶级物业、私密性、配套及服务
悦享族	高收入圈层生活品质	中年夫妻多口之家	社会地位提升，有跟风炫耀倾向，注重圈层及住宅档次	中高	别墅、舒适三房或以上	高素质居民、环境、景观、私密性、物业管理及服务
重教族	学区以孩子为中心	小太阳大太阳	为孩子有更好的成长环境和教育资源，注重社区人文环境、氛围和管理	中高	舒适三房或以上	重点学校，邻里素质高，能给孩子提供安全、健康的成长环境
乐活族	年轻、享乐主义、注重社交、生活便利性	单身青年青年之家	拥有独立空间，享受生活，注重品位、个性及情调	中低	核心区域两房为主	健身娱乐、优质户型、年轻化社区氛围、交通、商业配套
功改族	中产、上升期、功能空间	小太阳大太阳多口之家	家庭结构变化，需求更多空间，注重功能性、成熟生活氛围	中低	紧凑舒适三房为主	基本配套齐全、功能性、空间利用率大、最好有赠送面积
安居族	中产白领安家	小太阳青年之家	安家置业、结婚生子，注重区位、交通配套等各方面均衡	中低	两房和功能三房，依赖区位、受价格限制	注重配置均衡、无明显硬伤
聚巢族	大家庭传统务实	大太阳多口之家	家庭结构变化，更好地照顾老人，价格敏感，追求低生活成本	低	远郊功能三房	注重公共交通、规模便利店、超市、中小规模医疗机构
扎根族	外来、奋斗、扎根	小太阳青年之家	安家落户、融入城市，价格敏感，注重交通、配套等	低	近郊两房、远郊功能三房、总价受限	注重低总价、公共交通便利，具备发展潜力
养老族	老年健康	独身老年夫妻	安度晚年、康居养老，注重配套服务，老年活动中心设施	低、中低	紧凑舒适一至两居，布局合理，动线方便	注重环境、基本生活配套齐全、重点医疗资源

3. 生产经营用房地产市场的细分因素

（1）最终用户　是指最终使用生产营业用房的需求者。可划分为加工制造业、商业、金融业、宾馆服务业、文化娱乐业等。

（2）顾客规模　是指具体的最终用户对生产经营用房地产需求量的大小。

（四）有效市场细分的条件

1. 可衡量性

是指各个细分市场的现实（或潜在）购买力和市场规模大小应是可以识别和衡量的，如经济适用房的开发。

2. 可进入性

是指房地产开发经营企业有可能进入所选定的细分市场程度。主要表现在三方面。

① 企业具有进入这些细分市场的条件。
② 能够把产品推广到该市场的消费者面前。
③ 产品能进入该市场。

例如有经营特色的物业管理公司，对于较分散的物业市场前两个条件具备，但是暂时不能进入。

3. 可盈利性

是指房地产经营企业所选定的细分市场的规模足以使本企业有利可图。

4. 可行性

是指房地产经营企业所选定的细分市场，能够制订和实施相应有效的市场营销计划。

二、房地产目标市场选择

目标市场就是企业决定进入的那个市场，英文称作 targeting，即企业经过市场细分，以及对细分市场评估后，决定以相应的商品和服务去满足细分市场需要和服务的顾客群。就房地产企业而言，目标市场就是一个为满足市场细分的特定项目，以及该项目一系列的开发理念、市场定位、卖点设计等营销策略组合。

（一）目标市场选择的主要因素

目标市场选择的主要因素有市场规模、资源条件、盈利性因素、风险性因素、政策性因素等。

1. 市场规模

市场规模是指细分市场的规模大小及其发展潜力。具有足够发展空间的市场，即使当前的市场规模不够大，仍然具备吸引力。对于房地产项目而言，市场规模的大小往往成了影响目标市场决策的首要因素。

2. 资源条件

资源条件是指公司所拥有的或公司能筹集到的可供支配的资源。对于房地产公司而言，从事房地产项目开发所涉及的主要资源条件有资金、土地、技术和人力资源。资金是第一位的，任何一个新的目标市场的决策，首先遇到的就是资金问题，只有筹集到足够多的资金，项目才能决策；土地是房地产项目立足的根基，只有找到了适宜于细分市场开发的土地，目标市场才能够确定；技术是指公司从事该类房地产项目投资运营、开发建设的技术力量；人力资源是指公司所拥有的具备同类项目开发建设及经营管理的人才。

3. 盈利性因素

盈利是指扣除投资成本后的收益。目标市场的盈利性主要取决于目标市场的结构吸引力，由竞争对手、替代品、购买方以及潜在的进入者共同决定。

4. 风险性因素

风险是指由于意外因素影响，使项目收益偏离预期投资收益的程度。风险客观存在于一切项目投资过程中，用来描述房地产项目投资风险的主要指标有投资风险损失强度和投资风险分布状况。

5. 政策性因素

政策性因素是指项目所在国和所在地当时颁布的与项目有关的各种法律、法规、产业政策。应从有利和不利两方面分析对项目带来的影响。对于房地产开发项目而言，最主要的政策性因素有城市规划、利率政策、环境保护政策、住房政策、土地政策、税收政策等。

（二）目标市场的选择模式

企业对不同的细分市场进行评估后，选择最有吸引力的细分部分作为自己的目标市场，通常采用"产品-市场矩阵图"的方法。此法以矩阵的"行"代表所有可能的产品，以"列"代表细分市场（即顾客群）。企业在选择目标市场时，可选择的模式有五种类型。

1. 产品与市场集中化

这是指企业的目标市场无论从市场还是产品角度，都是集中于一个细分市场。该模式意味着企业只生产一种产品，只供应给某一客户群。

2. 产品专业化

这是指企业向不同顾客同时供应某种产品。

3. 市场专业化

这是指企业向同一客户群供应不同种类的产品。

4. 选择专业化

指企业决定有选择地进入几个不同的细分市场，为不同客户群提供不同种类的产品。

5. 完全市场覆盖

这是指企业想用各种产品，满足各种客户群体的要求。

一般来说，企业总是首先进入最有吸引力、最有利可图的细分市场，只有在条件和时机成熟时，才会逐步扩大目标市场范围，进入其他细分市场。

【案例3】 某项目客户定位

经过前期大量的市场调研和数据收集，本项目客户定位为以下三类：第一，地缘性客户，城市建设中该区域的一部分居民，满足其住房消费需求；第二，周边产业为区域带来的数量可观的中高收入人群，满足其工作就近自住需求；第三，由于主城区限购，城市人口外溢和环线扩张，有改善住房、养老、置业投资等需求的西安、咸阳、陕西区域周边县市甚至部分外省人群。客户定位层次图如案例图2所示。

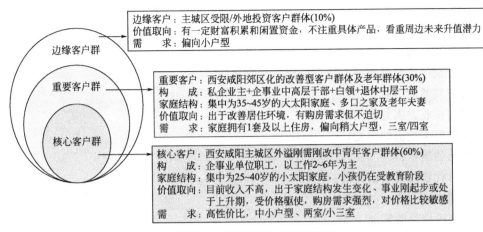

案例图 2　某项目客户定位层次图

第四节　房地产产品定位

开发商在房地产目标市场确定之后，就要在该市场上进行企业和产品市场的定位。它是开发商确定进行规划设计和建筑设计的前提条件，起着营销和策划导航的作用。

一、房地产产品的概念与产品类型

（一）房地产产品的现代概念（产品整体概念）

房地产产品是指能够满足消费者或用户某种要求或欲望的任何有形的建筑物、土地和各种无形的服务或权益。房地产产品是由核心产品、形式产品和附加产品所组成的立体复合体，如图 2-3 所示。

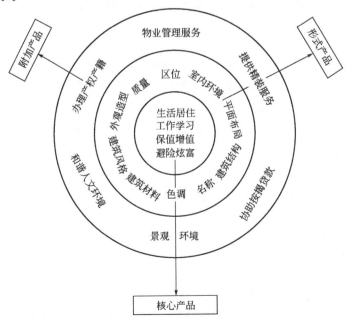

图 2-3　房地产产品的整体概念图

1. **房地产核心产品**

房地产核心产品是指能满足消费者的基本利益和使用功能的房地产产品。主要包括：

① 生活居住需要，如住宅、公寓和别墅等；

② 办公及生产经营需要，如办公楼、写字楼等；

③ 投资获益的需要；

④ 得到税收方面好处的需要；

⑤ 获得资本增值的需要；

⑥ 保值的需要；

⑦ 为后代积累财富的需要；

⑧ 炫耀心理需要；

⑨ 分散投资风险需要。

2. **房地产形式产品**

房地产形式产品是房地产核心产品的基本载体，是房地产的各种具体产品形式，是消费者识别房地产产品的基本依据，一般包括：房地产的区位、质量、外观造型与建筑风格、建筑材料、色调、名称、建筑结构与平面布局、室内环境等。

3. **房地产附加产品**

房地产附加产品是指消费者在购买房地产时所得到的附加服务或利益，主要指物业管理服务。附加产品又称房地产产品的延伸产品，如协助其进行办理产权登记、协助其办理按揭贷款、提供精装修服务等。

（二）房地产产品的基本类型

1. **土地**

土地可以分为生地、熟地、毛地。生地是指完成土地征用，未经开发、不可直接作为建筑用地的农用地或荒地等土地。熟地是指经过土地开发、具备基本建设条件的土地。毛地是指在城市旧区范围内，尚未经过拆迁安置补偿等土地开发过程，不具备基本建设条件的土地。

2. **居住物业**

居住物业可以分为普通住宅、高层公寓、别墅（独立式别墅、毗连式别墅、联排式别墅）。普通住宅是指按所在地一般民用住宅建筑标准建造的居住用房屋。目前，多为多层住宅和高层住宅，住宅建筑1~3层为低层，4~9层为多层，10层及以上为高层。高层公寓是商业地产投资中最为广泛的一种地产形式，指的是一种生活设施齐备，业主用于自住或出租的高层建筑，其功能上除了居住以外，还具备办公、经营、仓储等功能。

3. **写字楼物业**

写字楼物业由办公用房、公共用房和服务用房三部分组成。办公用房是指写字楼中用于写字、办公的空间部分，如工作人员办公室和领导人员办公室；公共用房包括会议室、接待室、计算机房、储藏间、卫生间、公勤人员用房、警卫用房等；服务用房包括档案室、文印室、资料室、收发室等。

4. **商业物业**

商业物业包括商店、商场、百货大楼、超级市场、购物中心、地下商业街等。商店是指小规模的商业零售建筑空间；商场是指面积较大、商品比较齐全的商业零售建筑空间；百货大楼是指规模大、商品齐全的商业零售建筑空间；超级市场是指以顾客自选方式经营的大型综合性零售商场，其建筑结构多以大空间钢结构为主。

5. 工业物业

工业物业是指以用于工业生产活动为目的的物业，包括工业厂房、高新技术产业用房、研究与发展用房（又称工业写字楼）、仓储用房等。

6. 旅馆、酒店

旅馆是指为旅客提供住宿、饮食服务以至娱乐活动的中、小型公共建筑，其形式具体为各类招待所、快捷酒店。酒店是建造等级高、规模大、功能齐全的旅游类建筑。要有舒适安全并能吸引客人居住的客房，具有能提供有地方风味特色的美味佳肴的各式餐厅，还要有商业会议厅，贸易洽谈时所需的现代化会议设备和办公通信系统，旅游者所需要的康乐空间，如：游泳池、健身房、商品部、礼品部，以及综合服务部，包括银行、邮局、书店、花房、美容厅，等等。同时，还要有素质良好的服务人员，向客人提供一流水平的服务。

7. 高层建筑综合体物业

高层建筑综合体物业是指汇集了商业、办公、居住、旅店、展览、餐饮、会议、文娱和交通等三项以上的功能组合，并在各部分间建立一种相互依存、相互得益的能动关系的多功能、高效率的以高层建筑为主的城市空间综合体，比如国内外各类名为MALL的房地产开发项目。

8. 特殊物业

特殊物业包括娱乐中心、赛马场、高尔夫球场、汽车加油站、停车场、飞机场、车站、码头等物业。

二、房地产产品定位的概念及流程

开发商在确定了目标市场以后，要想使所开发的产品在目标市场销售顺畅，就得对产品进行广告包装，在营销主题、设计理念上和竞争对手区分开来，树立鲜明的产品形象，这就是房地产产品定位的过程。

（一）房地产产品定位的概念

1. 就房地产产品定位的意义而言

房地产产品定位是站在发展商或土地使用者的立场，针对特定目标市场的潜在客户，决定其所持有的土地，应在何时、以何种方式、提供何种产品及用途，以满足潜在客户的需求，并符合投资开发商或土地所有人的利益。

即房地产产品定位就是：

① 以发展商或土地使用者的立场为出发点，满足其利益的目的；

② 以目标市场潜在客户需求为导向，满足其产品期望；

③ 以土地特征及环境条件为基础，创造产品附加价值；

④ 以同时满足规划——市场——财务三者的可行性为原则，设计供需有效的产品。

2. 就房地产产品定位的时机而言

产品定位的时机，通常取决于房地产开发的几个主要过程：

① 开发、取得或处置土地前，可进行产品定位，以确定土地的使用方向；

② 销售、出租、经营或兴建建筑物前，可进行产品定位，以确定产品的规划方向，租售、经营或兴建计划，以及资金流量形态与投资报酬等；

③ 变更或调整土地及建筑物用途前，可进行产品定位，以确定产品的房地产变更用途

的方向，调整用途的计划，以及变更用途可能获得的报酬等。

3. 就房地产产品定位的目的而言

产品定位可达到三个目的：

① 降低市场销售风险，避免供过于求、时机不当或不符合目标市场需求等可能造成的收益损失；

② 增加投资报酬利润；

③ 发挥物业整体效果，避免开发、销售、规划和财务等的冲突，能同时兼顾收益、成本、品质及时效。

（二）房地产产品定位的一般原则

房地产产品和一般产品定位有共同点，也有其特点。房地产产品定位一般依据以下一些原则。

1. 定位的市场化原则

定位的市场化一方面要求开发商应着重分析目前市场上存在的产品、对手，以及即将出现在市场上潜在的竞争项目和对手；另一方面，需要分析购房者的特点，购房者的购买力和购买欲望是决定产品营销顺畅与否的关键。

2. 定位的差异化原则

在产品的主题、概念、规划设计以及环境、配套、外立面、色彩、户型结构等方面要有其特点，即所谓的差异化原则。

3. 定位的前瞻性原则

房地产产品定位的前瞻性原则首先体现在设计理念的前瞻性，也体现在营销主题的前瞻性。同时，产品的前瞻性不可能是全方位的，应该是有重点地突出产品的某些方面。

4. 产品之间的不可替代性

产品之间的不可替代性是指项目内部的各类产品如户型、楼型的不可替代性，如果产品的可替代性强，客户可能会因为选择某一户型或楼型而使其他户型或楼型滞销。

（三）房地产产品定位的限制条件

房地产产品定位的限制条件是指对产品的性质、档次、价格等起到决定作用的客观和主观条件，主要包括：土地、城市规划、顾客需求、资金供应、市场条件及开发商思维。

（四）房地产产品定位的流程

房地产产品定位的流程按阶段可以分为两阶段的产品定位程序，按地理位置可以分为三层次产品定位程序。

1. 两阶段产品定位程序

按房地产开发所处的开发时期来分，房地产产品定位分为两个阶段：第一阶段的产品定位重点是土地用途及开发周期的确定；第二阶段的重点在于房地产产品的规划设计、开发形态与开发方式。

2. 三层次产品定位程序

所谓的三层次定位程序，是依据影响基地的环境范围大小所划分的市（区）级层次的一般因素、商圈（生活圈）层次的区域因素及基地层次的个别因素，也就是说，三层次定位的思路是由整体到局部、由表及里地进行定位。

（五）房地产产品定位的操作原则

房地产产品的定位就是为自己的产品创立鲜明的特色和个性，使自己的产品在目标市场上占领自己的位置。从操作层面上来看，房地产产品定位有以下的一些原则。

1. 原则之一：先外后内

具体表现在：①先决定空间用途，再考虑单元面积计划；②先确定整体容积率的分配，再考虑栋数或楼房数量配置；③先规划整体出入动线，再考虑各楼层或各单元空间的联系方式；④先作完整地块规划，再作畸零地块利用。

2. 原则之二：先弱后强

产品定位时要具备创造附加价值及增加边际利润的意识与技巧，使一块原本不起眼的土地能够"麻雀变凤凰"。可以考虑：①要创造边际利润的机会，如黄金位置的商铺，上部已是天价，最具有边际利润的机会是原本不太值钱的地下室；②要具备整体价值的意识，如临街楼，一栋建筑物可以区分为数种性质不同的空间；③要具备善于搭配组合的技巧，将空间的体量、尺度、形状和比例、空间围与透关系的处理以及色彩与质感的处理对空间的影响巧妙地应用于房地产项目的设计定位之中。

3. 原则之三：先实后虚

具体表现在：①必须找到谁将是目标购买者或使用者，不同的购房者对空间机能的需求不同；②产品定位者须有相对经济效益的观念，在空间限制的条件下，处理多元的空间机能的关系；③产品定位者还要根据基地规模、产品类型、规划户数等条件掌握既能被市场接受，又符合开发商投资报酬效益的公共设施比例范围，以将目标客户对私有功能及公用功能的可能偏好作合理的规划。

4. 原则之四：先分后合

具体表现在：①区别楼层市场的先分后合原则，也就是先就大楼各楼层市场（如顶楼、中间层、一楼、地下室）个别评估其供需状况及规划条件，再考虑楼层之间的关联性或合并的可能性；②调整平面单元面积大小的先分后合原则，也就是先确定最小可能销售单元的平面功能，再合并数个小单元成为较大面积的单元，以便开发商调整平面的弹性最大；③控制造价合理的先分后合原则，也就是在维持建筑物结构安全的前提条件下，预先做好最小单元化（最多户数）的建筑规划及成本预算，再合并大面积规划。

5. 原则之五：先专后普

具体表现在：①产品特殊化的程度必须考虑所在地的市场特征、供需状况，及各种目标客户群的相对规模与购买力；②不论特殊化或专业化，都须把握重点，注意市场"门槛效果"，切忌盲目为特殊而特殊，画蛇添足，干扰重点特色的追求；③先尝试并评估各种专业化的可能性及市场接受性，以创造产品的附加价值及利润空间。

（六）房地产产品定位的立场和方式

房地产产品定位必须有一定的立场和方式技巧，使产品的定位切中目标市场。

1. 房地产产品定位的立场

具体表现在：①必须依赖市场肯定其价值，杜绝"叫好不叫座"或"叫座不叫好"；②必须有明确的利益目标，并以开发商的利益为出发点；③必须兼顾产品的整体价值，避免同类型物业的冲突或价值干扰；④必须掌握开发的全过程因素，避免施工不易、工期延长、客户抱怨或成本不易控制等问题。

2. 房地产产品定位的方式

（1）容积率配置技巧 一般而言，定位者要考虑的原则或目的有以下几方面。

① 空间价值与容积率利用方式的关系。例如商业气息浓厚的区域，一楼店面价值可能

数倍于高楼层的价值,因此,总可建建筑面积应尽量分配于低楼层;反之,商业气息弱的区域,则可以考虑向高楼层建筑靠近。

② 建筑成本与容积率利用方式的关系。越是高耸或造型特殊的建筑,其营造成本越高,要权衡所增加的成本及可能创造的空间价值,以决定最佳容积率利用的原则。

③ 建筑工期与容积率利用方式的关系。如两栋10层的建筑与单栋20层的建筑,前者的施工工期将比后者节省许多,而工期将直接影响投资回收的速度及经营风险。

④ 市场接受性与容积率利用方式的关系。如在高层建筑接受意愿不高的区域,建高层建筑就要审慎评估市场风险。

⑤ 周围建筑物状况与容积率利用方式的关系。例如处于一片低矮建筑物区域,则向高层建筑发展,成为此区域的标志性建筑物;或向小高层发展,在高度上略胜一等;或规划低矮建筑,从众随俗。

(2) 公共设施的定位技巧 公共设施的规划是衡量建筑物的品质及价值的重要因素,越来越受到重视。公共设施按功能及效益可分为以下几种。

① 具有保值效果的公共设施。例如宽敞的门厅、走道等,这些设施的积极功能在于确保不动产地的价值及未来的增值潜力。尤其对于使用频率高、使用人数多的办公室、商场或小户型住宅,该设施尤为重要。

② 具有实用性质的公共设施。例如停车位、健身房、游泳池或公共视听室等,通过公共设施的分摊,却使整栋建筑或整个社区的住户都能长期经济地拥有及使用这些设施等。

③ 具有收益机会的公共设施。例如地下室的商业空间、停车位,或其他可供非该建筑住户付费使用的设施等,这类设施的使用可收取租金或使用费,按照物权法规定,对于分摊设施的购买者而言,相当于购买有收益价值的长期投资标的,可以补贴物业管理费。

④ 对环境有改观的公共设施。如绿地、花园等,虽然加大了投入,但环境的改变有利于物业的升值。

(3) 楼层用途的定位技巧 一栋大楼的立体空间,可以按照位置的不同分成下列四个市场考虑它们的定位特性。

① 顶楼市场。这类产品在采光、通风、视野、私密性方面,具有得天独厚的条件;又由于每栋楼只有一个顶楼楼层,这种相对的稀缺性使得顶楼市场常出现供不应求的情况。

② 门面市场。指建筑物的一楼至二楼,这种产品的价值在于它与外界环境的临近性(临街的店面、办公室),或者有将外界环境内部化的机会(如拥有庭院的住宅),这种地利条件及稀缺性,使其市场价值提高,求大于供。

③ 地下室市场。这种产品有时具备独立功能及用途(如作为商场或停车场),有时则可能成为其他楼层的连带产品(如作为一楼的私有地下室、其他楼层的共有设施空间)。

④ 中间层市场。这些产品的相对条件差异有限,所占的空间比例最大,因此,一般所称不动产市场景气与否,多半是指中间层市场的供需状况而言。

就产品定位而言,除了辨别不同楼层市场的异质性外,还要注意下列事项,以充分发挥空间的附加价值。

① 妥善运用规划,以平衡供需失衡现象。如在商业气氛浓厚的黄金地段,借助一楼带二楼或地下室合并规划,以增加门面市场的供给量;或顶楼采取复式设计,能满足更多的市场需求者,这都是创造更高价值空间的好办法。

② 明确区分不同楼层市场,以针对需求设计产品。如门面市场重视临街性,在规划上

需注意维持良好动线及联外机会；顶楼市场追求通风、采光、视野等条件，因此需注意楼房间距、开窗、隔热、防水等设计。

③ 合理利用容积率，以改变传统空间概念。如拉高建筑物高度，超越邻近建筑物高度；增加高楼层面积，以塑造"准顶楼"空间（即指与顶楼具备同样采光、同等条件的高楼层）；或利用二叠或三叠规划，使得有天（顶楼）有地（一楼）的空间增加。

(4) 房地产持有的定位技巧

① 长期持有。主要有三种方式：一是租赁；二是经营或使用收入，也就是房地产所有者即为经营者或使用者，自行利用空间赚取商业经营的利益；第三是保值或增值利益，这种收益可能来自通货膨胀效果，可能由于社会进步或社会改良，也可能因为其他土地先行使用，导致后利用的价值土地水涨船高。长期持有的土地，必须要能赚取合理的时间报酬才有意义，因此产品定位成败的关键也在于能否配合时间长度，规划阶段性的产品及经营与财务计划，以确保全过程利益最大。

② 短期获利。包括了土地开发、投资兴建、房屋买卖、房屋出租、房屋经营等时间长度不同的获利途径。对于希望短期获利的房地产投资者而言，除了只图买进卖出、赚取时机价差的方式外，如果想在有限时间内创造不动产附加价值，以增加投资利益，则需借助有效的产品定位。下面几个方案，有助于提高不动产短期投资利益。

第一，改装产品，创造附加价值。适用于二手房投资市场，保留其基本结构，仅做平面格局或外观等改建，以再重新出售获利，这种做法投入成本少，工期短，若改建得当，通常能在很短的时间内赚取理想的报酬。

第二，规划需求尚未饱和的时尚品在短期内创造高销售率。例如房地产市场不景气时，许多反应快的发展商就推出了低总价的套房或二房型的产品，并提供优惠的付款条件，以刺激购买力，实现快速销售。这种做法可降低财务风险，但退签率和客户不履约付款的比例也高。

第三，规划短工期的传统产品，以节省成本，提高投资报酬。

第四，尝试领先市场的创新产品，以吸收早期开创性的市场。例如不少楼盘将楼层挑高，规划夹层空间，以增加卖点，强化短期销售效果。这些边际产品只要抢得先机，顺利过关，一般都能创造短期投资的利益。

(5) 经济环境变化时的产品定位

① 通货膨胀压力大时的产品定位。通货膨胀时期，房地产往往成为投资人的首选，就开发商而言，在预售时如果房子已售出，其可收入的金额已固定，而其营建成本却尚未发生；因此，通货膨胀时期开发商应慎选产品，选择产品应注意以下事项：第一，产品的施工期限不宜过长；第二，产品要以能克服尾房销售压力的设计为主；第三，针对投资人的保值心理设计产品。

② 市场不景气时的产品定位。一般而言，当买卖双方对景气的看法越分歧，则市场越活跃。因此，面临不景气时，首先需找出什么人有购买意愿，挖掘潜在的目标市场，分析目标市场的核心需求，才能根据这个基础，发展不景气市场的适当产品。下列原则有助于消极地避免不景气的冲击，甚至可能积极透过产品定位创造市场佳绩。

第一，产品要有明确的竞争条件或特色，才能脱颖而出，也才能刺激客户的购买意愿。

第二，要结合销售、规划及财务等功能，以强化产品定位的竞争空间。如有的公司产品力求缩短工期，增加价格竞争条件；有的则规划工期长的高层建筑，并配合轻松的付款条件，以吸引投资型客户等。

第三，不要受限于销售及短期获利的目的。不要盲目销售，落得"赚了销售率，赔了报酬率"的窘态。事实上，采取只租不售、整体经营，甚至避开低迷的养地等方式，也不失为适应不景气的明智之举。

第四，产品应保留应变或调整的弹性。例如面积单元的分割或合并、商业或住宅用途转换的弹性，以及选择性销售（如分栋、分期销售）的弹性等。

③ 财务压力大时的产品定位。进行产品定位时，应注意下列事项：第一，产品规划以畅销产品为主，这样可以将产品快速地售卖出去，减轻产品持有期的产物压力；第二，产品设计以简单楼房为主，这样可以适应量大面广的普通客群的需要，使产品在任何时候都不愁销售；第三，产品定位要能克服经济不景气、低迷及尾房销售的压力，这要求房地产产品的规划、设计要精益求精，充分发挥产品本身对顾客的吸引力。

【案例4】 某项目产品业态定位

经过前期的调研分析，本案将项目产品业态定位为：

1. 花园洋房

沿地块南部景观资源视野好，地块定位低密度精装花园洋房。

2. 精装中高层、瞰景高层

本案主流产品定位为精装中高层、高层，两房、三房为主流畅销户型，符合市场客户需求。随着整个市场均价稳步攀升、高端品质物业单价走高，总价会越高，面积段适度压缩，以规避开发风险。

3. 社区商业

项目临近的周边商业短期内匮乏，商业定位为社区＋邻里型商业，满足社区居民生活需求，规划形成月光林地新中式风格2层商业街，集购物、美食、娱乐、休闲、文化、时尚为一体，分别为餐饮、休闲娱乐、零售、服务配套四大板块，各种商业业态建筑面积规划比例按照购物40％、餐饮（日常性餐饮）30％和其他便利服务30％的比例进行设置；其中一层规划方便业主基本生活需求的商业（如超市、便利店、农贸市场、宠物店、药店、美容美发店、银行、邮政服务、家政服务等）；二层设置专项功能商业（如中西餐厅、健身会所、休闲娱乐商业等），大型商业依托近距离的文化旅游城内商业。

第五节 房地产市场需求预测

市场经济的特点之一就是市场需求决定生产。房地产开发商要向目标市场提供一定数量的房屋产品，就得了解和掌握市场需求。要想绝对掌握这个需求是很难的，但是可以通过一定的科学的方法，相对准确地预测这个需求。

一、市场机会的把握

（一）市场需求的测量与预测

1. 需求预测的相关概念

（1）产品的市场需求　是指在特定的地理范围、特定时期、特定市场营销环境、特定市场营销计划的情况下,特定的消费者群体可能购买的总量。

Q_1:市场最低需求量,指不需要任何刺激需求的费用也会有的基本销售量。

Q_m:市场预测量,随着行业营销费用的增加,相应的市场需求也增加;当行业市场营销费用计划为 M 时,相应可预测有 Q_m 的市场需求。

Q_2:市场潜量,随着行业营销费用的增加,开始时刺激市场需求也增加;当行业市场营销费用超过一定水平后,就不会再刺激市场需求了,此时对应的市场需求的上限,称为市场潜量。

Q_2-Q_1:表示需求的市场敏感性,也就是说 Q_2 和 Q_1 之间的间距较大时,产品的市场营销敏感性强,反之弱,如图 2-4 所示。

(2) 产品的市场预测 一般地,某行业市场营销费用只能有一个水平,这一水平所对应的市场需求称为市场预测。

(3) 市场潜量 市场预测是预期的市场需求,而不是最大的市场需求。最大的市场需求就是市场潜量。

(4) 区域需求 房地产位置固定,区域性强,预测每一区域的市场需求是项目开发成功与否的关键。

(5) 项目预测 是指公司在不同水平的市场营销努力下对项目销售或租赁情况的预测,

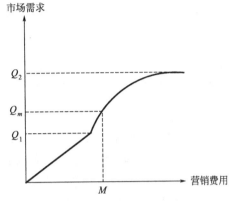

图 2-4 市场需求预测示意图

主要包括以下内容:销售速度与价格、资金回笼速度、项目销售与租赁比例。

2. 需求预测的相关方法

房地产需求预测的准确性取决于预测方法的合理性。选择预测方法,要从预测对象的特点出发,根据预测的目的和要求、收集资料的状况、预测费用与效益的比较等因素,进行综合考虑。

预测方法主要分为以下两类。

(1) 定性预测方法 又称经验判断方法,它是根据已掌握的历史资料和现实材料,凭借个人的经验、知识和分析判断能力,对预测对象未来发展趋势做出性质和程度的判断。常用的定性预测方法有四种。

① 经理人员意见法。集中了各个负责人的经验和智慧,解决问题比较快,但容易受当时乐观或悲观气氛的影响。

② 销售人员意见综合法。反映市场和顾客需要,比较了解消费者和竞争对手状况。

③ 顾客意见法。取决于样本点的选择。

④ 德尔菲法(Delphi method)。用书面形式广泛征询专家意见以预测某项专题或某个项目未来发展的方法,又称专家调查法。最先由美国兰德公司(RAND Corporation)在 20 世纪 50 年代初创立,在软科学领域得到了广泛应用,其预测成功与否取决于研究者问卷的设计和所选专家的合格程度。

(2) 定量预测方法 又称数学分析方法,它是在占有各项有关资料的基础上,根据预测的目标、要求,选择合适的数学模型进行预测,然后根据企业内部和外部的变化情况加以分析,以取得所需要的预测值的方法。常用的定性预测方法有两种。

① 时间序列法。是一种利用按时间顺序排列的数据预测未来的方法。时间序列有4种变动因素。

a. 长期趋势（T），在整个预测期内事物呈现出渐增或渐减的总倾向。

b. 周期变动（C），以某一时间间隔为周期的周期性变动，如危机和复苏的交替。

c. 季节变动（S），以一年为周期的周期变动，如服装行业销售额的季节性波动。

d. 偶然变动（I），除上述三种情况之外的不规则变动，又称随机变动。

这4种因素的综合模式有加法模式、乘法模式和混合模式。

加法模式是指当时间序列的四种变动因素相互独立时，时间序列就是各因素的代数和。即：

$$Y = T + C + S + I$$

Y代表时间序列的观察值，T是长期趋势值，C为周期变动值，S为季节变动值，I为偶然变动值。C、S、I是关于T的数量变量，用绝对数表示。

乘法模式是指当时间序列的四种变动因素相互影响时，时间序列就是各因素的乘积。即

$$Y = T \times C \times S \times I$$

乘法模式中符号含义同前，乘法模式中只有长期趋势值T用其原始单位（绝对量）表示，C、S、I三个因素用系数或百分数表示。

② 统计需求分析法。是在找出影响销售的最重要的实际因素的基础上，研究这些实际因素与产品销售之间关系的一套统计方法。它将产品销售量看作一系列独立的需求变量的函数。运用多元回归分析的方法可以建立反映这些需求变量与销售量之间的相关关系的销售预测模型。

（二）制订项目的开发方案

在运用以上所讲的方法对项目所在房地产市场做了充分了解的基础上，我们就可以制订项目的房地产开发方案，主要有以下三个内容。

(1) 项目的前期定位方案　即房地产开发项目的可行性研究，包括市场调研、项目定位、项目的经济效益分析等。

(2) 项目的推广整合方案　包括项目的VI设计，项目推广期、促销期、强销期、收盘期投放多种媒体的广告方案设计和各种促销活动的方案等。

(3) 项目的销售招商方案　包括售楼人员培训、销售手册的编制、分阶段销售价格的确定等；项目的商业部分还要进行业态定位和招商方案制订。

二、几种典型的房地产开发项目需求分析

（一）住宅开发的需求分析

1. 住宅开发的需求分析的内容

(1) 分析住宅需求者的区位偏好　在特定的市场区域内，对住宅的需求取决于两方面的因素：一是购房者的区位偏好和购买能力；二是开发商提供房源的质量和数量。而市场需求的房源类型和区位偏好，则取决于购房者的特征，如年龄结构、家庭规模、收入、受教育程度和生活方式等；对区位的偏好还取决于建筑密度、交通条件、教育和医疗卫生设施的水平等区位环境条件。购房需求者选址倾向主要包括：在学型家庭、购物及交际型家庭、工作时间特殊型家庭、高收入居民。

（2）分析地区住宅市场的范围和特征　按照不同家庭规模、收入和生活方式偏好以及区位条件，整个住宅市场划分为数个细分市场，开发企业必须定位自己所要投资的细分市场及细分市场的需求特征；进行细分市场的需求分析时主要研究两方面的因素：一是地区市场的范围，二是地区市场的特征。

住宅开发的需求分析结果要回答两个重要问题：一是某些特定的住宅市场是否供给不足或过剩；二是有关住宅目标市场的买者特征、偏好、购买力。一旦住宅目标市场及市场特征确定后，市场研究人员可进一步对拟开发的住宅项目的吸引能力、价格、设计以及未来的收益作进一步的分析。

2. 住宅市场需求预测

住宅市场需求预测包括两方面的内容：一是住宅市场对数量的需求；二是住宅市场对住房标准的基本要求。这就取决于总人口、人口年龄结构、家庭结构、收入水平和消费结构；对未来的住宅市场的需求进行预测，就要综合分析这五个因素的变化趋势以及对住宅市场需求的影响。一般有两种方法。

（1）额定需求预测法　就是在假设人均住宅需求保持相对不变的条件下，来预测未来的住宅市场需求的方法，这种方法对预测中低收入人群的住宅需求效果较好。

$$D_f = P_f \times T_f - S_c$$
$$S_f = D_f/n + A$$

式中　D_f——预测年限的住宅市场需求（按预测的住房标准）与现有的供给量（合乎预测标准的现有住宅）之差；

　　　P_f——预期人口数；

　　　T_f——预期住房标准；

　　　S_c——现有供给量；

　　　n——预测年限；

　　　A——原住宅的平均报废量；

　　　S_f——预期平均开发建设的住宅量。

当住宅标准以户均单元数表示时，未来的住宅市场需求预测可以用下式表示

$$D_f = P_f \times T_f/\mathrm{HP}_f - S_c$$

式中　HP_f——预测未来的家庭平均人口数。

（2）有效需求预测法　是根据住户对住宅的支付能力来预测住宅市场的需求量，这种方法对预测高收入家庭的住宅市场需求效果较好。

(二) 商业用房开发的需求分析

商业服务设施按其等级规模可分为住宅小区商业服务设施、居住区商业设施和城市商业中心。

1. 商圈（市场范围）的设定

商圈是指以商业街的顾客吸引力的所及范围或地域，即该商业街维持现销售额的顾客群居住的地域。确定和分析商圈的方法有以下几种。

① 利用政府商业指导部门通过调查而存有的现成的资料的方法。

② 独立的调查方法。可按直接征询光顾商店者的意见和访问调查方法进行。

③ 商圈的层次区分。第一层次商圈，出行时间5～10分钟，可望吸引该地段30%以上的消费需要的地域；第二层次商圈，出行时间10～15分钟，可望吸引该地段10%以上的消

费需要的地域；第三层次商圈，出行时间超过 15~30 分钟，可望吸引该地段 5% 以上的消费需要的地域。

2. 总购买力分析

总购买力可以根据交易范围内居民人口、平均收入来估计，通过分析购买力变化，有助于商业用房的经营收入的估算。

3. 供给分析

市场范围确定后，接下来分析新的商业设施可能争得的市场份额，它取决于购物中心的坐落、大小及市场竞争状况。

（三）办公用房开发的需求分析

1. 办公楼与第三产业

办公楼又称为写字楼，它是专门用来处理业务或提供专业性服务的建筑。第三产业，指不生产物质产品的行业，即服务业。我国第三产业包括流通和服务两大部门，具体分为四个层次：一是流通部门，包括交通运输业、邮电通信业、商业饮食业、物资供销和仓储业；二是为生产和生活服务的部门，包括金融业、保险业、地质普查业、房地产管理业、公用事业、居民服务业、旅游业、信息咨询服务业和各类技术服务业；三是为提高科学文化水平和居民素质服务的部门，包括教育、文化、广播、电视、科学研究、卫生、体育和社会福利事业；四是国家机关、党政机关、社会团体、警察、军队等，但在国内不计入第三产业产值和国民生产总值。

第三产业的发达与否，决定了对办公楼的需求。此外，一个国家土地的多少、人口密度、社会制度、人民的习俗，甚至国民的平均高矮胖瘦，都会对办公楼面积的需求总量造成影响。城市办公楼的供应量应和第三产业的发展相适应，超过了第三产业对办公楼的需求，办公楼的盲目建设或失控会造成空置和资金大量积压。

2. 办公楼竞争情况调查

计划建造的办公楼的规模和性质，决定了竞争情况调查的角度。办公楼一般都倾向于在城市地区内集群分布或成节点状分布；相对较小或中等规模的、计划用作一般办公用房的建筑，其竞争对手一般就是同一节点上的其他办公楼。大型的或特殊用途的办公楼，其竞争对手包括了整个城市内的其他楼宇。竞争调查要以不同的情况，分别确定办公楼的等级和调查区域大小。

调查竞争楼宇的信息主要包括：区位、总建筑面积、楼宇内净可出租面积、净已出租面积、计划租价、最短租期、提供的物业管理服务、停车设施及租户收费标准、辅助设施、楼宇质量比较后的评判。

3. 办公楼开发的未来趋势预测

办公楼的需求增长，主要依据城市地区商业活动的一般增长率的高低，其中包括对该地区经济趋势的预测。假如要在某地区新建一幢办公楼，为了估计该地区在何种程度上分享市场的需求增长，就必须对该地区的相邻地区变化、犯罪率和交通拥挤状况等加以仔细分析。就地区节点本身条件来说，它的竞争能力还受其区位上的相对优势大小的影响，这些优势包括它们的可达性、视觉、日照条件、是否具备封闭式停车空间等因素。

预测未来的市场供给较为困难。在具备分区合理、土质和海拔高度等特征适合建造办公楼的情况下，可以根据统计部门提供的办公楼新建、销售和地区国民经济发展的趋势做回归预测分析。

(四) 工业厂房开发的需求分析

工业厂商对工业厂房的需求往往将厂址选择作为其重要的因素，选址策略主要包括：①接近原料选址；②接近燃料或电力供应选址；③接近市场选址。

第六节 房地产投资方向的选择

房地产业已经成为我国国民经济的支柱产业，对房地产投资方向的把握显得格外重要。

一、房地产投资的类型

从房地产投资形式划分为直接投资和间接投资两种类型。

(一) 房地产直接投资

1. 房地产开发投资

房地产开发投资，是指投资者从购买土地使用权开始，通过在土地上的进一步投资活动，然后将其推向市场进行销售，将商品转让给新的投资者或使用者，实现开发商获得投资收益的目标。

2. 房地产置业投资

房地产置业投资，与房地产开发投资相对应，投资对象可以是开发新建成的物业，也可以是二手房；投资的目标有两个，一是满足自身的生活或生产需要，二是购入后出租，获得稳定的经营收益。

(二) 房地产间接投资

1. 购买住房抵押贷款证券

住房抵押贷款证券是一种抵押债务，即由贷款或抵押资产所担保的债务或其他有价证券。21世纪的前几年，美国许多次级抵押贷款被重新打包转为债券来卖给投资者，这些投资者认为，在未来的某一时刻，这些债券是能够被偿还的。有些抵押贷款证券甚至得到了AAA级的评价，这意味着，评价机构认为这些证券无法偿还的可能性非常低。美国的"两房危机"事件说明这种投资方式也存在着巨大的投资风险。

2. 购买房地产开发投资企业的债券、股票

房地产开发投资企业的债券是指房地产开发投资企业为筹集长期资金而发行的债券。房地产开发企业股票是指房地产开发企业筹集资本时向出资人公开或私下发行的、用以证明出资人的股本身份和权利，并根据持有人所持有的股份数享有权益和承担义务的凭证。股票代表着其持有人（股东）对股份公司的所有权，每一股同类型股票所代表的公司所有权是相等的，即"同股同权"。股票可以公开上市，也可以不上市。

3. 投资于房地产投资信托基金

房地产投资信托基金（Real Estate Investment Trusts，简称REITs）是一种以发行收益凭证的方式汇集特定多数投资者的资金，由专门投资机构进行房地产投资经营管理，并将投资综合收益按比例分配给投资者的一种信托基金。按照基本组织形式划分，REITs分为契约型REITs与公司型REITs。从REITs的世界发展来看，REITs有很大的需求。它是国外发达国家具有避税作用的最重要的投资工具之一，在我国还处于发展阶段。

二、房地产投资的利弊

(一) 房地产投资之利

1. 相对较高的收益水平

在房地产开发投资中,大多数房地产投资的股本收益率能达到20%的水平,在有效使用信贷资金、充分利用财务杠杆的情况下,如果项目进展顺利,这些企业的收益数值还是相当可观的。一个项目的税前投资回报率也许能到40%,税后达到30%。房地产置业投资中,在持有期内获得每年15%~20%的股本收益率也是很平常的事。这相对于储蓄、股票、债券等其他类型的投资来说,收益水平是相对较高的。

2. 能够得到税收方面的好处

置业投资的所得税是以毛租金收入扣除运营成本、贷款利息和建筑物折旧后的净运营收益为基数以固定税率征收的。从会计的角度来说,建筑物随着其年龄的增长,每年的收益能力都在下降,所以税法中规定的折旧年限相对于建筑物的自然寿命和经济寿命来说要短得多。这就使建筑物每年的折旧额要比物业年收益能力的实际损失高得多,致使置业投资者账面上的净运营收益减少,相应地也就减少了投资者的纳税支出。

3. 易于获得金融机构的支持

由于可以将物业抵押,所以置业投资者可以较容易地获得金融机构的支持,得到其投资所需要的大部分资金。包括商业银行、保险公司和抵押贷款公司等在内的许多金融机构都愿意提供抵押贷款服务,这使得置业投资者有充足的资金空间去做好项目的开发管理。

4. 能够消除通货膨胀的影响

由于通货膨胀的影响,房地产和其他有形资产的重建成本不断上升,从而导致了房地产和其他有形资产价值上升,所以说房地产投资具有增值性。又由于房地产是为人类生活居住、生产经营所必需的,即使在经济衰退的过程中,房地产的使用价值仍然不变,所以房地产投资又是有效的保值手段。从中国房地产市场价格的历史变化情况来看,房地产价格的年平均增长幅度,大大超过了同期通货膨胀率的平均水平。房地产投资的这个优点,使置业投资者能够容忍较低的投资回报率。

5. 提高投资者的资信等级

由于拥有房地产并不是每个公司或个人都能做到的事,所以拥有房地产变成了占有资产、具有资金实力的最好证明。这对于提高置业投资者或房地产资产拥有者的资信等级、获得更多更好的投资交易机会具有重要意义。

(二) 房地产投资之弊

1. 变现性差

房地产被认为是一种非流动性资产,由于把握房地产的质量和价值需要一定的时间,其销售过程复杂且交易成本较高,因此它很难迅速无损地转换为现金。房地产的流动性差往往会使房地产投资者因无力及时偿还债务而破产。

2. 投资数额巨大

不论是开发投资还是置业投资,所需的资金常常涉及几百万、几千万甚至数十亿元人民币,即使令投资者只支付30%的资本金用作前期投资或首期付款,也超出了许多投资者的能力。大量自有资本的占用,使得在宏观经济出现短期危机时,投资者净资产迅速减少。

3. 投资回收周期较长

除了房地产开发投资随着开发过程的结束在三五年就能收回投资外，置业投资的回收期少则十年八年，长则二三十年甚至更长，要承受这么长时间的资金压力和市场风险，对投资者资金实力的要求很高。

4. 需要专门的知识和经验

由于房地产开发涉及的程序和领域相当复杂，直接参与房地产开发投资时就要求投资者具备专门的知识和经验，因此限制了参与房地产开发投资人员的数量。置业投资者要想达到预期的投资目标，同样也对其专业知识和经验有较高的要求。

三、房地产投资的风险

(一) 风险的概念

最初提出风险概念的是美国的 A. M. 威利特，他认为"风险是关于不愿意发生的事件发生的不确定性的客观体现"；在我国，有人认为"风险是指在一定条件下和一定时期内可能发生的各种结果的变动程度"；也有人认为"风险是指投资的实际收益与期望的或要求的收益的偏差"。因此，风险的含义具体体现在两个方面：①遭受经济损失；②实际收益与期望的或要求的收益的偏差。

(二) 房地产投资风险的主要类型

1. 系统风险

(1) 通货膨胀风险　也称购买力风险，是指投资完成后所收回的资金与投入的资金相比，购买力降低给投资者带来的风险。

(2) 市场供求风险　是指投资者所在地区房地产市场供求关系变化给投资者带来的风险。

(3) 周期风险　是指房地产业的周期波动给投资者带来的风险。

(4) 变现风险　是指急于将商品兑换成现金时由于折价而导致的资金损失风险。

(5) 利率风险　是指调整利率给投资者带来的风险。

(6) 政策风险　是指政策变化给投资者带来的风险。

(7) 社会与政治风险　包括政变、战争、经济制裁、外来侵略、罢工、骚乱等因素给投资者带来的风险。

(8) 自然风险与意外风险　包括火灾、风灾、洪水、地震等因素给投资者带来的风险。

2. 个别风险

(1) 收益现金流风险　对于房地产开发投资者来说，未来房地产市场销售价格的变化、成本增加、市场吸纳能力的变化，都会对开发商的收益产生巨大的影响；对于置业投资者来说，未来租金、市场出租率的变化、物业毁损造成的损失、资本化率的变化、物业转售时的收入等也会对投资者的收益产生巨大的影响。

(2) 未来经营费用的风险　主要针对置业投资而言，由于建筑技术的发展和人们对建筑功能要求的提高，即使刚建成的物业也面临着建筑物功能过时所带来的风险，业主不得不支付昂贵的更新改造费用。未来经营费用包括由于建筑物存在内部缺陷导致结构损坏的修复费用和不可预见的法律费用。例如，租金调整时可能会引起争议而诉诸法律。

(3) 资本价值风险　预期的资本价值和现实资本价值之间的差异即资本价值风险。物业的资本价值在很大程度上取决于预期的收益现金流和可能的未来经营费用水平；即使收益和费用都不发生变化，资本价值也会随着收益率的变化而变化。

（4）比较风险　也称机会成本风险，是指投资者将资金投入房地产后，他就失去了其他的投资机会，也就失去了其他投资机会可能带来的风险，这就是房地产投资的比较风险。

（5）时间风险　不仅表现为在物业持有过程中，选择合适的时间对物业重新进行装修甚至更新改造，以及物业转售过程所需要的时间长短，更重要的是要选择合适的时间进入市场。

（6）持有期风险　就是物业在开发商手中持有的时间内所具有的风险。持有期风险与时间风险相关。

（三）房地产投资风险的规避和控制

1. 风险回避

风险回避是指在预期收益相同的情况下，选择风险小的房地产项目；对于风险很大的项目予以放弃。

2. 风险控制

风险控制是指预测和减少风险，分散风险。它需要开发人考虑房地产的组合投资、共同投资的可能性，进行高效率、高质量的管理，对投资开发的进度、成本、质量等方面的风险进行有效的控制。准确预测现金流量的能力强，就可以降低预期和实际结果之间的差距。良好的风险控制能力在消除预期和实际结果产生差距的可能性中，也具有很大的作用。

3. 风险组合

这里的风险组合是指通过多项目投资来分散风险，就是要投资于相关性弱的不同类型、不同地区的房地产，即所谓"不要把所有的鸡蛋放在一个篮子里"。投资于不同类型（大类或小类）房地产时，要求各类型之间的相关性较弱或负相关，才能够起到分散风险的作用。

4. 风险转移

房地产投资者以某种方式将风险损失转给他人承担，如工程承包、预售、保险等。

（四）风险对房地产投资方向选择的影响

1. 使不同的投资者理性地选择合理的房地产开发项目

风险低，预期的投资收益率可以定低一点，如果风险大，投资收益率就必须定高一点。

2. 使房地产投资者尽可能地规避、控制或转移风险

风险很大的项目，最好不要去碰，有可能产生风险的地方，要及时采取措施，加以控制和转移。

第七节　房地产开发场地的选择

一、场地选择的概念和影响要素分析

（一）位置的含义

房地产开发投资中区位、位置的选择很大程度上决定着开发项目的成败。因此，房地产开发中地址选择非常重要。房地产投资中对"位置"或"区位"的理解有狭义和广义的区分。

狭义的位置，是指某一具体投资场地在城市中的地理位置，包括宏观位置和中观、微观

位置；广义的位置，是指除了其地理位置外，还包括该位置所处的社会、经济、自然环境或背景。差异化是房地产营销中重要的营销策略，而"区位"或"位置"的差异是房地产开发项目最大的差异。如何使位置的差异成为项目优势，是我们在房地产市场分析时应该特别注意的地方。

（二）影响房地产开发场地选择的要素分析

1. 区位分析

主要包括备选区位的可进入性、交通模式、优势条件及已存在竞争性项目的情况，以确保开发投资项目的规划用途与周围环境相匹配。

2. 场地分析

主要包括建设用地的大小、形状、地质地形条件、临街状况、基础设施水平、利用现状及分区限制等方面。

3. 开发潜力分析

土地的开发潜力分析也就是寻求土地的最高利用价值的分析。同一地块，到底是做普通住宅，还是做高层公寓以及商业零售等不同类型的开发，它的经济价值是不同的，开发潜力分析就是在不同用途的开发价值之间进行比较选择的问题。

4. 获得场地开发权的方式

房地产开发商通过调查选中具有开发潜力的场地以后，还要与政府的土地管理部门、当前的土地使用者进行接触，以获取土地开发的权利。从目前国内房地产开发用土地获取的方式来看主要有通过政府出让和从当前土地的使用者手中获取两种途径。

5. 影响场地选择的因素汇总

影响场地选择的因素很多，归纳起来主要包括以下 10 个方面。

（1）城市规划方面的因素　包括场地的合法用途、规划设计条件等，如建筑密度、高度、容积率和建筑平面、立面布置的限制，相邻地块的用途。重点是容积率、建筑密度等指标。

（2）自然特征　包括场地面积大小、形状及四至范围、地势、地质、水文等特征。其中，主要是面积、形状、四至范围等自然地理特征。

（3）市政基础设施条件　包括雨、污排放管道，供水管道、电力、燃气、热力、通信条件等。其中，主要是水、电、气、热力、通信、网络等的完备度和保证程度。

（4）交通通达程度　包括场地的可及性、出入口位置、容易识别的程度等。其中，主要指场地的可达性、出入口位置等。

（5）停车条件　指有无建立充足停车位的条件。

（6）环境条件　主要指地块周边的环境，包括环境污染情况和景观情况。

（7）公共配套服务设施完备情况　包括治安和消防服务、中小学校、卫生保健设施和邮电通信、垃圾回收和处理等。其中，主要指物业服务情况和邮局、粮店、学校等公共设施的配套情况。

（8）当前土地使用者的态度　指政府和当前的土地使用者对于转让土地的态度。

（9）土地价格　指土地近期的获取价格，市政实施配套费和拆迁安置补偿等，它将直接影响开发成本。

（10）供求关系　包括人口、收入、竞争环境等因素，这些因素将决定房地产开发的成本及开发的时机。

二、不同类型房地产项目对位置的特殊要求

不同物业对位置的要求不同。一般来说，商铺、办公用房对位置的要求高一些，宾馆、住宅次之，厂房、仓库最低。

（一）住宅项目

选择居住用地首先要利于生活，其对位置的要求有以下四个方面。

1. 市政公用和公建配套设施完备的程度

市政公用设施主要为居民的生活居住提供水、电、燃气等，公建配套设施则包括幼儿园、中小学、医院、邮局、商业零售网点、康体设施等。市政公用和公建配套设施越完备，居民的生活便利程度就越高，生活质量就越好。住宅类项目应优先选在这些设施配套齐全的地区。

2. 公共交通便捷程度

公共交通指城市范围内定线运营的公共汽车及轨道交通、渡轮、索道等交通方式，它是人们日常出行的主要方式。便捷的公交系统要考虑可达性和快捷性两个方面。可达性强体现在交通线路密集，可以到达城市的地点多。快捷性体现在到达目的地的时间长短。选择住宅类项目地点时，既要考虑该地点公共交通的线路的数量又要考虑线路通行的顺畅性。一般来说，公共汽车的可达性强，但快捷性弱；城市地下轨道交通的快捷性强，但可达性弱。两者是目前城市交通的两种互为补充的重要交通形式。

3. 环境因素

这里的环境因素主要指项目的自然环境如小区绿化、水体、小品等景观因素，环境因素优异必然会导致人们学习、工作效率高，人们的幸福感会增强，项目的可购买性就强。

4. 居民人口与收入

包括人口总数、家庭结构、性别比例、年龄构成、户均收入水平等。居民人口和收入的状况对不同类型的居住项目的选择有着比较大的影响。人口多，收入低的地块适宜做普通住宅的开发，人口多、收入高的地块适宜做高层公寓的开发，人口少，收入高的地块适宜做花园式洋房、别墅的开发。

（二）写字楼项目

选择写字楼用地的关键在于能与客户方便联系。它对位置的要求主要有以下三个方面。

1. 与其他商业设施的接近程度

写字楼的位置还可能由于其临近某大公司或金融机构的办公大楼而增加对租客的吸引力。良好的位置常常可以掩盖写字楼建筑的许多缺陷，好的写字楼一般都位于中央商务区或市中心。

2. 周围土地利用情况和环境

写字楼往往还受其周围建筑物及环境的影响。如果写字楼所处的位置周围土地开发缓慢、环境恶劣，会大大降低该写字楼物业的吸引力。

3. 易接近性

大型写字楼往往能容纳成千上万的人在里面办公，有没有快捷有效的道路接近写字楼，会极大地影响写字楼的使用。写字楼周围如果有多种交通方式可供选择，如公共汽车、地铁、高速公路等，能极大地方便在写字楼工作的人群。是否有足够的停车位也会影响到写字楼的易接近性。一般来说，中心商贸区的写字楼不能像郊区写字楼那样提供足够的停车位，

但位于大城市中心商贸区的写字楼周围往往有方便快捷的公共交通。

(三) 零星商业项目

商业经营需要比较旺盛的人流量。因此，零星商业项目的位置选择主要考虑商业辐射区域。商业区域是指零售商业企业聚集、交易频繁的地区。商业区域一般在大城市中心、交通路口、繁华街道两侧、大型公共设施周围。在大城市和特大城市商业区域又划分为市级商业中心（central business district，CBD）、区级商业中心、小区级商业中心和邻里级商业中心等不同层次、规模的商业区。商业辐射区域是指商业区的影响和服务范围。商业辐射区域越大，该商业区域的影响力就越大，人流量就越大，零星商业项目的经营效益就越好。

商业区域的面积、人口、交通、物流、经济发展态势、历史因素等都决定着其辐射的半径。商业区域辐射范围不一定是依照行政区域划分的。在商业辐射区域分析中，要避免"想当然"地确定辐射区域，否则就会招致盲目求大，最终形成门可罗雀的尴尬局面。

(四) 工业项目

相对于其他行业用地来讲，工业项目对运输的要求比较高，它对位置要求主要有以下几点。

1. 提供主要原材料的可能性

在主要原材料的供应地附近建工业项目，可以节约原材料的运输成本。因此，可以优选在主要原材料供应地附近选择项目用地。

2. 交通运输的便利性

工业项目最好能临近火车站、港口、码头附近，适宜空运的企业最好能布局在机场附近。

3. 技术与人才供给的可能性

工业项目的主要功能是进行工业生产，对相关专业技术人才的配备有着较高要求。因此在高校、科研院所集中的城市和地区建项目，是工业项目考虑的一个重要因素。

4. 水、电等资源供给的充足程度

工业项目对水、电的使用量很大，因此水源地、电厂周边是某些工业项目位置选择的重要因素。

5. 控制环境污染的政策

我国已经进入工业化时期，对环境污染的控制已经列入新的国家发展规划。党的十八大把生态文明建设纳入中国特色社会主义事业"五位一体"总体布局，明确提出大力推进生态文明建设，努力建设美丽中国，实现中华民族永续发展。这标志着我们对中国特色社会主义规律认识的进一步深化，表明了我们加强生态文明建设的坚定意志和坚强决心。因此，工业项目要注意国家对环境污染控制政策对用地位置选择的指引作用。

复习思考题

1. 试述房地产市场分析的主要内容。
2. 房地产市场调查收集的数据主要有哪些？
3. 如何进行房地产市场细分？
4. 房地产市场的目标市场选择的方法有哪些？以住宅为例进行分析。
5. 如何进行房地产产品定位？房地产产品定位的流程是什么？
6. 如何进行房地产住宅产品的需求预测？
7. 房地产产品需求预测的方法有哪些？
8. 让学生选择某种物业类型，进行实际项目踩盘调研，并撰写市场分析报告。

第三章　房地产开发项目的前期工作

【本章提要】 本章主要阐述了土地、土地理论和中国现行土地制度；房地产开发用地的取得方式，获取土地过程中的农村集体土地征收和国有土地上的房屋征收；城市规划的层次体系，城市规划与房地产开发的关系，房地产开发项目规划设计的内容以及房地产开发项目实施前期的各项许可证的办理。

第一节　房地产开发用地的取得

没有土地，任何开发计划或开发项目的实施都是空谈。房地产开发的前提是获取土地使用权，而获得土地使用权的关键是地价，地价的实质又在于地租，尤其是级差地租的产生又与土地的等级差别即区位紧密相连。因此，研究房地产开发用地的取得，必须从与房地产开发相关的土地理论和我国现行的土地制度进行阐述。

一、土地与土地理论

（一）土地及其特性

土地是自然环境的重要组成部分，是由地球表面岩石、土壤及其附着物组成的综合体。土地为人类提供活动基地、劳动手段和劳动对象，是人类赖以生存的物质基础。土地资源是指在土地总量中能为人类所用并产生经济价值或社会效益的部分。

土地的特性，包括自然特性和经济特性。

1. 土地的自然特性

土地的自然特性包括土地面积的有限性、土地位置的固定性、土地质量的差异性、土地永续利用的相对性（土地功能的永久性）等。

（1）土地面积的有限性　土地是自然的产物，人类不能创造土地。土地就其整体而言，是不会增加也不可再生的。

（2）土地位置的固定性　土地的绝对方位和各地间的相对距离是固定的，土地位置不能互换，不能移动。土地最重要的自然特性就是地理位置的固定性。

（3）土地质量的差异性　由于地理位置及社会经济条件的差异，各地的地形、土地物质构成和肥力各不相同，表现为土地具有的不同等级差别。

（4）土地功能的永久性　土地是一种非消耗性资源，可以反复利用，相对于消耗性资源而言，土地资源在利用上具有永续性。

2. 土地的经济特性

土地的经济特性包括土地供给的稀缺性、土地用途的多样性、土地用途变更的困难性、土地的增值性、土地的报酬递减性、土地的区位可变性。

(1) 土地供给的稀缺性　土地供给是指人类社会可利用的土地资源的面积。土地面积的有限性和位置的固定性这两个自然特性，导致了土地供给的稀缺性。

(2) 土地用途的多样性　土地可有多种用途，可作为工业用地，也可作居住用地、商业、军事、办公用地等。

(3) 土地用途变更的困难性　土地用途多样，投入某项使用后改变其利用方向较难，经济上的浪费也是巨大的。

(4) 土地的增值性　由于土地资源的不可再生性和土地投资的积累性，土地的价值随时间的进程而增加，具有反通货膨胀的功能。

(5) 土地的报酬递减性　土地的集约利用有一定的限度，当土地开发成本超过其收益时，土地开发成本常与收益成反比，即成本愈增加收益愈减少。

(6) 土地的区位可变性　区位是指特定地块所处的空间位置及其相邻地块间的相互关系，即"地段"一词的经济学术语。土地区位的自然地理位置是固定不变的，但构成区位的经济因素一直处于变化之中。如位于背街的一家商店会由于街道的拓宽、改建而使其处于十字路口的位置上，其土地区位质量得到显著改善。

(二) 土地理论

1. 区位理论

土地区位是进行土地利用和房地产开发的主要决定因素，土地的区位不同或者在同一区位用途不同的土地，会产生差异较大的区位效果。因此，正确认识和掌握土地利用与土地区位的关系，对提高土地利用效率、获得最优的经济效益和社会效益是非常重要的。

区位理论是研究各种经济用途的土地的空间分布及其相互关系的学说，形成于 19 世纪 20 年代。在区位理论形成过程中，最具代表性的是农业区位论、工业区位论和中心地理论。

(1) 杜能的农业区位论　德国经济学家杜能在 1826 年发表《孤立国同农业与国民经济的关系》一书，标志着区位理论的产生。杜能的农业区位论的核心是假设存在一个"孤立国"：①该国土地全部为自然资源和气候相同的平原；②在该国中心有唯一的城市，即中心城市；③到该中心城市的唯一运输工具为马车，其运价与距离成正比；④所有土地适合各种农作物、粮食的种植，但由于它们的体积不同，运价也不同；⑤不同的产品由于运费和生产成本不同，因而有不同的总成本；⑥在单位面积的土地上，不论是何种农作物，其收入相同。

根据杜能的假设，如用 R 表示农产品单位土地面积上的收入，C 表示农产品单位土地面积上的生产成本，T 表示到中心城市的运费，P 表示生产农产品的利润，则

$$P = R - (C + T)$$

在 R、C 不变的情况下，利润就取决于运费 T，如图 3-1 所示。

因而，杜能将农业生产分成了六个圈，即所谓的"杜能圈"(见图 3-2)。杜能圈具体结构为：①接近中心城的第一圈为自由农作物圈，距市场最近，运费低，适用生产鲜活产品、蔬菜及鲜奶等；②第二圈为林业圈层，生产量大不易长途运输的木材及柴草；③第三圈为集约农业(轮作)圈层，生产集约化程度较高的商品谷类、畜类；④第四圈为谷草农作物圈，生产非集约化的谷物、牧草和畜类；⑤第五圈为三年轮作制农作物圈，提供体积小、易运输及不易腐烂的农作物产品，如奶酪及烧酒；⑥第六圈为畜牧圈层或边际农业圈层，农产品大部分为自给，向城市提供少量的奶酪及烧酒。在以上六圈以外的为荒地，由于距离市场太远，做狩猎用。

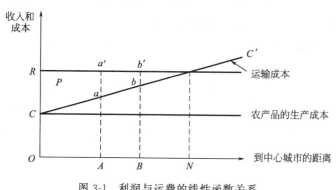 

图 3-1 利润与运费的线性函数关系　　　　图 3-2 杜能圈

杜能农业区位论的核心是级差地租理论，即级差地租或超额利润的高低与其到中心城市的距离成反比。

(2) 韦伯的工业区位论　韦伯是德国经济学家，1909 年发表《工业区位理论——论工业区位》一书。韦伯的工业区位论实际上是区位因素分析，即通过对运费、劳动力及聚集效应和相互关系的分析、计算，使得某特定地区生产某种工业产品可比在其他地区获得更大的利益。

① 运费对工业区位的影响。韦伯认为在选择工业区位时，要尽量降低生产成本，尤其要把运费降到最低程度，因此厂址应该选在运输成本最低的地方，而运费取决于运输的距离和运输的重量。运费与运输的距离远近成正比，运输的重量则与原材料性质有关，而原材料的情况一般起着决定性的作用。

韦伯提出了原料系数的概念，即运进工厂的稀有性原材料与运出工厂的制成品总重之比。他提出：原料系数小于 1 时，为节约运费，生产工厂应设在消费中心区；原料系数大于 1 时，生产工厂应设在稀有性原料产地附近；原料系数等于 1 时，生产工厂可设在消费中心区或稀有性原料产地附近。

② 劳动力成本对工业区位选择的影响。当在进行某一工厂理想厂址选择时，仅从运输成本出发是不够的，还应考虑工资成本。具体的做法是将厂址从运输费用最低的地方迁移到劳动力成本最低点所需增加的运费和节约的工资成本进行比较，如果前者大于后者，则厂址应选在运输费用较低的地方，反之则设在劳动力成本较低的地方。

③ 集聚因素对工业区位选择的影响。集聚因素是指一定量的生产集中在特定场所带来的生产或销售成本降低。集聚因素的作用主要表现为两种形态：一是由于企业规模的扩大所带来的规模经济；二是由于相关企业在空间上的集中而产生的集聚效益，主要表现为分工协作和资源共享所带来的成本节约或利润的增加。当工业的集聚带来的利益或节约超过离开运输成本最小或工资成本最低的区位而追加的费用时，工厂选址则可由集聚因素决定。

(3) 中心地理论　中心地理论是德国地理学家克里斯塔勒 1933 年首先提出的，也被称为"城市区位论"，是城市地域结构研究的核心理论。

克里斯塔勒的中心地理论把服务性的第三产业纳入了区位论的研究，他明确提出了人类经济活动的空间非均匀状态是一种基本规律；即使在很小的地理单元内，也存在着中心与外围的差异；经济活动向一个核心凝聚是一个基本规律；他给出了城镇等级、规模、数量及其地域结构之间的关系，提出了城镇地域结构的最佳形式是六边形。

① 中心地的基本概念。中心地是向居住在它周围地域的居民提供各种货物和服务的地方。在实际生活中，中心地可以是城市，也可以是城市内的商业中心。

② 中心地的等级、规模与数目的关系。中心地的等级与提供职能种类的多少和中心地的服务范围有关。提供职能种类少、服务范围小的为低级中心地；提供职能种类多、服务范围大的为高级中心地。

克里斯塔勒认为中心地的数量与其等级有关，并成反比关系，等级越低，数量越多；等级越高，数量越少。克里斯塔勒的理论与实际情况是相符合的，即规模小的城市数目多，规模大的城市数目少；城市等级越高，数目越少。

③ 中心地的服务范围。市场原则是中心地布局的重要原则，在理想化的平原上，消费者购买商品和享受服务，一般选择最接近的中心地，中心地服务范围表现为以中心地为核心的正六边形，如图 3-3 所示。低级中心地职能种类少，服务范围（六边形）小、彼此距离近，但六边形数目多；高级中心地职能种类多，服务范围（六边形）大，彼此距离远，但六边形的数目少。高低级中心地之间具有包含与被包含的关系，即高级中心地不仅有低级中心地所具有的职能，而且有低级中心地所没有的较高级的职能；同级中心地的服务范围是彼此独立和排斥的，一系列逐步提高级别的中心地形成了城市区域层次。

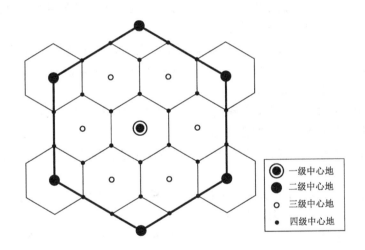

图 3-3　四级中心地服务范围示意图

2. 地租理论

从广义来讲，地租泛指土地所有者将其所拥有的土地及与土地相关的房屋或其他附着物租给他人使用所获取的报酬，是一种不仅局限于土地的租金；狭义的地租是指土地的使用者租用土地所需支付的租金，是其所获利润中超过平均利润的部分。

地租产生的基础是存在着土地的所有权和使用权，且两者处于分离的状态。任何社会制度下，只要这一社会形态存在，就必然存在地租。马克思考察了资本主义地租，分析了资本主义地租的两种形式——级差地租和绝对地租，建立了科学的地租理论。

（1）级差地租　级差地租是指耕种某些较好的土地所获得的，被土地所有者占有的超额利润，这种地租与土地的等级差别相联系。按照级差地租形成的条件不同，可把级差地租分为级差地租Ⅰ和级差地租Ⅱ。

由于不同地块的土地肥沃程度不同或不同地块的地理位置优劣的差别而形成的超额利润转化而来地租叫级差地租Ⅰ；连续投在同一块土地上的各个资本，由于生产效率的不同，生产效率较高的资本产生的超额利润，被土地所有者占有时所转化的地租叫级差地租Ⅱ。

(2) 绝对地租　绝对地租是指由于土地私有权的存在，租种任何土地都必须缴纳地租，即土地所有者凭借土地私有权的垄断所取得的地租。

3. 土地理论在房地产开发中的作用

土地区位理论是城市规划的理论依据之一，能够指导整个城市规划，包括城市土地规划和城市房地产规划，实现土地资源的优化配置。地租水平高低又是影响房地产开发成本的重要因素，不同地区的级差地租不同，甚至相差几倍、几十倍，由此支付的土地成本费用也有很大差别；开发商在前期准备开发投资时，必须认真考虑和测算级差地租问题，审慎选择在哪一地区的地块开发，建造何种类型的房地产，以取得良好的级差效益。

（三）房地产开发用地的类型

房地产开发用地是指房地产开发商在房地产开发过程中所需要使用的土地。根据用地属性的不同，可以把开发用地分成不同的类型。

1. 按照土地利用的性质和功能划分

按照《城市用地分类与规划建设用地标准》(GB 50137—2011)，城市开发建设用地分为居住用地、公共管理与公共服务用地、商业服务业设施用地、工业用地、物流仓储用地、交通设施用地、公用设施用地、绿地八个大类。

(1) 居住用地（R）　指住宅和相应服务设施的用地，它主要用于普通住宅、公寓、别墅，以及为居住服务的公共服务设施、道路（含停车场）、绿地建设等。

居住用地具体又分为三级标准。

一类居住用地（R1）：是指设施齐全、布局完整、环境良好，以低层住宅为主的用地，包括别墅区、独立式花园住宅、四合院等。

二类居住用地（R2）：是指设施较齐全、布局较完整、环境良好，以多、中、高层住宅为主的用地。

三类居住用地（R3）：是指设施较欠缺、环境较差，以需要加以改造的简陋住宅为主的用地，包括危改房、棚户区、临时住宅等。

(2) 公共管理与公共服务用地（A）　指行政办公、文化设施、教育科研、体育、医疗卫生、社会福利、宗教等机构和设施的用地，不包括居住用地中的服务设施用地。

公共管理与公共服务用地具体又分为"行政办公用地"（A1）、"文化设施用地"（A2）、"教育科研用地"（A3）、"体育用地"（A4）、"医疗卫生用地"（A5）、"社会福利设施用地"（A6）、"文物古迹用地"（A7）、"外事用地"（A8）、"宗教设施用地"（A9）九个种类。

(3) 商业服务业设施用地（B）　包括各类商业经营活动及餐饮、旅馆等服务业用地，金融、保险、证券、新闻出版、文艺团体等综合性办公用地，各类娱乐、康体等设施用地，以及零售加油、加气、电信、邮政等公用设施营业网点用地。不包括居住用地中的服务设施用地以及公共管理与公共服务用地内的事业单位用地。

商业服务业设施用地具体又分为"商业用地"（B1）、"商务用地"（B2）、"娱乐康体用地"（B3）、"公用设施营业网点用地"（B4）、"其他服务设施用地"（B9）五个种类。

(4) 工业用地（M）　指城市工矿企业的生产车间、库房及其附属设施等用地，包括专用的铁路、码头和道路等用地。

工业用地按其对居住和公共环境的干扰污染程度分为以下三类。

一类工业用地（M1）：指对居住和公共环境基本无干扰、污染和安全隐患的工业用地。

二类工业用地（M2）：指对居住和公共环境有一定干扰、污染和安全隐患的工业用地。

三类工业用地（M3）：指对居住和公共环境有严重干扰、污染和安全隐患的工业用地。

（5）物流仓储用地（W）　指用于物资储备、中转、配送、批发、交易等的用地，包括大型批发市场以及货运公司车队的站场（不包括加工）等用地。

物流仓储用地按其对居住和公共环境的干扰污染程度分为以下三类。

一类物流仓储用地（W1）：指对居住和公共环境基本无干扰、污染和安全隐患的物流仓储用地。

二类物流仓储用地（W2）：指对居住和公共环境有一定干扰、污染和安全隐患的物流仓储用地。

三类物流仓储用地（W3）：指存放易燃、易爆和剧毒等危险品的专用物流仓储用地。

（6）交通设施用地（S）　指用于城市道路、交通设施等用地。

交通设施用地具体又分为"城市道路用地"（S1）、"轨道交通线路用地"（S2）、"交通枢纽用地"（S3）、"交通场站用地"（S4）、"其他交通设施用地"（S9）五个种类。

（7）公用设施用地（U）　包括供水、供电、供燃气和供热等供应设施用地，以及排水、环卫、环保、消防、防洪等公用设施用地。

公用设施用地具体又分为"供应设施用地"（U1）、"环境设施用地"（U2）、"安全设施用地"（U3）、"其他公用设施用地"（U9）四个种类。

（8）绿地（G）　主要指城市的公共绿地，包括公园绿地、防护绿地等开放空间用地，不包括居住区、单位内部配建的绿地。

绿地具体又分为"公园绿地"（G1）、"防护绿地"（G2）与"广场用地"（G3）三个种类。

2. 按照土地的开发利用程度划分

（1）生地　指完成土地征用，未经开发、不可直接作为建筑用地的农用地或荒地等土地。

（2）毛地　指具有一定的城市基础设施，但尚未经过拆迁安置补偿等土地开发过程，不具备基本建设条件的土地。

（3）熟地　指具有完善的城市基础设施，经过土地开发，能直接在其上进行房屋建造的土地。

（4）净地　从物质角度来讲，净地是指完成基础设施配套，场地内达到开工条件的土地；从权属角度看，是指没有设定他项权利，土地占有、使用、收益、处分等权力不受限制的土地。

二、中国现行土地制度概述

《中华人民共和国土地管理法》中明确规定了我国现行土地管理的基本制度，即社会主义土地公有制度、国有土地有偿使用制度、土地用途管制制度、占用耕地补偿制度、永久基本农田保护制度、土地登记制度等。

要全面理解和正确认识中国现行的土地制度，需要把握以下内容。

① 全部土地都为社会主义公有制，即全民所有制和劳动群众集体所有制。

② 全民所有制的土地被称为国家所有土地，简称国有土地，其所有权由国家代表全体人民行使，具体又由国务院代表国家行使。国有土地的范围包括：城市市区的土地；农村和城市郊区内已经依法没收、征收、征购为国有的土地；国家依法征收的土地；依法不属于集体所有的林地、草地、荒地、滩涂及其他土地；农村集体经济组织全部成员转为城镇居民的，原属于其成员集体所有的土地；因国家组织移民、自然灾害等原因，农民成建制地集体迁移后不再使用的原属于迁移农民集体所有的土地。

③ 劳动群众集体所有制的土地被称为农民集体所有土地，简称集体土地。集体土地的范围：根据法律规定，农村和城市郊区属于国家所有以外的土地；宅基地和自留地、自留山。

④ 国家实行土地登记制度。县级以上人民政府对所管辖的土地进行登记造册。属于国有土地的，核发"国有土地使用证"；属于集体土地的，核发"集体土地所有证"；使用集体土地的，核发"集体土地使用证"。依法登记的土地所有权和使用权受法律保护，任何单位和个人不得侵犯。

⑤ 国家实行土地有偿有限期使用制度。除了国家核准的划拨土地以外，凡新增土地和原使用的土地改变用途或使用条件、进行市场交易等，均实行有偿有限期使用。

⑥ 国家实行土地用途管制制度。根据土地利用总体规划，将土地用途分为农用地、建设用地和未利用土地。土地用途的变更须经有批准权的人民政府核准。严格限制农用地转为建设用地，控制建设用地总量。

⑦ 国家实行保护耕地的制度。耕地主要是指种植农作物的土地，国家对耕地实行特殊保护，严格控制耕地转为非耕地。

三、土地的所有权

土地所有权又称土地产权、"地权"，是物权的一种。它的主体是土地所有者，客体是土地。土地所有权是土地所有制的法律表现，土地所有制是土地所有权的经济基础。因此，土地所有权是土地所有者在法律规定的范围内享有的对土地的占有、使用、收益、处分的权利。

土地占有权是指依法对土地实施掌握和控制的权利。土地使用权是指依法对土地进行实际使用的权利。土地收益权是指依法收取土地所产生的自然或法定孳息和利益的权利，包括收获土地上生长的农作物，收获出租土地的租金等。土地处分权是指依法处置土地的权利，包括出租、出卖、赠送、遗赠、抵押等。处分权是土地所有权最核心、最基本的一项权能。

土地所有权是一级权能，占有、使用、收益、处分权是二级权能。二级权能具有相对的独立性，享有二级权能者须承担对土地所有者应尽的义务。我国土地所有权具有以下特征。

① 主体的特定性。在我国，土地所有权的权利主体只能是国家或劳动群众集体。国家土地所有权由国务院代表国家行使，国务院可通过制定行政法规或者发布行政命令授权地方人民政府或其职能部门行使国家土地所有权。

② 交易的禁止性。土地所有权不能以任何形式进行交易。

③ 权属的稳定性。①②两项决定了土地所有权处于高度稳定的状态。

④ 权能的分离性。为实现土地资源的有效利用，法律将土地使用权从土地所有权中分离出来，使之成为一种相对独立的物权形态并且能够交易。

⑤ 土地所有权的排他性。即垄断性，每块土地只能有一个土地所有者。

⑥ 土地所有权的追及力。土地为他人非法占有时，无论被何人或何单位控制，所有权人都可以向他主张权利。

四、土地使用权

土地使用权是指土地使用者根据国家法律和与土地所有人签订合同的有关规定，对国家和集体所有的土地，享有使用和取得收益的权利。

土地使用权同样具有占有、使用、收益、处分四项权能。土地占有权是指使用人对土地实行控制和支配的权利，这是建立在土地使用权为前提和基础之上的。土地使用权是指使用人对土地利用和运用的权利，这种权利必须依照国家的法律和合同的规定使用，不得超越。土地收益权是指使用人享有使用土地而获得收益的权利，这是使用人使用土地的重要目的。土地处分权是指使用人依照国家法律和合同的约定，享有转让土地使用权的权利。土地的使用人只享有部分的土地处分权。

土地使用权具有以下特征。

① 权利主体的广泛性。国有土地和农村集体所有的土地，可以依法确定给单位或者个人使用。所以，土地使用权主体的范围是非常广泛的。

② 土地使用权的相对稳定性。单位或者个人取得的土地使用权，都有一定年限规定，在规定的使用期间，土地使用权一般是稳定的。

③ 土地使用权是法律特别设定的一种物权。土地使用权是对不属于自己物的权利，即他物权。

④ 土地使用权是由土地所有权派生的。作为土地使用权的他物权，来源于土地所有权，是对他人所有土地占有、使用、收益的权利。所以，土地使用权从属于土地所有权。

⑤ 土地使用权权能构成的有限性。土地使用权与土地所有权权能不同，土地所有权是一种充分、全面的物权，而土地使用权是一种用益物权，只包括部分收益权和处分权。

⑥ 土地使用权可以买卖、转让，这是跟土地所有权的重要区别之一。

《中华人民共和国土地管理法》（以下简称《土地管理法》）第五十四条规定：建设单位使用国有土地，应当以出让等有偿使用方式取得；经县级以上人民政府依法批准，可以以划拨方式取得国有土地使用权。

（一）土地使用权的划拨

划拨土地使用权，是指县级以上人民政府依法批准，在土地使用者缴纳补偿、安置等费用后将该幅土地交付其使用，或者将土地使用权无偿交付给土地使用者使用的行为。以划拨方式取得土地使用权的，除法律、行政法规另有规定外，没有使用期限的限制。

《土地管理法》第五十四条规定，下列建设用地的土地使用权，确属必需的，可由县级以上人民政府依法划拨：

① 国家机关用地和军事用地；

② 城市基础设施用地和公益事业用地；

③ 国家重点扶持的能源、交通、水利等基础设施用地；

④ 法律、行政法规规定的其他用地。

（二）土地使用权的出让

土地使用权出让，是指国家以土地所有者的身份将土地使用权在一定年限内让与土地使用者，并由土地使用者向国家支付土地使用权出让金的行为。土地使用权出让又称"批租"，属于土地一级市场。

《中华人民共和国城镇国有土地使用权出让和转让暂行条例》按土地用途，对土地使用权出让的最高年限作了明确的限制规定：居住用地七十年；工业用地五十年；教育、科技、文化、卫生、体育用地五十年；商业、旅游、娱乐用地四十年；综合或者其他用地五十年。

2007年中华人民共和国国土资源部公布的《招标拍卖挂牌出让国有建设用地使用权规定》第四条规定：工业、商业、旅游、娱乐和商品住宅等经营性用地以及同一宗地有两个以上意向用地者的，应当以招标、拍卖或者挂牌方式出让。《中华人民共和国城市房地产管理法》第十三条规定：土地使用权出让，可以采取拍卖、招标或者双方协议的方式。综上所述，我国国有土地使用权出让方式主要有招标、拍卖、挂牌和协议出让四种。

1. 招标拍卖挂牌出让地块的一般规定

招标出让，是指出让人发布招标公告或者发出投标邀请书，邀请特定或者不特定的自然人、法人和其他组织参加国有土地使用权投标，根据投标结果确定土地使用权人的方式。招标出让方式的特点是有利于公平竞争，主要适用于需要优化土地布局、重大工程的较大地块的出让。

拍卖出让，是指出让人发布拍卖公告，由竞买人在指定时间、地点进行公开竞价，由最高出价者获得土地使用权的方式。拍卖出让适用于竞争性强的房地产业、金融业、商业、旅游业和娱乐业用地的出让。

挂牌出让，是指出让人发布挂牌公告，按公告规定的期限将拟出让宗地的交易条件在指定的土地交易场所挂牌公布，接受竞买人的报价申请并更新挂牌价格，根据挂牌期限截止时的出价结果或者现场竞价结果确定土地使用者的行为。挂牌出让方式操作简单，比较市场化和透明化，是目前出让国有土地使用权的常用形式。

出让人应当根据招标拍卖挂牌出让地块的情况，编制招标拍卖挂牌出让文件。招标拍卖挂牌出让文件应当包括出让公告、投标或者竞买须知、土地使用条件、标书或者竞买申请书、报价单、中标通知书或者成交确认书、国有建设用地使用权出让合同文本。

出让人应当至少在投标、拍卖或者挂牌开始日前20日，在土地有形市场或者指定的场所、媒介发布招标、拍卖或者挂牌公告，公布招标拍卖挂牌出让宗地的基本情况和招标拍卖挂牌的时间、地点。

招标拍卖挂牌公告应当包括下列内容：①出让人的名称和地址；②出让宗地的面积、界址、空间范围、现状、使用年期、用途、规划指标要求；③投标人、竞买人的资格要求以及申请取得投标、竞买资格的办法；④索取招标拍卖挂牌出让文件的时间、地点和方式；⑤招标拍卖挂牌时间、地点、投标挂牌期限、投标和竞价方式等；⑥确定中标人、竞得人的标准和方法；⑦投标、竞买保证金；⑧其他需要公告的事项。

市、县人民政府土地主管部门应当根据土地估价结果和政府产业政策综合确定标底或者底价。招标标底和拍卖挂牌的底价，在招标开标前和拍卖挂牌出让活动结束之前应当保密。出让人在招标拍卖挂牌出让公告中不得设定影响公平、公正竞争的限制条件。挂牌出让的，出让公告中规定的申请截止时间，应当为挂牌出让结束日前2天。对符合招标拍卖挂牌公告规定条件的申请人，出让人应当通知其参加招标拍卖挂牌活动。

以招标、拍卖或者挂牌方式确定中标人、竞得人后，中标人、竞得人支付的投标、竞买保证金，转作受让地块的定金。出让人应当向中标人发出中标通知书或者与竞得人签订成交确认书，内容应当包括出让人和中标人或者竞得人的名称、出让标的、成交时间、地点、价款以及签订国有建设用地使用权出让合同的时间、地点等。

中标通知书或者成交确认书对出让人和中标人或者竞得人具有法律效力。出让人改变竞得结果，或者中标人、竞得人放弃中标宗地、竞得宗地的，应当依法承担责任。中标人、竞得人应当按照中标通知书或者成交确认书约定的时间，与出让人签订国有建设用地使用权出让合同。中标人、竞得人支付的投标、竞买保证金抵作土地出让价款；其他投标人、竞买人支付的投标、竞买保证金，出让人必须在招标拍卖挂牌活动结束后 5 个工作日内予以退还，不计利息。

招标拍卖挂牌活动结束后，出让人应在 10 个工作日内将招标拍卖挂牌出让结果在土地有形市场或者指定的场所、媒介公布。

受让人依照国有建设用地使用权出让合同的约定付清全部土地出让价款后，方可申请办理土地登记，领取国有建设用地使用权证书。未按出让合同约定缴清全部土地出让价款的，不得发放国有建设用地使用权证书，也不得按出让价款缴纳比例分割发放国有建设用地使用权证书。

应当以招标拍卖挂牌方式出让国有建设用地使用权而擅自采用协议方式出让的，对直接负责的主管人员和其他直接责任人员依法给予处分；构成犯罪的，依法追究刑事责任。

2. 招标出让土地时投标、开标的程序

① 投标人在投标截止时间前将标书投入标箱。招标公告允许邮寄标书的，投标人可以邮寄，但出让人在投标截止时间前收到的方为有效。标书投入标箱后，不可撤回。投标人应当对标书和有关书面承诺承担责任。

② 出让人按照招标公告规定的时间、地点开标，邀请所有投标人参加。由投标人或者其推选的代表检查标箱的密封情况，当众开启标箱，点算标书。投标人少于三人的，出让人应当终止招标活动。投标人不少于三人的，应当逐一宣布投标人名称、投标价格和投标文件的主要内容。

③ 评标小组进行评标。评标小组由出让人代表、有关专家组成，成员人数为五人以上的单数。评标小组可以要求投标人对投标文件作出必要的澄清或者说明，但是澄清或者说明不得超出投标文件的范围或者改变投标文件的实质性内容。评标小组应当按照招标文件确定的评标标准和方法，对投标文件进行评审。

④ 招标人根据评标结果，确定中标人。按照价高者得的原则确定中标人的，可以不成立评标小组，由招标主持人根据开标结果，确定中标人。对能够最大程度地满足招标文件中规定的各项综合评价标准，或者能够满足招标文件的实质性要求且价格最高的投标人，应当确定为中标人。

3. 拍卖出让土地时拍卖会的程序

① 主持人点算竞买人。

② 主持人介绍拍卖宗地的面积、界址、空间范围、现状、用途、使用年期、规划指标要求、开工和竣工时间以及其他有关事项。

③ 主持人宣布起叫价和增价规则及增价幅度。没有底价的，应当明确提示。

④ 主持人报出起叫价。

⑤ 竞买人举牌应价或者报价。

⑥ 主持人确认该应价或者报价后继续竞价。

⑦ 主持人连续三次宣布同一应价或者报价而没有再应价或者报价的，主持人落槌表示拍卖成交。

⑧ 主持人宣布最高应价或者报价者为竞得人。

拍卖主持人在拍卖中可以根据竞买人竞价情况调整拍卖增价幅度。竞买人的最高应价或者报价未达到底价时，主持人应当终止拍卖。

4. 挂牌出让土地的程序

① 在挂牌公告规定的挂牌起始日，出让人将挂牌宗地的面积、界址、空间范围、现状、用途、使用年期、规划指标要求、开工时间和竣工时间、起始价、增价规则及增价幅度等，在挂牌公告规定的土地交易场所挂牌公布；挂牌时间不得少于10日。挂牌期间可根据竞买人竞价情况调整增价幅度。

② 符合条件的竞买人填写报价单报价。

③ 挂牌主持人确认该报价后，更新显示挂牌价格。

④ 挂牌主持人在挂牌公告规定的挂牌截止时间确定竞得人。

挂牌期限届满，挂牌主持人现场宣布最高报价及其报价者，并询问竞买人是否愿意继续竞价。有竞买人表示愿意继续竞价的，挂牌出让转入现场竞价，通过现场竞价确定竞得人。挂牌主持人连续三次报出最高挂牌价格，没有竞买人表示愿意继续竞价的，按照下列规定确定是否成交：

① 在挂牌期限内只有一个竞买人报价，且报价不低于底价，并符合其他条件的，挂牌成交。

② 在挂牌期限内有两个或者两个以上的竞买人报价的，出价最高者为竞得人；报价相同的，先提交报价单者为竞得人，但报价低于底价者除外。

③ 在挂牌期限内无应价者或者竞买人的报价均低于底价或者均不符合其他条件的，挂牌不成交。

5. 协议出让

协议出让，是指国家以协议方式将国有土地使用权在一定年限内出让给土地使用者，由土地使用者向国家支付土地使用权出让金的行为。协议出让方式的特点是自由度大，不利于公平竞争，适用于公共福利事业和非营利性的社会团体、机关单位用地和某些特殊用地的出让。按照原国土资源部第21号令《协议出让国有土地使用权规定》规定：出让国有土地使用权，除依照法律、法规和规章的规定应当采用招标、拍卖或者挂牌方式外，方可采取协议方式。具体程序为：

① 需用地单位向市、县人民政府土地主管部门提出意向用地申请。

② 制订协议出让土地方案。协议出让土地方案包括拟出让地块的具体位置、界址、用途、面积、年限、土地使用条件、规划设计条件、供地时间等。

③ 出让人根据国家产业政策和拟出让地块的情况，按照《城镇土地估价规程》的规定，对拟出让地块的土地价格进行评估，经市、县人民政府土地主管部门集体决策，合理确定协议出让底价。

④ 出让人与意向用地者就土地出让价格等进行充分协商，协商一致且议定的出让价格不低于出让底价后，双方签订国有土地使用权出让合同，土地使用者付清土地使用权出让金

并依法办理土地登记手续后,取得国有土地使用权。

6. 土地使用权出让合同

土地使用权出让合同是指市、县人民政府土地管理部门代表国家与土地使用者之间就出让国有土地使用权所达成,明确彼此权利义务关系的协议。土地使用权出让合同属格式合同,由国家统一制作格式文本。

按照国有土地使用权出让合同(示范文本)(GF-2000-2601),出让合同包括合同正文和附件"出让宗地界址图"。其合同正文的主要内容如下。

① 总则。其内容包括当事人双方订立合同的依据,规定出让土地的所有权属中华人民共和国,出让人根据法律的授权出让土地使用权,地下资源、埋藏物和市政公用设施均不属于土地使用权出让范围。

② 出让土地使用权的交付与出让金的缴纳。明确出让宗地的位置、编号、面积、用途,确定交付宗地的时间及宗地应达到的土地开发条件,明确土地使用权出让年期、土地使用权出让金额及支付方式。

③ 土地开发建设与利用。主要明确在出让宗地范围内开发建设应符合的规定,工程动工建设时间及相关规定,应办理的手续,受让人必须依法合理利用土地,改变规定的土地用途和土地使用条件时的处理措施,政府保留对出让宗地的城市规划调整权等。

④ 土地使用权转让、出租、抵押。主要指明受让方进行土地使用权转让的前提条件相关约定,规定办理土地使用权转让、出租、抵押应遵循的原则和程序。

⑤ 期限届满。明确指出土地使用期限届满受让人申请续期与不续期的处理规定。

⑥ 不可抗力。说明合同当事人对由于不可抗力造成损失的责任问题,不可抗力发生后的处理问题。

⑦ 违约责任。主要说明不同的违约情况及违约方应承担的相应责任。

⑧ 通知和说明。指出合同要求或允许的通知和通信,自实际收到时起生效;明确当事人变更通知、通信地址或开户银行、账号的具体做法。

⑨ 适用法律及争议解决。说明合同的订立、效力、解释、履行及争议的解决均适用中华人民共和国法律,明确合同发生争议的解决办法。

⑩ 附则。说明合同生效的条件、合同份数、合同合法的签字人、合同签订地点等。

(三) 土地使用权的转让

土地使用权转让,是指土地使用者将土地使用权再转移给他人的行为,包括出售、交换与赠与。土地使用权的转让是土地使用者之间的横向土地经营行为,土地使用权转让市场,属于土地二级市场。土地使用权转让后,土地使用权的使用年限为出让合同规定的使用年限减去原土地使用者已经使用年限后的剩余年限。

1. 土地使用权转让的条件

① 必须是出让的土地使用权才能进行转让。

② 必须依照土地使用权出让合同约定已经全部支付土地使用权出让金,并取得土地使用权证书的土地才能转让。

③ 必须按照出让合同规定的期限和条件对土地进行投资开发、利用的土地才能转让。

④ 土地使用权转让必须办理过户登记。

2. 土地使用权转让的原则

① 随之转移原则。土地使用权转让时,土地使用权出让合同和登记文件中所载明的权

利、义务也随之转移。

② 房、地产一致原则。土地使用权转让时,其地上建筑物、其他附着物所有权随之转让;土地使用者转让地上建筑物、其他附着物所有权时,其使用范围内的土地使用权随之转让。

③ 效益不可损原则。无论土地使用权转让,还是地上建筑物转让,都不得损坏土地及其他建筑物的经济效益。

(四) 土地使用权的出租

土地使用权出租,是指土地使用者作为出租人将土地使用权随同地上建筑物、其他附着物租赁给承租人使用,由承租人向出租人支付租金的行为。土地使用权出租时需满足以下条件。

① 出租的土地使用权是国家有偿出让的具有物权性质的土地使用权。

② 依照土地使用权出让合同规定的期限和条件对土地进行投资开发、利用的土地才能出租。

③ 土地使用权出租期限超过六个月的,出租人和承租人应当签订书面出租合同。

④ 土地使用权出租后,出租人必须继续履行土地使用权出让合同规定的义务。

(五) 土地使用权的抵押

土地使用权抵押,是指土地使用者将其依法取得的土地使用权连同地上建筑物和其他附着物作为清偿债务的担保的法律行为。即债权人对享有土地使用权的债务人或第三人的土地不转移占有,继续由债务人或第三人使用、收益,而在债务不履行时,处分债务人或第三人的土地使用权,并从处分抵押物所得价款中优先受偿。土地使用权抵押的一般规定如下。

① 抵押合同不得违背国家法律、法规和土地使用权出让合同的规定。

② 抵押权人及抵押人应当签订书面抵押合同。

③ 土地使用权和地上建筑物、其他附着物抵押,应当依照规定办理抵押登记。

④ 抵押人到期不能履行债务或者在抵押合同期间宣告解散、破产的,抵押权人有权依照法律规定和抵押合同的规定处分抵押财产,处分抵押财产所得,抵押权人有优先受偿权。

(六) 土地使用权的终止

1. 土地使用权的收回

① 土地使用权年限届满收回。土地使用权出让合同约定的使用年限届满,土地使用者未申请续期或者申请未获批准的,国家将无偿收回土地使用权。

② 国家有权提前收回土地使用权。国家对土地使用者依法取得的土地使用权不得提前收回,在特殊情况下,为实施城市规划进行旧城区改建以及其他公共利益需要,国家依照法律程序提前收回,并根据土地使用者使用土地的实际年限和开发土地的实际情况给予相应的补偿。

③ 因土地使用者不履行土地使用权出让合同义务而收回土地使用权。一种情况是土地使用者未如期支付全部地价款,出让方依照法律和合同约定,收回土地使用权并不退定金;第二种情况是土地使用者未按合同约定的期限和条件开发和利用土地,没有特殊原因满二年未动工开发的,出让方可以无偿收回土地使用权。

④ 司法机关决定收回土地使用权。因土地使用者触犯国家法律,不能继续履行合同或司法机关决定没收其全部财产,收回土地使用权。

依照法律有关规定,收回用地单位土地使用权的,由原土地登记机关注销土地使用权登记和土地使用权证书。

2. 土地使用权的终止

① 因土地灭失而终止。土地使用权要以土地的存在或土地能满足某种需要为前提，因土地灭失而导致使用人实际上不能继续使用土地，使用权自然终止。

② 因土地使用者的抛弃而终止。由于政治、经济、行政等原因，土地使用者抛弃使用的土地，致使土地使用合同失去意义或无法履行而终止土地使用权。

五、房地产开发中土地使用权的取得

在房地产开发实践中，通过出让方式取得开发用地使用权，是开发商取得用地最常用的方式；开发商还采用在建项目收购、项目公司入股、土地合作开发等方式取得土地使用权。

（一）在建项目收购

在建项目收购是指通过在建工程转让的方式，获取项目所用土地使用权、地上在建工程、行政批文及各类权益，同时继续承担项目所负义务的经济活动。

根据《中华人民共和国城市房地产管理法》的规定，以出让方式取得土地使用权的，转让房地产时，应当具备以下两项条件：①已支付全部土地使用权出让金，并取得土地使用权证书；②按照出让合同约定进行投资开发，属于房屋建设工程的，完成开发投资总额的百分之二十五以上，属于成片开发土地的，形成工业用地或者其他建设用地条件。

作为项目收购方，在操作该种方式中应当注意以下问题。

① 项目转让方最初签署的土地使用权出让合同对项目受让方继续有效。受让方应当了解原土地出让合同中的相关限制性要求，如开发期限、容积率、绿化率、建筑密度等。

② 注意建设手续的有效性，对于规划许可证、施工许可证的有效期进行审定，并及时办理建设手续变更主体等程序性的要求。

③ 注意项目转让方对土地使用权是否存在抵押等他项权利，以免无法进行土地过户；尤其是已经进行预售的项目，牵涉贷款银行及购房业主的法律关系，会影响房地产交易等。

④ 注意项目工程施工合同的延续性，对工程状态进行阶段性结算，明确工程款责任；对勘察设计合同、监理合同的延续性进行明确约定。

这种方式牵涉土地使用权过户登记，在建工程移交时已完成工程量核算，后续施工问题协商等，收购方还要承担因转让方拖欠工程款或材料款而产生的突发事件风险。该方式操作程序复杂，不可控因素较多，风险较大，房地产开发实践中已经很少采用。

（二）收购公司股权

收购公司股权方式，就是股权受让方通过部分或全部收购项目公司股权来获得土地使用权或在建工程，取得项目用地的开发权利。该种模式，通过股权界面完成项目转让，没有出让手续完结及投资额度等限制，在项目公司取得土地的任何阶段都可进行，已经成为开发商在二级市场取得土地使用权的常用模式。

这种方式操作灵活、手续简单、费用节省，但这种方式在实际操作中也存在债务风险难以控制，如是否对外提供过保证担保的风险以及是否对外签有已构成违约合同的风险等。因此，入股者务必要厘清拟入股公司债权债务，可委托审计公司来查清公司的资产负债。

（三）土地合作开发

依据《中华人民共和国城市房地产管理法》的规定：依法取得的土地使用权，可以作价入股，合资、合作开发经营房地产。合作开发房地产，是双方以土地使用权、资金等作为共

同投资、共享利润、共担风险的模式。通常情况下，合作双方设立项目公司，一方以土地使用权投资入股，另一方以资金等形式投资入股，开发过程在土地投入方名下办理各项建设手续，以土地投入方名义进行预售，双方收益按约定比例分配利润。与拥有土地使用权的机构进行合作开发，可以省去一大笔土地费用，降低投资风险。

采用土地合作开发方式应该注意两个问题，一是合作双方应当有一方具备房地产开发资质，否则合作合同无效；二是用于开发的土地使用权应当是国有土地出让使用权，否则合作合同无效。

六、开发建设中的土地储备、征收

（一）土地储备

土地储备是指县级（含）以上国土资源主管部门为调控土地市场、促进土地资源合理利用，依法取得土地，组织前期开发、储存以备供应的行为。土地储备工作统一归口国土资源主管部门管理，土地储备机构承担土地储备的具体实施工作。财政部门负责土地储备资金及形成资产的监管。土地储备机构应为县级（含）以上人民政府批准成立、具有独立的法人资格、隶属于所在行政区划的国土资源主管部门、承担本行政辖区内土地储备工作的事业单位。《土地储备管理办法》（2018年）对土地储备作出了详细的规定。

1. 储备计划

各地应根据国民经济和社会发展规划、国土规划、土地利用总体规划、城乡规划等，编制土地储备三年滚动计划，合理确定未来三年土地储备规模，对三年内可收储的土地资源，在总量、结构、布局、时序等方面做出统筹安排，优先储备空闲、低效利用等存量建设用地。各地应根据城市建设发展和土地市场调控的需要，结合当地社会发展规划、土地储备三年滚动计划、年度土地供应计划、地方政府债务限额等因素，合理制订年度土地储备计划。国土资源主管部门应会同财政部门于每年第三季度，组织编制完成下一年度土地储备计划，提交省级国土资源主管部门备案后，报同级人民政府批准。

2. 入库储备标准

储备土地必须符合土地利用总体规划和城乡规划。存在污染、文物遗存、矿产压覆、洪涝隐患、地质灾害风险等情况的土地，在按照有关规定由相关单位完成核查、评估和治理之前，不得入库储备。下列土地可以纳入储备范围：

① 依法收回的国有土地。
② 收购的土地。
③ 行使优先购买权取得的土地。
④ 已办理农用地转用、征收批准手续并完成征收的土地。
⑤ 其他依法取得的土地。

入库储备土地必须是产权清晰的土地。土地储备机构应对土地取得方式及程序的合规性、经济补偿、土地权利（包括用益物权和担保物权）等情况进行审核，不得为了收储而强制征收土地。储备土地入库前，土地储备机构应向不动产登记机构申请办理登记手续。储备土地登记的使用权类型统一确定为"其他（政府储备）"，登记的用途应符合相关法律法规的规定。

3. 前期开发、管护与供应

① 土地储备机构负责理清入库储备土地产权，评估入库储备土地的资产价值。

② 土地储备机构应组织开展对储备土地必要的前期开发，为政府供应土地提供必要保障。储备土地的前期开发应按照该地块的规划，完成地块内的道路、供水、供电、供气、排水、通信、围挡等基础设施建设，并进行土地平整，满足必要的"通平"要求。

③ 土地储备机构应对纳入储备的土地采取自行管护、委托管护、临时利用等方式进行管护；建立巡查制度，对侵害储备土地权利的行为要做到早发现、早制止、早处理。

④ 在储备土地未供应前，土地储备机构可将储备土地或连同地上建（构）筑物，通过出租、临时使用等方式加以利用。储备土地的临时利用，一般不超过两年，且不能影响土地供应。储备土地的临时利用应报同级国土资源主管部门同意。

⑤ 储备土地完成前期开发，并具备供应条件后，应纳入当地市、县土地供应计划，由市、县国土资源主管部门统一组织土地供应。

4. 资金管理

土地储备资金收支管理严格执行财政部、原国土资源部关于土地储备资金财务管理的规定。土地储备资金通过政府预算安排，实行专款专用。土地储备机构应当严格按照规定用途使用土地储备资金，不得挪用。土地储备机构所需的日常经费，纳入政府预算，与土地储备资金实行分账核算，不得相互混用。

5. 监管责任

① 信息化监管。中华人民共和国自然资源部利用土地储备监测监管系统，监测监管土地储备机构业务开展情况。

② 部门分工监管。各级国土资源主管部门及财政部门应按照职责分工，互相配合，保证土地储备工作顺利开展。

③ 各级国土资源主管部门、财政部门、中国人民银行分支机构和银行业监督管理部门应建立符合本地实际的联合监管机制。按照职责分工，对储备土地、资产、资金、专项债券进行监督和指导。

（二）农村集体土地的征收

农村集体土地的征收是指国家为了社会公共利益的需要，依据法律规定的程序和批准权限，依法给予农村集体经济组织及农民补偿后，将农民集体所有土地变为国有土地的行为。《中华人民共和国土地管理法》对农村集体土地的征收作出了详细的规定。

1. 征收农村集体土地的批准权限

征收农用地应当先行办理农用地转用审批手续。征收下列土地由国务院批准：①永久基本农田；②永久基本农田以外的耕地超过三十五公顷的；③其他土地超过七十公顷的。征收以上规定以外的土地的，由省、自治区、直辖市人民政府批准。

2. 征收农村集体土地的前期工作

国家征收土地的，依照法定程序批准后，由县级以上地方人民政府予以公告并组织实施。县级以上地方人民政府拟申请征收土地的，应当开展拟征收土地现状调查和社会稳定风险评估，并将征收范围、土地现状、征收目的、补偿标准、安置方式和社会保障等在拟征收土地所在的乡（镇）和村、村民小组范围内公告至少三十日，听取被征地的农村集体经济组织及其成员、村民委员会和其他利害关系人的意见。

多数被征地的农村集体经济组织成员认为征地补偿安置方案不符合法律、法规规定的，县级以上地方人民政府应当组织召开听证会，并根据法律、法规的规定和听证会情况修改方案。

拟征收土地的所有权人、使用权人应当在公告规定期限内，持不动产权属证明材料办理补偿登记。县级以上地方人民政府应当组织有关部门测算并落实有关费用，保证足额到位，与拟征收土地的所有权人、使用权人就补偿、安置等签订协议；个别确实难以达成协议的，应当在申请征收土地时如实说明。

相关前期工作完成后，县级以上地方人民政府方可申请征收土地。

3. 征收农村集体土地的补偿与安置

征收土地应当给予公平、合理的补偿，保障被征地农民原有生活水平不降低、长远生计有保障。征收土地应当依法及时足额支付土地补偿费、安置补助费以及农村村民住宅、其他地上附着物和青苗等的补偿费用，并安排被征地农民的社会保障费用。

征收农用地的土地补偿费、安置补助费标准由省、自治区、直辖市通过制定公布区片综合地价确定。制定区片综合地价应当综合考虑土地原用途、土地资源条件、土地产值、土地区位、土地供求关系、人口以及经济社会发展水平等因素，并至少每三年调整或者重新公布一次。

征收农用地以外的其他土地、地上附着物和青苗等的补偿标准，由省、自治区、直辖市制定。对其中的农村村民住宅，应当按照先补偿后搬迁、居住条件有改善的原则，尊重农村村民意愿，采取重新安排宅基地建房、提供安置房或者货币补偿等方式给予公平、合理的补偿，并对因征收造成的搬迁、临时安置等费用予以补偿，保障农村村民居住的权利和合法的住房财产权益。

县级以上地方人民政府应当将被征地农民纳入相应的养老等社会保障体系。被征地农民的社会保障费用主要用于符合条件的被征地农民的养老保险等社会保险缴费补贴。被征地农民社会保障费用的筹集、管理和使用办法由省、自治区、直辖市制定。

被征地的农村集体经济组织应当将征收土地的补偿费用的收支状况向本集体经济组织的成员公布，接受监督。禁止侵占、挪用被征收土地单位的征地补偿费用和其他有关费用。

（三）国有土地上房屋征收

《中华人民共和国城市房地产管理法》规定，为了公共利益的需要，国家可以征收国有土地上单位和个人的房屋，并依法给予拆迁补偿，维护被征收人的合法权益；征收个人住宅的，还应当保障被征收人的居住条件。房屋被依法征收的，国有土地使用权同时收回。《国有土地上房屋征收与补偿条例》对国有土地上房屋征收作出了详细的规定。各市、县级人民政府负责本行政区域的房屋征收与补偿工作，各市、县级人民政府确定的房屋征收部门组织实施本行政区域的房屋征收与补偿工作，房屋征收部门可以委托房屋征收实施单位，承担房屋征收与补偿的具体工作；房屋征收实施单位不得以营利为目的。房屋征收部门对房屋征收实施单位在委托范围内实施的房屋征收与补偿行为负责监督，并对其行为后果承担法律责任。上级人民政府应当加强对下级人民政府房屋征收与补偿工作的监督。

1. 征收决定

为了保障国家安全、促进国民经济和社会发展等公共利益的需要，有下列情形之一，确需征收房屋的，由市、县级人民政府作出房屋征收决定。

① 国防和外交的需要。

② 由政府组织实施的能源、交通、水利等基础设施建设的需要。

③ 由政府组织实施的科技、教育、文化、卫生、体育、环境和资源保护、防灾减灾、文物保护、社会福利、市政公用等公共事业的需要。

④ 由政府组织实施的保障性安居工程建设的需要。

⑤ 由政府依照城乡规划法有关规定组织实施的对危房集中、基础设施落后等地段进行旧城区改建的需要。

⑥ 法律、行政法规规定的其他公共利益的需要。

确需征收房屋的各项建设活动，应当符合国民经济和社会发展规划、土地利用总体规划、城乡规划和专项规划。保障性安居工程建设、旧城区改建，应当纳入市、县级国民经济和社会发展年度计划。

2. 征收房屋的前期工作

① 房屋征收部门拟定征收补偿方案，报市、县级人民政府。市、县级人民政府应当组织有关部门对征收补偿方案进行论证并予以公布，征求公众意见。征求意见期限不得少于30日。

② 市、县级人民政府应当将征求意见情况和根据公众意见修改的情况及时公布。因旧城区改建需要征收房屋，多数被征收人认为征收补偿方案不符合条例规定的，市、县级人民政府应当组织由被征收人和公众代表参加的听证会，并根据听证会情况修改方案。

③ 市、县级人民政府作出房屋征收决定前，应当按照有关规定进行社会稳定风险评估；房屋征收决定涉及被征收人数量较多的，应当经政府常务会议讨论决定。作出房屋征收决定前，征收补偿费用应当足额到位、专户存储、专款专用。

④ 市、县级人民政府作出房屋征收决定后应当及时公告。公告应当载明征收补偿方案和行政复议、行政诉讼权利等事项。市、县级人民政府及房屋征收部门应当做好房屋征收与补偿的宣传、解释工作。

⑤ 被征收人对市、县级人民政府作出的房屋征收决定不服的，可以依法申请行政复议，也可以依法提起行政诉讼。

⑥ 房屋征收部门应当对房屋征收范围内房屋的权属、区位、用途、建筑面积等情况组织调查登记，被征收人应当予以配合。调查结果应当在房屋征收范围内向被征收人公布。

⑦ 房屋征收范围确定后，不得在房屋征收范围内实施新建、扩建、改建房屋和改变房屋用途等不当增加补偿费用的行为；违反规定实施的，不予补偿。房屋征收部门应当将前款所列事项书面通知有关部门暂停办理相关手续。暂停办理相关手续的书面通知应当载明暂停期限。暂停期限最长不得超过1年。

3. 征收房屋的补偿

① 房屋征收补偿的范围。作出房屋征收决定的市、县级人民政府对被征收人给予的补偿包括：被征收房屋价值的补偿；因征收房屋造成的搬迁、临时安置的补偿；因征收房屋造成的停产停业损失的补偿。

市、县级人民政府应当制定补助和奖励办法，对被征收人给予补助和奖励。征收个人住宅，被征收人符合住房保障条件的，作出房屋征收决定的市、县级人民政府应当优先给予住房保障。具体办法由省、自治区、直辖市制定。

对被征收房屋价值的补偿，不得低于房屋征收决定公告之日被征收房屋类似房地产的市场价格。被征收房屋的价值，由具有相应资质的房地产价格评估机构按照房屋征收评估办法评估确定。对评估确定的被征收房屋价值有异议的，可以向房地产价格评估机构申请复核评估。对复核结果有异议的，可以向房地产价格评估专家委员会申请鉴定。房地产价格评估机构由被征收人协商选定；协商不成的，通过多数决定、随机选定等方式确定，具体办法由省、自治区、直辖市制定。房地产价格评估机构应当独立、客观、公正地开展房屋征收评估工作，任何单位和个人不得干预。

② 房屋征收补偿的方式。被征收人可以选择货币补偿，也可以选择房屋产权调换。

被征收人选择房屋产权调换的，市、县级人民政府应当提供用于产权调换的房屋，并与被征收人计算、结清被征收房屋价值与用于产权调换房屋价值的差价。因旧城区改建征收个人住宅，被征收人选择在改建地段进行房屋产权调换的，作出房屋征收决定的市、县级人民政府应当提供改建地段或者就近地段的房屋。

因征收房屋造成搬迁的，房屋征收部门应当向被征收人支付搬迁费；选择房屋产权调换的，产权调换房屋交付前，房屋征收部门应当向被征收人支付临时安置费或者提供周转用房。对因征收房屋造成停产停业损失的补偿，根据房屋被征收前的效益、停产停业期限等因素确定。具体办法由省、自治区、直辖市制定。

市、县级人民政府作出房屋征收决定前，应当组织有关部门依法对征收范围内未经登记的建筑进行调查、认定和处理。对认定为合法建筑和未超过批准期限的临时建筑的，应当给予补偿；对认定为违法建筑和超过批准期限的临时建筑的，不予补偿。

③ 签订补偿协议。房屋征收部门与被征收人就补偿方式、补偿金额和支付期限、用于产权调换房屋的地点和面积、搬迁费、临时安置费或者周转用房、停产停业损失、搬迁期限、过渡方式和过渡期限等事项，订立补偿协议。补偿协议订立后，一方当事人不履行补偿协议约定的义务的，另一方当事人可以依法提起诉讼。

房屋征收部门与被征收人在征收补偿方案确定的签约期限内达不成补偿协议，或者被征收房屋所有权人不明确的，由房屋征收部门报请作出房屋征收决定的市、县级人民政府按照征收补偿方案作出补偿决定，并在房屋征收范围内予以公告。被征收人对补偿决定不服的，可以依法申请行政复议，也可以依法提起行政诉讼。

④ 实施搬迁。实施房屋征收应当先补偿、后搬迁。作出房屋征收决定的市、县级人民政府对被征收人给予补偿后，被征收人应当在补偿协议约定或者补偿决定确定的搬迁期限内完成搬迁。任何单位和个人不得采取暴力、威胁或者违反规定中断供水、供热、供气、供电和道路通行等非法方式迫使被征收人搬迁。禁止建设单位参与搬迁活动。

被征收人在法定期限内不申请行政复议或者不提起行政诉讼，在补偿决定规定的期限内又不搬迁的，由作出房屋征收决定的市、县级人民政府依法申请人民法院强制执行。强制执行申请书应当附具补偿金额和专户存储账号、产权调换房屋和周转用房的地点和面积等材料。

⑤ 建档与监督。房屋征收部门应当依法建立房屋征收补偿档案，并将分户补偿情况在房屋征收范围内向被征收人公布。审计机关应当加强对征收补偿费用管理和使用情况的监督，并公布审计结果。

七、闲置土地处理

闲置土地是指国有建设用地使用权人超过国有建设用地使用权有偿使用合同或者划拨决定书约定、规定的动工开发日期满一年未动工开发的国有建设用地。已动工开发但开发建设用地面积占应动工开发建设用地总面积不足三分之一或者已投资额占总投资额不足百分之二十五，中止开发建设满一年的国有建设用地，也可以认定为闲置土地。

市、县国土资源主管部门发现有涉嫌闲置土地的，应当在三十日内开展调查核实，向国有建设用地使用权人发出"闲置土地调查通知书"。国有建设用地使用权人应当在接到"闲置土地调查通知书"之日起三十日内，按照要求提供土地开发利用情况、闲置原因以及相关说明等材料。经调查核实，符合《闲置土地处置办法》第二条规定条件，构成闲置土地的，市、县国土资源主管部门应当向国有建设用地使用权人下达"闲置土地认定书"。

1. 闲置土地处理方式

① 未动工开发满一年的，由市、县国土资源主管部门报经本级人民政府批准后，向国有建设用地使用权人下达"征缴土地闲置费决定书"，按照土地出让或者划拨价款的百分之二十征缴土地闲置费。土地闲置费不得列入生产成本。

② 未动工开发满两年的，由市、县国土资源主管部门按照《中华人民共和国土地管理法》第三十七条和《中华人民共和国城市房地产管理法》第二十六条的规定，报经有批准权的人民政府批准后，向国有建设用地使用权人下达"收回国有建设用地使用权决定书"，无偿收回国有建设用地使用权。闲置土地设有抵押权的，同时抄送相关土地抵押权人。

对依法收回的闲置土地，市、县国土资源主管部门可以采取下列方式利用。

① 依据国家土地供应政策，确定新的国有建设用地使用权人开发利用。

② 纳入政府土地储备。

③ 对耕作条件未被破坏且近期无法安排建设项目的，由市、县国土资源主管部门委托有关农村集体经济组织、单位或者个人组织恢复耕种。

2. 属于政府、政府有关部门的行为造成土地闲置

政府、政府有关部门有下列情形之一，造成动工开发延迟的：

① 因未按照国有建设用地使用权有偿使用合同或者划拨决定书约定、规定的期限、条件将土地交付给国有建设用地使用权人，致使项目不具备动工开发条件的。

② 因土地利用总体规划、城乡规划依法修改，造成国有建设用地使用权人不能按照国有建设用地使用权有偿使用合同或者划拨决定书约定、规定的用途、规划和建设条件开发的。

③ 因国家出台相关政策，需要对约定、规定的规划和建设条件进行修改的。

④ 因处置土地上相关群众信访事项等无法动工开发的。

⑤ 因军事管制、文物保护等无法动工开发的。

⑥ 政府、政府有关部门的其他行为。

因以上情形造成土地闲置的，市、县国土资源主管部门应当与国有建设用地使用权人协商，选择下列方式处置：

① 延长动工开发期限。签订补充协议，重新约定动工开发、竣工期限和违约责任。从补充协议约定的动工开发日期起，延长动工开发期限最长不得超过一年。

② 调整土地用途、规划条件。按照新用途或者新规划条件重新办理相关用地手续，并按照新用途或者新规划条件核算、收缴或者退还土地价款。改变用途后的土地利用必须符合土地利用总体规划和城乡规划。

③ 由政府安排临时使用。待原项目具备开发建设条件，国有建设用地使用权人重新开发建设。从安排临时使用之日起，临时使用期限最长不得超过两年。

④ 协议有偿收回国有建设用地使用权。

⑤ 置换土地。对已缴清土地价款、落实项目资金，且因规划依法修改造成闲置的，可以为国有建设用地使用权人置换其他价值相当、用途相同的国有建设用地进行开发建设。涉

及出让土地的,应当重新签订土地出让合同,并在合同中注明为置换土地。

⑥ 市、县国土资源主管部门还可以根据实际情况规定其他处置方式。

市、县国土资源主管部门与国有建设用地使用权人协商一致后,应当拟订闲置土地处置方案,报本级人民政府批准后实施。

第二节 房地产开发项目的规划与设计

开发项目的规划与设计是在项目定位的基础上,按照城市规划的要求,设计者利用有限的场地,依据各种规范、法律、规程等要求,对项目进行全面、详细的规划。它是项目策划方案的具体化,是项目立项、筹资及施工的主要依据,关系到项目预期目标的实现。

一、城市规划与房地产开发的关系

《中华人民共和国城乡规划法》规定,城市内的建设活动应当符合城市规划要求。《中华人民共和国城市房地产管理法》规定,房地产开发必须严格执行城市规划。

(一) 城市规划及层次体系

城市规划是为了实现一定时期内城市的经济和社会发展目标,确定城市性质、规模和发展方向,充分合理利用城市土地,协调城市空间布局和各项建设的综合部署和具体安排。

城市规划的主要对象是城市的空间系统,城市规划以城市土地利用配置为核心,限定了城市中各项未来建设的空间区位和建设强度。城市规划经过法律规定的程序审批确立后,就具有法律效力。城市规划区内的各项土地利用和建设活动,都必须按照城市规划进行。

城市规划分为总体规划和详细规划。详细规划分为控制性详细规划和修建性详细规划。

1. 城市总体规划

城市总体规划是一个长期、远景规划,内容应当包括:城市的发展布局,功能分区,用地布局,综合交通体系,禁止、限制和适宜建设的地域范围,各类专项规划等。规划区范围、规划区内建设用地规模、基础设施和公共服务设施用地、水源地和水系、基本农田和绿化用地、环境保护、自然与历史文化遗产保护以及防灾减灾等内容,应当作为城市总体规划的强制性内容。城市总体规划的规划期限一般为二十年。城市总体规划还应当对城市更长远的发展作出预测性安排。城市人民政府组织编制城市总体规划。

2. 城市详细规划

城市详细规划是在城市总体规划的基础上,对城市近期建设区域内各项建设做出的具体规划。城市详细规划分为控制性详细规划和修建性详细规划两类。

(1) 控制性详细规划　城市人民政府城乡规划主管部门根据城市总体规划的要求,组织编制城市的控制性详细规划。控制性详细规划是指以城市总体规划为依据,详细规定建设用地的各项控制指标和其他规划管理要求,控制和引导各项用地的开发和投资建设。主要内容包括以下几项。

① 确定规划范围内不同性质用地的界线,确定各类用地内适建、不适建或者有条件地允许建设的建筑类型。

② 确定各地块建筑高度、建筑密度、容积率、绿地率等控制指标;确定公共设施配套要求、交通出入口方位、停车泊位、建筑后退红线距离等要求。

③ 提出各地块的建筑体量、体型、色彩等城市设计指导原则。

④ 根据交通需求分析，确定地块出入口位置、停车泊位、公共交通场站用地范围和站点位置、步行交通以及其他交通设施。规定各级道路的红线、断面、交叉口形式及渠化措施、控制点坐标和标高。

⑤ 根据规划建设容量，确定市政工程管线位置、管径和工程设施的用地界线，进行管线综合。确定地下空间开发利用具体要求。

⑥ 制定相应的土地使用与建筑管理规定。

控制性详细规划应确定的各地块的主要用途、建筑密度、建筑高度、容积率、绿地率、基础设施和公共服务设施配套规定都应作为强制性内容。控制性详细规划成果应当包括规划文本、图件和附件。图件由图纸和图则两部分组成，规划说明、基础资料和研究报告收入附件。

(2) 修建性详细规划 城乡规划主管部门可以组织编制重要地块的修建性详细规划。修建性详细规划应当符合控制性详细规划，直接对建设用地做出具体的修建安排及其规划设计，指导建筑设计和工程施工图设计。

修建性详细规划成果应当包括规划说明书、图纸。修建性详细规划应当包括下列内容：

① 建设条件分析及综合技术经济论证。
② 建筑、道路和绿地等的空间布局和景观规划设计，布置总平面图。
③ 对住宅、医院、学校和托幼等建筑进行日照分析。
④ 根据交通影响分析，提出交通组织方案和设计。
⑤ 市政工程管线规划设计和管线综合。
⑥ 竖向规划设计。
⑦ 估算工程量、拆迁量和总造价，分析投资效益。

(二) **城市规划与房地产开发的关系**

从动态和发展的角度看，城市规划和房地产开发是城市建设的不同阶段，城市规划指导和制约着城市房地产开发，而城市规划所绘制的城市发展蓝图要依靠房地产开发来实现，两种关系密不可分，具体体现在以下几个方面。

1. 城市规划对房地产开发的管制作用

《中华人民共和国城乡规划法》规定：在城市规划区内进行建筑物等工程建设的，建设单位应当向城市人民政府城乡规划主管部门申请办理建设用地规划许可证和建设工程规划许可证，按照规划条件进行建设。即建设用地的性质、位置、面积、建设工程的外观、建筑高度、建筑间距、建筑密度、容积率、绿地率等都必须接受城市规划管理，这些规定直接影响房地产开发项目的各项规划设计指标，决定房地产开发投资的经济效益。

2. 城市规划对房地产开发的指导作用

城市规划为开发商提供了大量城市土地利用和各项建设的综合部署信息，对房地产开发投资的地段选择、项目定位、价格评估等具有指导作用。以城市规划为指导，房地产开发经营的风险会大大降低，房地产商品的价值就容易得到实现与补偿，从而使开发投资达到最高的经济效益，也有利于更好地满足人们生产生活的需要。

3. 房地产开发是实施城市规划的有效手段

城市规划为城市的远景发展设计了一个美好的蓝图，要将蓝图变为现实，必须借助房地产开发。旧城区的改建与城市新区的开发建设是城市规划和建设面临的两大任务，通过房地产开发，对旧城区的布局结构和功能分区进行更新和完善，是实现城市规划目标的重要路径；城市新区的开发和建设，充分利用现有市政基础设施和公共服务设施，体现地方特色，为原有城市注入了新的活力。在城市规划指导下的房地产开发，既可提供城市建设资金，又可使土地开发符合城市规划的意图和要求，保证城市规划目标的实现。

二、房地产开发项目规划设计内容

房地产开发项目包括住宅、商业用房、工业厂房等类型，其中住宅项目数量多，与人民日常生活关系密切。因此，以住宅项目为例阐述房地产开发项目的规划设计内容。

（一）居住区规划

城市中住宅建筑相对集中布局的地区，简称居住区。《城市居住区规划设计标准》（GB 50180—2018）对居住区的规划设计作出了具体的规定。

1. 居住区规划设计的基本要求

居住区规划设计应坚持以人为本的基本原则，遵循适用、经济、绿色、美观的建筑方针，并应符合下列规定：

① 应符合城市总体规划及控制性详细规划。
② 应符合所在地气候特点与环境条件、经济社会发展水平和文化习俗。
③ 应遵循统一规划、合理布局、节约土地、因地制宜、配套建设、综合开发的原则。
④ 应为老年人、儿童、残疾人的生活和社会活动提供便利的条件和场所。
⑤ 应延续城市的历史文脉、保护历史文化遗产并与传统风貌相协调。
⑥ 应采用低影响开发的建设方式，并应采取有效措施促进雨水的自然积存、自然渗透与自然净化。
⑦ 应符合城市设计对公共空间、建筑群体、园林景观、市政等环境设施的有关控制要求。

2. 居住区的分级

居住区按照居民在合理的步行距离内满足基本生活需求的原则，可分为十五分钟生活圈居住区、十分钟生活圈居住区、五分钟生活圈居住区及居住街坊四级。

十五分钟生活圈居住区是以居民步行十五分钟可满足其物质与生活文化需要为原则划分的居住区范围；一般由城市干路或用地边界线所围合，居住人口规模为50000～100000人（17000～32000套住宅），配套设施完善的地区。

十分钟生活圈居住区是以居民步行十分钟可满足其基本物质与生活文化需要为原则划分的居住区范围；一般由城市干路、支路或用地边界线所围合，居住人口规模为15000～25000人（5000～8000套住宅），配套设施齐全的地区。

五分钟生活圈居住区是以居民步行五分钟可满足其基本生活需要为原则划分的居住区范围；一般由支路及以上级城市道路或用地边界线所围合，居住人口规模为5000～12000人（1500～4000套住宅），配建社区服务设施的地区。

居住街坊是由支路等城市道路或用地边界线围合的住宅用地，是住宅建设组合形成的居住基本单元；居住人口规模为1000～3000人（300～1000套住宅，用地面积2～4hm^2），并配套有便民服务设施。

其中，配套设施是指对应居住区分级配套规划建设，并与居住人口规模或住宅建筑面积规模相匹配的生活服务设施。主要包括基层公共管理与公共服务设施、商业服务业设施、市政公共设施、交通场站及社区服务设施、便民服务设施。社区服务设施是指五分钟生活圈居住区内，对应居住人口规模配套建设的生活服务设施，主要包括托幼、社区服务及文体活动、卫生服务、养老助残、商业服务等设施。便民服务设施是指居住街坊内住宅建筑配套建设的基本生活服务设施，主要包括物业管理、便利店、活动设施、生活垃圾站、手机店、停车场（库）等设施。

居住区分级控制规模如表 3-1 所示。

表 3-1 居住区分级控制规模

距离与规模	十五分钟生活圈居住区	十分钟生活圈居住区	五分钟生活圈居住区	居住街坊
步行距离/m	800~1000	500	300	—
居住人口/人	50000~100000	15000~25000	5000~12000	1000~3000
住宅套数/套	17000~32000	5000~8000	1500~4000	300~1000

3. 居住区用地与建筑控制指标

各级生活圈居住区用地应合理配置住宅用地、配套设施用地、公共绿地和城市道路用地，适度开发，《城市居住区规划设计标准》对其控制指标有具体的规定。

（1）居住区规划设计的术语

居住区用地：指城市居住区的住宅用地、配套设施用地、公共绿地以及城市道路用地的总称。

公共绿地：为居住区配套建设、可供居民游憩或开展体育活动的公园绿地。

住宅建筑平均层数：指一定用地范围内，住宅建筑总面积与住宅建筑基底总面积的比值所得的层数。

住宅用地容积率：居住街坊内住宅建筑及其便民服务设施地上建筑面积之和与住宅用地总面积的比值；居住区用地容积率是生活圈内住宅建筑及其配套设施地上建筑面积之和与居住区用地总面积的比值。

建筑密度：是居住街坊内住宅建筑及其便民服务设施建筑基底面积与该居住街坊用地面积的比值。

绿地率：是居住街坊内绿地面积之和与该居住街坊用地面积的比值。满足当地植树绿化覆土要求的屋顶绿地可计入绿地。

（2）居住街坊用地与建筑控制指标。

居住街坊用地与建筑控制指标应符合表 3-2 规定。

表 3-2 居住街坊用地与建筑控制指标

建筑气候区别	住宅建筑平均层数类别	住宅用地容积率	建筑密度最大值/%	绿地率最小值/%	住宅建筑高度控制最大值/m	人均住宅用地面积最大值/(m²/人)
Ⅰ、Ⅶ	低层（1~3层）	1.0	35	30	18	36
	多层Ⅰ类（4~6层）	1.1~1.4	28	30	27	32
	多层Ⅱ类（7~9层）	1.5~1.7	25	30	36	22
	高层Ⅰ类（10~18层）	1.8~2.4	20	35	54	19
	高层Ⅱ类（19~26层）	2.5~2.8	20	35	80	13

续表

建筑气候区别	住宅建筑平均层数类别	住宅用地容积率	建筑密度最大值/%	绿地率最小值/%	住宅建筑高度控制最大值/m	人均住宅用地面积最大值/(m²/人)
Ⅱ、Ⅵ	低层(1~3层)	1.0~1.1	40	28	18	36
	多层Ⅰ类(4~6层)	1.2~1.5	30	30	27	30
	多层Ⅱ类(7~9层)	1.6~1.9	28	30	36	21
	高层Ⅰ类(10~18层)	2.0~2.6	20	35	54	17
	高层Ⅱ类(19~26层)	2.7~2.9	20	35	80	13
Ⅲ、Ⅳ、Ⅴ	低层(1~3层)	1.0~1.2	43	25	18	36
	多层Ⅰ类(4~6层)	1.3~1.6	32	30	27	27
	多层Ⅱ类(7~9层)	1.7~2.1	30	30	36	20
	高层Ⅰ类(10~18层)	2.2~2.8	22	35	54	16
	高层Ⅱ类(19~26层)	2.9~3.1	22	35	80	12

注：建筑气候区别按照《建筑气候区划标准》(GB 50178—93)划分。

（3）低层或高层高密度居住街坊用地与建筑控制指标　当住宅建筑采用低层或多层高密度布局形式时，居住街坊用地与建筑控制指标应符合表 3-3 的规定。

表 3-3　低层或高层高密度居住街坊用地与建筑控制指标

建筑气候区别	住宅建筑平均层数类别	住宅用地容积率	建筑密度最大值/%	绿地率最小值/%	住宅建筑高度控制最大值/m	人均住宅用地面积最大值/(m²/人)
Ⅰ、Ⅶ	低层(1~3层)	1.0、1.1	42	25	11	32~36
	多层Ⅰ类(4~6层)	1.4、1.5	32	28	20	24~26
Ⅱ、Ⅵ	低层(1~3层)	1.1、1.2	47	23	11	30~32
	多层Ⅰ类(4~6层)	1.5、1.7	38	28	20	21~24
Ⅲ、Ⅳ、Ⅴ	低层(1~3层)	1.2、1.3	50	20	11	27~30
	多层Ⅰ类(4~6层)	1.6、1.8	42	25	20	20~22

（4）公共绿地控制指标　新建各级生活圈居住区应配套规划建设公共绿地，并应集中设置具有一定规模，且能开展休闲、体育活动的居住区公园；公共绿地控制指标应符合表 3-4 的规定。

表 3-4　公共绿地控制指标

类别	人均公共绿地面积/(m²/人)	居住区公园		备注
		最小规模/hm²	最小宽度/m	
十五分钟生活圈居住区	2.0	5.0	80	不含十分钟生活圈及以下级居住区的公共绿地指标
十分钟生活圈居住区	1.0	1.0	50	不含五分钟生活圈及以下级居住区的公共绿地指标
五分钟生活圈居住区	1.0	0.4	30	不含居住街坊的绿地指标

注：居住区公园中应设置 10%~15% 的体育活动场地。

(5) 住宅建筑日照标准 住宅建筑的间距应符合表3-5的规定,对特定情况还应符合下列规定。

① 老年人居住建筑日照标准不应低于冬至日日照时数2h。

② 在原设计建筑外增加任何设施不应使相邻住宅原有日照标准降低,既有住宅建筑进行无障碍改造加装电梯除外。

③ 旧区改造项目内新建住宅建筑日照标准不应低于大寒日日照时数1h。

表3-5 住宅建筑日照标准

建筑气候区别	Ⅰ、Ⅱ、Ⅲ、Ⅶ气候区		Ⅳ气候区		Ⅴ、Ⅵ气候区
城区常住人口/万人	≥50	<50	≥50	<50	无限定
日照标准日	大寒日			冬至日	
日照时数/h	≥2		≥3	≥1	
有效日照时间带（当地真太阳时）	8～16时			9～15时	
计算起点	底层窗台面				

注:底层窗台面是指距室内地坪0.9m高的外墙位置。

此外,《城市居住区规划设计标准》对居住区配套设施控制指标,即公共管理与公共服务设施（A类）、商业服务业设施（B类）、交通场站设施（S类）、社区服务设施和便民服务设施（R类）等;还对道路和居住环境的规划设计都有详细的规定,这里不再细述,需要时可查阅规范资料。

4. 居住区规划设计的技术指标

(1) 居住区规划设计应汇总的重要技术指标 居住区规划设计应汇总重要的技术指标,并应符合表3-6的规定。

表3-6 居住区综合技术指标

项目			计量单位	数值	所占比例/%	人均面积指标/(m²/人)
各级生活圈居住区指标	居住区用地	总用地面积	hm²	▲	100	▲
		其中 住宅用地	hm²	▲	▲	▲
		配套设施用地	hm²	▲	▲	▲
		公共绿地	hm²	▲	▲	▲
		城市道路用地	hm²	▲	▲	—
	居住总人口		人	▲	—	—
	居住总套(户)数		套	▲	—	—
	住宅建筑总面积		10⁴m²	▲	—	—
居住街坊指标	用地面积		hm²	▲	—	▲
	容积率		—	▲	—	—
	地上建筑面积	总建筑面积	10⁴m²	▲	100	—
		其中 住宅建筑	10⁴m²	▲	▲	—
		便民服务设施	10⁴m²	▲	▲	—

续表

	项　目	计量单位	数值	所占比例/%	人均面积指标/(m²/人)
居住街坊指标	地下总建筑面积	10⁴ m²	▲	▲	—
	绿地率	%	▲	—	—
	集中绿地面积	m²	▲	—	▲
	住宅套(户)数	套	▲	—	—
	住宅套均面积	m²/套	▲	—	—
	居住人数	人	▲	—	—
	住宅建筑密度	%	▲	—	—
	住宅建筑平均层数	层	▲	—	—
	住宅建筑高度控制最大值	m	▲	—	—
	停车位　总停车位	辆	▲	—	—
	其中　地上停车位	辆	▲	—	—
	地下停车位	辆	▲	—	—
	地面停车位	辆	▲	—	—

注：▲为必列项目。

(2) 居住区配套设施设置规定

① 十五分钟生活圈居住区、十分钟生活圈居住区配套设施应符合表 3-7 的设置规定。

② 五分钟生活圈居住区配套设施应符合表 3-8 的设置规定。

③ 居住街坊配套设施应符合表 3-9 的设置规定。

表 3-7　十五分钟生活圈居住区、十分钟生活圈居住区配套设施设置规定

类别	序号	项　目	十五分钟生活圈居住区	十分钟生活圈居住区	备注
公共管理和公共服务设施	1	初中	▲	△	应独立占地
	2	小学	—	▲	应独立占地
	3	体育馆(场)或全民健身中心	△	—	可联合建设
	4	大型多功能运动场地	▲	—	宜独立占地
	5	中型多功能运动场地	—	▲	宜独立占地
	6	卫生服务中心(社区医院)	▲	—	宜独立占地
	7	门诊部	▲	—	可联合建设
	8	养老院	▲	—	宜独立占地
	9	老年养护院	▲	—	宜独立占地
	10	文化活动中心(含青少年、老年活动中心)	▲	—	可联合建设
	11	社区服务中心(街道级)	▲	—	可联合建设
	12	街道办事处	▲	—	可联合建设
	13	司法所	▲	—	可联合建设
	14	派出所	△	—	宜独立占地
	15	其他	△	△	可联合建设

续表

类别	序号	项 目	十五分钟生活圈居住区	十分钟生活圈居住区	备注
商业服务业设施	16	商场	▲	▲	可联合建设
	17	菜市场或生鲜超市	—	▲	可联合建设
	18	健身房	△	△	可联合建设
	19	餐饮设施	▲	▲	可联合建设
	20	银行营业网点	▲	▲	可联合建设
	21	电信营业网点	▲	▲	可联合建设
	22	邮政营业场所	▲	—	可联合建设
	23	其他	△	△	可联合建设
市政公用设施	24	开闭所	▲	△	可联合建设
	25	燃料供应站	△	△	宜独立占地
	26	燃气调压站	△	△	宜独立占地
	27	供热站或热交换站	△	△	宜独立占地
	28	通信机房	△	△	可联合建设
	29	有线电视基站	△	△	可联合设置
	30	垃圾转运站	△	△	应独立占地
	31	消防站	△	△	宜独立占地
	32	市政燃气服务网点和应急抢修站	△	△	可联合建设
	33	其他	△	△	可联合建设
交通场站	34	轨道交通站点	△	△	可联合建设
	35	公交首末站	△	△	可联合建设
	36	公交车站	▲	▲	宜独立设置
	37	非机动车停车场(库)	△	△	可联合建设
	38	机动车停车场(库)	△	△	可联合建设
	39	其他	△	△	可联合建设

注：▲为应配建的项目；△为根据实际情况按需配建的项目；在国家确定的一、二类人防重点城市，应按人防有关规定配建防空地下室。

表 3-8 五分钟生活圈居住区配套设施设置规定

类别	序号	项 目	五分钟生活圈居住区	备注
社区服务设施	1	社区服务站(含居委会、治安联防站、残疾人康复室)	▲	可联合建设
	2	社区食堂	△	可联合建设
	3	文化活动站(含青少年活动站、老年活动站)	▲	可联合建设
	4	小型多功能运动(球类)场地	▲	宜独立占地
	5	室外综合健身场地(含老年户外活动场地)	▲	宜独立占地
	6	幼儿园	▲	宜独立占地
	7	托儿所	△	可联合建设

续表

类别	序号	项目	五分钟生活圈居住区	备注
社区服务设施	8	老年人日间照料中心(托老所)	▲	可联合建设
	9	社区卫生服务站	△	可联合建设
	10	社区商业网点(超市、药店、洗衣店、美发店等)	▲	可联合建设
	11	再生资源回收点	▲	可联合建设
	12	生活垃圾收集站	▲	宜独立设置
	13	公共厕所	▲	可联合建设
	14	公交车站	△	宜独立设置
	15	非机动车停车场(库)	△	可联合建设
	16	机动车停车场(库)	△	可联合建设
	17	其他	△	可联合建设

注：▲、△含义同表 3-7。

表 3-9 居住街坊配套设施设置规定

类别	序号	项目	居住街坊	备注
便民服务设施	1	物业管理与服务	▲	可联合建设
	2	儿童、老年人活动场地	▲	宜独立占地
	3	室外健身器械	▲	可联合设置
	4	便利店(菜店、日杂等)	▲	可联合建设
	5	邮件和快递送达设施	▲	可联合设置
	6	生活垃圾收集点	▲	宜独立设置
	7	居民非机动车停车场(库)	▲	可联合建设
	8	居民机动车停车场(库)	▲	可联合建设
	9	其他	△	可联合建设

注：▲、△含义同表 3-7。

(二) 住宅建筑选型

住宅建筑选型是规划设计的重要内容之一，它直接影响到土地的集约利用、住宅需求、建筑造价、景观效果以及施工的难易程度。住宅类型按不同的划分标准有多种分类方式。

1. 按住宅建筑的户型结构划分

(1) 平层住宅　是指整个套内空间位于同一平面上的住宅。平层是我们常见的户型，平层面积利用率较高，房屋内部没有任何障碍，容易被购房者接受；缺点就是没有明显的功能区分，如果面积稍大就会显得较为平淡。

(2) 跃层式住宅　是指套内空间跨越两个楼层或两层以上的户型，且设有套内楼梯。跃层的优点是能够做明确的功能区分，常常把对外社交场所和私密的休息空间隔开，有效保证了房间的多种功能的实现。

(3) 错层式住宅　是指室内空间不在同一个水平面上，竖向错开了一定的高度，但又远没有达到跃层那样竖向错开了一个楼层的高度。错层常用几级台阶实现室内空间的功能区分。错层住宅能够使不同的功能区域完全处于一个独立空间，能够做到动静分区，居住的私密性大大加强，整个室内活动场所显得错落有致，非常富有动感。

(4) **复式住宅** 复式表面看起来是两层结构,但实际上是在楼层较高的一层楼中增建一个夹层。房屋高度大大低于跃层式住所,且两层有显著的凹凸之分,如 LOFT 住宅等。

2. 按住宅建筑平面特点划分

(1) **板式住宅** 又称条式住宅,其在平面图上,长度明显大于宽度。板楼有两种类型,一种是长走廊式的,各住户靠长走廊连在一起;第二种是单元式拼接,往往由若干个住宅单元组合而成,每单元均设有楼梯和电梯。板式住宅的特点是进深小、面宽大、采光通风好,每户都有南北方向的房间,居住舒适度好,但外墙多、占地大、造价高。

(2) **点式住宅** 又称塔式住宅,是指以共用楼梯、电梯为核心布置多套住房的住宅,一般用于高层住宅。点式住宅进深大、面宽小、外墙少,可以节约用地,但常常有无日照的房间、通风不好。

3. 按住宅建筑结构类型划分

(1) **砖混结构** 指墙、柱等竖向承重构件采用砖砌体,而屋盖、楼盖等水平承重构件采用钢筋混凝土楼板组成的房屋结构承重体系。砖混结构房屋造价较低,但抗震性能较差,多层住宅多采用这种结构形式。

(2) **框架结构** 是指由梁、柱等线形杆件组成的骨架来承受竖向荷载和水平荷载的结构体系。框架结构中墙体只起围护和分隔的作用,空间分隔灵活,使用方便,但由于构件截面小、刚度差,水平荷载作用下侧移大,抗震性能不强,仅限小高层住宅采用。

(3) **剪力墙(抗震墙)结构** 是指由钢筋混凝土墙体作为竖向承重和抵抗侧力的构件的结构体系,也称为抗震墙结构。剪力墙结构整体性好、刚度大、侧向变形小,但墙间距小、平面布置不灵活,使用空间受到限制。剪力墙结构适用于 10~30 层的高层建筑。

(4) **框架剪力墙结构** 也称框剪结构,是指在框架结构的适当部位布置一定数量的钢筋混凝土墙体所组成的结构体系。剪力墙主要承受水平荷载所产生的剪力,框架主要承受竖向荷载和少部分剪力,适用于高层住宅建筑。

住宅建筑按结构类型规定的房屋适用最大高度如表 3-10 所示。

表 3-10 住宅建筑按结构类型规定的房屋适用最大高度

结构类型	抗震设防烈度				
	6	7	8(0.2g)	8(0.3g)	9
框架/m	60	50	40	35	24
框架-抗震墙/m	130	120	100	80	50
抗震墙/m	140	120	100	80	60
部分框支抗震墙/m	120	100	80	50	不应采用

注:资料来源于《建筑抗震设计规范》(GB 50011—2010)。

4. 按住宅建筑平面组合布局划分

住宅建筑平面组合的布局应该遵循日照充分、通风良好、庭院空间美满丰富的原则,合理确定住宅建筑群体组合。常见有行列式、周边式、点群式、混合式、自由式 5 种形式。

(1) **行列式** 是指条式单元住宅或联排式住宅按一定朝向和合理间距成排布置的方式。这种方式每户都能获得良好的日照和通风条件,便于布置道路、管网,方便工业化施工,但形成的空间往往单调、呆板,并且产生穿越交通的干扰。应多考虑住宅群体空间的变化,如采用山墙错落、单元错落拼接以及用矮墙分隔等手法达到良好的景观效果。

(2) 周边式　住宅建筑沿街坊或院落周边布置的形式，有单周边式、双周边式和自由周边式三种形式，形成封闭或半闭的内院空间，院内较安静、安全，利于布置室外活动场地、小块公共绿地和小型公建等居民交往场所。这种形式组成的院落较完整，一般较适用于寒冷多风沙地区，这种布置方式部分住宅朝向较差，对于炎热地区较难适应。

(3) 点群式　点群式住宅布局包括低层独院式住宅、多层点式及高层塔式住宅布局，点式住宅自成组团或围绕住宅组团中心建筑、公共绿地、水面有规律地或自由布置，运用得当可丰富建筑群体空间。点式住宅布置灵活，便于利用地形。

(4) 混合式　指三种基本形式的结合或变形的组合形式。常见的往往以行列式为主，结合周边式布置，这种布置方式可以兼顾周边式和行列式的优点，形成半敞开式的院落。

(5) 自由式　建筑结合地形、地貌、周围条件，在日照、通风要求的前提下，成组自由灵活地布置。日照和通风是居住区规划的首要问题，通风包括室内自然通风和室外风环境质量两方面。还需要考虑噪声防治和邻里视线穿透影响问题。

三、房地产开发项目的规划管理

（一）建设用地的规划管理

建设用地规划管理，是城乡规划主管部门根据依法制定的城乡规划及有关法律规范，对城市规划区内建设项目用地的选址、定点和范围的规定，总平面审查，核发建设用地许可证等各项管理工作的总称。《中华人民共和国城乡规划法》第三十八条指出：以出让方式取得国有土地使用权的建设项目，建设单位在取得建设项目的批准、核准、备案文件和签订国有土地使用权出让合同后，向城市、县人民政府城乡规划主管部门领取建设用地规划许可证。

建设用地规划许可证应当包括下列内容：①地块的位置、使用性质、用地范围、退让道路红线；②土地使用强度，主要包括容积率、建筑密度和建筑高度；③核定绿地、市政设施与公共服务设施的配置、交通出入口方位、日照间距、机动车停放车位、车库和物业服务用房等要求；④房地产开发项目中的保障性住房建设要求；⑤法律、法规、规章规定的其他事项和有关规范、标准的强制性内容。

建设用地规划许可证的有效期限为二年。超过期限未取得土地使用权证的，建设用地规划许可证失效。

（二）建设工程规划管理

建设工程规划管理，是城乡规划行政主管部门根据依法制定的城乡规划及有关法律规范和技术规范，对各类建设工程进行组织、控制、引导和协调，使其纳入城乡规划的轨道，并核发建设工程规划许可证的行政管理工作。《中华人民共和国城乡规划法》第四十条指出：在城市、镇规划区内进行建筑物、构筑物、道路、管线和其他工程建设的，建设单位或者个人应当向城市、县人民政府城乡规划主管部门或者省、自治区、直辖市人民政府确定的镇人民政府申请办理建设工程规划许可证。

申请办理建设工程规划许可证，应当提交下列材料：①申请书；②建设用地规划许可证及其附属要求的材料；③土地使用权属证明；④建设工程设计方案；⑤法律、法规和规章规定的其他材料。建设工程需要编制修建性详细规划的，建设单位或者个人还应当提交修建性详细规划。

建设工程规划许可审批机关，应当对建设工程设计方案、施工图进行审查，对重要地块的建设工程设计方案应当组织有关专家评审，征询有关单位和公众的意见，对符合控制性详细规划和规划条件的，核发建设工程规划许可证。城乡规划主管部门应当将审定的修建性详细规划、建设工程设计方案的总平面图在建设项目所在地予以公布。

建设工程规划许可证有效期限为一年。一年内未开工的，可以申请办理一次延期手续，延期最长不得超过六个月。取得建设工程规划许可证后一年内未开工，又未办理延期手续的，或者超过批准的延期期限仍未开工的，建设工程规划许可证失效。

第三节　房地产开发项目建设前的准备工作

一、房地产开发项目的招投标

在房地产项目开发建设过程中，涉及工程地质勘察、规划设计、建筑施工、工程监理、材料设备采购、物业管理等交易活动，这些活动均可以根据房地产项目的实际情况，采取招投标的方式来确定实施主体或合作单位。试行非国有资金投资项目建设单位自主决定是否进行招标发包，是否进入有形市场开展工程交易活动，并由建设单位对选择的设计、施工等单位承担相应的责任。

（一）强制招标的建设项目

《中华人民共和国招标投标法》第三条规定，下列工程建设项目包括项目的勘察、设计、施工、监理以及与工程建设有关的重要设备、材料等的采购，必须进行招标。

① 大型基础设施、公用事业等关系社会公共利益、公众安全的项目。
② 全部或者部分使用国有资金投资或者国家融资的项目。
③ 使用国际组织或者外国政府贷款、援助资金的项目。

国家发展和改革委员会令《必须招标的工程项目规定》对必须招标的工程项目规定如下。第二条指出：全部或者部分使用国有资金投资或者国家融资的项目包括：①使用预算资金200万元人民币以上，并且该资金占投资额10%以上的项目；②使用国有企业事业单位资金，并且该资金占控股或者主导地位的项目。

第三条指出：使用国际组织或者外国政府贷款、援助资金的项目包括：①使用世界银行、亚洲开发银行等国际组织贷款、援助资金的项目；②使用外国政府及其机构贷款、援助资金的项目。

第四条指出：不属于本规定第二条、第三条规定情形的大型基础设施、公用事业等关系社会公共利益、公众安全的项目，必须招标的具体范围由国务院发展改革部门会同国务院有关部门按照确有必要、严格限定的原则制订，报国务院批准。

第五条指出：本规定第二条至第四条规定范围内的项目，其勘察、设计、施工、监理以及与工程建设有关的重要设备、材料等的采购达到下列标准之一的，必须招标：①施工单项合同估算价在400万元人民币以上；②重要设备、材料等货物的采购，单项合同估算价在200万元人民币以上；③勘察、设计、监理等服务的采购，单项合同估算价在100万元人民币以上。同一项目中可以合并进行的勘察、设计、施工、监理以及与工程建设有关的重要设备、材料等的采购，合同估算价合计达到前款规定标准的，必须招标。

《中华人民共和国建筑法》第二十四条规定：建筑工程的发包单位可以将建筑工程的勘察、设计、施工、设备采购一并发包给一个工程总承包单位，也可以将建筑工程勘察、设计、施工、设备采购的一项或者多项发包给一个工程总承包单位；但是，不得将应当由一个承包单位完成的建筑工程肢解成若干部分发包给几个承包单位。

(二) 房地产开发项目招标分类

房地产开发项目所涉及的招投标内容很多，主要包括：项目可行性研究招标、工程地质勘察招标、工程设计招标、工程施工招标、工程监理招标、物资设备采购招标等。

1. 房地产开发项目可行性研究招标

这种招标是开发商为选择科学、合理的投资开发建设方案，为进行项目可行性研究，通过招投标竞争方式寻找满意的咨询单位的招标活动。投标人一般为工程咨询单位，中标人最终的工作成果是项目的可行性研究报告。

2. 房地产开发项目勘察、设计招标

勘察、设计招标是指房地产开发商根据批准的可行性研究报告，择优选择勘察、设计单位的招标活动。勘察和设计是两种不同性质的工作，可由勘察单位和设计单位分别完成。勘察单位最终提出施工现场的地理位置、地形、地貌、地质、水文等在内的勘察报告；设计单位最终提供设计图纸和成本预算结果。

3. 房地产开发项目施工招标

在房地产开发项目的初步设计或施工图设计完成后，用招标的方式选择建筑施工单位作为项目建设的承包商，施工单位最终向业主交付按设计文件施工并竣工验收的建筑产品。

4. 房地产开发项目监理招标

工程监理招标是房地产开发商通过招标来选择工程实施阶段的委托监理单位，监理单位代表业主对项目的实施进行监督管理。

5. 房地产开发项目物资设备采购招标

物资设备采购招标是将与开发项目相关的建筑材料和建筑工程设备通过招标方式确定供应商，主要适用于工程建设中钢材、木材、水泥等大宗材料、定型批量生产的中小设备、大型设备的采购。

(三) 房地产开发项目招标的方式

《中华人民共和国招标投标法》规定的招标方式分为公开招标和邀请招标两种。房地产开发商在项目开发过程中，可根据项目的特点，灵活选择公开招标或邀请招标。

1. 公开招标

公开招标又称为"无限竞争招标"，是指由招标人通过报刊、广播、电视、网络等方式发布招标广告，邀请不特定的法人或者其他组织参加投标的招标方式。公开招标主要适用于工程项目规模较大、建设周期较长、技术复杂的开发项目建设。公开招标优点是投标人多、范围广、竞争激烈，业主有较大的选择余地，有利于降低造价、缩短工期。但公开招标也存在招标工作量大、成本高、时间长等问题。

2. 邀请招标

邀请招标，也称"选择性招标"或"有限竞争招标"，是指招标人以投标邀请书的方式邀请特定的法人或者其他组织参加投标的招标方式。这种方式不发布公告，业主根据自己的经验和所掌握的各种信息资料，向有承担该项工程施工能力的3个以上（一般为5~10个）承包商发出投标邀请书，收到邀请书的单位才有资格参加投标。

邀请招标主要适用于：①工程性质比较特殊，要求有专门经验的技术人员和专业技术，只有少数承包商才能够胜任的建设项目。②工期紧迫或有保密要求等原因而不宜公开招标的建设工程。邀请招标目标集中，招标的组织工作较容易，工作量比较小；但由于参加的投标单位较少，竞争性较差，选择余地较少，中标的合同价格相对较高。

二、办理建筑工程施工许可

《中华人民共和国建筑法》第七条规定：建筑工程开工前，建设单位应当按照国家有关规定向工程所在地县级以上人民政府建设行政主管部门申请领取施工许可证。根据建设部2001年7月4日修正发布的《建筑工程施工许可管理办法》第二条规定：工程投资额在30万元以上或建筑面积300平方米以上的建筑工程，建设单位在开工前应当向工程所在地的县级以上人民政府建设行政主管部门申请领取施工许可证；必须申请领取施工许可证的建筑工程未取得施工许可证的，一律不得开工。

（一）申请领取施工许可证的条件

按照《中华人民共和国建筑法》和《建筑工程施工许可管理办法》，建设单位申请领取施工许可证，应当具备下列条件，并提交相应的证明文件。

① 已经办理该建筑工程用地批准手续。

② 在城市规划区的建筑工程，已经取得建设工程规划许可证。

③ 施工场地已经基本具备施工条件，需要拆迁的，其拆迁进度符合施工要求。

④ 已经确定建筑施工企业。按照规定应该招标的工程没有招标，应该公开招标的工程没有公开招标，或者肢解发包工程，以及将工程发包给不具备相应资质条件的，所确定的施工企业无效。

⑤ 有满足施工需要的施工图纸及技术资料，施工图设计文件已按规定进行了审查。

⑥ 有保证工程质量和安全的具体措施。施工企业编制的施工组织设计中有根据建筑工程特点制定的相应质量、安全技术措施，专业性较强的工程项目编制了专项质量、安全施工组织设计，并按照规定办理了工程质量、安全监督手续。

⑦ 按照规定应该委托监理的工程已委托监理。

⑧ 建设资金已经落实。建设工期不足一年的，到位资金原则上不得少于工程合同价的50%，建设工期超过一年的，到位资金原则上不得少于工程合同价的30%。建设单位应当提供银行出具的到位资金证明，有条件的可以实行银行付款保函或者其他第三方担保。

⑨ 法律、行政法规规定的其他条件。

（二）施工许可证的申办程序

建设单位申请办理施工许可证，应当按照下列程序进行。

① 建设单位向发证机关领取"建筑工程施工许可证申请表"。

② 建设单位持加盖单位及法定代表人印鉴的"建筑工程施工许可证申请表"，并附《建筑工程施工许可管理办法》第四条规定的证明文件，向发证机关提出申请。

③ 发证机关在收到建设单位报送的"建筑工程施工许可证申请表"和所附证明文件后，对于符合条件的，应当自收到申请之日起七日内颁发施工许可证；对于不符合条件的，应当自收到申请之日起七日内书面通知建设单位，并说明理由。

④ 施工过程中，建设单位或者施工单位发生变更的，应当重新申请领取施工许可证。

（三）施工许可证的管理

《建筑工程施工许可管理办法》对施工许可证的管理提出了如下要求。

① 施工许可证的工程名称、地点、规模，应当与依法签订的施工承包合同一致。

② 施工许可证应当放置在施工现场备查。

③ 施工许可证不得伪造和涂改。

④ 建设单位应当自领取施工许可证之日起三个月内开工。因故不能按期开工的，应当在期满前向发证机关申请延期，并说明理由；延期以两次为限，每次不超过三个月。既不开工又不申请延期或者超过延期次数、时限的，施工许可证自行废止。

⑤ 在建的建筑工程因故中止施工的，建设单位应当自中止施工之日起一个月内向发证机关报告，报告内容包括中止施工的时间、原因、在施部位、维修管理措施等，并按照规定做好建筑工程的维护管理工作。

⑥ 建筑工程恢复施工时，应当向发证机关报告；中止施工满一年的工程恢复施工前，建设单位应当报发证机关核验施工许可证。

复习思考题

1. 土地有哪些特性？如何应用土地理论解释房地产市场中的梯级消费？
2. 土地所有权及其特性是什么？土地使用权及其特性是什么？我国的土地使用权有哪些限制？
3. 我国的土地所有权制度是怎样的？城市土地的范围如何界定？
4. 什么叫土地使用权出让？什么叫土地使用权转让？
5. 什么是土地征收？土地征收的特性有哪些？
6. 我国的房地产开发用地取得有哪些方式？
7. 居住区规划的主要内容有哪些？
8. 影响住宅建筑设计方案的经济因素有哪些？
9. 试述住宅建筑设计方案评价的指标体系和小区开发规划设计方案评价的指标体系。

第四章 房地产开发项目可行性研究

【本章提要】 本章主要讲述房地产开发项目可行性研究的内容和步骤,房地产开发项目投资与收入的估算方法、房地产开发项目的财务评价和不确定性分析,房地产开发项目可行性研究报告的组成和撰写要领。

第一节 房地产开发项目可行性研究的内容和步骤

房地产开发是一项综合性的经济活动,投资大、建设周期长、涉及面广。要想使开发项目达到预期的经济效果,首先必须做好可行性研究工作,使开发商的投资决策建立在科学的而不是经验或感觉的基础上,减少或避免投资决策的失误,提高开发项目的经济效益、社会效益和环境效益。因此,可行性研究是房地产开发过程中首要的和最关键的工作。

一、可行性研究的含义及作用

可行性研究是开发项目前期工作的重要内容,它是指开发项目在投资决策前,运用多学科手段综合论证项目在技术上是否现实、实用和可靠,在财务上是否盈利;做出环境影响、社会效益和经济效益的分析和评价及工程抗风险能力等的结论,为投资决策提供科学依据。可行性研究还能为银行贷款、合作者签约、工程设计等提供依据和基础资料,它是决策科学化的必要步骤和手段。

可行性研究的最终成果是可行性研究报告,它是投资者在前期准备工作阶段的纲领性文件,是进行其他各项投资准备工作的主要依据。对投资者而言,可行性研究有如下作用。

(一) 可行性研究为投资者进行投资决策提供依据

一个房地产开发项目,特别是大中型开发项目的投资能否成功,受到社会政治、经济、技术、法律以及自然等多方面因素的影响。这些影响因素不是只凭经验或感觉就能确定的,而是要通过投资决策前的可行性研究,明确该项目的建设地址、规模、建设周期、建设内容与方案等是否可行,论证行业发展前景以及项目的产品定位、市场竞争格局和投资效益等,从而得出这个项目应不应该开发、应按哪种方案开发才能取得最佳的效果,以此作为开发项目投资决策的基本依据。进行可行性研究是投资者在投资前期最重要的工作,投资者需要委托有资质的、信誉好的投资咨询机构,在充分调研和分析论证的基础上,编制可行性研究报告,并以可行性研究的结论作为其投资决策的主要依据。

(二) 可行性研究为投资者筹措资金提供依据

投资者筹措资金包括寻找合作者投入资金和申请金融机构贷款两种方式。在寻找合作伙伴和申请金融机构贷款时,可行性研究报告是主要的资料之一,合作方和金融机构对其进行全面细致的审查和分析论证,并在此基础上编制项目评估报告。评估报告的结论是合作方及银行确定投资或贷款与否的重要依据。

(三) 可行性研究是申请项目立项和报建的依据

房地产开发活动受到政府的监管,遵守严格的项目立项和报建程序,要取得一系列政府许可文件方可进行,而可行性研究报告是向当地行政主管部门审查项目建设是否符合城市规划要求、项目是否符合施工许可条件、项目对周边环境的影响等申请立项、报建等文件的依据。

(四) 可行性研究是开发商与有关单位签订合同、协议的依据

在项目开发实施过程中,项目所需要的协作条件以及供电、供水、供气、通信、交通等很多方面,需要与其他企业或有关部门协作,这就需要根据可行性研究报告的有关内容与这些单位或部门进行商谈,签订有关协议或合同。有些开发项目可能需要引进技术和进口设备,与外商谈判时要以可行性研究报告的有关内容(如设备选型、生产能力、技术先进程度)为依据,外商甚至会要求在项目的可行性研究报告被批准之后才与之正式签约。

(五) 可行性研究是编制下一阶段规划设计方案的依据

在可行性研究报告中,对项目的场址选择、总平面布置、建设规模、产品方案构思、生产工艺和设备选型、配套基础设施和公用设施的种类、建设速度等进行了方案比选和论证,确定了最优方案。可行性研究报告批准后,投资者可依据可行性研究报告委托进行详细的规划与设计工作。

(六) 可行性研究为项目后评估提供依据

在房地产开发项目后评估时,以可行性研究报告为依据,将项目的预期效果与实际效果进行对比考核,对项目的运行进行全面评价,达到肯定成绩、总结经验教训、提出建议、改进工作、不断提高项目决策水平和投资效果的目的。

二、可行性研究的阶段划分

大型投资项目的可行性研究一般包括投资机会研究、初步可行性研究、详细可行性研究和项目评价与决策四个阶段。

(一) 投资机会研究阶段

投资机会研究亦称投资鉴定,亦即寻求最佳投资机会的活动。投资机会研究可分为一般机会研究和具体机会研究。一般机会研究又可划分为三种:一是地区研究,旨在通过研究某一地区自然地理状况,这一地区在国民经济体系中的地位以及自身的优势、劣势而寻求投资机会;二是部门(或行业)研究,旨在分析某一部门(或行业)由于技术进步、国内外市场变化而出现的新的发展和投资机会;三是以资源为基础的研究,旨在分析由于自然资源开发和综合利用而出现的投资机会。在进行一般机会研究时,可参考国内外同类项目、同类地区和同类投资环境的成功案例。在发展中国家,一般机会研究通常由政府部门或专业机构进行,作为中央政府制定国民经济长远发展规划的依据。

根据一般机会研究的结论,当某项目具有投资条件时,就可进行具体机会研究,即具体研究某一项目得以成立的可能性,将项目设想转变为投资建议。

投资机会研究是可行性研究的第一阶段,如果机会研究的结论表明投资项目是可行的,则可进入下一阶段,即进行更深入的研究。机会研究是比较粗略的,投资费用和生产(或经

营）成本一般根据同类项目加以推算，其误差一般约为±30%，研究费用一般约占总投资额的0.2%~1.0%，时间一般约为1~3个月。

（二）初步可行性研究阶段

初步可行性研究亦称预可行性研究，是指在投资机会研究的基础上，对项目可行与否所做的较为详细的分析论证。初步可行性研究是介于投资机会研究与详细可行性研究之间的一个中间阶段，起着承上启下的作用，对于大型复杂项目而言，是一个不可缺少的阶段。初步可行性研究主要解决的问题包括：分析投资机会研究的结论，在详细资料的基础上做出是否有进行详细可行性研究的必要，有哪些问题需要进行辅助研究。

初步可行性研究阶段需对以下内容进行粗略的审查：市场需求与供应、建筑材料供应状况、项目所在地区社会经济状况、项目地址及其周围环境、项目规划设计方案、项目进度、项目销售收入与投资估算、项目财务分析等。初步可行性研究阶段得出的投资估算的误差一般约为±20%，研究费用一般约占总投资额的0.25%~1.25%，时间一般为4~6个月。

（三）详细可行性研究阶段

详细可行性研究是投资决策的重要阶段，该阶段要全面分析项目的组成部分和可能遇到的各种问题，并最终形成可行性研究的书面成果——可行性研究报告。详细可行性研究阶段得出的投资估算误差一般约为±10%，研究费用一般占总投资额的1.0%~3.0%（小型项目）或0.2%~1.0%（大型项目），时间一般为8~12个月或更长。

由于基础资料的占有程度、研究深度与可靠程度要求不同，可行性研究的各个工作阶段的研究性质、工作目标、工作要求、工作时间与费用各不相同。一般来说，各阶段的研究内容由浅入深，项目投资和成本估算的精度要求由粗到细，研究工作量由小到大，研究目标和作用逐步提高，因此，工作时间和费用也逐渐增加，详见表4-1所示。

表4-1 可行性研究各工作阶段的要求

工作阶段	投资机会研究	初步可行性研究	详细可行性研究
研究性质	项目设想	项目初选	项目准备
研究要求	编制项目建议书	编制初步可行性研究报告	编制可行性研究报告
估算精度	±30%	±20%	±10%
研究费用（占总投资的比例）	0.2%~1.0%	0.25%~1.25%	大项目：0.2%~1.0% 小项目：1.0%~3.0%
需要时间/月	1~3	4~6	8~12

（四）项目评价与决策阶段

项目评价是由决策部门委托具有资质的评审单位组织专家对项目可行性研究报告进行全面审核和再评价的阶段，它是在可行性研究报告的基础上进行的，主要内容包括全面审核报告中反映的各种情况是否属实；各项指标计算、参数选择是否正确；从开发商、国家和社会等方面综合分析和判断项目的经济效益和社会效益；判断项目可行性研究的可靠性、真实性和客观性；决策部门依据评价报告对项目作出最终的投资决策。

对投资项目进行评价与决策是项目可行性研究的最后一个步骤，也是最为关键的一步。按照国家有关规定，对于大中型项目和限额以上的项目及重要的小型项目，必须经有权审批单位委托有资格的咨询评估单位就项目可行性研究报告进行评估、论证；未经评估的建设项目,任何单位不准审批,更不准组织建设。

三、可行性研究的编制要求

房地产开发项目可行性研究的主要内容包括三个方面:一是通过市场调查、预测及其研究,说明投资项目建设存在的必要性;二是进行开发与施工技术方案的研究,论证其技术上的可行性;三是通过基础数据研究和预测,对开发项目进行经济效益分析,说明其在财务上的盈利性和在经济上的合理性。

从房地产项目开发的实践来看,建筑施工技术方面一般不存在一时无法突破的重大难点,所以,开发项目可行性研究的关键在于市场供求及投资效益的研究,即能否取得最佳的经济效益、社会效益和环境效益。项目的经济效益分析是可行性研究的核心内容,它主要通过项目的经济评价工作来完成。

(一)可行性研究的程序

开发商可自行或委托咨询机构编制开发项目的可行性研究报告。在可行性研究报告编制过程中,通常遵循如下程序。

1. 组织工作小组

对拟建项目进行可行性研究,首先要成立可行性研究小组。小组成员专业结构要合理,一般包括注册咨询工程师(一般担任组长)、市场分析专家、财务评价专家、建筑师、专业技术工程师和其他辅助人员等。小组成立以后,按可行性研究的工作内容进行分工,并分头进行调研,分别撰写详细的提纲,然后由组长综合小组各成员意见,编写可行性研究报告的详细提纲,并要求根据提纲展开下一步的工作。

2. 数据调研

在可行性研究过程中,数据的调查和分析是重点。可行性研究需要的数据可来源于以下三个方面。一是投资者提供的资料。因为投资者在进行投资项目的初步决策时,已经对与项目有关的问题进行过比较详细的考察,获取了一定量的信息。二是咨询机构本身拥有的信息资源。一般来讲,咨询机构都是有资质的从事投资项目咨询的机构,拥有丰富的经验和专业知识,同时也拥有大量的历史资料、经验资料和相关信息。三是通过调研获取信息,必要时也可委托专业调研机构进行专项信息调研,以保证获得更加全面的信息资料。

3. 形成可行性研究报告初稿

在取得信息资料后,要对其进行整理和筛选,并组织有关人员进行分析论证,以考察其全面性和准确性。在掌握了所需信息资料以后即进入可行性研究报告的编写阶段,编写出可行性研究报告的初稿。可行性研究报告的各项内容是有联系的,报告的编写需要各成员的衔接和联合工作才能完成。

4. 修改和论证

可行性研究报告的初稿要由小组成员进行分析论证,提出修改意见。可行性研究报告要注意前后的一致性、数据的准确性、方法的正确性和内容的全面性等,提出的每一个结论都要有充分的依据。有些项目还可以扩大参加讨论的人员范围,可以邀请有关方面的决策人员、专家和投资者等参加讨论。在经过充分的讨论以后,再对可行性研究报告进行修改,并最后定稿。

(二)可行性研究的编制依据

编制开发项目可行性研究报告的主要依据有:①国民和地方的经济和社会发展规划,行业部门发展规划；②项目建议书（初步可行性研究报告）及其批复文件；③国家有关法律、法规和政策；④有关机构发布的工程建设方面的标准、规范和定额；⑤合资、合作项目各方签订的协议书或意向书；⑥委托单位的委托合同；⑦经国家统一颁布的有关项目评价的基本参数和指标；⑧准确的基础数据。

(三) 可行性研究的编制要求

1. 编制单位必须具备承担可行性研究的条件

可行性研究报告的质量取决于编制单位的资质和编写人员的素质。项目可行性研究报告的内容涉及面广，深度要求高。因此，编制单位必须是具备一定的技术力量、技术装备、技术手段和相当实践经验等条件的工程咨询机构、设计院等专门单位。研究人员应具有所从事专业的中级以上专业职称，并具有相关的知识、技能和工作经历。

2. 确保可行性研究报告的真实性和科学性

可行性研究报告是投资者进行项目最终决策的重要依据，要求编制单位必须保持独立性和公正性，切实做好编制前的准备工作，在调查研究的基础上，按客观实际情况、实事求是地进行技术经济论证、技术方案比较，切忌主观臆断、行政干预、划框框、定调子，保证可行性研究的严肃性、客观性、真实性、科学性和可靠性，确保可行性研究的质量。

3. 可行性研究的内容和深度要规范化和标准化

不同行业和不同项目的可行性研究内容和深度可以各有侧重和区别，但其基本内容要完整、文件要齐全，研究深度要达到国家规定的标准，按照国家发改委颁布的有关文件的要求进行编制，以满足投资决策的要求。

4. 可行性研究报告必须经签证与审批

可行性研究报告编完之后，应由编制单位的行政、技术、经济方面的负责人签字，并对研究报告的质量负责。大中型项目和限额以上的项目及重要的小型项目，必须经有权审批单位委托有资格的咨询评估单位就项目可行性研究报告进行评估、论证，还须上报主管部门审批。

第二节 房地产开发项目的投资与收入估算

一、房地产开发项目投资分析的特点

房地产开发项目一般由生地、毛地、熟地、在建工程和建成后的物业（含土地）等单个项目或综合项目组成。房地产开发项目投资分析一般具有下列特点。

① 房地产开发项目具有产品不可移动性、保值增值性、区域性、政策影响性、相互影响性、建设与经营同步性等特点，多数项目还具有计算期短的特点。

② 房地产开发项目一般只进行财务评价，涉及区域开发的项目还应进行综合评价。

③ 房地产开发项目的资金可来源于商品房合法预售所得款。

④ 房地产开发项目分为出售型、出租型和混合型。项目的收益和成本分摊方式依据项目类型而不同；自营部分的投资可转换成项目的固定资产，出售、出租部分的投资转换成开发成本；开发企业大量的资产以流动资产的形式存在。

⑤ 房地产开发项目不按租售合同而按实际可能得到的财务收入估算现金流入，并依此

估算经营成本。

⑥ 房地产开发项目的效益一般为售房收入、租房收入、土地（生地或熟地）转让收入、配套设施出售（租）收入以及自营收入。

⑦ 房地产开发项目总成本费用主要包括开发建设期间发生的开发产品成本和经营期间发生的运营费用、修理费用等。

⑧ 房地产开发项目除缴纳流转税和所得税外，尚需缴纳土地增值税、城镇土地使用税、耕地占用税、房产税等。

二、房地产开发项目投资与成本费用估算

（一）房地产开发项目投资估算

房地产开发项目投资是指在开发期内完成房地产产品开发建设所需投入的各项费用，主要包括：土地费用、前期工程费用、房屋开发费、管理费用、销售费用、财务费用、其他费用、不可预见费用和税费。

1. 土地费用估算

土地费用是指取得开发项目用地所发生的费用。开发项目获得土地使用权的方式不同，所发生的费用也各不相同，土地费用主要有：①出让土地的出让地价款；②转让土地的土地转让费；③租用土地的土地租用费及股东投资入股土地的投资折价等。

2. 前期工程费估算

前期工程费主要包括开发项目的前期规划、设计、可行性研究、水文地质勘察以及"三通一平"等土地开发工程费支出。项目的规划、设计、可行性研究所需的费用支出一般可按项目总投资的一个百分比估算。一般情况下，规划设计费为建筑安装工程费的3%左右，可行性研究费占项目总投资的1%~3%，水文、地质勘探所需的费用可根据所需工作量结合有关收费标准估算，一般为设计概算的0.5%左右。"三通一平"等土地开发费用可根据实际工作量，参照有关计费标准估算。

3. 房屋开发费估算

房屋开发费包括建筑安装工程费、基础设施建设费和公共配套设施建设费。

（1）**建筑安装工程费** 是指建造房屋建筑物所发生的建筑工程费用、设备采购费用和安装工程费用（给排水、电气照明及设备安装、空调通风、弱电设备及安装、电梯及其安装、其他设备及安装等）。

（2）**基础设施建设费** 是指建筑物2米以外和项目红线范围内的各种管线、道路工程的建设费用。主要包括自来水、雨水、污水、燃气、热力、供电、电信、道路、绿化、环卫、室外照明等设施的建设费用，各项设施与市政设施干线、干管、干道等的接口费用。

（3）**公共配套设施建设费** 是指居住小区内为居民服务配套建设的各种非营利性的公共配套设施的建设费用。主要包括居委会、派出所、幼儿园、公共厕所、停车场等。

在可行性研究阶段，房屋开发费中各项费用的估算，可以采用单元估算法、单位指标估算法、工程量近似匡算法、概算指标法、概预算定额法，也可以根据类似工程经验进行估算。具体估算方法的选择，应视资料的可获得性和费用支出的情况而定。

① 单元估算法。是指以基本建设单元的综合投资乘以单元数得到项目或单项工程总投资的估算方法。例如，以每间客房的综合投资额乘以客房数估算一座酒店的总投资额；以每张病床的综合投资额乘以病床数估算一座医院的总投资额等。

② 单位指标估算法。是指以单位工程量投资额乘以工程量得到单项工程投资额的估算方法。一般土建工程、给排水工程、照明工程可按建筑平方米造价计算，采暖工程可按耗热量（W/m^2）指标计算，变配电安装按设备容量（$kV \cdot A$）指标计算，集中空调安装按冷负荷量（W/m^2）指标计算，供热锅炉安装按每小时产生蒸汽量（m^3/h）指标计算，各类围墙、室外管线工程按长度（m）指标计算，室外道路按道路面积（m^2）指标计算等。

③ 工程量近似匡算法。工程量近似匡算法采用与工程概预算类似的方法，先近似匡算工程量，配上相应的概预算定额单价和取费，近似计算项目投资。

④ 概算指标法。概算指标法采用综合的单位建筑面积和建筑体积等建筑工程概算指标计算整个工程费用。常使用的估算公式为：直接费＝每平方米造价指标×建筑面积；主要材料消耗量＝每平方米材料消耗量指标×建筑面积。

4. 管理费用估算

管理费用是指房地产开发企业为组织和管理开发经营活动而发生的各种费用。主要包括管理人员工资、职工福利费、办公费、差旅费、折旧费、修理费、工会经费、职工教育经费、社会保险费、董事会费、咨询费、审计费、诉讼费、排污费、房产税、城镇土地使用税、技术转让费、技术开发费、无形资产摊销、开办费摊销、业务招待费、坏账损失、存货盘亏、毁损和报废损失，以及其他管理费用。

管理费用可按项目总投资或直接费用的3%~5%估算。如果房地产开发企业同时开发若干个房地产项目，管理费用应该在各个项目之间合理分摊。

5. 销售费用估算

销售费用是指房地产开发企业在销售房地产产品过程中发生的各项费用，以及专设销售机构或委托销售代理的各项费用。主要包括销售人员的工资、奖金、福利费、差旅费，销售机构的折旧费、修理费、物料消耗费、广告宣传费、代理费、销售服务费和销售许可证申领费等。销售费用的估算按照销售收入的3%左右计算。

6. 财务费用估算

财务费用是指开发商为筹集资金而发生的各项费用，主要为借款或债券的利息，还包括金融机构手续费、融资代理费、承诺费、外汇汇兑净损失，以及开发商筹资发生的其他财务费用。利息的计算可参照金融市场利率和资金分期投入的情况按复利计算；利息以外的其他融资费用，一般占利息的10%左右。

7. 其他费用估算

其他费用主要包括临时用地费和临时建设费、工程造价咨询费、总承包管理费、合同公证费、工程质量监督费、工程监理费、竣工图编制费、工程保险费等杂项费用。这些费用一般按当地有关部门规定的费率估算。当开发项目竣工后采用出租或自营方式经营时，还应估算项目经营期间的运营费用。

8. 不可预见费估算

不可预见费根据项目的复杂程度和前述各项费用估算的准确程度，以上述各项费用之和的3%~7%估算。

9. 税费估算

房地产开发项目投资估算中应考虑项目开发期间和销售与交易阶段发生的税费，各项税费应根据国家相关法规和当地有关法规规定进行估算，详见第九章内容。

（二）房地产开发项目建设投资的属性

房地产开发项目的建设投资具有投资和开发成本的双重性。开发建设投资在开发建设过程中形成以出售和出租为目的的开发产品成本和以自营自用为目的的固定资产及其他资产。应注意开发建设投资在开发产品成本与固定资产和其他资产之间的合理分摊划转。

1. 开发产品成本

开发产品成本是指房地产项目产品建成时，按照国家有关财务和会计制度转入房地产产品的开发建设投资。当房地产项目有多种产品时，可分别估算每种产品的成本费用，但应注意开发建设投资在不同开发产品之间的合理分摊。

2. 经营成本

经营成本是指房地产产品出售、出租时，将开发产品成本按照国家有关财务和会计制度结转的成本。主要包括：土地转让成本、出租土地经营成本、房地产销售成本、出租经营成本。对于分期收款的房地产项目，房地产销售成本和出租经营成本可按其当期收入占全部销售收入和租金收入的比值，计算本期应结转的经营成本。

3. 形成的企业资产

房地产项目开发建设完成后，可能形成一定比例的开发企业资产，主要包括固定资产、无形资产和其他资产。固定资产包括开发企业办公用房、开发企业机器设备和运输设备，以及自营的商业和服务业用房等；无形资产主要包括土地使用权等；其他资产主要包括开发企业的开办费和租入固定资产的改良支出等。

房地产开发项目总投资估算表如表 4-2 所示。

表 4-2 项目总投资估算表　　　　　　　单位：万元

序号	项目	总投资	估算说明
1	开发项目投资估算		
1.1	土地费用		
1.2	前期工程费		
1.3	建筑安装工程费		
1.4	基础设施建设费		
1.5	公共配套设施建设费		
1.6	管理费用		
1.7	财务费用		
1.8	销售费用		
1.9	其他费用		
1.10	不可预见费		
1.11	税费		
2	项目总投资		
2.1	开发产品成本		
2.2	固定资产投资		
2.3	经营成本		

注：项目建成开始运营时，固定资产投资将形成固定资产、无形资产和其他资产。

三、房地产开发项目收入估算

房地产开发项目的收入一般为售房收入、租房收入、土地转让收入、配套设施出售（租）收入以及自营收入。估算房地产开发项目的收入，首先要制订切实可行的租售计划。租售计划的内容通常包括拟租售物业的类型、时间和相应的数量，租售价格，租售收入及收款方式。租售计划应遵守政府有关租售和经营的规定，并与开发商的投资策略相配合。

1. 租售方案

租售物业的类型与数量要结合项目可提供的物业类型、数量来确定，并要考虑到租售期内房地产市场的可能变化对租售数量的影响。对于具体项目必须明确：出租面积和出售面积的数量及其与建筑物的对应关系，在整个租售期内每期（年、半年、季度、月）拟销售或出租的物业类型和数量。综合用途的房地产开发项目，应按不同用途或使用功能划分。

2. 租售价格

租售价格应在房地产市场分析的基础上确定，一般可选择在位置、规模、功能和档次等方面可比的交易实例，通过对其成交价格的分析与修正，最终得到项目的租售价格；也可参照开发项目产品定价方法，确定租售价格。租售价格的确定要与开发商市场营销策略相一致，在考虑政治、经济、社会等宏观环境对物业租售价格影响的同时，还应考虑已建成的、正在建设的潜在竞争项目对拟开发项目租售价格的影响。

3. 租售收入

房地产开发项目的租售收入等于可租售面积的数量乘以单位租售价格。对于出租的情况，还应考虑空置期和空置率对年租金收入的影响。租售收入估算要计算出每期（年、半年、季度、月）所能获得的租售收入，并形成租售收入计划。租售收入的估算可借助表 4-3 和表 4-4 所提供的格式进行。

表 4-3　销售收入与经营税金及附加估算表

序号	项　目	合计	开发经营期				
			1	2	3	…	n
1	销售收入/万元						
1.1	可销售面积/m²						
1.2	单位售价/(元/m²)						
1.3	销售比例/%						
2	经营税金及附加/万元						
2.1	增值税/万元						
2.2	城市维护建设税/万元						
2.3	教育费附加/万元						

表 4-4　出租收入与经营税金及附加估算表

序号	项　目	合计	开发经营期				
			1	2	3	…	n
1	租金收入/万元						
1.1	出租面积/m²						

续表

序号	项目	合计	开发经营期				
			1	2	3	…	n
1.2	单位租金/(元/m²)						
1.3	出租率/%						
2	经营税金及附加/万元						
2.1	增值税/万元						
2.2	城市维护建设税/万元						
2.3	教育费附加/万元						
3	净转售收入/万元						
3.1	转售价格/万元						
3.2	转售成本/万元						
3.3	转售租金/万元						

4. 收款方式

收款方式的确定应考虑当地房地产交易的付款习惯，确定分期付款的期数及付款比例。

四、资金使用计划与资金筹措

(一) 资金使用计划

开发项目应根据可能的建设进度和将会发生的实际付款时间和金额，编制资金使用计划表。在项目可行性研究阶段，可以按年、半年、季度、月为计算期单位，按期编制资金使用计划。编制资金使用计划时应考虑各种投资款项的付款特点，要充分考虑预收款、欠付款、预付定金，以及按工程进度付款的具体情况。

(二) 资金筹措

资金筹措计划要以房地产开发项目资金使用计划和销售收入计划为基础，确定资金的来源和相应的数量。项目的资金来源通常有资本金、预租售收入和借贷资金三种渠道。为了满足项目的资金需求，可优先使用资本金，之后考虑使用可投入的预租售收入，最后仍然不满足资金需求时，可安排借贷资金。图4-1为资金筹措计划原理示意图。

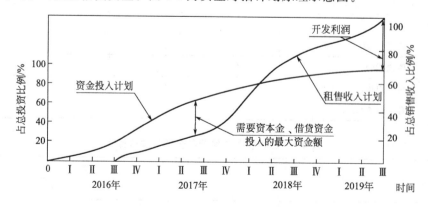

图4-1 资金筹措计划原理示意图

在资金使用计划和资金筹措计划的基础上，可编制投资计划与资金筹措表，如表 4-5 所示。

表 4-5　投资计划与资金筹措表　　　　　　　　单位：万元

序号	项 目	合计	开发经营期				
			1	2	3	…	n
1	项目总投资						
1.1	开发建设投资						
1.2	经营资金						
2	资金筹措						
2.1	资本金						
2.2	借贷资金						
2.3	预售收入						
2.4	预租收入						
2.5	其他收入						

第三节　房地产开发项目财务评价和不确定性分析

一、房地产开发项目财务评价概述

（一）房地产开发项目财务评价的定义

房地产开发项目财务评价是在市场调查与预测、项目策划、投资估算、成本与费用估算、收入估算与资金筹措等基本资料和数据的基础上，通过编制项目基本财务报表，计算财务评价指标，对房地产开发项目的财务盈利能力、清偿能力和资金平衡能力进行分析。

房地产开发项目的财务效益主要表现为生产经营过程中的经营收入，财务支出（费用）主要表现为开发建设项目总投资、经营成本和税金等各项支出，财务效益和费用的范围应遵循计算标准对应一致的原则。

（二）房地产开发项目财务评价的作用

1. 财务评价是开发项目投资决策与评价的重要组成部分

房地产开发企业是以盈利为目的而进行项目开发与经营活动的，因此，开发项目的盈利能力是评价项目的基本标准。在项目投资决策的各个阶段中，在机会研究、项目建议书、初步可行性研究、详细可行性研究等阶段，财务评价都是其中的重要组成部分。

2. 财务评价是开发项目投资决策的重要依据

在开发项目投资决策过程中，财务评价结论是重要的决策依据。项目发起人决策是否开发项目，权益投资人决策是否投资项目，债权人决策是否给项目贷款，审批人决策是否批准项目，都要以财务评价为依据。需要政府核准的项目，各级核准部门在作出是否核准该项目的决策时，相关财务数据可作为项目对社会和经济影响大小的估算基础。

3. 财务评价在开发项目方案确定中起着重要作用

开发项目投资决策与评价的核心是方案比选，在建筑规模、技术参数、工程结构等方面进行方案比选优化过程中，项目的财务评价指标可以反馈到建设方案研究中，用于方案比选,优化方案设计,使项目整体更趋于实现开发目标。

二、房地产开发项目财务评价的内容和步骤

项目财务评价内容随项目性质和目标有所不同。房地产开发项目为盈利型经营性项目,项目财务评价内容应包括盈利能力分析、偿债能力分析和财务生存能力分析。

项目财务评价是在确定的项目建设方案、投资估算和融资方案的基础上进行的,主要是利用有关基础数据,通过编制项目财务报表,计算财务评价静态和动态指标,进行财务分析和财务评价。项目财务评价的步骤大致可以分为以下五个方面的内容。

(一) 选取、计算财务评价基础数据

通过对开发项目所处的市场进行充分调研和投资方案分析,确定项目建设方案,拟定项目实施进度计划等,据此进行财务预测,选取适当的生产价格、费率、税率、利率、基准收益率、计算期等基础数据和参数,获取项目总投资、总成本费用、租售收入、税金、利润等一系列财务基础数据。在对这些财务数据进行分析、审查、鉴定和评估的基础上,完成项目财务评价辅助报表。

(二) 编制和分析财务评价基本报表

将上述基础数据汇总,编制项目各类现金流量表、利润与利润分配表、资金来源与运用表、资产负债表等财务评价基本报表,并对这些报表进行分析评价。在分析评价的过程中,不仅要审查基本报表的格式是否符合规范要求,还要审查所填列的数据是否准确并保持前后一致。

(三) 计算财务评价指标

利用各基本报表,直接计算出一系列财务评价的指标,包括反映项目的盈利能力、清偿能力和财务生存能力等静态和动态指标。

(四) 进行不确定性分析

在对初步设定的开发建设方案进行财务评价后,对于影响项目财务指标的主要因素还应进行不确定性分析,包括盈亏平衡分析和敏感性分析。常常需要将财务评价的结果反馈,优化原设定的建设方案,有时甚至会对原初步设定的建设方案进行较大的调整。

(五) 提出财务评价结论

根据上述计算的财务评价静态和动态指标,以及不确定性分析的结果,将有关指标值与国家有关部门规定的基准值和目标值进行对比,得出项目在财务上是否可行的评价结论。

三、房地产开发项目财务评价的基本报表

房地产开发项目财务评价报表分为基本报表和辅助报表。在财务评价前,必须进行财务预测。就是先要收集、估计和测算一系列财务数据,作为财务评价所需的基本数据。财务预测的结果主要汇集于辅助报表中。之后,根据辅助报表就可以编制财务评价的基本报表和计算一系列财务评价的指标。

财务评价的基本报表主要包括:各类现金流量表、利润与利润分配表、资金来源与运用表、资产负债表及外汇平衡表等;辅助报表包括:成本费用估算表、投资计划与资金筹措表、借款还本付息表、租售收入估算表、折旧摊销表、营业成本表等。

(一) 现金流量表

现金流量表反映房地产项目开发经营内各期(年、半年、季度、月)的现金流入和现金

流出，用以计算各项动态和静态评价指标，进行项目财务盈利能力分析。按投资计算基础的不同，现金流量表分为项目投资现金流量表（全部资金）、资本金现金流量表和投资者各方现金流量表。

1. 项目投资现金流量表

项目投资现金流量表（全部投资现金流量表）是从项目本身角度出发，不分投资资金来源，以全部投资作为计算基础，用以计算项目投资财务内部收益率、财务净现值和投资回收期等评价指标，考察房地产项目全部投资的盈利能力。它是在不考虑债务融资条件下进行的融资前分析，从项目投资总获利能力的角度，考察项目方案设计的合理性。即不论实际可能支付的利息是多少，分析结果都不发生变化，因此可以排除融资方案对决策的影响，为各个投资方案（不论其资金来源及利息多少）进行比较建立共同的基础。财务评价一般宜先进行融资前分析。在融资前分析结论满足要求的情况下，初步设定融资方案，再进行融资后分析。在项目的初期研究如项目建议书阶段，可仅进行融资前分析。

进行现金流量分析，首先要正确识别和选用现金流量，包括现金流入和现金流出。是否能作为融资前分析的现金流量，要看其与融资方案的关系，若与融资方案无关，则可作为融资前分析的现金流量。

（1）现金流入　按照上述原则，项目投资现金流量表中的现金流入主要包括销售收入、出租收入、自营收入、净转售收入和其他收入，以及回收固定资产余值、回收流动资金等。其中各种收入数据来源于销售（出租）收入与经营税金及附加估算表；回收固定资产余值是指用于出租经营的房地产项目经过折旧后在计算期最后一年的固定资产余值；回收流动资金指在计算期最后一年回收的全部流动资金。

（2）现金流出　现金流出主要包括开发建设投资、经营资金、运营费用、经营税金及附加、所得税等。其中开发建设投资和经营资金按投资计划和资金筹措表填列；运营费用是指房地产项目开发完成后，在项目经营期间发生的各种运营费用，主要包括管理费用、销售费用等；所得税后分析还要将所得税作为现金流出，由于是融资前分析，该所得税应与融资方案无关，其数值应区别于其他财务报表中的所得税。该所得税应根据不受利息因素影响的息税前利润（EBIT）乘以所得税税率计算，称为调整所得税，也可称为融资前所得税。

（3）净现金流量　即现金流入与现金流出之差，是计算评价指标的基础。

项目投资现金流量表格式如表4-6所示。

表4-6　项目投资现金流量表　　　　　　　　单位：万元

序号	项目	合计	开发经营期				
			1	2	3	…	n
1	现金流入						
1.1	销售收入						
1.2	租金收入						
1.3	自营收入						
1.4	净转售收入						
1.5	其他收入						
1.6	回收固定资产余值						
1.7	回收流动资金						

续表

序号	项目	合计	开发经营期				
			1	2	3	…	n
2	现金流出						
2.1	开发建设投资						
2.2	经营资金						
2.3	运营费用						
2.4	修理费用						
2.5	经营税金及附加						
2.6	土地增值税						
2.7	调整所得税						
3	净现金流量						
4	累计净现金流量						
5	折现净现金流量						
6	累计折现净现金流量						

计算指标：项目投资财务内部收益率、财务净现值、投资回收期

注：1. 本表适用于独立法人的房地产开发项目（项目公司）。非独立法人的房地产开发项目可参照本表使用，同时应注意开发企业开发建设投资、经营资金、运营费用、所得税和债务等的合理分摊。

2. 开发建设投资中应注意不含财务费用。

3. 在运营费用中应扣除财务费用、折旧费和摊销费。

2. 项目资本金现金流量表

项目资本金现金流量表从项目权益投资者整体的角度，以投资者的出资额作为计算基础，把借款本金偿还和利息支付作为现金流出，用以计算资本金财务内部收益率、财务净现值等评价指标，考察项目资本金盈利能力和给项目权益投资者带来的收益水平。

项目资本金现金流量表是在拟定的融资方案基础上进行的息税后分析，可以进而判断项目方案在融资方案条件下的合理性，因此可以说项目资本金现金流量分析结果是融资决策的重要依据，有助于投资者在其可接受的融资方案下最终作出决策出资。项目资本金现金流量表格式如表 4-7 所示。

表 4-7 项目资本金现金流量表　　　　　　　　单位：万元

序号	项目	合计	开发经营期				
			1	2	3	…	n
1	现金流入						
1.1	销售收入						
1.2	租金收入						
1.3	自营收入						
1.4	净转售收入						
1.5	其他收入						
1.6	长期借款						
1.7	短期借款						
1.8	回收固定资产余值						

续表

序号	项 目	合计	开发经营期				
			1	2	3	…	n
1.9	回收流动资金						
2	现金流出						
2.1	用于开发建设投资的资本金						
2.2	用于经营资金的资本金						
2.3	运营费用						
2.4	修理费用						
2.5	经营税金及附加						
2.6	土地增值税						
2.7	所得税						
2.8	借款本金偿还						
2.9	借款利息支付						
3	净现金流量						
计算指标:资本金财务内部收益率							

注：本表适用于独立法人的房地产开发项目（项目公司）。

与项目投资现金流量表相比，该表的不同点在于以下几项。

①"将现金流出"的建设投资和流动资金中的自有资金汇总列为"资本金"科目，其数据按投资计划与资金筹措表中的"自有资金"（资本金）填列。

② 在"现金流出"中增列"借款本金偿还"和"借款利息支付"科目，逐年填列各年借款（长期借款、流动资金借款、其他短期借款）本金偿还之和以及利息支付之和。

③"所得税"应等同于利润与利润分配表等财务报表中的所得税，而区别于项目投资现金流量表中的调整所得税。

项目资本金现金流量表主要考察资本金的盈利能力和向外部借款对项目的有利程度。

3. 投资各方现金流量表

从投资各方实际收入和支出的角度，确定其现金流入和现金流出，分别编制投资各方现金流量表，计算投资各方的财务内部收益率指标，考察投资各方可能获得的收益水平。

投资各方现金流量表的格式如表 4-8 所示，投资各方现金流量表中的现金流入和现金流出需根据项目具体情况和投资各方因项目发生的收入和支出情况选择填列。

表 4-8　投资各方现金流量表　　　　　　　　　　　单位：万元

序号	项 目	合计	开发经营期				
			1	2	3	…	n
1	现金流入						
1.1	应得利润						
1.2	资产清理分配						
1.3	净转售收入						
1.4	其他收入						
1.5	回收固定资产余值						
1.6	回收经营资金						
2	现金流出						

续表

序号	项 目	合计	开发经营期				
			1	2	3	...	n
2.1	开发建设投资出资额						
2.2	经营资金出资额						
3	净现金流量						
计算指标:投资各方财务内部收益率							

注:本表适用于独立法人的房地产开发项目(项目公司)。

投资各方现金流量表需要计算投资各方财务内部收益率,它是一个相对次要的指标。在按股本比例分配利润、分担亏损和风险的原则下,投资各方的利益一般是均等的,可不计算投资各方财务内部收益率。只有投资各方有股权之外的不对等的利益分配时,投资各方的收益率才会有差异。计算投资各方的财务内部收益率可以看出各方收益的非均衡性是否在一个合理的水平上,有助于促成投资各方在合作谈判中达成平等互利的协议。

(二)利润与利润分配表

利润与利润分配表(损益表)是反映房地产开发项目开发经营期内各期的利润总额、所得税及税后利润的分配情况,用以计算总投资收益率和项目资本金净利润率等静态财务评价指标的报表,其格式如表4-9所示。

表4-9 利润与利润分配表　　　　　　　单位:万元

序号	项 目	合计	开发经营期				
			1	2	3	...	n
1	经营收入						
1.1	销售收入						
1.2	租金收入						
1.3	自营收入						
2	经营成本						
3	运营费用						
4	财务费用						
5	修理费用						
6	经营税金及附加						
7	土地增值税						
8	利润总额						
9	所得税						
10	税后利润						
10.1	盈余公积金						
10.2	应付利润						
10.3	未分配利润						
计算指标:总投资收益率、资本金净利润率							

注:本表适用于独立法人的房地产开发项目(项目公司)。

1. 利润总额

利润总额是项目在一定时期内实现盈亏总额，用公式表示为

利润总额＝经营收入－经营成本－运营费用（管理费用、销售费用）－财务费用
　　　　－修理费用－经营税金及附加－土地增值税

经营收入＝销售收入＋租金收入＋自营收入

销售收入＝土地转让收入＋商品房销售收入＋配套设施销售收入

租金收入＝出租房租金收入＋出租土地租金收入

经营税金及附加＝增值税＋城市维护建设税＋教育费附加

经营成本＝土地转让成本＋商品房销售成本＋配套设施销售成本＋出租房经营成本

2. 项目亏损及亏损弥补的处理

项目在上一个年度发生亏损，可用当年获得的所得税前利润弥补；当年所得税前利润不足以弥补的，可以在 5 年内用所得税前利润延续弥补；延续 5 年未弥补的亏损，用缴纳所得税后的利润弥补。

3. 所得税的计算

利润总额按照现行财务制度规定进行调整（如弥补上年的亏损）后，作为计算项目应缴纳所得税税额的计税基数，即应纳税所得额。用公式表示为

应纳税所得额＝利润总额－弥补以前年度亏损

所得税计算公式为

所得税＝应纳税所得额×所得税税率

所得税税率按照国家规定执行。国家对特殊项目有减免所得税规定的，按国家主管部门的有关规定执行。

4. 所得税后利润的分配

缴纳所得税后的利润即净利润，连同上年度未分配利润，构成了本期可供分配的利润。按照下列顺序分配：①提取法定盈余公积金；②应付优先股股利；③提取任意盈余公积金；④向各投资方分配利润；⑤未分配利润。

未分配利润计算式为

未分配利润＝可供投资者分配的利润－应付优先股股利－提取任意盈余公积金
　　　　　　－各投资方利润分配额

（三）资金来源与运用表

资金来源与运用表反映房地产项目开发经营期内各期的资金盈余或短缺情况，用于选择资金筹措方案，制订适宜的借款及偿还计划，并为编制资产负债表提供依据，如表 4-10 所示。

表 4-10　资金来源与运用表　　　　　　　　　　单位：万元

序号	项目	合计	开发经营期				
			1	2	3	…	n
1	资金来源						
1.1	销售收入						
1.2	租金收入						
1.3	自营收入						

续表

序号	项 目	合计	开发经营期				
			1	2	3	...	n
1.4	自有资金						
1.5	长期借款						
2	资金运用						
2.1	开发建设投资						
2.2	经营资金						
2.3	运营费用						
2.4	修理费用						
2.5	经营税金及附加						
2.6	土地增值税						
2.7	所得税						
2.8	应付利润						
2.9	借款本金偿还						
2.10	借款利息支付						
3	盈余资金						
4	累计盈余资金						

注：本表适用于独立法人的房地产开发项目（项目公司）。

（四）资产负债表

资产负债表是国际上通用的财务报表，通常按企业范围编制，反映企业一定日期全部资产、负债和所有者权益的情况。表中数据可由其他报表直接引入或经适当计算后列入，以反映企业某一特定日期的财务状况。编制过程中应实现资产与负债和所有者权益两方的自然平衡。其格式如表4-11所示。

表 4-11 资产负债表　　　　　　　　　　单位：万元

序号	项 目	合计	开发经营期				
			1	2	3	...	n
1	资产						
1.1	流动资产						
1.1.1	货币资金						
1.1.2	交易性金融资产						
1.1.3	应收账款						
1.1.4	预付账款						
1.1.5	其他应收款						
1.1.6	存货						
1.2	非流动资产						
1.2.1	可供出售金融资产						
1.2.2	长期股权投资						

续表

序号	项目	合计	开发经营期				
			1	2	3	...	n
1.2.3	投资性房地产						
1.2.4	固定资产						
1.2.5	在建工程						
1.2.6	长期待摊费用						
1.2.7	递延所得税资产						
2	负债及所有者权益						
2.1	流动负债						
2.1.1	短期借款						
2.1.2	交易性金融负债						
2.1.3	应付账款						
2.1.4	预收账款						
2.1.5	应付职工薪酬						
2.1.6	应缴税费						
2.1.7	其他应付款						
2.2	非流动负债						
2.2.1	长期借款						
2.2.2	长期应付款						
2.2.3	其他非流动负债						
2.2.4	预计负债						
2.2.5	递延所得税负债						
2.3	股东权益						
2.3.1	股本						
2.3.2	资本公积						

在对房地产开发项目进行独立的财务评价时，不需要编制资产负债表。但当房地产开发公司开发或投资一个新的房地产项目时，通常需要编制该企业的资产负债表，以计算资产负债率、流动比率和速动比率等反映企业财务状况和清偿能力的指标。

以上所有的基本财务报表按照独立法人房地产项目（项目公司）的要求进行科目设置；非独立法人房地产项目基本财务报表的科目设置，可参照独立法人项目进行，但应注意费用与效益在项目上的合理分摊。

四、房地产开发项目财务评价指标

（一）房地产开发项目财务评价指标体系

项目财务评价具有一套完整的评价指标体系。一般而言，房地产开发项目财务评价包括项目盈利能力分析和偿债能力分析，对于涉及外汇的项目有时还需要进行外汇平衡分析。财务评价的指标可以通过相应的财务评价报表直接或间接求得，各评价内容、评价指标与财务评价报表的关系如表4-12所示。

表 4-12 财务评价指标与主要报表的关系

分析内容	主要报表	评价指标	
		静态指标	动态指标
盈利能力分析	项目投资现金流量表	静态投资回收期	项目投资内部收益率 项目投资财务净现值 项目动态投资回收期
	项目资本金现金流量表		资本金财务内部收益率
	投资各方现金流量表		投资各方财务内部收益率
	利润与利润分配表	总投资收益率 项目资本金净利润率	
偿债能力分析	借款还本付息计划表	利息备付率 偿债备付率	
	资产负债表	资产负债率	
外汇平衡分析	财务外汇平衡表		

(二) 房地产开发项目财务评价的静态指标

静态指标是指不考虑资金时间价值因素的影响而计算的指标,主要有总投资收益率、项目资本金净利润率、项目静态投资回收期、利息备付率和偿债备付率、资产负债率等。

1. 总投资收益率 (ROI)

总投资收益率是指项目达到设计能力后正常年份的年息税前利润或运营期内年平均息税前利润 (EBIT) 与项目总投资 (TI) 的比值,表示总投资的盈利水平。计算式为

$$总投资收益率 = \frac{息税前利润}{项目总投资} \times 100\%$$

总投资收益率可根据利润与利润分配表中的有关数据计算求得。在财务分析中,总投资收益率高于同行业的收益率参考值,表明用总投资收益率表示的盈利能力满足要求。总投资收益率指标计算简单,容易理解,但没有考虑投资收益的时间因素,忽视了资金具有时间价值的重要性。因此,主要用于计算期较短的建设项目评价。

2. 项目资本金净利润率 (ROE)

项目资本金净利润率是指项目达到设计能力后正常年份的年净利润或运营期内年平均净利润 (NP) 与项目资本金 (EC) 的比值,表示项目资金本的盈利水平。计算式为

$$资本金净利润率 = \frac{年平均净利润}{项目资本金} \times 100\%$$

项目资本金净利润率高于同行业的净利润率参考值,表明用项目资本金净利润率表示的盈利能力满足要求。

3. 项目静态投资回收期 (P_t)

项目投资回收期是指以项目的净收益回收项目投资所需要的时间,一般以年为单位。它是反映项目财务上投资回收能力的重要指标。根据是否考虑资金的时间价值,项目投资回收期分为静态投资回收期和动态投资回收期 (P_t')。

静态投资回收期是不考虑资金时间价值条件下以项目的净收益回收项目投资所需要的时间,通常以年为单位。一般从项目建设开始年算起,若从项目投产开始年计算,应予以特别注明。其定义式为

$$\sum_{t=1}^{P_t}(\text{CI}-\text{CO})_t = 0$$

式中 P_t——项目静态投资回收期；
　　CI——现金流入；
　　CO——现金流出；
$(\text{CI}-\text{CO})_t$——第 t 年的净现金流量。

项目投资回收期可借助项目投资现金流量表计算。该表中累计净现金流量由负值变为零的时点，即为项目的静态投资回收期。计算式如下

$$P_t = T - 1 + \frac{\left|\sum_{i=1}^{T-1}(\text{CI}-\text{CO})_i\right|}{(\text{CI}-\text{CO})_T}$$

式中 T——各年累计净现金流量首次为正值或零的年数。

用文字表示为

$$P_t = (\text{累计净现金流量开始出现正值年份数} - 1) + \frac{\text{上一年累计净现金流量的绝对值}}{\text{出现正值年份的净现金流量}}$$

投资回收期短，表明项目投资回收快，抗风险能力强。求出的静态投资回收期（P_t）可与行业基准投资回收期或设定的基准投资回收期（P_c）比较：若 $P_t \leqslant P_c$，可以考虑接受该项目；若 $P_t > P_c$，可以考虑拒绝接受该项目。

静态投资回收期的优点是经济意义明确、直观、计算简单，便于投资者衡量开发项目承担风险的能力，同时在一定程度上反映了投资效果的优劣。《建设项目经济评价方法与参数》中规定，应根据项目投资现金流量表计算项目静态投资回收期，静态投资回收期指标的不足主要有两点：①投资回收期只考虑投资回收之前的效果，不能反映回收期之后的情况，指标存在着片面性；②不考虑资金时间价值，无法用以正确地辨识项目的优劣。

由于静态投资回收期的局限性和不考虑资金时间价值，故有可能导致评价判断错误。因此，静态投资回收期不是全面衡量建设项目的理想指标，它只能用于粗略评价或者作为辅助指标和其他指标结合起来使用。

4. 利息备付率（ICR）

利息备付率是指在借款偿还期内的息税前利润（EBIT）与当年应付利息（PI）的比值，它从付息资金来源的充裕性角度反映支付债务利息的能力。利息备付率的含义和计算公式均与财政部对企业效绩评价的"已获利息倍数"指标相同。息税前利润等于利润总额和当年应付利息之和，当年应付利息是指计入总成本费用的全部利息。利息备付率计算公式如下

$$\text{利息备付率} = \frac{\text{息税前利润}}{\text{应付利息额}}$$

利息备付率应分年计算，分别计算在债务偿还期内各年的利息备付率。若偿还前期的利息备付率数值偏低，为分析所用，也可以补充计算债务偿还期内的年平均利息备付率。

利息备付率表示利息支付的保证倍率，对于正常经营的企业，利息备付率至少应当大于1，一般不宜低于2，并结合债权人的要求确定。利息备付率高，说明利息支付的保证度大，偿债风险小；利息备付率低于1，表示没有足够资金支付利息，偿债风险很大。

5. 偿债备付率（DSCR）

偿债备付率是从偿债资金来源的充裕性角度反映偿付债务本息的能力，是指在债务偿还

期内,可用于计算还本付息的资金与当年应还本付息额(PD)的比值。可用于计算还本付息的资金是指息税折旧摊销前利润(EBITDA,息税前利润加上折旧和摊销)减去所得税(T_{AX})后的余额;当年应还本付息金额包括还本金额及计入总成本费用的全部利息。国内外也有其他略有不同的计算偿债备付率的公式。

$$偿债备付率 = \frac{息税折旧摊销前利润 - 所得税}{当年应还本付息额}$$

如果运营期间支出了维护运营的投资费用,应从分子中扣减。

偿债备付率应分年计算,分别计算在债务偿还期内各年的偿债备付率。若偿还前期的偿债备付率数值偏低,为分析所用,也可以补充计算债务偿还期内的年平均偿债备付率。

偿债备付率表示偿付债务本息的保证倍率,至少应大于1,一般不宜低于1.3,并结合债权人的要求确定。偿债备付率低,说明偿付债务本息的资金不充足,偿债风险大。当这一指标小于1时,表示可用于计算还本付息的资金不足以偿付当年债务。

6. 资产负债率(LOAR)

资产负债率是反映开发项目利用债权人提供资金进行经营活动的能力,并反映债权人发放贷款的安全程度。此指标可以由资产负债表求得,指各期末负债总额(TL)同资产总额(TA)的比值,计算公式如下

$$资产负债率 = \frac{负债总额}{资产总额} \times 100\%$$

适度的资产负债率,表明企业经营安全、稳健,具有较强的筹资能力,也表明企业和债权人的风险较小。对该指标的分析,应结合国家宏观经济状况、行业发展趋势、企业所处竞争环境等具体条件判定。项目财务分析中,在长期债务还清后,可不再计算资产负债率。

(三)房地产开发项目财务评价的动态指标

动态指标是指考虑资金时间价值因素的影响而计算的盈利能力指标,需要根据三个层次的现金流量表(即项目投资现金流量表、项目资本金现金流量表和投资各方现金流量表)计算,主要有财务净现值和投资财务内部收益率、项目资本金财务内部收益率、投资各方财务内部收益率及项目动态投资回收期等。各指标的含义、计算和判断简述如下。

1. 财务净现值(FNPV)

财务净现值是指按设定的折现率(一般采用基准收益率 i_c)计算的项目计算期内净现金流量的现值之和。计算式为

$$FNPV = \sum_{t=1}^{n} (CI - CO)_t (1 + i_c)^{-t}$$

式中 FNPV——财务净现值;

n——计算期年数;

i_c——设定的折现率,通常可选用财务内部收益率的基准值(最低可接受收益率)。

一般情况下,财务盈利能力分析只计算项目投资财务净现值,可根据需要选择计算所得税前净现值或所得税后净现值。

财务净现值是考察项目盈利能力的绝对量指标,它反映项目在满足按设定折现率要求的盈利之外所能获得的超额盈利的现值。按照设定的折现率计算的财务净现值大于或等于零时,项目方案在财务上可考虑接受。

财务净现值具有以下优点。

① 财务净现值考虑了资金的时间价值并全面考虑了项目整个寿命期的经济数据，全面地反映了项目的盈利能力。

② 财务净现值指标直接以货币额表示项目投资的收益性大小，经济意义明确直观。

③ 财务净现值指标计算简便，该指标的计算结果稳定，不会因算术方法的不同而带来任何差异。

但财务净现值指标也有不足，主要体现在两个方面。

① 财务净现值指标是一个绝对数指标，只能反映项目是否有盈利，并不能反映拟建项目的实际盈利水平。

② 需要事先确定折现率 i_c，i_c 是部门或行业的基准收益率或者是事先设定的一个基准收益率，作为计算财务净现值的折现率。在项目所有经济数据不变的情况下，令 i_c 从小到大变化，就会发现同一现金流量的财务净现值随着 i_c 的增大，发生由大到小的变化。财务净现值和折现率 i_c 的关系如图 4-2 所示。在 $i_c=i^*$ 处，FNPV＝0；当 $i_c<i^*$ 时，FNPV>0；当 $i_c>i^*$ 时，FNPV<0。可见，项目选择的折现率过高，可行的项目可能被否定；选择的折现率过低，不可行的项目就可能被选中。所以，在运用财务净现值指标时，要选择一个比较可观的折现率，否则，评价的结果往往"失真"，可能造成决策失误。

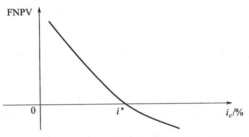

图 4-2　财务净现值与折现率 i_c 的关系图

为了克服利用财务净现值指标评价方案或筛选方案时可能产生的误差，在财务分析中，往往选择财务内部收益率作为主要的评价指标。

2. 财务内部收益率（FIRR）

财务内部收益率是指能使项目计算期内净现金流量现值累计等于零时的折现率，即 FIRR 作为折现率使下式成立

$$\sum_{t=1}^{n}(CI-CO)_t(1+FIRR)^{-t}=0$$

财务内部收益率是考察项目盈利能力的相对量指标，一般通过计算机软件中配置的财务函数计算，若需要手算时，可根据现金流量表中的净现金流量采用人工试算法计算。

运用人工试算法计算财务内部收益率的基本步骤是：首先选择折现率 i_1，将其代入财务净现值公式，如果此时算出的财务净现值为正，则选择一个高于 i_1 的折现率 i_2，将其代入财务净现值公式，如果此时算出的财务净现值仍为正，则增加 i_2 的值后再重新计算财务净现值，直到财务净现值为负为止（如果首先选择的折现率计算的财务净现值为负，则需要降低折现率使财务净现值为正为止）。根据财务内部收益率定义可知，此时财务内部收益率必在 i_1 和 i_2 之间。

通常，当试算的折现率 i 使财务净现值在零值左右摆动且先后两次试算的 i 值之差足够小，一般不超过 5% 时，可用线性内插法近似求出 i。内插公式为

$$i=i_1+(i_2-i_1)\frac{FNPV_1}{FNPV_1+|FNPV_2|}$$

式中　i——内部收益率；

　　　i_1——较低的试算折现率；

i_2——较高的试算折现率;

FNPV_1——i_1 对应的财务净现值;

FNPV_2——i_2 对应的财务净现值。

项目投资财务内部收益率、项目资本金财务内部收益率和投资各方财务内部收益率都依据上述方法计算,只是所依据的现金流量表和具体的现金流入、现金流出数据不同。

当财务内部收益率大于或等于所设定的判别基准时,方案在财务上可以接受。项目投资财务内部收益率、项目资本金财务内部收益率和投资各方财务内部收益率可以有不同的判别标准,具体如下。

① 项目投资财务内部收益率一般以基准收益率 i_c 作为判别标准。基准收益率 i_c 可采用国家、行业或专业(总)公司统一发布的财务基准收益率,或由评价者自行设定,一般可在加权平均资金成本基础上再加上调控意愿等因素来确定财务基准收益率。

② 项目资本金财务内部收益率的判别基准应体现项目发起人(代表项目所有权益投资者)对投资获利的最低期望值(最低可接受收益率),其数值大小主要取决于资金成本、资金收益水平、风险以及项目资本金所有者对权益资金收益的要求,还与投资者对风险的态度有关。

③ 投资各方财务内部收益率的判别基准为投资各方对投资收益水平的最低期望值,也可称为最低可接受收益率,它只能由各投资者自行确定。因为不同投资者的决策理念、资本实力和风险承受能力有很大差异。基于某些原因,投资者可能会对不同项目有不同的收益水平要求。

财务内部收益率的优点:①与财务净现值一样,财务内部收益率指标考虑了资金的时间价值,并考察了项目在整个寿命期内的全部状况;②财务内部收益率的概念明晰,反映项目的实际盈利率,并且计算时不用事先确定基准收益率或者设定一个折现率。

财务内部收益率的不足:①财务内部收益率指标计算烦琐,非常规项目有多解现象,分析、检验和判别比较复杂;②财务内部收益率适用于独立方案的经济评价和可行性判断,但不能直接用于互斥方案之间的比选;③财务内部收益率不适用于只有现金流入或现金流出的项目。

3. 项目动态投资回收期 (P'_t)

项目动态投资回收期是在考虑资金时间价值条件下,用项目净收益回收项目投资所需要的时间。其定义式为

$$\sum_{t=1}^{P'_t}(\text{CI}-\text{CO})_t(1+i_c)^{-t}=0$$

式中 P'_t——项目动态投资回收期。

项目动态投资回收期可借助项目投资现金流量表中折现净现金流量和累计折现净现金流量计算求得。计算公式如下

$$P'_t=T'-1+\frac{\left|\sum_{i=1}^{T'-1}(\text{CI}-\text{CO})_i(1+i_c)^{-i}\right|}{(\text{CI}-\text{CO})_{T'}(1+i_c)^{-T'}}$$

式中 T'——各年累计折现净现金流量首次为正值或零的年数。

计算出的动态投资回收期(P'_t)也要与行业规定的基准动态投资回收期进行比较,若

计算出的动态投资回收期小于或等于行业规定的基准动态投资回收期，则认为项目可以考虑被接受。

动态投资回收期考虑了资金时间价值，优于静态投资回收期，但计算相对复杂；动态投资回收期不能反映回收期之后的情况，仍然有局限性。

五、房地产开发项目的不确定性分析

（一）房地产开发项目财务评价中的主要变量分析

房地产开发投资是一个动态过程，具有周期长、资金投入量大等特点，受到各种主客观因素的影响，很难在一开始就对整个开发过程中有关费用和建成后的收益情况作出精确的估计。即在财务评价指标计算中涉及的因素如建造成本和售价、租金水平等都是理想状态下的估计值，而实际上这些值的确定取决于许多变量。如在计算过程中涉及的变动因素主要有：土地价格、土地开发成本、容积率、可出售或出租的建筑面积占总建筑面积的比例（有效面积系数）、房屋开发费、专业人员费用、管理费用、财务费用、租售代理费、广告宣传费、租金或售价、开发期、建造期和租售期、贷款利率、空置率等。其中，土地成本（含地价和土地开发成本）、房屋开发费、租金或售价、开发期、贷款利率等是主要变动因素。这些不确定性因素对房地产开发项目财务评价的结果影响很大。因此，有必要就上述因素或参数的变化对评价结果产生的影响进行深入研究，以使开发项目财务评估的结果更加真实可靠，从而为房地产开发决策提供更科学的依据。

房地产开发项目的不确定性分析就是分析不确定性因素对项目可能造成的影响，并进而分析可能出现的风险。不确定性分析是房地产项目财务评价的重要组成部分，对房地产开发项目决策的成败有着重要的影响。房地产开发项目不确定性分析可以帮助投资者根据房地产项目投资风险的大小和特点，确定合理的投资收益水平，提出控制风险的方案，有重点地加强对投资风险的防范和控制。

房地产开发项目的不确定性分析主要包括盈亏平衡分析、敏感性分析和概率分析。

（二）盈亏平衡分析

盈亏平衡分析，又称量本利分析、保本点分析、收支平衡分析，是研究房地产开发项目在一定时期内的销售收入、开发成本、税金、利润等因素之间的变化和平衡关系的一种分析方法。所谓盈亏平衡点（break even point，BEP）是项目盈利与亏损的临界点，在这一点上，项目收支持平，既不盈利又不亏损，净收益为零。盈亏平衡分析也就是分析利润为零时项目的成本、售价或销售率所处的状态；但有时盈亏平衡分析的方法也用来分析达到目标收益水平时项目的销售价格或租金、成本、销售率或出租率所处的状态。

（三）敏感性分析

敏感性分析是房地产开发项目不确定性分析中的一种主要方法。从以上分析可以看出，房地产开发项目评估所采用的基本数据与参数，大都是来自估算或预测，不可能完全准确，因而就使得开发商作出的决策具有潜在的误差和风险。开发商对于评估中数据估值的误差所引起的最终结果的变化是非常重视的，因此需要在项目财务评估的基础上进一步进行敏感性分析，以弄清这些不确定性因素对评估结果影响的大小，提高决策的准确性。

1. 敏感性分析的概念

房地产开发项目评估中的敏感性分析，是分析和预测反映项目投资效益的经济评价指标对主要变动因素变化的敏感程度。如果某变动因素变化幅度很小但对项目经济评价指标的影响极大,则认为项目对该变量的不确定性是很敏感的。敏感性分析的目的就是要在众多的不确定性因素中,找出对项目经济评价指标影响较大的因素,并判断其对开发项目投资效益影响的程度。

2. 敏感性分析的步骤

① 找出那些最能反映项目投资效益的经济评价指标如财务内部收益率、财务净现值、投资回收期、贷款偿还期和开发商利润等作为其分析的对象。

② 从众多影响项目投资效益的不确定性因素中,选取对经济评价指标有重大影响并在开发周期内有可能发生变动的因素作为敏感分析的不确定性因素。

③ 设定不确定性因素的变化范围。

④ 对项目经济评价指标进行分析计算,找出敏感性因素。

3. 单变量敏感性分析和多变量敏感性分析

单变量敏感性分析是敏感性分析的最基本方法。进行单变量敏感性分析时,首先假设各变量之间相互独立,然后每次只考察一项可变参数的变化而其他参数保持不变时,计算项目评价结果的变化情况。多变量敏感性分析是分析两个或两个以上的变动因素同时发生变化时,对项目评价结果的影响。由于项目评价过程中的参数或变量同时发生变化的情况非常普遍,所以多变量敏感性分析有很高的实用价值。

(四) 概率分析

敏感性分析可以掌握投资影响因素发生变化时,对投资效果的影响程度,但不能提供这种变化和影响的可能性大小。概率分析不同于敏感性分析,它可根据各种影响因素的概率分布,来分析开发项目在风险条件下获利的可能性大小。

概率分析主要有两种方法:解析法和模拟法。前者主要用于解决一些比较简单的风险决策问题,如用决策树法解决建厂决策问题,这类问题一般只有一个或极少几个随机变量。当有多个随机变量时,用解析法就十分困难,则需采用模拟法求解。常见的模拟法是蒙特卡洛方法,房地产开发项目经济分析中涉及的变量较多,比较适合于用蒙特卡洛方法进行风险分析。

第四节 房地产开发项目可行性研究报告的撰写

一、房地产开发项目可行性研究报告的基本构成

可行性研究报告是房地产投资项目可行性研究结果的体现。一般来说,一份正式的可行性研究报告应包括封面、摘要、目录、正文、附表、附图和附件七个部分。

(一) 封面

封面应反映项目名称、研究阶段、委托单位、编制单位以及可行性研究报告写作的时间,正式报告还要在封面内附上编制单位资格证书编号、编制单位的项目负责人、技术负责人、法人代表以及编制人、校核人、审核人、审定人名单。

(二) 摘要

摘要应用简洁的语言,介绍研究项目所处区域的市场情况、项目本身情况和特点、财务评价的结论,让读者能够很快地了解报告主要结论。因为针对的读者可能是没有时间看详细

报告但又对项目的决策起决定性作用的人,所以摘要的文字要字斟句酌,言必达意,绝对不能有冗词赘句,字数以不超过1000字为宜。

(三) 目录

如果可行性研究报告较长,最好要有目录,以使读者能方便地了解可行性研究报告所包括的具体内容以及前后关系,使之能根据自己的兴趣快速地找到其所要阅读的部分。

(四) 正文

这是可行性研究报告的主体,一般要按照逻辑的顺序,从总体到细节循序进行。要注意的是,报告的正文也不要太烦琐。报告的厚度并非取得信誉的最好方法,重要的是尽可能简明地回答未来读者所关心的问题。对于一般的可行性研究报告,通常包括的具体内容有:项目总说明、项目概况、投资环境研究、市场研究、项目地理环境和附近地区竞争性发展项目、规划方案及建设条件、建设方式与进度安排、投资估算及资金筹措、财务评价基础数据的估算、项目经济效益评价、风险分析和结论与建议12个方面。项目可行性研究报告如用于向国家投资审批部门办理立项报批手续,还应包括环境影响评价、能源消耗及节能措施、项目公司组织机构等方面的内容。因此,报告的正文中应包括些什么内容,要视评估的目的和未来读者所关心的问题来具体确定,没有固定不变的模式。

(五) 附表

附表是对于正文中不便插入的较大型表格,为了使读者便于阅读,通常将其按顺序编号附于正文之后。附表按照在评估报告中的顺序,一般包括:工程项目进度计划表、项目投资估算表、投资计划和资金筹措表、项目销售计划表、项目销售收入测算表、营业成本预测表、营业利润测算表、项目投资现金流量表、项目资本金现金流量表、资金来源与运用表、贷款还本付息估算表和敏感性分析表。当然,有时在投资环境分析、市场研究、投资估算等部分的表格也可以附表的形式出现在报告中。

(六) 附图

为了辅助文字说明,使读者很快建立起空间的概念,通常要有一些附图。这些附图一般包括:项目区位示意图、项目规划用地红线图、建筑设计方案平面图、项目所在城市总体规划示意图和与项目性质相关的土地利用规划示意图、项目用地附近的土地利用现状图和项目用地附近竞争性项目分布示意图等。有时附图中还会包括评估报告中的一些统计数据分析图,如直方图、饼图、曲线图等。

(七) 附件

有时报告还应包括一些附件,如土地使用权证、建设用地规划许可证、施工许可证、销售(预售)许可证、审定设计方案通知书、建筑设计方案平面图、公司营业执照、经营许可证等。这些附件通常由开发商或委托评估方准备,与报告一同附在后面。

二、房地产开发项目可行性研究报告的撰写要领

按照前述报告正文中应包含的内容,现将撰写要领介绍如下。

(一) 项目总说明

在项目总说明中,应着重就项目背景、项目主办者或参与者、项目可行性研究的目的、项目可行性研究报告编制的依据及有关说明等予以介绍。

(二) 项目概况

开发项目概况主要包括以下内容:①项目名称及投资单位概况;②开发项目所具备的自

然、经济、水文地质等基本条件；③项目所在地的社会、经济发展前景以及项目开发的宗旨、规模、功能和主要技术经济指标；④项目主要建设条件；⑤可行性研究工作的依据和范围等。

（三）开发项目用地现状调查

开发项目用地现状调查是获得项目第一手资料的重要来源，需要调查者进行实地调查获得。主要包括：①项目所在地的用地性质、四至范围和权属状态等；②地形地貌、地质、气象等自然条件调查；③建筑物调查，如用地范围内建筑物种类和数量；④人口调查，如开发用地范围内总人口数、总户数；⑤生产、经营企业及个体经营者调查；⑥市政管线调查；⑦房屋征收与补偿安置方案等。

（四）市场研究和建筑规模的确定

市场研究是指对房地产市场的调查分析和预测，是全部研究工作的基础和建筑规模确定的依据。市场研究的关键是获得大量第一手市场信息资料，令读者信服可行性研究报告对市场价格、供求关系、发展趋势等方面的判断。主要包括：①市场供给现状分析及预测；②市场需求现状分析及预测；③市场交易数量和价格；④项目定位分析；⑤制订租售计划；⑥拟建项目建设规模的确定。

（五）项目地理环境和竞争分析

项目所处的地理环境（邻里关系）、项目附近地区近期开工建设或筹备过程中的竞争性项目予以分析说明。竞争性项目的介绍十分重要，它能帮助开发商做到知己知彼，正确地为自己所发展的项目进行市场定位和 SWOT 分析。

（六）规划设计方案选择

项目的规划设计方案是项目开发过程中的指导性方案，对项目开发建设以及后续开发商委托规划设计等工作具有积极的指导意义。主要包括：①项目规划数据，包括项目开发总面积、总平面布置、建筑密度、容积率、各类用途建筑的构成、基础设施和配套设施的条件及要求；②建筑物的主要技术参数；③场地内外交通组织；④景观设计。

（七）建设方式及进度安排

项目的建设方式是指建设工程的发包方式。发包方式的差异往往会带来工程质量、工期、成本等方面的差异，因此，有必要就建设工程的承发包方式提出建议。项目开发进度决定了项目的入市时机，对项目预定营销方案的实施和投资收益将产生较大影响。项目实施进度主要包括：①前期开发进度计划，工程建设进度计划；②各个单项工程的开工、竣工时间，进度安排；③市政工程的配套建设进度计划；④建设场地的布置；⑤施工队伍的选择等。

（八）投资估算

投资估算主要任务是就项目的总投资进行估算，并按项目进度安排情况作出投资分年度使用计划。项目总投资的估算应包括项目投资概况、估算依据、估算范围和估算结果，一般投资估算结果汇总中应包括土地费用、前期工程费、房屋开发费、管理费用、销售费用、财务费用、其他工程费、开发期间税费和不可预见费。投资分年度使用计划实际上是项目财务评价过程中有关现金流量的主要部分，应该就开发建设投资和建设投资利息分别列出。

（九）资源供给和节水节能

资源供给是指投资项目所需资源的保证程度分析。房地产开发项目所需要的资源主要包括以下六个方面。①资金筹集及其使用计划，资金筹措计划主要是就项目投资的资金来源进行分析，包括资本金、贷款和预售（租）收入三个部分。当资金来源中包括预售（租）收入时，还要和后面销售（出租）收入计划配合考虑。②建筑材料的需要量及其供应计划、采购与运输方式。③施工力量的组织、协调和施工计划。④项目施工期间所需动力（水、电、气等）的数量及其供应。⑤项目建成投入使用后所需动力（水、电、气、热力、交通、通信等）的数量及其供应。⑥节水、节能措施。

（十）项目的环境影响和环境保护

主要包括：①建设地区的环境现状，主要污染源和污染物，开发项目可能引起的周围生态变化；②设计采用的环境保护标准；③控制污染与生态变化的初步方案；④环境保护投资估算；⑤环境影响的评价结论和环境影响分析，存在问题及建议。

（十一）项目财务评价基础数据的预测和选定

项目财务评价基础数据的预测和选定通常包括销售收入测算、成本及税金和利润分配三个部分。要测算销售收入，首先要根据项目设计情况确定按功能分类的可销售或出租面积的数量；再依市场研究结果确定项目各部分功能面积的租金或售价水平；然后根据工程建设进度安排和开发商的市场销售策略，确定项目分期的销售或出租面积及收款计划；最后汇总出分年度的销售收入。

成本和税金部分估算，首先要对项目的开发建设成本、流动资金、销售费用和投入运营后的经营成本进行估算；二是对项目需要缴纳的税费种类及其征收方式和时间、税率等进行说明，以便为后面的现金流量分析提供基础数据。

利润分配的估算主要反映项目的获利能力和可分配利润的数量，属于项目盈利能力分析的内容。

（十二）项目经济效益评价

主要包括：①财务评价，通过对项目开发建成后的租、售情况及其收入预测，经营、销售费用、销售税金的预测，进行项目的盈利能力和偿还能力分析等；②项目的国民经济评价及社会评价，主要评价项目对国民经济及社会的净贡献；③风险分析，主要是通过一定的分析方法（盈亏平衡分析、概率分析、敏感性分析等）来说明投资项目可能遇到的风险及其他不确定性因素对项目的预期收益评价指标可能产生的影响以及这种影响可允许的幅度和控制的措施。

（十三）项目的结论与建议

根据对相关因素的分析和各项评价指标的估算，对项目的可行与否作出明确结论，并针对项目存在的问题提出建议，对建议的效果作出估计。

复习思考题

1. 试述房地产开发项目可行性研究的内容及工作程序。
2. 房地产开发项目的成本和费用构成是怎样的？
3. 如何估算房地产开发项目的成本和费用？
4. 房地产开发项目的财务评价指标有哪些？
5. 如何对房地产开发项目进行不确定性分析？
6. 什么是敏感性分析？试举例分析房地产开发中的敏感性因素。

第五章　房地产开发资金筹集

【本章提要】 本章主要讲述房地产开发资金筹集的相关知识，包括房地产开发资金总额的构成、融资主体、融资来源、融资方式；股权资金与债券资金的筹集以及对融资成本的分析等内容。

第一节　房地产开发资金筹集的基本概念

众所周知，房地产业是资金密集型行业，开发一个房地产项目需要的资金量非常庞大，仅依靠企业自有资金是难以维持正常的开发经营活动的，房地产开发商必须通过各种手段筹集资金。一般而言，筹集资金是以企业为载体进行运作的，是房地产开发企业为了解决项目的投资资金来源，或为了调整企业或项目的资本结构而进行筹集资金的活动。在经济学上，筹集资金即资金的融入，又称为融资行为。本章将房地产开发企业资金筹集和房地产开发项目资金筹集统称为房地产开发资金筹集。

一、房地产开发资金总额的构成

房地产开发项目的资金总额由自有资金、预租售收入和借入资金三部分构成。

（一）自有资金

自有资金是指企业有权支配使用，由项目权益投资人以获得项目财产权和控制权的方式投入的资金，属于权益资金。投资者投入的自有资金形成项目的资本金和资本溢价。

1. 资本金

开发项目资本金是指在开发项目总投资中，由投资者认缴的出资额，对开发项目来说是非债务性资金，项目法人不承担这部分资金的任何利息和债务；投资者可按其出资的比例依法享有所有者权益，也可转让其出资，但不得以任何方式抽回。根据《城市房地产开发经营管理条例》第十三条规定：房地产开发项目应当建立资本金制度，资本金占项目总投资的比例不得低于 20%。

开发项目的资本金可以为货币资金，也可以用实物、工业产权、非专利技术、土地使用权作价出资。但是，对于用实物、工业产权、非专利技术、土地使用权作价出资必须经有资格的资产评估机构依法评估作价，不得高估或低估。以工业产权、非专利技术作价出资的比例不得超过开发项目资本金总额的 20%。

根据投资主体的不同，项目资本金可分为国家资本金、法人资本金、个人资本金和外商资本金。国家资本金为有权代表国家投资的政府部门或者机构以国有资产投入企业或建设项目形成的资本金；法人资本金为其他法人单位以其依法可以支配的资产投入企业或建设项目形成的资本金;个人资本金为社会个人或者本企业内部职工以个人合法财产投入企业或建设项目形成的资本金;外商资本金为国外投资者以及我国香港特别行政区、澳门特别行政区和台湾地区投资者投入企业或建设项目形成的资本金。

2. **资本溢价**

企业或项目建设单位在筹集资本金活动中,投资者缴付的出资额超出资本金的差额,即为资本溢价。最典型的是发行股票的溢价净收入,即股票溢价收入扣除票面价和发行费用后的净额。

(二) 预租售收入

商品房预租售收入是指在商品房未建成前,当房地产开发进行到符合《城市商品房预售管理办法》规定的预售条件时,就将其预租售出去,用获得的预租售资金建设房地产项目。对房地产开发商来说,预租售部分商品房既可以筹集到必要的建设资金,又可以降低市场风险,是开发商筹集资金的重要途径。

(三) 借入资金

借入资金也称为债务资金,是指以负债方式取得的资金,即以企业或项目法人名义从金融机构或资本市场借入,需要偿还的固定资产投资资金和流动资金。包括长期负债和流动负债。

长期负债是指偿还期限在1年或者超过1年的一个营业周期以上的债务,包括长期借款、长期应付款、应付长期债券等。长期负债的应计利息支出,在建设项目筹建期间,计入开办费;建设经营期间,计入财务费用。长期负债一般采用银行中长期借款、发行债券等方式来筹集。流动负债是指可以在1年内或者超过1年的一个营业周期内偿还的债务,包括短期借款、应付短期债券、预提费用、应付及预收款项等。流动负债的应计利息支出计入财务费用。流动负债资金可以采用商业信用、银行短期借款、商业票据等方式来筹集。

二、融资主体

项目的融资主体是指进行项目融资活动并承担融资责任和风险的经济实体。国家计委颁布的《关于实行建设项目法人责任制的暂行规定》(计建设〔1996〕673号)规定国有单位经营性基本建设大中型项目在建设阶段必须组建项目法人。项目法人可按《中华人民共和国公司法》的规定设立有限责任公司(包括国有独资公司)和股份有限公司等形式。由项目法人对项目的策划、资金筹措、建设实施、生产经营、债务偿还和资产的保值增值,实行全过程负责。因此,按是否依托于项目组建新的项目法人实体,项目的融资主体分为新设法人和既有法人。

(一) 新设法人融资

新设法人融资方式是以新组建的具有独立法人资格的项目公司为融资主体的融资方式。这种方式由项目的发起人及其他投资人出资,建立新的独立承担民事责任的法人,承担项目的融资及运营。新设法人融资方式具有以下特点:一是项目投资由新设法人筹集的资本金和债务资金构成;二是由新设法人承担融资责任和风险;三是新组建的法人享有法人财产权,依靠项目自身的盈利能力来偿还债务;四是一般以项目投资形成的资产、未来收益或权益作为融资担保的基础。

(二) 既有法人融资

既有法人融资方式是指既有法人为融资主体的融资方式。既有法人融资方式具有以下特点：一是拟建项目不组建新的项目法人，由既有法人统一组织融资活动并承担融资责任和风险；二是建设项目所需的资金，来源于既有法人内部融资、新增资本金和新增债务资金；三是新增债务资金依靠既有法人整体（包括拟建项目）的盈利能力来偿还；四是以既有法人整体的资产和信用承担债务担保。

采取既有法人融资方式，项目的融资方案需要与公司的总体财务安排相协调。所以，既有法人融资又称公司融资或公司信用融资。

三、资金来源与融资方式

（一）资金来源

制订融资方案必须要有明确的资金来源，并围绕可能的资金来源，选择合适的融资方式，制订可行的融资方案。资金来源按融资主体分为内部资金来源和外部资金来源。相应的融资方式可以分为内源融资和外源融资。

1. 内源融资

内源融资是指将公司内部资金转化为投资的过程，也称内部融资。房地产开发企业的内源融资主要是企业自筹资金部分，包括股东出资、销售资金回款或通过其他途径增加的资金等。内源融资对企业的资本形成具有原始性、自主性、低成本和抗风险的特点，是企业生存与发展不可或缺的重要组成部分。内源融资是企业首选的融资方式，是企业资金的重要来源。一般而言，只有当内源融资仍无法满足企业资金需要时，企业才会转向外源融资。

2. 外源融资

外源融资是指企业通过一定方式向企业之外的其他经济主体筹集资金。外源融资方式即吸收融资主体外部的资金，包括银行贷款、发行股票、企业债券等，企业之间的商业信用、融资租赁在一定意义上也属于外源融资的范围。外源资金来源渠道很多，方式多种多样，使用灵活方便，可以满足资金短缺者的各种各样的资金需求，提高资金的使用效率；企业应当根据外部资金来源供应的可靠性、充足性以及融资成本、融资风险等，选择合适的外部资金来源渠道。随着技术的进步和生产规模的扩大，单纯依靠内源融资已很难满足企业的资金需求，外源融资已逐渐成为企业获得资金的重要方式。

（二）融资方式

融资方式是指为筹集资金所采取的方式、方法以及具体的手段和措施。同一资金来源渠道，可以采取不同的融资方式；同一融资方式也可以运用于不同的资金来源渠道。外源融资是连接资金盈余者和资金短缺者的重要融资方式，没有外源融资方式，金融市场、金融机构也就不复存在。外源融资的方式主要分为直接融资和间接融资两种。

1. 直接融资

直接融资方式是指融资主体不通过银行等金融中介机构而从资金提供者手中直接融资，比如发行股票和企业债券融资等。在直接融资过程中，企业（融资主体）作为筹资者直接通过双方都接受的合法方式，直接实现资金从其所有者转移到资金使用者手中。直接融资方式具有以下特点：一是直接融资方式受政府金融政策、企业或项目经营状况的限制较大；二是必须依附于一定的载体，如股票、债券等有价证券；三是筹资范围大，可利用的筹资方式多。随着我国金融体制改革的不断深入，企业的选择余地更大，因此直接融资是房地产开发筹集资金较有发展前景的方式。

2. 间接融资

间接融资方式是指融资主体通过银行等金融中介机构向资金提供者间接融资，比如向商业银行申请贷款，委托信托公司进行证券化融资等。间接融资方式具有以下特点：一是间接融资效率高，灵活方便，便于企业或项目在不同时期筹措不同数量的资金；二是间接融资通过银行信用积少成多，可获得期限长短不一的借款；三是筹资范围较窄，方式较单一，不能完全满足企业或项目筹资的需要。

企业（融资主体）的外源融资由于受不同的融资环境的影响，其选用的融资方式也不尽相同。企业外源融资究竟是以直接融资为主还是以间接融资为主，受企业财务状况的影响，还受国家投融资体制的制约。目前，间接融资是房地产开发最重要的资金筹集方式。

四、资金筹集的原则

（一）时机适当原则

企业在筹集资金过程中，必须根据项目的投资时间和投资需要（年度或分期）安排确定适当合理的筹集时机和规模，从而避免因取得资金过早而造成资金闲置，或因筹资时间滞后而影响项目的正常运行。

（二）安全性原则

企业在筹集资金过程中，必须全面、理性地衡量企业（项目）现有或预期的收益能力和偿债能力，使企业的权益资本和债务资本保持合理的比例，使企业的负债率控制在一定的范围内，降低企业的财务风险；防止因企业负债率过高，造成企业信用危机和财务困难。

按照筹资方案的风险大小程度将筹资方案的安全性分为A、B、C、D四级。A级表示风险很小；B级表示风险较小；C级表示风险较大；D级表示风险极大。房地产开发企业应尽可能选择风险程度为A级的筹资方案。

（三）经济性原则

企业在筹集资金过程中，首先，必须根据和适应投资（固定资产投资和流动资金投资）的要求，以"投资"定"筹资"，充分考虑企业的筹资能力；其次，要合理降低筹资成本，筹资期限、来源和用途不同的资金都会影响项目的付息水平；再次，必须考虑项目的各种生产要素（人、财、物、技术、管理）、开发过程与筹集资金的配套和协调；最后，要考虑固定资产投资所需要的资金与维持项目正常运营所需要的资金的配套，经济合理地筹集资金。

按照筹资方案的综合筹资成本费用率标准将筹资方案的经济性分为A、B、C、D四级。A级表示筹资成本最低；B级表示筹资成本较低；C级表示筹资成本较高；D级表示筹资成本很高。房地产开发企业应尽可能选择筹资成本为A级的筹资方案。

（四）可行性原则

在筹集资金过程中，除了要考虑企业的筹资能力、偿还能力、盈利能力和经营能力外，还必须考虑政府法律、法规、财税制度和筹资运作管理的约束，以及不同筹资方式和筹资渠道的适配。

按照筹资方案的落实程度将筹资方案的可行性分为A、B、C、D四级。A级表示筹资方式及所筹资金全部落实；B级表示筹资方式及所筹资金基本落实；C级表示筹资方式及所筹资金尚不能肯定；D级表示筹资方式及所筹资金没有落实。

（五）盈利性原则

在筹集资金的过程中，必须充分发挥财务杠杆作用，提高企业的经营能力和收益能力，通过筹资提高企业的开发实力和市场竞争力。

根据上述原则，房地产开发企业应该在确定适当合理的筹集时机和规模条件下，选择安全性、经济性和可行性均是最佳的 AAA 级标准的筹资方案为最佳筹资决策方案。

第二节　房地产开发资金的筹集方式

一、资本金筹措

(一) 既有法人项目资本金筹措

既有法人项目的资本金由既有法人负责筹集。既有法人可用于项目资本金的资金来源分为内部、外部两个方面。

1. 内部资金来源

内部资金来源是既有法人的自有资金，开发企业能在短时间内筹措到的资产都可作为自有资金，是房地产项目开发的前提条件，是融资活动进行的基础。总体来说，主要有两类来源，含企业成立之初的原始资本金和企业成立后投资生产活动所带来的盈利，包括以下几个方面内容。

① 企业的现金。企业库存现金和银行存款可以由企业的资产负债表得以反映，其中有一部分可以投入项目，即扣除保持必要的日常经营所需货币资金额，多余的资金可以用于项目投资。

② 企业未来生产经营中获得的可以用于项目的资金。在未来的项目建设期间，企业可以从生产经营中获得新的现金，扣除生产经营开支及其他必要开支之后，剩余部分可以用于项目投资。这就需要通过对企业未来现金流量的预测来估算未来企业经营获得的净现金流量，即可以用于项目投资的资金。

③ 企业资产变现。企业可以将现有资产变现，取得现金用于新项目投资。企业资产变现通常包括：短期投资、长期投资、固定资产和无形资产的变现。流动资产中的应收账款、其他应收款等应收款项降低，将增加企业可以使用的现金；存货降低也有同样的作用，这类流动资产的变现通常体现在上述的企业未来净现金流估算中。

④ 企业产权转让。企业可以将原有的产权部分或全部转让给他人，换取资金用于新项目的资本金投资。

2. 外部资金来源

外部资金来源主要是既有法人通过在资本市场发行股票和企业增资扩股，以及一些准资本金手段，如优先股，来获取外部投资人的权益资金投入，用于新投资项目的资本金。

① 企业增资扩股。企业可以通过原有股东增资以及吸收新股东增资扩股，包括国家股、企业法人股、个人股和外资股的增资扩股。

② 优先股。优先股是一种介于股本资金与负债之间的融资方式，优先股股东不参与公司的经营管理，没有公司的控制权。

(二) 新设法人项目资本金筹措

新设法人项目的资本金由新设法人负责筹集。新设法人项目资本金的形成有两种形式：一种是在新法人设立时由发起人和投资人按项目资本金额度要求提供足额资金；另一种是由新设法人在资本市场上发行股票进行融资。

1. 由发起人和投资人合资合作

通过在资本市场上寻求新的投资者，由初期设立的项目法人与新的投资者以合资合作等多种形式，重新组建新的法人，或者由设立初期项目法人的发起人、投资人与新的投资者进行资本整合，重新设立新的法人，使重新设立的新法人拥有的资本达到项目资本金投资的额度要求。采用这一方式，新法人往往需要重新进行公司注册或变更登记。

2. 在资本市场募集股本资金

在资本市场募集股本资金可以采取私募与公开募集两种方式。私募是指将股票直接出售给少数特定的投资者，不通过公开市场销售；公开募集是指在证券市场上公开向社会发行销售。在证券市场上公开发行股票，需要取得证券监管机关的批准，通过证券公司或投资银行向社会推销，需要提供详细的文件，保证公司的信息披露，保证公司的经营及财务透明度；其筹资费用较高，筹资时间较长。

不论以何种方式筹措资本金，都必须符合国家对资本金来源的要求和限制，符合国家资本金制度的规定。有外商投资的应符合国家有关外商投资的相关规定。

二、债务资金筹措

（一）信贷方式融资

信贷方式融资主要包括商业银行贷款、政策性银行贷款、出口信贷、外国政府贷款、国际金融机构贷款、银团贷款和股东借款等。目前我国房地产开发的信贷方式融资主要还是向商业银行贷款。

1. 房地产开发企业信贷融资的种类

房地产开发企业申请银行贷款主要有开发企业流动资金贷款，商品房建筑材料、设备补偿贸易贷款（或称为临时贷款），房地产开发项目贷款和房地产抵押贷款等。

（1）流动资金贷款　房地产开发企业流动资金贷款是指企业根据年度开发计划和核定的流动资金占用比例，确定企业或项目在正常开发经营情况下的计划流动资金占用比例，以及流动资金贷款需要量，向银行申请的贷款。

这项贷款主要用于垫付项目开发所需的生产性流动资金，主要包括：房地产开发前期工程费（规划、设计、项目可行性研究、水文、地质、勘察、测绘、"三通一平"等费用支出）、基础设施费和公共配套设施费用所需要占用的资金。

房地产开发企业或项目获得流动资金贷款的主要条件是：①贷款企业在贷款银行开立账户，将其业务收入存入该银行，办理结算业务，并定期向其贷款银行提供本企业或项目的财务收支计划、经费计划和会计报表等有关财务资料；②企业或项目自有流动资金占生产流动资金的30%；③必须具有主管部门下达的项目年度开发计划和经批准的项目规划设计，并提供相应的项目开发方案和可行性研究报告；④有健全的管理机构和财务管理制度；⑤有按期偿还贷款本息的能力。

（2）商品房建筑材料、设备补偿贸易贷款　又称为临时贷款，是指房地产开发企业为了解决开发项目季节性的超储备材料，或临时周转需要而向银行申请的临时流动资金贷款。

一般情况下，房地产开发项目建设周期较长，项目建设活动和某些建筑材料的生产和运输均受季节性影响较大；由于开发旺季工程量剧增，使得备料资金变化幅度较大，而房屋销售预收款不能及时回收，定额流动资金临时不能灵活周转。因此，银行在信贷资金允许的条件下，给予开发企业临时贷款。但这项贷款只向已经落实销售对象，能按期收回房款或预售定金的开发企业发放，且贷款期限一般不超过六个月。

（3）房地产开发项目贷款　房地产开发项目贷款是指开发企业根据有关部门批准的开发项目计划，但开发资金筹集尚有一定缺口，而为某一特定项目向银行借入的资金。

房地产开发项目贷款只能用于指定的项目，不能挪用于其他项目。这项贷款是根据开发项目具体的开发生产工期及其资金占用量来核定贷款额度，在开发项目竣工销售后银行才能收回该项贷款。

申请贷款的企业除了要符合流动资金贷款的条件外，还必须提交以下资料：①贷款项目中标通知书及建筑总承包合同，项目总投资测算及建设资金缺口证明；②贷款项目的土地使用权证、建设用地规划许可证、建设工程规划许可证、建筑工程施工许可证、付清土地出让金凭证等。

（4）房地产抵押贷款　房地产抵押贷款是指按照《中华人民共和国担保法》规定的抵押方式，以借款人或第三人依法有权处分的国有土地使用权、房屋和其他地上定着物作为抵押物发放的贷款。

以出让方式获得土地使用权的开发企业投资开发房地产项目时，可申请抵押贷款，贷款额度最高为地价的70%。其贷款期限需根据项目的开发建设期确定，并考虑项目的开发前景和收益能力，确定抵押贷款利率，一般是介于流动资金与固定资产贷款利率之间。

2. 信贷融资的特点

银行是房地产开发项目最主要的资金来源，银行贷款对于房地产开发商来说是主要的间接融资方式。在我国的房地产开发项目中，房地产开发资金对银行的依赖程度较大，一般银行信贷资金占60%以上。这是因为银行信贷融资具有以下特点：①信贷融资成本较低，贷款利息较其他融资方式的利息低；②手续较为简单；③有房地产作担保，金融机构风险较低。

（二）债券方式融资

债券融资是指项目法人以自身的财务状况和信用条件为基础，通过发行公司债券筹集资金，用于项目建设的融资方式。除了一般公司债券融资外，还有可转换债券融资。

1. 公司债券

公司债券融资是一种直接融资方式，是从资金市场直接获得资金，资金成本一般低于银行借款。2014年11月15日，中国证券监督管理委员会发布《公司债券发行与交易管理办法》，对发行公司债券实行严格的证券监管，只有实力强、资信良好的企业才有可能发行公司债券。

在国内发行公司债券需要通过国家证券监督机构及金融监管机构的审批。债券的发行需要由证券公司或银行承销，承销证券公司或银行要收取承销费，发行债券还要支付发行手续费，兑付手续费。有第三方提供担保的，要为此支付担保费。在国外资本市场上也可以发行债券。发行公司债券通常需要取得债券资信等级的评级。国内债券由国内的评级机构评级，国外发债通常需要由一些知名度较高的评级机构评级。

债券发行与股票发行相似，可以在公开的资本市场上发行，也可以私募方式发行。

2. 可转换债券

可转换债券是企业发行的一种特殊形式的公司债券，在预先约定的期限内，可转换债的债券持有人有权选择按照预先规定的条件将债权转换为发行人公司的股权。在公司业绩变好时，股票价值上升，可转换债的债券持有人倾向于将债权转为股权；而当公司业绩下降或者没有达到预期效益时，股票价值下降，则倾向于兑付本息。

(三) 租赁方式融资

租赁有经营租赁、融资租赁、杠杆租赁和回租租赁等多种方式。这里主要介绍融资租赁。

融资租赁又称为金融租赁、财务租赁，是一种融物与融资相结合的筹资方式。采取这种租赁方式，通常由承租人选定需要的设备，由出租人购置后租赁给承租人使用，承租人向出租人支付租金；承租人租赁取得的设备按照固定资产计提折旧；承租人可以选择租赁期满时是否廉价购买该设备。

第三节 房地产开发资金筹集规划

一、房地产开发资金筹集规划的概念

房地产开发资金筹集规划就是根据项目可行性研究估算的总投资需要量和年度投资需要量（或分期投资需要量），通过资金来源与运用表，研究、安排资金的来源与运用，为项目寻求适宜的资金筹集方案，选择财务费用最经济的资金筹集方案，并在此基础上估计获得资金的可能性，以适应项目预期的现金流量。

对于开发项目来说，建设资金是项目建设的基本条件，因此进行项目资金筹集方案的研究，对于项目的顺利实施具有重要意义。房地产开发资金筹集规划主要包括以下内容。

① 对企业或项目的内外部因素进行分析，确定企业或项目的筹资基本条件。内部因素主要包括企业或项目的开发经营情况、筹资能力、财务状况等；外部因素主要包括社会经济环境、政策法规、资本市场供需状况等。

② 在企业或项目的开发经营目标指导下，合理确定筹资目标，即筹资活动期望达到的目标和要求。主要包括：资金的数量要求与使用时机要求；资本结构要求，即合理负债与自有资金比例、长期资金与短期资金比例；最低的企业资金综合成本；较低的财务风险。

③ 资金筹集的规模和流量。资金筹集的规模即为项目总筹资需求量；资金筹集的流量是根据项目资金投入和资金偿还要求相适应的不同时期内筹集资金和偿还资金的数量，一般需要编制投资计划与资金筹措表和资金来源与运用表进行分析。

④ 资金来源、期限、方式等资本结构分析。即所筹集到的各种属性的资金所占比例的分析。

⑤ 资金筹集成本分析。在资本结构分析的基础上，估算为合理有效地筹集到所要求的资金而将付出的代价，以及企业或项目能够承受的各种费用和成本。

⑥ 资金筹集的风险和可行性分析。

⑦ 根据企业或项目的筹资目标以及关于筹资规模和流量、资本结构、资金成本、筹资风险和可行性等的分析，拟定企业或项目的各种可行的资金筹集方案（规模、时间安排、渠道、具体方式等），经过评价筛选编制出最合理可行的资金筹集方案（或规划）。

在资金筹集规划中，还应对还本付息方式和来源、期望收益水平及其分配方案、担保和保险等进行分析研究。

二、房地产开发资金筹集结构分析

房地产开发企业或项目的筹资结构，是指企业在取得资金来源时以不同方式所筹集的不同渠道资金的有机搭配以及各种渠道资金所占的比例。"有机搭配"主要从所筹集资金的质量上分析筹资结构，"所占比例"主要从筹集资金数量上分析筹资结构。

筹资结构主要包括资本结构、方式结构、来源结构、成本结构和期限结构。

1. 筹资资本结构

筹资资本结构是指企业或项目的全部资金来源中负债和所有者权益二者各占的比重及其比例关系。其反映了资本结构的流动性和还款速度（偿还性），流动性大的负债所占比重越大，其偿债风险越大。

2. 筹资方式结构

筹资方式包括股票筹资、债券筹资、银行借款筹资、企业内部筹资等，每种方式筹集资金所占比例即为筹资方式结构。股票筹资形成资本金，债券筹资形成应付债券，金融机构借款形成长短期借款，企业内部筹资形成盈余公积金、未分配利润和从企业自身收入和费用中提取的未付应付款项。不同筹资方式筹措到的资金不仅在融入资金的性质上不同，而且在筹资的成本和风险上也存在着较大差别。

3. 筹资来源结构

筹资来源分为内部筹资和外部筹资，每种来源筹集资金所占比例即为筹资来源结构。

4. 筹资成本结构

筹资按是否支付代价分为成本筹资和无成本筹资，不同成本筹集资金所占比例即为筹资成本结构。成本筹资是指项目所筹资金均应支付代价；无成本筹资是指项目所筹资金不需要实际支付代价。企业内部筹资可认为无成本筹资。

5. 筹资期限结构

筹资按偿还的期限分为长期筹资和短期筹资，不同偿还期限筹集资金所占比例即为筹资期限结构。筹资期限结构不仅涉及筹资的流动性或偿还速度，也与财务风险相联系，与筹资成本高低也有关联。

对筹资结构的分类和分析，目的是判断其对企业或项目的经营和财务活动中有关成本、风险、功能、适应性的影响，从而提出相应的筹资对策和决策，使企业或项目的筹资结构和效果最优。

三、房地产开发资金筹集的成本分析

（一）资金成本的含义和作用

资金是一种资源，筹集和使用资金要付出代价，资金成本就是投资者在工程项目实施中，为筹集和使用资金而付出的代价。资金成本由资金筹集成本和资金使用成本两部分组成。资金筹集成本是指投资者在资金筹集过程中支付的各项费用，如承诺费、发行手续费、担保费、代理费以及债券兑付手续费等。资金使用成本（占用费）是指使用债务资金过程中发生的经常性费用，如贷款利息和债券利息。

研究资金筹集过程中各种来源资金的资金成本，主要有以下作用。

① 资金成本是选择资金来源和筹资方式的重要依据。企业筹集资金的方式多种多样，不同的筹资方式，资金成本也不尽相同。资金成本的高低可以作为比较各种筹资方式优缺点

的一项依据。

② 资金成本是投资者进行资金结构决策的基本依据。

③ 资金成本是评价各种工程项目是否可行的一个重要尺度。国际上通常将资金成本视为工程项目的"最低收益率"和是否接受工程项目的"取舍率",在评价投资方案是否可行的标准上,一般要以项目本身的投资收益率与其资金成本进行比较。如果项目的预期投资收益率小于其资金成本,则项目不可行。

(二) 资金成本的计算

资金成本通常用资金成本率表示。资金成本率是指使用资金所负担的费用与筹集资金净额之比,其一般计算公式为

$$资金成本率 = \frac{资金占用费}{筹集资金总额 - 资金筹集费用} \times 100\% \tag{5-1}$$

由于资金筹集费用一般与筹集资金总额成正比,所以一般用筹资费用率表示资金筹集费用,因此,资金成本率公式也可以表示为

$$资金成本率 = \frac{资金占用费}{筹集资金总额 \times (1 - 筹资费用率)} \times 100\% \tag{5-2}$$

1. 债务资金成本计算

债务资金成本由债务资金筹集费用和债务资金占用费组成,计算中需要考虑的是债务资金具有项目建设期不能使用利息避税,而项目运营期的利息可以避税的特征。

(1) 银行借款资金成本

当对房地产开发贷款实行担保时,银行借款资金成本计算公式为

$$K_d = \frac{(R + V_d) \times (1 - T)}{1 - f} \tag{5-3}$$

式中　K_d——银行借款资金成本;

R——银行借款利率;

V_d——担保费率;

T——所得税税率;

f——筹资费率。

【例 5-1】 某企业为某建设项目申请银行长期贷款 1000 万元,年利率为 10%,每年付息一次,到期一次还本,贷款管理费即手续费率为 0.5%。企业所得税税率 25%,试计算该项目长期借款的资金成本。

解：根据公式 (5-3),该项目长期借款的资金成本为

$$K_d = \frac{R \times (1 - T)}{1 - f} = \frac{10\% \times (1 - 25\%)}{1 - 0.5\%} = 7.54\%$$

(2) 债券资金成本

发行债券的成本主要是指债券利息和筹资费用。债券利息的处理和长期借款利息的处理相同,应以税后的债务成本为计算依据。债券资金成本的计算公式为

$$K_b = \frac{I_b(1 - T)}{B(1 - f_b)} \tag{5-4}$$

式中　K_b——债券资金成本;

B——债券筹资额;

f_b——债券筹资费用率；

I_b——债券年利息；

T——所得税税率。

其中，债券筹资额是指债券的发行价格，而不是票面价值；债券年利息等于债券票面价值乘以票面利率。

【例5-2】 假定某公司发行面值为500万元的10年期债券，票面利率8%，发行费率5%，发行价格550万元，公司所得税税率为25%。若公司以350万元发行，分别计算两种情况下的资金成本。

解：按照公式（5-4），以550万元价格发行时的资金成本为

$$K_b = \frac{I_b(1-T)}{B(1-f_b)} = \frac{500 \times 8\% \times (1-25\%)}{550 \times (1-5\%)} = 5.74\%$$

以350万元价格发行时的资金成本为

$$K_b = \frac{I_b(1-T)}{B(1-f_b)} = \frac{500 \times 8\% \times (1-25\%)}{350 \times (1-5\%)} = 9.02\%$$

2. 优先股资金成本

与负债利息的支付不同，优先股的股利不能税前扣除，因而在计算优先股资金成本时无须经过税赋的调整。优先股资金成本的计算公式为

$$K_p = \frac{D_p}{P_p(1-f_p)} \tag{5-5}$$

或

$$K_p = \frac{P_p \times i}{P_p(1-f_p)} = \frac{i}{1-f_p} \tag{5-6}$$

式中 K_p——优先股资金成本；

D_p——优先股每年股息；

P_p——优先股股票面值；

f_p——优先股筹资费率；

i——股息率。

【例5-3】 某公司为某项目发行优先股股票，票面额按正常市价计算为200万元，筹资费率为4%，股息年利率为14%，试求其资金成本。

解：根据公式（5-6）得

$$K_p = \frac{i}{1-f_p} = \frac{14\%}{1-4\%} = 14.58\%$$

3. 权益资金成本

权益资金成本的估算比较困难，因为很难对项目未来的收益以及股东对未来风险所要求的风险溢价做出准确的测定。可采用的计算方法主要有：资本资产定价模型法、税前债务成本加风险溢价法和股利增长模型法。

（1）采用资本资产定价模型法 权益资金成本计算公式为

$$K_s = R_f + \beta(R_m - R_f) \tag{5-7}$$

式中 K_s——权益资金成本；

R_f——社会无风险投资收益率；

β——项目的投资风险系数；

R_m——市场投资组合预期收益率。

（2）采用税前债务成本加风险溢价法 权益资金成本的计算公式为

$$K_s = K_b + RP_c \qquad (5-8)$$

式中 K_s——权益资金成本；
K_b——所得税前的债务资金成本；
RP_c——投资者比债权人承担更大风险所要求的风险溢价。

（3）采用股利增长模型法 权益资金成本的计算公式为

$$K_s = \frac{D_1}{P_0} + G \qquad (5-9)$$

式中 K_s——权益资金成本；
D_1——预期年股利额；
P_0——普通股市价；
G——普通股利年增长率。

4. 加权资金成本

为了比较不同融资方案的资金成本，需要计算加权平均资金成本。

加权平均资金成本一般是以各种资金占全部资金的比重为权数，对个别资金成本进行加权平均确定的，其计算公式为

$$K_w = \sum_{j=1}^{n} K_j W_j \qquad (5-10)$$

式中 K_w——加权平均资金成本；
K_j——第 j 种个别资金成本；
W_j——第 j 种个别资金成本占全部资金的比重（权数）。

第四节　房地产开发资金筹措方案的决策

在初步明确项目的融资主体和资金来源的基础上，需要对融资方案进行综合分析，最终结合融资后的项目财务分析，比选确定最佳的资金筹措方案。

一、融资方案分析

融资方案分析包括资金来源的可靠性、资金结构的合理性、融资成本高低和融资风险大小等方面的综合分析。

（一）资金来源可靠性分析

资金来源可靠性分析是对投入项目的各类资金在币种、数量和时间要求上是否满足项目需要进行分析。分析时主要分析以下几个方面。

1. 既有法人内部融资的可靠性分析

既有法人内部融资的可靠性主要包括下列内容。

① 通过调查了解既有法人企业资产负债结构、现金流量状况和盈利能力，分析企业的财务状况、可能筹集到并用于拟建项目的现金数额及其可靠性。

② 通过调查了解既有法人企业资产结构现状及其与拟建项目的关联性，分析企业可能

用于拟建项目的非现金资产数额及其可靠性。

2. 项目资本金的可靠性分析

项目资本金的可靠性分析主要包括下列内容。

① 采用既有法人融资方式的项目，应分析原有股东增资扩股和吸收新股东投资的数额及其可靠性。

② 采用新设法人融资方式的项目，应分析各投资者认缴的股本金数额及其可靠性。

③ 采用上述两种融资方式，如通过发行股票筹集资本金，应分析其获得批准的可能性。

3. 项目债务资金的可靠性分析

项目债务资金的可靠性分析主要包括下列内容。

① 采用债券融资的项目，应分析其能否获得国家有关主管部门的批准。

② 采用银行贷款的项目，应分析其能否取得银行的贷款承诺。

③ 采用外国政府贷款或国际金融组织贷款的项目，应核实项目是否列入利用外资备选项目。

（二）资金结构合理性分析

资金结构合理性分析是指对项目资本金与项目债务资金、项目资本金内部结构以及项目债务资金内部结构等资金比例合理性的分析。

1. 项目资本金与项目债务资金

项目资本金与项目债务资金的比例应符合下列要求。

① 符合国家法律和行政法规规定。

② 符合金融机构信贷规定即债权人有关资产负债比例的要求。

③ 满足权益投资者获得期望投资回报的要求。

④ 满足防范财务风险的要求。

2. 项目资本金内部结构

确定项目资本金内部结构应符合下列要求。

① 根据投资各方在资金、技术和市场开发方面的优势，通过协商确定各方的出资比例、出资形式和出资时间。

② 采用既有法人融资方式的项目，应合理确定既有法人内部融资和新增资本金在项目融资总额中所占的比例，分析既有法人内部融资及新增资本金的可能性和合理性。

③ 国内投资项目应分析控股股东的合法性和合理性；外商投资项目应分析外方出资比例的合法性和合理性。

3. 项目债务内部资金结构

确定项目债务内部资金结构应符合下列要求。

① 根据债权人提供债务资金的条件（包括利率、宽限期、偿还期及担保方式等）合理确定各类借款和债券的比例。

② 合理搭配短期、中长期债务比例。

③ 合理安排债务资金的偿还顺序。

④ 合理确定内债和外债的比例。

⑤ 合理选定外汇币种。

⑥ 合理确定利率结构。

(三) 资金成本分析

资金成本分析应通过计算权益资金成本、债务资金成本以及加权平均资金成本,分析项目使用各种资金所实际付出的代价及其合理性,为优化融资方案提供依据。具体计算和分析应符合下列要求。

① 权益资金成本可采用资本资产定价模型、税前债务成本加风险溢价法和股利增长模型等方法进行计算,也可直接采用投资方的预期报酬率或既有企业的净资产收益率。

② 债务资金成本应通过分析各种可能的债务资金的利率水平、利率计算方式(固定利率、浮动利率)、计息(单利、复利)和付息方式,以及宽限期和偿还期,计算债务资金的综合利率,并进行不同方案比选。

③ 在计算各种债务资金成本和权益资金成本的基础上,再计算整个融资方案的加权平均资金成本。

(四) 融资风险分析

融资风险是指融资活动存在的各种风险,融资风险有可能使投资者、项目法人、债权人等各方蒙受损失。在融资方案分析中,应对各种融资方案的融资风险进行识别、比较,并对最终推荐的融资方案提出防范风险的对策。融资风险分析中应重点考虑下列风险因素。

1. 投资缺口风险

工程项目在建设过程中由于地质勘查、技术设计、施工图设计考虑不周全等原因导致施工过程中工程量增加很多,或由于价格上涨引起工程造价变化等,都会引起投资额增加,导致原估算投资额出现缺口。

2. 资金供应风险

资金供应风险是指在项目实施过程中由于资金不落实,导致建设工期延长,工程造价上升,使原定投资效益目标难以实现的可能性。导致资金不落实的原因很多,主要包括以下几方面。

① 已承诺出资的股本投资者由于出资能力有限(或者由于拟建项目的投资效益缺乏足够的吸引力)而不能(或不再)兑现承诺。

② 原定发行股票、债券计划不能实现。

③ 既有企业法人由于经营状况恶化,无力按原定计划出资。

为防范资金供应风险,必须认真做好资金来源可靠性分析。在选择股本投资者时,应当选择资金实力强、既往信用好、风险承受能力强的投资者。

3. 利率风险

利率风险是指由于利率变动导致资金成本上升,给项目造成损失的可能性。利率水平随金融市场情况而变动,未来市场利率的变动会引起项目资金成本发生变动。采用浮动利率,项目的资金成本随利率的上升而上升,随利率的下降而下降。采用固定利率,如果未来利率下降,项目的资金成本不能相应下降,相对资金成本将升高。为了防范利率风险,应对未来利率的走势进行分析,以确定采用何种利率。

4. 汇率风险

汇率风险是指由于汇率变动给项目造成损失的可能性。国际金融市场上各国货币的比价在时刻变动,使用外汇贷款的项目,未来汇率的变动会引起项目资金成本发生变动以及未来还本付息费用支出的变动。某些硬货币贷款利率较低,但汇率风险较高;软货币则相反,汇率风险较低,但贷款利率较高。为了防范汇率风险,使用外汇数额较大的项目应对人民币的汇率走势、所借外汇币种的汇率走势进行分析,以确定借用何种外汇币种以及采用何种外汇币种结算。

5. 其他风险

在房地产项目开发建设过程中，还会有政治风险、政策风险、市场风险等风险因素对项目融资活动产生影响，在制订融资方案时应预测这些风险产生的可能性，并提出相应的防范对策。

二、资本结构的优化与筹资方案的决策

房地产开发企业在考虑运用各种筹资方式筹措资金时，应首先设计出筹措资金的多个不同方案，进而对这些方案进行计算和分析，从中找出较优方案；然后对该筹资方案进行改进，使之达到最优，这个过程就是资本结构的优化与筹资方案的决策。

（一）衡量房地产开发资金筹措方案的标准

1. 筹资方案的收益率大于综合资金成本率

看筹资方案是否有利时，通常是用各种筹资方案的综合资金成本率（简称综合筹资成本率）与相应方案的投资收益率进行比较。如果投资收益率大于综合筹资成本率，则表明此筹资方案是可行的。

2. 财务杠杆效应与财务风险之间达到最佳均衡

当某一筹资方案确定的资本结构中债务资本比例在某个范围内增加时，负债资本的资金成本率并不会增大，总资本的平均资金成本率会因此下降，这时房地产开发企业可以在较小的财务风险条件下获得财务杠杆效应。但当资本结构中债务资本比例超过某个范围时，财务风险迅速增大，负债资本资金成本明显上升。这个范围，就是财务杠杆效应与财务风险之间的最佳均衡点。

3. 综合筹资成本率最低

在筹资方案中，不同的权益资本和不同的债务资本都各有不同的筹资成本率和不同的具体筹资条件及要求。因此，筹资者必须对最终确定的筹资方案进行改进和优化，选择综合筹资成本率最低的筹资方案。

（二）房地产开发资金筹措方案的决策程序

一般而言，房地产开发资金筹措方案的决策程序为：根据项目的实际情况，编制房地产开发资金使用计划表；根据投资资金使用计划表和公司的资产情况，编制若干个可能的筹资方案；计算各筹资方案的资本结构和资金成本率；选择资金成本率最低的筹资方案为待选方案；计算公司的财务杠杆效应，判断各方案资本结构的效益情况；计算各有关方案的财务比值等指标，判断各方案资本结构的风险程度；综合比较和分析，对候选方案的可行性进行判定；如果证明候选方案不可行，则可从余下的方案中选择一个，重复进行上述过程，直到找到一个资金成本率较低，又通过可行性研究的筹资方案，便是决策方案。

复习思考题

1. 房地产开发资金筹集的方式有哪些？
2. 房地产开发企业筹集资金的原则是什么？
3. 试分析银行短期和长期借款的优缺点。
4. 采用发行股票方式筹集房地产开发企业资金的优缺点有哪些？
5. 房地产开发资金筹集规划的基本内容有哪些？
6. 房地产开发资金筹集结构分析包括哪些内容？
7. 试进行财务杠杆与筹资成本分析。

第六章　房地产开发项目的工程建设管理

【本章提要】　主要阐述房地产开发项目工程建设的组织与管理方式和建设监理制度，重点掌握开发项目工程建设阶段的进度、质量、投资控制和管理，包括项目进度计划的实施、检查和项目施工进度计划的比较方法，工程建设投资控制方法、工程质量控制方法、项目的工程竣工验收和安全管理等内容。

工程建设管理有广义和狭义之分。广义的工程建设管理是指从项目决策到项目建成交付使用的全过程管理；狭义的工程建设管理是指项目在施工建造阶段的管理。本章针对后者而言。房地产开发项目的工程建设阶段是房地产开发中的一个重要的管理阶段，在此阶段，开发者的意图将得以实质性地实施，设计的蓝图将变成现实，而且开发项目总投资的 70％ 以上是在这个阶段投入的，工程质量也是在这个阶段形成的，其工程质量管理、成本管理和进度管理对实现预期的开发收益是非常重要的。因此，必须对开发项目的工程建设给予高度重视。

根据开发项目建设工作的时间顺序和工作内容的不同，房地产开发项目的工程建设过程分为四个阶段，即开发项目建设准备阶段、招投标阶段、施工阶段和竣工验收阶段。前两阶段已经在第三章介绍，本章重点是施工阶段和竣工验收阶段的工程建设管理。

第一节　房地产开发项目工程建设的组织与管理方式

一、房地产开发项目工程建设的组织方式

（一）自建

自建是指房地产开发企业自己组织施工队伍，自己配备或租用施工机械，自己采购材料，自己组织施工完成开发项目的工程建设。这种方式的优点是有利于开发企业对项目开发全过程的统一领导，对工程的质量、投资、进度的控制比较主动、易于管理，但自建方式要求开发企业具有大量的财力、物力装备施工队伍，花大量的精力管理施工队伍，对于经营管理型的开发企业并非易事。加之开发项目的不均衡性，开发类型的多样性，不是施工力量不足就是施工任务不足，不是技术装备不相称就是技术水平不相称，不能借助专业化施工、社会化协作的优势，常常导致施工成本上升，施工质量下降。所以，采取这种方式的开发企业主要是兼营房地产开发业务的建筑企业，企业具有自建开发项目的能力，经济上也合算。除此之外，采用自建方式的开发企业并不多。

（二）委托施工

委托施工是指开发企业将拟建工程通过招标、协商等办法委托给具有一定资质的建筑安装企业。委托的方式有完全委托和部分委托，即习惯上称的工程总承包和工程部分承包。

1. 工程总承包

工程总承包是指开发企业将开发项目工程设计文件所包含的全部内容都一起委托给一家建筑承包商去完成，包括建筑材料和房屋设备的采购工作。这种承包方式可以减少开发企业许多具体事务工作，开发企业的工程建设施工管理工作就可以放在检查监督上，可以减少管理力量的投入。

2. 工程部分承包

工程部分承包是指开发企业将开发项目工程设计文件所包含的部分内容委托给一家建筑承包商去完成，可以只承包基础工程，也可以承建主体结构工程、安装工程或装修工程；可以只包工不包料，也可以承包除主材之外的所有工料。

二、房地产开发项目工程建设阶段的管理方式

房地产开发项目中，开发商首先委托咨询、设计单位完成项目前期工作，包括施工图纸设计、招标文件编制等；其次，选择一家具有资质和实力的监理机构；最后，通过招投标方式把工程建设任务发包给综合实力最优的承包商。开发商要分别与设计机构、承包商和监理机构签订合同。

开发项目建设管理模式是指在项目施工阶段开发商与各参与者之间的合同关系，现阶段房地产开发项目工程建设阶段的管理模式主要有平行承发包管理和总承包委托建设管理。

（一）平行承发包管理

平行承发包是指开发商将工程项目的施工和设备、材料采购的任务分解后分别发包给若干个施工单位和材料、设备供应商，并分别和各个承包商签订合同。各个承包商之间的关系是平行的，他们在工程实施过程中接受开发商或开发商委托的监理公司的协调和监督。

对于一个大型的房地产开发项目，开发商既可以把所有的项目建设管理任务委托给一家监理公司，也可以委托给几家监理公司，如图6-1所示。

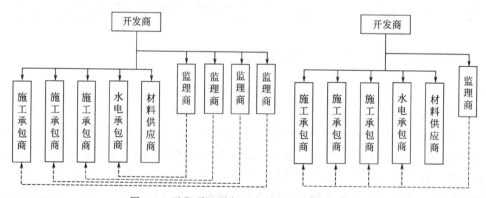

图 6-1 开发项目平行承发包的两种管理模式

我国建筑市场上的工程承发包大多是这种形式。这种承包方式比较灵活，开发商具有较大的主动权，可视条件灵活处置，把形成质量的关键要素控制在自己手中；同时，有利于开发商指挥各个承包单位，通过项目之间进度、投资等建设目标完成状况的对比实施奖惩策

略。但施工队伍之间、工种之间扯皮多，协调工作量较大，材料、设备采购不仅工作量大，而且专业要求也高，往往给开发商的工程建设管理工作增加了难度。

(二) 总承包委托建设管理

工程项目总承包模式是指开发商在项目立项后，将工程项目的施工、材料和设备采购任务总包给一个工程项目承包商，由其负责工程的施工和采购的全部工作，最后向开发商交出一个达到动工条件的工程项目。开发商和工程承包商签订一份承包合同，也称为"交钥匙工程"。开发商可以将一个房地产开发项目委托给一家总承包单位，并委托一家监理公司实施项目管理，如图6-2所示。

工程项目总承包模式是国际上最常用的工程项目管理方式。实施总承包模式，开发商只需面对一家总承包单位，而各分包商之间的作业面协调、任务协调等工作由总承包商负责，开发商组织管理工作量较小；缺点是一旦总承包单位和开发商发生不可调和的矛盾，对开发项目的建设将会带来很大的影响。我国的建筑市场正在逐步完善，工程一旦总承包给一家建筑承包商后有可能被肢解分包，可能出现材料设备以次充好、以劣代优等问题，导致工程质量和工期的失控情况的风险。因此，选择实力强、信誉优的总承包商是项目成功的关键。

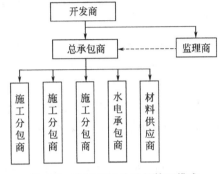

图6-2 开发项目总承包管理模式

三、建设监理制度

建设监理是指由具有法人资质条件的工程监理单位，根据建设单位的委托，依照法律、行政法规及有关的技术标准、设计文件和建筑工程承包合同，在施工质量、建设工期和建设资金使用等方面，代表建设单位对工程项目实施专门的监督活动，以求用最少的人力、物力、财力和时间获得符合质量要求的产品。根据我国现行建设管理体制的要求，建设工程项目要实行监理制，即委托专业化、社会化的监理公司对项目的建设进行监理。建设监理的特性主要表现为监理的服务性、科学性、独立性和公正性。我国建设监理的重点在工程施工阶段，在房地产开发项目的开发建设过程中由房地产开发商委托专业建设监理的专业机构，根据工程承包合同对工程项目施工进行监理。

(一) 监理单位的主要工作内容

监理单位在房地产开发项目工程施工阶段的主要工作是对工程进度、质量和投资的管理和合同管理、信息管理等工作。监理单位的主要工作包括以下内容。

① 协助业主与承包商编写开工申请报告。
② 查看建设现场，办理向承包商移交。
③ 确认总承包单位选择的分包单位。
④ 制定施工总体规划，审查承包单位的施工组织设计和施工技术方案，提出改进意见，下达单位工程施工开工令。
⑤ 审查承包单位的材料和设备的采购清单。
⑥ 检查工程使用材料、构件和设备的规格和质量。
⑦ 检查施工技术措施和安全防护措施。

⑧ 主持协商业主、设计、施工承包商和监理单位提出的工程设计变更。

⑨ 监督承包合同的履行,主持协调承包合同的条款和变更,调解合同双方的争议,处理索赔事宜。

⑩ 检查工程进度和施工质量,审查工程计量,验收分部分项工程,签署工程付款凭证。

⑪ 督促整理承包合同文件和技术档案资料。

⑫ 组织工程竣工初步验收,编写竣工验收报告。

⑬ 检查工程结算。

监理公司在规定保修期内,负责检查工程质量状况,组织鉴定质量问题的责任,督促责任单位及时进行修理。

(二) 监理单位的质量责任和义务

工程监理单位的质量责任和义务如下所述。

① 应当依法取得相应等级的资质证书,并在其资质等级许可的范围内承担工程监理业务。禁止超越本单位资质等级许可的范围或者以其他工程监理单位的名义承担工程监理业务。禁止允许其他单位或者个人以本单位的名义承担工程监理业务。不得转让工程监理业务。

② 与被监理工程的施工承包单位以及建筑材料、建筑构配件和设备供应单位有隶属关系或者其他利害关系的,不得承担该项建设工程的监理业务。

③ 应当依照法律、法规以及有关技术标准、设计文件和建设工程承包合同,代表建设单位对施工质量实施监理,并对施工质量承担监理责任。

④ 应当选派具备相应资格的总监理工程师和监理工程师进驻施工现场。未经监理工程师签字,建筑材料、建筑构配件和设备不得在工程上使用或者安装,施工单位不得进行下一道工序的施工。未经总监理工程师签字,建设单位不拨付工程款,不进行竣工验收。

⑤ 监理工程师应当按照工程监理规范的要求,采取旁站、巡视和平行检验等形式,对建设工程实施监理。

第二节　开发项目工程建设进度管理

房地产开发项目进度管理是指对开发项目各阶段的工作内容、工作程序、持续时间和衔接关系编制计划,并将该计划付诸实施,且在实施过程中经常检查实际进度是否按计划要求进行,对出现的偏差分析原因,采取补救措施或调整,修改原计划直至工程竣工、交付使用。项目进度管理的最终目的是以进度计划为依据,综合利用组织、技术、经济和合同措施,确保项目进度目标得以实现。进度(工期)是房地产开发企业最为关心的目标之一,能否按时完成任务,及时交工直接影响到企业信誉和公众形象。

一、开发项目进度计划概述

(一) 项目进度计划系统

项目进度计划系统是由多个相互关联的进度计划组成的系统,它是项目进度控制的依据。由于各种进度计划编制所需要的必要资料是在项目进展过程中逐步形成的,因此项目进度计划系统的建立和完善也有一个过程,是逐步形成的。房地产开发项目进度计划系统的建立可按照不同的标准分类，具体如图 6-3 所示。

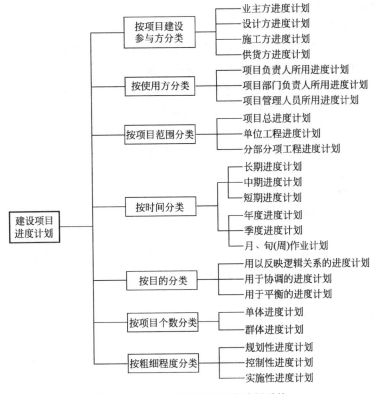

图 6-3 房地产开发项目进度计划系统

1. 按项目建设参与方分类

根据项目建设参与方不同将开发项目进度计划系统构建为业主方和项目建设参与其他各方（如设计方、施工方、供货方等）多个不同的建设项目进度计划。

2. 按使用方分类

根据使用方不同将开发项目进度计划系统构建为项目负责人所用进度计划、项目部门负责人所用进度计划和项目管理人员所用进度计划。

3. 按项目范围分类

根据项目范围不同将开发项目进度计划系统构建为项目总进度计划、单位工程进度计划和分部分项工程进度计划。

4. 按时间分类

根据时间不同将开发项目进度计划系统构建为长期进度计划、中期进度计划和短期进度计划；年度进度计划、季度进度计划和月、旬（周）作业计划。

5. 按目的分类

根据目的不同将开发项目进度计划系统构建为用以反映逻辑关系的进度计划、用于协调的进度计划和用于平衡的进度计划。

6. 按项目个数分类

根据项目个数不同将开发项目进度计划系统构建为单体进度计划和群体进度计划。

7. 按粗细程度分类

根据粗细程度不同将开发项目进度计划系统构建为规划性进度计划、控制性进度计划和实施性进度计划。

(二) 项目进度计划的控制

1. 开发项目进度控制的目的

进度控制的目的是通过控制以实现工程的进度目标。为了实现进度目标，进度控制的过程也就是随着项目的进展，进度计划不断调整的过程。

① 进度目标分析和论证的目的是论证进度目标是否合理，进度目标是否可能实现。如果经过科学的论证，目标不可能实现，则必须调整目标。

② 进度计划的跟踪检查与调整包括定期跟踪检查所编制的进度计划执行情况，以及若其执行有偏差，则采取纠偏措施，并视必要调整进度计划。

2. 开发项目进度控制的任务

开发项目实施阶段进度控制的主要任务有：设计前准备阶段的进度控制、设计阶段的进度控制和施工阶段的进度控制。主要涉及业主方、设计方、施工方和供货方四方面的进度控制。

业主方进度控制的任务是控制整个项目实施阶段的进度，包括控制设计准备阶段的工作进度、设计工作进度、施工进度、物资采购工作进度，以及项目动工前准备阶段的工作进度。

设计方进度控制的任务是依据设计任务委托合同对设计工作进度的要求控制设计工作进度，这是设计方履行合同的义务。

施工方进度控制的任务是依据施工任务委托合同对施工进度的要求控制施工进度，这是施工方履行合同的义务。

供货方进度控制的任务是依据供货合同对供货的要求控制供货进度，这是供货方履行合同的义务。

(三) 项目进度控制的原理

1. 影响项目进度的因素

由于开发项目的工程建设具有庞大、复杂、周期长、相关单位多等特点，因而影响进度的因素很多，可归纳为政策因素、技术因素、组织协调因素、人为因素、资金因素、材料设备因素、水文和地质条件因素、气候因素、投资因素、环境因素及其他不可预见因素。其中人的因素影响最多，如计划不周导致停工待料和相关作业脱节，工程无法正常进行；图纸供应不及时、不配套或出现差错等。

产生各种影响因素的原因可分为三类。

① 错误地估计了项目的特点及项目实施的条件，包括过高估计了有利因素和过低估计了不利因素，对项目风险缺乏认真分析。

② 项目决策、筹备与实施中各有关方面工作上的失误。

③ 不可预见事件的发生。

将正式编制的进度计划报请监理工程师审查通过后经开发企业批准确认后，即可组织实施。在计划执行过程中，由于资源、环境、自然条件等因素的影响，往往会造成实际进度与计划进度产生偏差，如果这种偏差不能及时纠正，必将影响进度目标的实现。因此，必须对影响进度的各种因素进行全面的分析和预测，预测它们对进度可能产生的影响，编制可行的进度计划，指导开发工作按计划进行。在计划执行过程中，对因出现新情况而影响原定进度计划执行的，要将实际情况与计划安排进行对比，找出偏离计划的原因，特别是找出主要的原因，然后采取相应措施。措施的确定有两个前提，一是通过采取措施，维持原计划，使之正常实施；二是采取措施后不能维持原计划，要对进度进行调整和修正，再按新的计划实施。这样不断地进行计划、执行、检查、分析、调整计划的动态循环过程，就是进度控制。

2. 项目进度控制的基本思想

项目进度控制的基本思想为：进度计划的拟订，平衡是相对的，计划的调整、变化是绝对的。要针对变化采取措施，定期地、经常地调整进度计划。进度计划的控制工作主要有以下几个方面。

① 检查并掌握实际进展情况。

② 分析产生进度偏差的主要原因。

③ 确定相应的纠偏措施或调整方法。

3. 项目进度控制的方法和措施

项目进度控制的方法主要是规划、控制和协调。规划是指确定项目实施的总进度控制目标和分进度控制目标，并编制其进度计划。控制是指在项目实施的全过程中进行实际进度与计划进度的比较，出现偏差及时采取措施调整。协调是指协调各参与方和有关单位之间的进度关系。

项目进度控制采取的主要措施有组织措施、技术措施、合同措施、经济措施和信息管理措施等。

① 组织措施主要是指落实各层次的进度控制人员、具体任务和工作责任，建立进度控制的组织系统；按照施工项目的规模、组成和进行顺序，进行项目分解，确定其进度目标，建立控制目标体系；确定进度控制工作制度，如检查时间、方法、协调会议时间、参加人员等；对影响进度的因素进行分析和预测。

② 技术措施主要是指采取加快施工进度的技术方法。

③ 合同措施是指对分包单位签订施工合同的合同工期与有关进度计划目标相协调。

④ 经济措施是指实现进度计划的资金保证措施。

⑤ 信息管理措施是指不断地收集施工实际进度的有关资料进行整理统计并与计划进度比较。

二、项目工程建设进度计划的实施与检查

(一) 项目施工进度计划的实施

为了保证项目施工进度计划的实施，并尽量按编制的进度计划逐步进行，保证各进度目标的实现，应做好以下工作。

1. 贯彻项目施工进度计划

① 检查各层次的进度计划，形成严密的计划保证体系。项目各层次的施工进度计划有：施工总进度计划、单位工程施工进度计划和分部（项）工程施工进度计划，它们之间的关系是：高层次计划是低层次计划的依据，低层次计划是高层次计划的具体化。在其贯彻执行时应当首先检查是否协调一致，互相衔接，计划目标是否层层分解，组成一个严密的计划体系。

② 层层签订承包合同或下达施工任务书。项目经理、各参与方、施工队和作业班组之间应分别签订承包合同，按计划目标明确规定合同工期，明确相互承担的经济责任、权限和利益；或采用下达施工任务书将作业下达到施工班组，明确具体施工任务、技术措施、质量

要求等内容，使施工班组必须保证按作业计划完成规定的任务。

③ 计划全面交底，发动群众实施计划。要使全体参与工作人员都明确各项计划的目标、任务、实施方案和措施，使管理层和作业层协调一致，将计划变成群众的自觉行动，充分发动群众，发挥群众的干劲和创造精神。在计划实施前要进行计划交底工作，可以根据计划的范围，召开全体职工代表大会或各级生产会议进行交底落实。

2. 项目施工进度计划的实施

① 编制月（旬）作业计划。为了实施项目的进度计划，将规定的任务结合现场实际施工条件，在施工开始前和过程中不断地编制本月（旬）的作业计划，计划中明确本月（旬）应完成的任务、所需要的各种资源量及提高劳动生产率措施等，这是项目施工进度计划实现的保证。

② 签发施工任务书。编制好月（旬）作业计划后，将每项具体任务通过签发施工任务书的方式使其进一步落实。向班组下达的施工任务书是进度计划和实施的纽带，施工班组必须保证指令任务的完成。

③ 做好施工进度记录，填好施工进度统计表。在计划任务完成的过程中，各级进度计划的执行者都要跟踪做好施工记录并填好有关图标，记载计划中的每项工作开始时间、工作进度和完成时间，为施工进度检查分析提供依据。

④ 做好施工中的调度工作。施工中的调度是组织施工中各阶段、环节、专业和工种互相配合，进度协调的指挥中心；调度工作是使项目施工进度计划顺利实施的重要手段，其主要任务是掌握计划实施情况，协调各方面关系，采取措施，排除各种矛盾，加强薄弱环节，保证完成作业计划和实现进度目标。

（二）项目施工进度计划的检查

在项目施工进程中，为了进行进度控制，进度控制人员应经常地、定期地跟踪检查施工实际进度情况，其主要工作包括以下几方面。

① 跟踪检查施工实际进度。跟踪检查施工实际进度是项目施工进度控制的关键措施，其目的是收集实际施工进度的有关数据。跟踪检查的时间和收集数据的质量，直接影响控制工作的质量和效果。检查和收集资料的方式一般采用进度报表方式或定期召开进度工作汇报会；为了保证汇报资料的准确性，进度控制工作人员要经常地、定期地到施工现场查看施工项目的实际进度情况。

② 整理、统计检查数据。收集到的项目施工实际进度数据，要进行必要的整理。一般可按照实物工程量、工作量和劳动消耗量以及累计百分比整理和统计实际检查的数据，形成与进度计划具有可比性的数据，以便与相应的进度计划完成量进行对比。

③ 对比实际进度与计划进度。将收集到的资料整理和统计成具有与计划进度可比性的数据后，将项目施工的实际进度与计划进度进行比较。通常用的比较方法有横道图比较法、S形曲线比较法、香蕉形曲线比较法、前锋线比较法和列表比较法等。

（三）项目施工进度计划的调整

对比实际进度与计划进度，通常可以得出实际进度与计划进度相一致、超前或拖后三种结果。通过检查分析，如果发现原有进度计划已不能适应实际情况时，为了确保进度控制目标的实现或需要确定新的计划目标，就必须对原有进度计划进行调整。调整的方法主要有两种。

1. 压缩关键工作的持续时间

通常需要采取一定的措施来压缩关键工作的持续时间,具体措施主要包括以下几方面。

① 组织措施。增加工作面,组织更多的施工队伍;增加每天的施工时间;增加劳动力和施工机械的数量。

② 技术措施。改进施工工艺和施工技术;采取更先进的施工方法;采取更先进的施工机械。

③ 经济措施。实行包干奖励;提高奖金数额;对所采取的技术措施给予相应经济补偿。

④ 其他配套措施。改善外部配合条件;改善劳动条件;实施强有力的调度等。

一般来说,不管采取哪种措施都会增加费用,应利用费用优化的原理选择费用增加最少的关键工作作为压缩对象。

2. 组织搭接作业或平行作业

在条件允许时部分作业间相互交错搭接或平行作业,是调整施工进度计划的有效措施。

(四) 项目施工工程延期的管理

开发项目发生工程延期事件,不仅影响工程的进度,而且会给开发商带来损失。因此,应加强工程延期的管理。

1. 申报工程延期的条件

由于以下原因导致工程延期,承包单位有权提出延长工期的申请。

① 工程变更而导致工程量增加。

② 合同中所涉及的任何可能造成工程延期的原因,如延期交图、工程暂停等。

③ 异常恶劣的气候条件。

④ 开发企业造成的任何延误、干扰或障碍。

⑤ 除承包单位自身以外的其他任何原因。

2. 工程延期的审批原则

① 合同条件。任何工程延期必须符合合同条件。

② 关键线路。发生延期事件的工程部位,必须在施工进度计划的关键线路上时,才能批准工程延期。

③ 实际情况。工程延期必须符合实际情况,承包单位应提交详细的申述工程延期的理由及依据的报告,开发企业应对施工现场进行详细考察和分析,并做好有关记录。

3. 工期延误的制约

如果由于承包单位自身的原因造成工期拖延,又未按要求改变延期状态时,通常可以采用下列手段予以制约:停止付款;误期损失赔偿;终止对承包单位的雇佣。

三、项目施工进度计划的比较方法

开发项目施工进度比较分析与计划调整是项目进度控制的主要环节,其中项目施工进度比较是调整的基础。常用的比较方法有以下几种。

(一) 横道图比较法

横道图比较法是指将在项目施工中检查实际进度收集的信息,经整理后直接用横道线并列标于原计划的横道线处,进行直观比较的方法。某钢筋混凝土工程的施工实际进度与计划进度比较如图 6-4 所示。其中黑实线表示计划进度,加粗部分则表示工程施工的实际进度。从比较中可以看出,在第 8 天末进行施工进度检查时,支模板工作已经完成;绑钢筋工作按

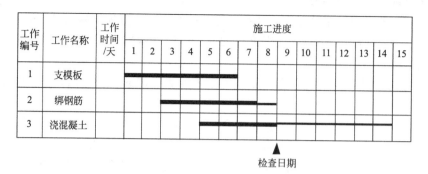

图 6-4 某钢筋混凝土工程施工的实际进度与计划进度比较

计划进度应当完成,而实际施工进度只完成了 83%;浇混凝土工作完成了 40%,与计划进度一致。

通过上述记录与比较,为进度控制者提供了实际施工进度与计划进度之间的偏差,为采取调整措施提供了明确的方向。这是人们在施工中进行进度控制经常使用的一种最简单的方法,但是它仅适用于施工中的各项工作都是按均匀的速度进行,即每项工作在单位时间内完成的任务量都是相等的。

完成的任务量可以用实物工程量、劳动消耗量和工作三种物理量表示,为了比较方便,一般用它们实际完成量的累计百分比与计划的应完成量的累计百分比进行比较。

根据项目施工中各项工作的施工速度不一定相同,可以采取以下几种方法。

1. 匀速施工横道图比较法

匀速施工是指项目施工中每项工作的施工进展速度都是均匀的,即在单位时间内完成的任务都是相等的,累计完成的任务量与时间呈直线关系,如图 6-5 所示。

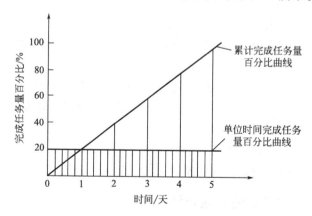

图 6-5 匀速施工时间与完成任务量曲线图

匀速施工横道图比较法的步骤为:
① 绘制横道图进度计划。
② 在进度计划上标出检查日期。
③ 将检查收集的实际进度数据,按比例用黑粗线标于进度计划线下方,如图 6-6 所示。
④ 比较分析实际进度与计划进度。

涂黑的粗线右端与检查日期相重合,表明实际进度与计划进度相一致;涂黑的粗线右端

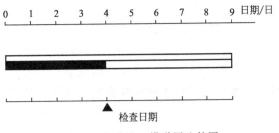

图 6-6 匀速施工横道图比较图

在检查日期左边,表明实际进度拖后;涂黑的粗线右端在检查日期右边,表明实际进度超前。

2. 非匀速施工横道图比较法

非匀速施工是指项目施工中工作在不同单位时间里的施工进展速度不相等,累计完成的任务量与时间的关系就属于线性关系,如图 6-7 所示。

非匀速施工横道图比较法的步骤为:

① 绘制横道图进度计划。

② 在横道图上方标出各主要时间工作的计划完成任务量累计百分比。

③ 在横道图下方标出相应时间工作的实际完成任务量累计百分比。

④ 用涂黑粗线标出工作的实际进度,从开始之日标起,同时反映出该工作在实施过程中的连续与间断情况。

⑤ 通过比较同一时刻实际完成任务量累计百分比和计划完成任务量累计百分比,判断工作实际进度与计划进度之间的关系。

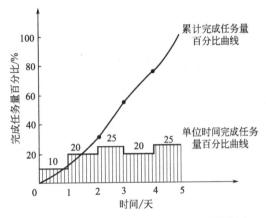

图 6-7 非匀速施工时间与完成任务量曲线图

如果同一时刻横道线上方累计百分比大于横道线下方累计百分比,表明实际进度拖后,拖欠的任务量为两者之差;如果同一时刻横道线上方累计百分比小于横道线下方累计百分比,表明实际进度超前,超前的任务量为两者之差;如果同一时刻横道线上、下方的两个累计百分比数值相等,表明实际进度与计划进度相一致。

可以看出,由于工作进度速度是变化的,在图中的横道线无论是计划的还是实际的,只能表示工作的开始时间、完成时间和持续时间,并不表示计划完成的任务量和实际完成的任务量。此外,采用非匀速进度横道图比较法,不仅可以进行某一时刻实际进度与计划进度的比较,还能进行某一时间段实际进度与计划进度的比较。

3. 横道图比较法的特点

横道图比较法采用的记录和比较方法都简单,形象直观,容易掌握,应用方便,被广泛采用于简单的进度监控中。但是它是以横道图进度计划为基础,因此具有不可克服的局限性,如各工作之间的逻辑关系不明显,关键工作和关键线路无法确定,一旦某些工作进度产生偏差,难以预测对后续工作和整个工期的影响以及确定调整的方法。

(二) S形曲线比较法

S形曲线比较法是指以横坐标表示进度时间,纵坐标表示累计完成任务量而绘制出的一条按计划时间累计完成任务量的 S 形曲线，将施工项目的各检查时间实际完成的任务量绘在 S 形曲线上，进行实际进度与计划进度相比较的一种方法。

从整个项目的施工全过程来看，一般是开始和结尾时单位时间投入的资源量较少，中间阶段单位时间投入的资源量较多，与其相关单位时间完成的任务量也是呈同样变化，如图 6-8(a) 所示；而随时间进展累计完成的任务量则呈 S 形变化，如图 6-8(b) 所示。

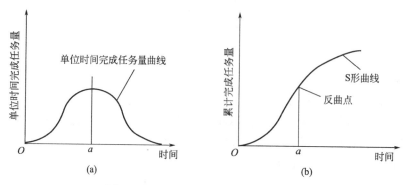

图 6-8　时间与完成任务量关系曲线图

1. S 形曲线的绘制步骤

① 确定工作进展速度曲线。在实际工程中，计划进度曲线很难找到如图 6-8 所示的连续曲线，但可以根据每单位时间内完成的实物工作量、投入的劳动力或费用计算出计划单位时间内的量值 q_j，它是离散的，如图 6-9(a) 所示。

② 计算规定时间 j 累计完成的任务量。其计算方法是将各单位时间完成的任务量累计求和，可以按下式计算

$$Q_j = \sum_{j=1}^{j} q_j$$

式中　Q_j——j 时刻的计划累计完成任务量；

q_j——单位时间计划完成任务量。

③ 按各规定时间的 Q_j 值，绘制 S 形曲线。如图 6-9(b) 所示。

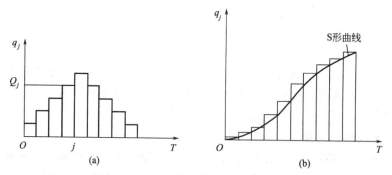

图 6-9　实际工作中时间与完成任务量关系曲线

2. S 形曲线比较法

利用 S 形曲线比较，同横道图一样，是在图上直观地进行施工项目实际进度与计划进度的比较。一般情况下，进度控制人员在计划实施前绘制出 S 形曲线，在项目施工过程中，按

规定时间将检查的实际完成任务情况绘制在与计划进度 S 形曲线同一张图上，可得出实际进度 S 形曲线，如图 6-10 所示。比较两条 S 形曲线可以得到如下信息。

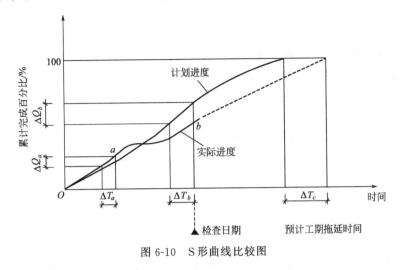

图 6-10　S 形曲线比较图

① 施工实际进度与计划进度比较情况。当实际进展点落在计划 S 形曲线左侧，则表示此时实际进度比计划进度超前；若落在其右侧，则表示此时实际进度比计划进度拖后；若正好落在其上，则表示两者一致。

② 施工实际进度比计划进度超前或拖后的时间。如图 6-10 所示，ΔT_a 表示 T_a 时刻实际进度超前的时间；ΔT_b 表示在 T_b 时刻实际进度拖后的时间。

③ 施工实际进度比计划进度超额或拖欠的任务量。如图 6-10 所示，ΔQ_a 表示 T_a 时刻超额完成的任务量；ΔQ_b 表示在 T_b 时刻拖欠的任务量。

④ 预测工程进度。如图 6-10 中虚线所示，后期工程按原计划速度进行，则总工期拖延的预测值为 ΔT_c。

(三) 香蕉形曲线比较法

当按进度计划绘制 S 形曲线时，各项工作即可都按照最早开始时间进行，也可都按最迟开始时间进行，两种情况都能保证工程项目工期目标的实现，这样就会得到两条不同的 S 形曲线。以各项工作的计划最早开始时间安排进度而绘制的 S 形曲线称为 ES 曲线；以各项工作的计划最迟开始时间安排进度而绘制的 S 形曲线称为 LS 曲线。两条 S 形曲线都是从计划的开始时刻开始和完成时刻结束，因此两条曲线是闭合的。其余时刻 ES 曲线上的各点一般均落在 LS 曲线相应点的左侧，形成一个形如香蕉的曲线，故此称为香蕉形曲线，如图 6-11 所示。

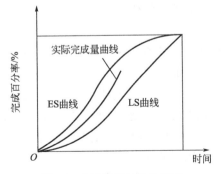

图 6-11　香蕉形曲线比较图

在项目施工过程中，理想的状况是任一时刻按实际进度描出的点应落在这两条曲线所包的区域内，这样就说明工程进度是在控制范围内；若落在 ES 曲线左侧，则表示此时实际进度比计划进度超前；若落在 LS 曲线右侧，则表示拖后，预定的工期目标无法完成。

另外，还有前锋线比较法、列表比较法等多种比较方法。

第三节 开发项目工程建设投资控制

工程建设投资控制是指开发项目工程建设过程中，根据项目的投资目标，对项目实行经常性的监控，针对影响项目投资的各种因素而采取的一系列技术、经济、组织等措施，随时纠正投资发生的偏差，把项目投资的发生额控制在合同规定的限额内。

一、开发项目投资控制概述

（一）项目开发不同阶段的投资控制

开发项目投资控制不仅仅体现在工程建设阶段，它还贯穿于房地产项目开发建设的全过程，包括策划、设计、施工、销售等阶段。事实上，房地产开发项目投资控制的重点是设计阶段的投资控制。从国内外建设工程实践来看，影响项目投资最大的阶段是技术设计结束前的工作阶段；在初步设计阶段，影响开发项目投资的可能性为75%～95%；在技术设计阶段，影响项目投资的可能性为35%～75%；在施工图设计阶段，影响项目投资的可能性为5%～35%。可见，做出投资决策后，投资控制的关键是设计阶段；而施工阶段的投资控制——审核施工图预算、合理结算建筑安装工程价款等，虽然对项目的投资控制也有一定的效果，但它不是投资控制的重点。

1. 项目策划阶段投资控制

房地产开发商在项目策划阶段着重研究的是：市场环境、产品类型和产品规模、产品的市场价值、工程技术经济指标、交通条件、市场配套情况、建筑材料与设备的供应情况等。产品类型、档次、产品规模、拟用建材和设备等技术经济指标对项目的投资有着直接的关系。因此，策划阶段的产品定位对项目投资控制起到关键作用。

2. 项目设计阶段投资控制

房地产开发商在设计阶段为了做好投资控制工作，在委托设计单位前要对项目投资进行详细分析，再通过招标方式选择设计单位，并要求设计单位采用限额设计的方式，可保证有效的投资控制。设计阶段的投资控制应重点考虑以下工作。

① 做好设计前的投资估算控制。开发商应通过对社会同类开发项目价格、材料、设备、人工费用、管理费用、利润、税费等的调查，对项目进行深入的投资估算分析，作为初步设计投资控制的依据。

② 初步设计要重视方案的选择。设计阶段存在多方案比选的可能，不同的设计方案导致的项目投资是不同的，因此，应当运用技术经济的方法对设计方案进行优选，达到投资控制的目的。

③ 推行限额设计。限额设计是指按照批准的设计任务书及投资估算控制初步设计，按照批准的初步设计总概算控制施工图设计，同时各专业在保证达到使用功能的前提条件下，按分配的投资限额控制专业设计，严格控制技术设计和施工图设计中的不合理变更，保证总投资限额不被突破。

3. 项目施工阶段投资控制

房地产开发商在施工阶段的投资控制是在保证进度和质量的前提下，利用组织、经济、技术和合同措施将投资控制在计划范围之内，并且寻求最大限度的投资节约。这部分是本节的主要内容。

4. 项目销售阶段投资控制

在竞争日益激烈的房地产市场中，房地产开发的销售费用支出呈现整体上升趋势，对房地产开发利润的高低有直接的影响。房地产开发商在销售阶段投资控制的主要工作是管理销售费用的支出，包括房地产销售广告推广、活动推广、销售现场及样板房装修支出等费用。控制销售费用成本的关键在于如何深入理解项目内涵进行销售策划，使销售广告更好地与项目定位衔接，充分发挥推广费用的作用，从根本上达到销售费用成本控制的目的。

（二）项目投资控制的原因

一般来说，房地产开发项目规模大、周期长、参与者众多，影响项目投资失控的因素很多，对项目投资失控主要原因的分析，将有助于采取针对性的措施控制项目投资。项目投资失控的原因主要有以下几个方面。

① 项目可行性研究的深度不够。在进行项目可行性研究时，收集的基础数据不足或不准确，采用的分析方法和计算方法不恰当，导致项目可行性研究的可靠性不足，因而在项目实施后，势必造成被动和投资失控。这属于项目决策阶段的问题，必须提高项目可行性研究的科学性和可靠性，使项目的第一次投资匡算比较准确，为日后的投资控制打下基础。

② 在各设计阶段所做的投资计算超过投资计划目标。在项目规划方案设计、初步设计和施工图设计过程中，设计人员对项目布局、建筑造型、结构形式、材料和设备选择等方面不注重经济性设计，而开发商又缺乏对设计过程的审核，常常导致项目计划投资额的增加。

③ 在开发项目工程建设期间社会物价水平上涨。房地产开发项目投资受社会物价水平上涨的影响，若上涨幅度超过预期的水准，就会使项目投资额突破计划投资目标。

④ 项目的设计变更引起费用增加。当开发商要求改变原有项目的使用性质，提高其功能，或者提高项目装修设计和设施、设备水准，或是扩大原有项目的建设规模，增加项目工程量，都会引起项目建设费用的提高。

⑤ 项目实施过程中不可预见因素的发生。由于房地产开发项目周期长，涉及面广，开发企业面临一系列不可预测因素的影响。诸如气候变化、不可抗拒的自然灾害发生、与勘测报告不同的地质条件而引起地基处理费用的增加等，都会导致项目的计划投资失误。

⑥ 项目施工不能顺利进行引起费用增加。开发项目建设过程中需要各参与者的积极配合，否则就会影响项目施工的顺利实施，如设计师不能按时提交施工图纸；交通运输、供水供电等条件没有事先摸清，不能满足项目施工的要求；开发商自身没能及时做出必要的决策；地方城管部门、监督机构拖延审批时间等。如果项目施工不能顺利进行，就会增加项目建设成本，使项目建设投资额增加。

⑦ 其他原因。如政治事件、发生战争、人事纠纷、工程事故等，都毫无疑问地会增加项目成本，引起计划投资额增加。

二、工程建设投资控制的方法

在房地产开发项目的工程建设阶段，投资控制的任务主要是对合同价的管理，包括编制投资计划、确定投资控制跟踪对象、工程款支付和投资分析、工程价款结算方式和督促监理工程师等。

（一）编制投资计划

工程建设阶段投资控制计划应根据项目的工程建设进度，将开发项目建设总投资进行分解，然后编制投资计划。

1. 投资分解方法

投资的分解方法有按照投资构成、子项目和时间三种。

① 按照投资构成分解投资。即按照费用结构进行分解的投资计划。

② 按照子项目分解投资。即按照项目构成的单项单位工程、分部分项工程进行分解的投资计划。

③ 按照时间分解投资。即按照工程进度编制时间资金使用计划。

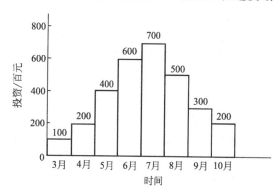

图 6-12 按月编制的时间-投资使用计划

2. 投资计划的表示方法

投资计划的表示方法有时间-投资使用计划、S形累计曲线和投资计划表，也可使用时标网络计划对投资直接进行标注。投资计划表的主要内容包括：工程分项编码、工程内容、计量单位、工程数量、计划综合单价、工程发生的起止时间。图 6-12 是按月编制的时间-投资使用计划，图 6-13 是时间-投资的 S 形累计曲线。房地产开发企业制订投资计划表时，要注意项目分解和工程成本分解的统一。

在工程量清单计价体系条件下，要有一个恰当的和承包商投资控制系统的接轨点，必要时要结合工程的形象进度加以说明。

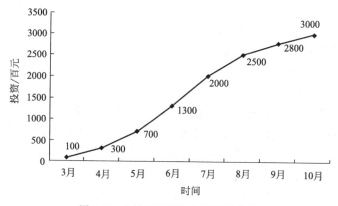

图 6-13 时间-投资的 S 形累计曲线

（二）确定投资控制跟踪对象

工程成本中，有些费用所占的比例较大，是主要费用；有些费用所占比例较小，是次要费用；有些费用是变动费用，有些费用则是固定费用。在做好投资计划后，要详细分析成本组成，分清主要费用与次要费用、变动费用与固定费用。成本管理和投资控制跟踪的主要对象是主要费用中的变动费用。当然，工程成本中的主要费用与次要费用、变动费用与固定费用都是相对而言的，其划分标准视工程规模和项目性质而定。

在跟踪投资过程中，必须按照成本结构，对各分部分项工程、单位工程的投资情况进行定期的信息采集，也可以通过读取监理的投资支付报告来完成，主要包括工程投资与支付、主要的节约与超支、工程变更支付等。

(三) 费用比较和投资偏差分析

在项目实施过程中，定期地将计划投资与实际投资相互比较，发现偏差，分析偏差产生的原因，适当采取措施，保证项目开发成本的最合理化。在比较过程中，可能会出现一些原来合同中没有出现的费用项目，应注意加以区别。

工程投资偏差有实际偏差、计划偏差和目标偏差，分别按下列格式计算

$$实际偏差＝实际投资－预算投资$$

$$计划偏差＝预算投资－计划投资$$

$$目标偏差＝实际投资－计划投资$$

投资控制主要就是要减少目标偏差，目标偏差越小，投资控制效果越好。偏差控制法进行投资控制的程序如下。

1. 找出目标偏差

施工过程中应定期（每日或每周）计算三种投资偏差，并以减少目标偏差为目标进行控制，即采用投资对比的方法，通过图 6-14 所示的投资控制偏差图，将施工中发生的各种费用支出汇总，得到实际投资，再将实际投资与计划投资对比，得出两者之间的偏差。

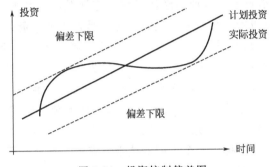

图 6-14　投资控制偏差图

2. 分析偏差产生的原因

分析投资偏差就是利用会计核算、业务核算和统计核算的资料，对投资的支出过程和影响因素进行分析，寻求成本降低的途径，为实现投资控制目标创立良好的条件。投资偏差分析的主要方法有比较法、因素分析法和比率法。

① 比较法。比较法又称"指标对比分析法"，是指通过技术经济指标的对比，检查计划完成的情况，分析差异产生的原因，进而挖掘内部潜力的方法。这种方法简单易行，便于掌握，因而得到了广泛的应用。实践中，经常使用的是实际指标和目标指标、实际指标和上期指标、实际指标与同类企业和行业先进水平指标的对比，如对承包商的混凝土完成数量和支付进行综合考核。

② 因素分析法。因素分析法又称"连锁置换法"或"连环替代法"，是指通过成本因素的分解，监测每一个因素变化程度对成本形成的影响，从而找到投资控制中的关键因素的方法。在进行分析时，首先要假设众多因素中的一个因素发生了变化，而其他因素则不变，然后逐个替换，并分别比较其计算结果，以确定各个因素的变化对成本的影响程度。如混凝土工程实际成本超支，可用因素分析法分析产量、单价、损耗率等因素的变动对实际成本的影响程度，以找出关键因素，然后强化对关键因素的管理。

③ 比率法。比率法主要是两个以上的指标的比例进行分析的方法。它的基本特点是：先把对比分析的数值变成相对数，再观察其相互之间的关系，常用的比率法有相关比率法、

构成比率法和动态比率法三种。相关比率法是将两个性质不同而又相关的指标加以对比，求出比率，并以此来考察经营成果的好坏；构成比率法又称比重分析法或结构对比分析法，可以考察成本总量的构成情况以及各成本项目占成本总量的比重，同时也可以看出量、本、利的关系，从而为寻求降低成本的途径指明方向；动态比率法是将同类指标不同时期的数值进行对比，求出比率，以分析该项指标的发展方向和发展速度。

3. 纠正偏差，实现投资控制目标

纠正偏差是对系统实际运行状态偏离标准状态的纠正，以使实际运行状态恢复到或保持在标准状况。纠偏的措施归纳为六个方面，其在项目实施的各个阶段的具体运用不完全相同。

① 组织措施。组织措施是从投资控制的组织管理方面采取的措施，如落实投资控制的组织机构和人员，明确各级投资控制人员的任务和职能分工、权利和责任，改善投资控制的工作流程等。组织措施是其他各项措施的前提和保障，而且一般不需要增加什么费用，运用得当可以收到良好的效果，尤其是对由于业主原因所导致的投资偏差等可能是首选措施，应予以足够的重视。

② 经济措施。经济措施主要是加强经济工作，它涉及的面较宽，如审核工程量及相应的付款和结算报告，检查投资目标的分解是否合理、是否正确，资金支出计划是否合理、有无保障、与施工进度是否协调，设计修改和变更是否必要、是否超标准等。必须关注的是，经济措施不仅局限在已发生的费用上，要能分析和预见未完工程的投资发生状况，及时采取预防措施，因而，经济措施的运用绝不仅仅是项目财务人员的事。

③ 技术措施。采用技术措施控制投资就是指深入技术领域研究节约投资的可能。任何一个技术方案都有基本确定的经济效果，不同的技术方案有着不同的经济效果。因此，运用技术措施纠偏的关键，一是能提出多个不同的技术方案，二是对不同的技术方案进行技术经济分析。当然，技术措施并不一定是因为发生了技术问题才加以考虑，也可以完全是因为出现了经济问题而加以运用，如投资偏差较大。

④ 合同措施。合同措施在纠偏方面主要是工程变更和索赔等方面的合同管理。同时，合同中还应考虑诸如合同结构的选择，合同条文中应细致地考虑一切影响投资的因素等。

⑤ 信息管理措施。在项目实施过程中，管理者要不断地预测或发现问题，要不断地进行投资控制的规划、决策、执行和检查，做好这些工作都离不开相应的信息，进行投资目标控制同样是以信息为基础，只有在信息的支持下才能有效地进行投资控制。

⑥ 协调管理措施。工程项目内部关系和外部关系的协调一致是工程项目顺利进行的必要条件，具体的协调工作有施工活动与政府有关部门之间的协调，开发商与承包商之间的协调，工程施工生产要素（如劳务、材料、设备、资金等）之间的协调，各施工单位、各施工工序在时间、空间上的配合与协调。

在项目出现投资偏差之后，总是有可能采取纠偏措施来减少投资目标的超出，但是有些措施有时并不能很好地达到纠偏的目的，因此，对于纠偏措施的采用应注意加强预测其采用后效果的工作。最后需要指出的是，投资控制不是事后把关，也不是事中纠偏，而是应立足于主动控制的动态控制，是全过程、全方位的投资控制。

（四）工程价款结算方式

工程价款结算方法的不同对开发商成本支出的数额有较大的影响，有效地利用工程价款结算方法可以帮助开发商做好投资控制工作。

1. 工程款的种类

工程款一般包括工程预付款和工程进度款两类。

① 工程预付款。工程预付款又称工程备料款,是建设工程施工合同订立后开发企业在承包商正式动工前7天应支付的用于施工准备和采购材料、构件的流动资金。工程预付款的额度按照施工工期、建安工程量、主要材料和构件费用的工程费比值以及材料的中转储备周期确定,一般在招标时就予以明确。

② 工程进度款。承包商按照与开发商预先约定的工程价格的计算方法,按事先确定的支付周期计算工程进度款。使用可调工料单价法时,将每月统计的已完工程项目名称,计算单价和合价,得出直接工程费,然后按照规定计算措施费、间接费、利润以及主材价差系数,最后按照规定计算利润,就是每个月应结算的工程进度款;当使用综合单价法时,只需将已完工程的工程量与综合单价相乘,然后累计合价即为本月的工程进度款。

2. 支付工程款的方式

支付工程款的方式分为:按月支付、竣工后一次性支付、分段支付三类。

① 按月支付。预付部分工程款,在开发过程中按月结算支付进度款,竣工后统一结算。

② 竣工后一次性支付。开发周期在一年之内或者工程合同价100万元以下的,可以实行按月预支,竣工后一次结算。

③ 分段支付。当年开工、当年不能竣工的单项工程按照工程形象进度,分为基础工程、主体工程(可按照层数)、装修工程等不同阶段进行结算。

开发企业应根据单项合同或者单位工程建立自己的支付报表,来掌握工程费用的支付情况和工程进度情况,并及时扣回预付给施工单位的各种款项。此外,还应该加强对工程变更、索赔、价格调整等类型的意外工程费用支付的管理,尽量减少额外工程费用的支付。对于一些确需变更的情况,应严格控制变更单价和施工工艺,并做好现场记录和有关数据的收集整理工作,避免浪费。

开发企业也可通过施工承包合同设置支付合同价比例上限,在合同支付达到上限时停止支付,到工程决算后支付工程尾款。

(五)督促监理工程师

施工阶段监理单位委派的监理工程师的工程费用控制的主要任务是:通过工程付款控制、新增工程费控制、预防并处理好费用索赔、挖掘节约投资潜力等来努力实现实际发生的费用不超过计划投资。

为完成施工阶段投资控制任务,房地产开发企业应重点督促监理工程师做好以下工作:认真审核施工组织设计和施工方案;制订本阶段资金使用计划,做到不多付、不少付、不重复付;严格控制工程变更,力求减少变更费用;研究确定预防费用索赔措施,及时处理费用索赔并协助开发商进行反索赔;根据合同有关要求,做好工程计量工作;审核施工单位提交的工程结算书,协助开发商完成相关工作。

第四节 开发项目质量控制和安全管理

工程建设质量是房地产开发项目建设的核心,是决定项目成败的关键,它直接关系着国家财产和人民生命安全,对提高项目的经济效益、社会效益和环境效益均具有重大意义。

一、开发项目质量控制概述

(一) 质量和质量控制的概念

1. 质量的含义

质量包括两种含义,狭义的质量是指产品(工程)质量,即产品所具有的满足相应设计和规范要求的属性,它包括可靠性、环境协调性、美观性、经济性和适用性五个方面;广义的质量,除了产品质量外,还包括工序质量和工作质量。开发项目的建造过程都是由一道道的工序完成的,每一道工序的质量就是它所具有的满足下道工序相应要求的属性。工作质量是指施工中所必须进行的组织管理、技术运用、政治思想工作和后勤服务等满足工程施工质量需要的属性。一般来说,工作质量决定工序质量,工序质量决定产品质量。质量控制目标分解示意图如图 6-15 所示。

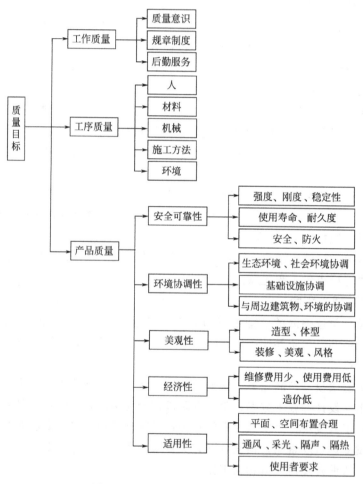

图 6-15 质量控制目标分解示意图

2. 质量控制的含义

质量控制是指为了满足质量要求所采取的作业技术和活动的总称。因此,开发项目的质量控制是指为了确保合同规定的质量标准,所采取的一系列监控措施、手段和方法,它贯穿于开发项目的决策、设计、施工和竣工验收的整个开发过程。

房地产开发项目质量控制主体主要包括参与工程开发的开发企业、勘察单位、设计单位、施工单位和监理单位，建设行政主管部门或其委托的工程质量监督机构根据国家的法律、法规和工程建设强制性标准，对责任主体和工程质量检验机构履行质量责任的行为以及工程实体质量进行监督检查，以维护公众利益。

项目施工阶段的质量控制，是指运用一系列必要的技术和管理手段与方法，从而确保建筑安装工程达到设计要求和建筑安装工程施工及验收规范、建筑安装工程质量标准等，即确保工程质量。

（二）施工质量控制目标分解

由于形成最终开发项目质量的过程是一个复杂的过程，开发项目质量具有形成过程复杂、项目质量水平不易稳定和影响项目质量的隐患多等特点，因此，施工质量控制必须贯穿于工程建设阶段全过程，应按照全面质量管理，即全企业管理、全过程管理和全员管理的方法进行施工质量控制。为了有效进行施工阶段的质量控制，可将施工质量控制目标按照工程进度的阶段进行分解，即分为：施工准备质量控制、施工过程质量控制和竣工验收质量控制，如图6-16所示。

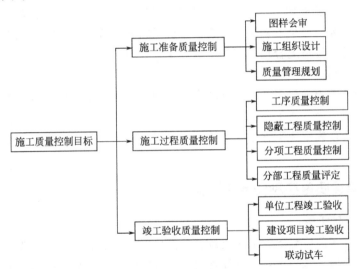

图6-16 施工质量控制目标分解示意图

（三）施工质量控制的影响因素

影响建筑施工质量控制的4M1E因素主要有：人（man）、材料（material）、机械（machine）、方法（method）和环境（environment）五个方面，因此，对其进行严格控制，是保证工程质量的关键。

1. 人的因素控制

人的控制，就是对直接参与工程施工的组织者、指挥者和操作者进行控制，调动其主观能动性，避免人为失误，从而以工作质量保工序质量，保证工程质量。

对人的控制中，要充分考虑人的素质，包括技术水平、生理缺陷、心理行为和错误行为等对质量的影响，要加强政治思想、劳动纪律和职业道德教育，树立"质量第一，用户至上"思想，禁止无技术资质的人员上岗操作，建立健全岗位责任制、技术交底、隐蔽工程检查验收和工序交接检查等规章制度和奖惩措施，杜绝人为因素对质量的不利影响。

2. 材料质量因素控制

材料、制品和构配件质量是工程施工的基本物质条件，如果其质量不合格，工程质量就不可能符合标准，因此必须严加控制。其质量控制的内容包括：材料质量标准、性能、取样、试验方法、适用范围、检验程度和标准、施工要求等。所有材料、制品和构配件均需有产品出厂合格证和材料化验单；钢筋、水泥等主要材料还需要进行复试；现场配置的材料必须试配合格方可采用。

3. 机械设备因素控制

机械设备控制包括施工机械设备控制和生产工艺设备控制。施工机械设备是实现施工机械化的重要物质基础，机械设备类型、性能、操作要求、施工方案和组织管理等因素均直接影响施工进度和质量，因此，必须严加控制。生产工艺设备质量控制主要是控制设备本身质量、设备安装质量和设备试车运转质量。

4. 施工方案因素控制

施工方案是施工组织的核心，它包括主要分部分项工程施工方法、机械、施工起点流向、施工程序和顺序的确定。施工方案优劣直接影响工程质量，因此，在施工方案控制中应控制施工方案建立在认真熟悉施工图样、明确工程特点和任务，充分调研施工条件，从技术、组织、管理、经济各个方面全面分析，正确进行技术经济比较的基础上，切实保证施工方案在技术上可行，经济上合理，有利于提高工程质量。

5. 环境因素控制

影响质量的环境因素很多，有自然环境、工程地质和水文条件；有技术经济条件；有人为环境，如上道工序为下道工序创造的环境条件、交叉作业的环境影响等。因此，环境因素的控制就是通过合理确定施工方法、安排施工时间和交叉作业等，为施工活动创造有利于提高质量的环境。

二、工程建设质量控制任务和过程

（一）质量控制任务

在目前的建设管理体制下，工序质量、分部分项工程的质量监督主要是由监理工程师负责，开发商质量管理工作的重点是对开发项目全过程的质量监督、协调和决策。其质量管理的主要任务是编制工程质量计划、督促各方的质量行为、制定质量控制要点和工程质量档案管理。

1. 编制工程质量控制计划

开发商的质量控制计划是本企业向外部市场表明开发项目的质量方针、目标以及具体的实现方法、手段和措施。主要内容一般包括：工程项目特点和作业条件分析；工程质量总目标和分解目标；质量组织机构、人员和资源配置；为保证质量采取的主要措施；工程验收方法；材料设备等甲方供应材料的质量选择；工程质量控制要点；对监理工程师的管理等。

2. 各方质量行为的督促

开发项目参与各方应贯彻执行工程建设质量法规和强制性标准，采取科学的管理方法，实现工程项目预期的使用功能和满足质量标准。对于设计方来说，其质量管理目标是通过施工质量验收、设计变更以保证竣工项目的各项施工结果与设计文件和国家规范的标准相一致；对于施工单位，通过施工过程的工序、分部分项、单位工程的质量自控，保证交付满足合同和设计文件约定质量标准的建设产品；对于监理单位来说，通过审核文件、批准施工组织设计、旁站等一系列的控制手段，履行监理委托合同赋予的监理责任，保证工程质量达到合同和设计文件的规定；对于开发商来说，通过对开发项目全过程的全面监督管理、协调和决策，保证竣工的项目达到设计文件中约定的标准。

3. 主要控制要点

① 审核施工组织设计。施工组织设计是施工承包单位对特定工程项目的施工方法、工序流程、进度安排、施工管理及安全、环保对策的全过程、全方位指导文件。施工组织设计由监理工程师审查，总监理工程师审核签认后报送开发企业。开发商对施工组织设计的审核，总体原则是尊重承包单位的管理决策和技术决策，但应对重要的分部分项工程方案、施工顺序与总进度计划的一致性，施工方案和施工总平面图的协调性进行审查。

② 对原材料的检验。为了保证材料质量，开发商应当在订货阶段就向供货商提供检验的技术标准，并将这些标准列入订购合同中。有些重要的材料应当在签订购货合同前取得样品或样本，材料到货后再与样品进行对照检查，或进行专门的化验或试验。未经检验或检验不合格的材料不得供应到施工现场。

③ 对工程中的配套设备进行检验。工程建设中应确立设备检查和实验的标准、手段、程序、记录、检验报告等制度，对于主要设备的试验与检查，可考虑到制造厂进行监督和检查。在各种设备安装之前均应进行检查和测试，避免采用不合格产品。

④ 控制混凝土质量。混凝土工程质量的主要控制点包括：混凝土中水泥、沙、石和水配比的计量；混凝土试块制作、养护和试压等管理制度；浇筑混凝土之前的挖方、定位、支模和钢筋绑扎等工序检查等，开发商应会同监理工程师通过审核技术报告、现场观察、实验等手段保证混凝土工程投入与产出的质量。

⑤ 隐蔽工程验收。隐蔽工程验收是指对将被其后工程施工所隐蔽的分部、分项工程，在隐蔽前所进行的检查验收。它是对一些已经完成的分部分项工程质量的最后一道检查，开发商应会同监理工程师对地基基础、基坑回填、混凝土中的钢筋工程、混凝土中的电线管、防水施工的基层等隐蔽工程做重点检查和抽查。

4. 建立有关质量文件的档案制度

为了便于信息的随时调用，应汇集所有质量检查和检验证明文件、试验报告，包括承包商在工程质量方面应提交的文件，按照统一的编码规则，进行分类管理，定期归档。

（二）质量控制过程

房地产开发项目质量控制，是指项目管理机构为了确保开发项目质量符合合同规定的质量标准或国家标准规范，所采取的一系列监督、管理的措施、手段和方法。常用的质量控制方法有直方图法、排列图法、控制图法、相关图法、分层法、因果分析法、统计调查表法和PDCA循环法等，根据工程实体质量形成的时间阶段，施工全过程的质量控制又可分为事前、事中和事后的控制过程。

1. 事前质量控制

事前质量控制是指在正式施工前进行的质量控制。其具体工作内容如下。

① 复核检查工程地质勘探资料，认真进行图样会审。

② 审查承包单位的技术资质。对于总承包单位的技术资质，结合在招标阶段进行审查；对于总包单位选定的分包施工单位，需经审查认可后，方能进场施工。主要审查是否具备完成工程并确保工程质量的技术能力和管理水平。

③ 施工组织设计和技术交底的控制。主要进行两方面的工作，一是在技术经济分析的

前提下确定施工方案和施工进度计划，二是选定的施工工艺和施工顺序能保证工程质量。

④ 检查临时工程是否符合工程质量和使用要求；检查施工机械设备是否可以进入正常运行状态；检查各施工人员是否具备相应的操作技术和资格，是否已进入正常作业状态；进行原材料质量合格证和复试检查等。

⑤ 对永久性生产设备或装置，应按审批同意的设计图纸组织采购或订货，设备进场须逐一开箱。

⑥ 对工程中拟采用的新材料、新结构、新工艺、新技术，均应审核其技术鉴定书；凡未经试验或无技术鉴定书者，均不得在工程中应用。

⑦ 检查施工现场的测量标准、建筑物的定位放线以及高程水准点，重要工程还应亲自复核。

⑧ 要协助承包单位完善质量保证体系（包括完善计量及质量检验技术和手段等）和现场质量管理制度（包括现场会议制度、现场质量验收制度、质量报表制度和质量事故报告及处理制度等）。

⑨ 对工程质量有重大影响的施工机械、设备，应审核承包单位提供的技术性能报告，凡不符合质量要求的不得使用。

⑩ 把好开工关。只有对现场各项施工准备检查认为合格后，才发布开工令。停工的工程，没有签发复工令，工程不得复工。

2. 事中质量控制

事中质量控制是指在施工过程中进行的质量控制。其具体工作内容如下。

① 工序质量控制。协助承包单位完善工序控制，把影响工序质量的因素都纳入管理状态，建立工序质量控制点，及时检查和审核承包单位提交的质量统计分析资料和质量控制图表。

② 施工过程质量检查。要严格工序间交接检查，主要工序作业（包括隐蔽作业）需按照有关验收规定，经现场检查签署验收；对重要的工程部位或专业工程应亲自进行试验和技术复核，对于重要的材料、半成品，可自行组织材料试验工作；对已完成的分部、分项工程，按相应的质量评定标准和办法进行检查和验收。

③ 成品保护质量检查。在施工过程中，往往会形成许多中间产品，如有些分项工程已经完成，而其他分项工程正在施工；或分项工程已经完工，另一部分正在施工，如果对已完成成品不采取妥善的保护措施，则其成品就可能造成损伤，以致影响质量。因此，必须做好成品保护，并经常检查其质量。成品保护的措施有：护、包、盖、封。此外，应加强成品保护教育，使全体施工人员都能注意爱护和保护成品。

④ 审核设计变更和图纸修改。

⑤ 按合同于必要时可下达停工令。

⑥ 组织定期或不定期的现场会议，及时分析、通报工程质量状况，并协调有关单位间的业务活动等。

3. 事后质量控制

事后质量控制是指完成施工过程形成产品后进行的质量控制。其具体工作内容如下。

① 按规定的质量评定标准和办法，对完成的分部分项工程、单位工程进行检查验收。

② 组织试用。

③ 审核承包单位提供的质量检验报告及有关技术性文件。

④ 审核承包单位提交的竣工图。

⑤ 整理有关工程项目质量的技术文件，并编目、归档。

三、工程质量验收

工程施工质量验收是工程建设质量控制的一个重要环节，它包括工程施工质量的中间验收和工程的竣工验收两个方面。通过对工程建设中间产品和最终产品的质量验收，从过程控制和终端把关两个方面进行工程项目的质量控制，以确保达到业主所要求的功能和使用价值，实现开发项目投资的经济效益和社会效益。

建筑工程施工质量验收应执行现行国家标准《建筑工程施工质量验收统一标准》（GB 50300—2013）及相应配套的各专业验收规范。《建筑工程施工质量验收统一标准》共分6章和8个附录，主要技术内容包括：总则、术语、基本规定、建筑工程质量验收的划分、建筑工程质量验收、建筑工程质量验收的程序和组织。工程质量验收规范体系示意图如图6-17所示。

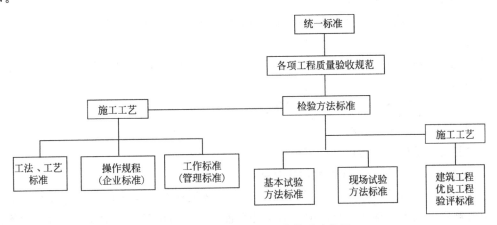

图6-17 工程质量验收规范体系示意图

（一）工程质量验收划分

建筑工程施工质量验收应划分为单位工程、分部工程、分项工程和检验批。

1. 单位工程应按下列原则划分

① 具备独立施工条件并能形成独立使用功能的建筑物或构筑物为一个单位工程。

② 对于规模较大的单位工程，可将其能形成独立使用功能的部分划分为一个子单位工程。

2. 分部工程应按下列原则划分

① 可按专业性质、工程部位确定。

② 当分部工程较大或较复杂时，可按材料种类、施工特点、施工程序、专业系统及类别将分部工程划分为若干子分部工程。

3. 分项工程的划分

分项工程可按主要工种、材料、施工工艺、设备类别进行划分。

4. 检验批的划分

检验批可根据施工、质量控制和专业验收的需要，按工程量、楼层、施工段、变形缝进行划分。

建筑工程的分部工程、分项工程划分宜按《建筑工程施工质量验收统一标准》附录B采用。施工前，应由施工单位制定分项工程和检验批的划分方案，并由监理单位审核。对于附录B及相关专业验收规范未涵盖的分项工程和检验批，可由建设单位组织监理、施工等单位协商确定。室外工程可根据专业类别和工程规模按本标准附录C的规定划分子单位工程、分部工程和分项工程。

（二）工程施工质量验收要求

按照《建筑工程施工质量验收统一标准》的规定，建筑工程施工质量应按下列要求进行验收。

① 工程质量验收均应在施工单位自检合格的基础上进行。

② 参加工程施工质量验收的各方人员应具备相应的资格。

③ 检验批的质量应按主控项目和一般项目验收。

④ 对涉及结构安全、节能、环境保护和主要使用功能的试块、试件及材料，应在进场时或施工中按规定进行见证检验。

⑤ 隐蔽工程在隐蔽前应由施工单位通知监理单位进行验收，并应形成验收文件，验收合格后方可继续施工。

⑥ 对涉及结构安全、节能、环境保护和使用功能的重要分部工程应在验收前按规定进行抽样检验。

⑦ 工程的观感质量应由验收人员现场检查，并应共同确认。

（三）工程质量验收规定

1. 检验批质量验收合格应符合下列规定

① 主控项目的质量经抽样检验均应合格。

② 一般项目的质量经抽样检验合格。当采用计数抽样时，合格点率应符合有关专业验收规范的规定，且不得存在严重缺陷。对于计数抽样的一般项目，正常检验一次、二次抽样可按《建筑工程施工质量验收统一标准》附录D判定。

③ 具有完整的施工操作依据、质量验收记录。

2. 分项工程质量验收合格应符合下列规定

① 所含检验批的质量均应验收合格。

② 所含检验批的质量验收记录应完整。

3. 分部工程质量验收合格应符合下列规定

① 所含分项工程的质量均应验收合格。

② 质量控制资料应完整。

③ 有关安全、节能、环境保护和主要使用功能的抽样检验结果应符合相应规定。

④ 观感质量应符合要求。

4. 单位工程质量验收合格应符合下列规定

① 所含分部工程的质量均应验收合格。

② 质量控制资料应完整。

③ 所含分部工程中有关安全、节能、环境保护和主要使用功能的检验资料应完整。

④ 主要使用功能的抽查结果应符合相关专业验收规范的规定。

⑤ 观感质量应符合要求。

5. 建筑工程施工质量验收记录可按下列规定填写

① 检验批质量验收记录可根据现场检查原始记录按《建筑工程施工质量验收统一标准》附录 E 填写，现场检查原始记录应在单位工程竣工验收前保留，并可追溯。

② 分项工程质量验收记录可按《建筑工程施工质量验收统一标准》附录 F 填写。

③ 分部工程质量验收记录可按《建筑工程施工质量验收统一标准》附录 G 填写。

④ 单位工程质量竣工验收记录、质量控制资料核查记录、安全和功能检验资料核查及主要功能抽查记录、观感质量检查记录应按《建筑工程施工质量验收统一标准》附录 H 填写。

6. 当建筑工程施工质量不符合要求时，应按下列规定进行处理

① 经返工或返修的检验批，应重新进行验收。

② 经有资质的检测机构检测鉴定能够达到设计要求的检验批，应予以验收。

③ 经有资质的检测机构检测鉴定达不到设计要求、但经原设计单位核算认可能够满足安全和使用功能的检验批，可予以验收。

④ 经返修或加固处理的分项、分部工程，满足安全及使用功能要求时，可按技术处理方案和协商文件的要求予以验收。

7. 工程质量控制资料应齐全完整。当部分资料缺失时，应委托有资质的检测机构按有关标准进行相应的实体检验或抽样试验。

8. 经返修或加固处理仍不能满足安全或重要使用功能的分部工程及单位工程，严禁验收。

(四) 工程质量验收程序和组织

① 检验批应由专业监理工程师组织施工单位项目专业质量检查员、专业工长等进行验收。

② 分项工程应由专业监理工程师组织施工单位项目专业技术负责人等进行验收。

③ 分部工程应由总监理工程师组织施工单位项目负责人和项目技术负责人等进行验收。勘察、设计单位项目负责人和施工单位技术、质量部门负责人应参加地基与基础分部工程的验收。设计单位项目负责人和施工单位技术、质量部门负责人应参加主体结构、节能分部工程的验收。

④ 单位工程中的分包工程完工后，分包单位应对所承包的工程项目进行自检，并应按《建筑工程施工质量验收统一标准》规定的程序进行验收。验收时，总包单位应派人参加。分包单位应将所分包工程的质量控制资料整理完整，并移交给总包单位。

⑤ 单位工程完工后，施工单位应组织有关人员进行自检。总监理工程师应组织各专业监理工程师对工程质量进行竣工预验收。存在施工质量问题时，应由施工单位整改。整改完毕后，由施工单位向建设单位提交工程竣工报告，申请工程竣工验收。

⑥ 建设单位收到工程竣工报告后，应由建设单位项目负责人组织监理、施工、设计、勘察等单位项目负责人进行单位工程验收。

(五) 工程质量事故的处理

1. 工程质量事故的概念和分类

(1) 工程质量事故的概念 工程质量事故是指工程质量不符合规定的质量标准而达不到设计要求的事件。它包括由于设计错误、材料或设备不合格、施工方法错误、施工顺序不当、自然条件影响、漏检、误检、偷工减料、疏忽大意等原因所造成的各种质量问题。

① 质量不合格。根据我国 GB/T 19000—2000 质量管理体系标准的规定，凡工程产品没有满足某个规定的要求，就称之为质量不合格；而没有满足某个预期使用要求或合理的期望（包括安全性方面）要求，称为质量缺陷。

② 质量问题。凡工程质量不合格，必须进行返修、加固或报废处理，由此造成的直接经济损失低于 5000 元的称为质量问题。

③ 质量事故。凡工程质量不合格，必须进行返修、加固或报废处理，由此造成的直接经济损失在 5000 元以上（含 5000 元）的称为质量事故。

(2) 工程质量事故的分类　工程质量事故按事故造成的后果，可分为未遂事故和已遂事故两类。

① 未遂事故。出现了质量问题，但由于及时采取了措施，未造成经济损失、工期延误或其他不良后果的，属未遂事故。

② 已遂事故。出现了质量事故，并造成了经济损失、工期延误或其他不良后果的，属已遂事故。

按事故造成损失的严重程度，可分为一般质量事故、严重质量事故、重大质量事故和特别重大质量事故四类。

① 一般质量事故。指经济损失在 5000 元（含 5000 元）以上，不满 5 万元的；或影响使用功能或工程结构安全，造成永久质量缺陷的。

② 严重质量事故。指直接经济损失在 5 万元（含 5 万元）以上，不满 10 万元的；或严重影响使用功能或工程结构安全，存在重大质量隐患的；或事故性质恶劣或造成 2 人以下重伤的。

③ 重大质量事故。凡是具有下列情况之一者，则属重大质量事故：建筑物、构筑物或其他主要结构倒塌者；超过规范、设计规定的基础严重不均匀沉降，建筑物倾斜、结构开裂和主体结构强度严重不足等影响结构安全和建筑物寿命，造成不可补救的永久性缺陷者；影响建筑设备及其相应系统的使用功能，造成永久性的质量缺陷者；由于质量事故造成人员死亡或重伤 3 人以上；经济损失在 10 万元以上者。

④ 特别重大质量事故。指凡具备国务院发布的《特别重大事故调查程序暂行规定》所列发生一次死亡 30 人及以上，或直接经济损失达 500 万元及以上，或其他性质特别严重的情况之一均属特别重大质量事故。

工程质量事故按事故责任分类，可分为指导责任事故和操作责任事故两类。

① 指导责任事故。在工程项目施工中，由于指导或领导失误而造成的质量事故，如盲目赶工、降低质量标准和质量控制中不按标准实施等造成的质量事故。

② 操作责任事故。在工程项目施工中，由于操作者操作所造成的事故，如土方工程中不按规定的填土含水量和碾压遍数施工；混凝土拌和中不按规定的配合比拌和；工序操作中不按操作规程进行操作等原因造成的事故。

工程质量事故按事故产生原因分类，可分为下列五类。

① 设计计算原因造成的事故。由于设计失误、计算错误造成的事故。

② 勘测失误造成的事故。如由于地质情况估计错误、勘测疏漏等原因造成的质量事故。

③ 施工技术原因造成的质量事故。如由于施工方法、施工工艺不正确，采用了不成熟的新技术、新工艺等原因造成的质量事故。

④ 社会、经济原因造成的事故。如施工单位盲目追求利润、偷工减料、层层转包、压

低标价等原因造成的质量事故。

⑤ 管理原因造成的事故。由于管理不善、管理制度不严、管理失误、检测制度不严、质量控制放松、质量体系不完善等原因造成的质量事故。

2. 工程质量事故的处理程序及要求

由于建筑工程质量事故具有复杂性、严重性、可变性和多发性的特点，因此工程质量事故处理的关键就是事故原因的分析，并针对原因找出处理的对策，确定事故处理方案，实施质量事故的处理，最终对工程质量事故的性质和处理后的状况做出明确的结论。

（1）工程质量事故处理程序

① 事故调查。了解事故情况，确定是否采取防护措施。

② 事故原因分析。分析调查结果，找出事故的主要原因。

③ 制订事故处理方案。确定是否需要处理，若需处理，施工单位确定处理方案。

④ 事故处理。

⑤ 事故处理的鉴定验收。检查事故处理结果是否达到要求。

⑥ 事故处理结论。

⑦ 提交事故处理报告。

（2）建设工程质量事故处理要求

① 质量事故的处理应达到安全可靠、不留隐患、满足生产和使用要求、施工方便、经济合理的目的。

② 重视消除造成事故的原因，注意综合治理。

③ 正确确定处理的范围和正确选择处理的时间和方法。

④ 加强事故检查验收工作，认真复查事故处理的实际情况。

⑤ 确保事故处理期间的安全。

（3）工程质量事故处理的基本方法

工程质量事故处理的基本方法有：修补处理、加固处理、返工处理、限制使用、不作处理以及报废处理。一般可不做专门处理的情况有：不影响结构安全、生产工艺和使用要求的；后道工序可弥补的质量缺陷；法定检测单位鉴定合格的；出现的质量缺陷，经检测鉴定达不到设计要求，但经原设计单位核算，仍能满足结构安全和使用功能的。

施工质量事故处理系统如图 6-18 所示。

四、开发项目的安全管理

房地产开发商是开发项目的安全管理总负责人，应注重与开发项目参与者各方的安全管理制度建设、检查、教育和培训工作。

安全生产是指为了预防生产过程中发生人身伤害、设备损毁等事故，保证职工在生产中的安全和健康而采取的各种措施和活动。安全管理是一门综合性的系统科学，包括安全法规、安全技术、工业卫生等三个相互联系又相互独立的内容。

（一）安全管理的基本原则

安全管理的基本原则是：必须贯彻预防为主的方针；管生产同时管安全；坚持安全管理的目的性；坚持"四全"动态管理；安全管理重在控制；在管理中发展提高。

（二）安全生产责任制

2004 年 1 月 9 日国务院在《国务院关于进一步加强安全生产工作的决定》中将其调整

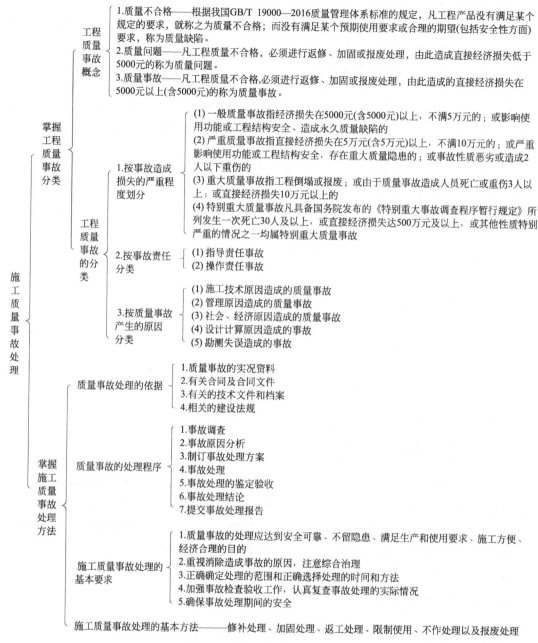

图 6-18 施工质量事故处理系统

概括为"政府统一领导、部门依法监管、企业全面负责、群众参与监督、全社会广泛支持",提出了构建全社会齐抓共管的安全生产工作格局的要求。要求建立建设单位的安全责任、勘察、设计、工程监理及其他有关单位的安全责任、施工单位的安全责任和建筑企业安全管理组织机构。

(三) 安全教育与培训

安全教育是提高全员安全素质,实现安全生产的基础。安全工作是与生产活动紧密联系的,与经济建设、生产发展、企业深化改革、技术改造同步进行,只有加强安全教育工作,才能使安全工作适应不断变革的形势需要。

安全教育的内容包括安全生产思想教育、安全知识教育和安全技能教育。安全教育的基本要求是：领导干部必须先受教育；新工人三级安全教育；特种作业人员的培训；经常性教育。

（四）安全检查

通过安全检查，可以发现施工（生产）中的不安全（人的不安全行为和物的不安全状态）、不卫生问题，从而采取对策，消除不安全因素，保障安全生产。利用安全生产检查，进一步宣传、贯彻、落实党和国家的安全生产方针、政策和各项安全生产规章制度。

安全检查实质上也是一次群众性的安全教育。通过检查，增强领导和群众安全意识，纠正违章指挥、违章作业，提高搞好安全生产的自觉性和责任感。通过检查可以互相学习、总结经验、吸取教训、取长补短，有利于进一步促进安全生产工作。通过安全生产检查，了解安全生产状态，为分析安全生产形势，研究加强安全管理提供信息和依据。

安全检查的内容及形式包括：针对主要问题进行检查；定期安全检查；专业性安全检查；经常性安全检查；季节性及节假日前后安全检查。

安全检查要求加强组织领导，要有明确的目的，检查记录是安全评价的依据，因此要认真、详细记录。安全检查后要认真地、全面地进行系统分析，用定性和定量相结合的方法进行安全评价。整改是安全检查工作的重要组成部分，是检查结果的归宿。整改工作包括隐患登记、整改、复查、销案。

（五）建设项目施工现场安全管理

建筑施工伤亡事故的主要类别包括：高处坠落；物体打击；触电事故；机械伤害；坍塌事故；火灾爆炸。施工现场安全管理是企业安全管理的重点，也是预防与避免伤害事故，保证生产处于最佳安全状态的根本环节。因此，对施工现场的人、机、环境系统的可靠性，必须进行经常性的检查、分析、判断、调整，强化动态中的安全管理活动。其内容可归纳为安全组织管理、场地与设施管理、行为控制和安全技术管理四个方面。

执行《建筑施工安全检查标准》(JGJ 59—2011)，对标准中的 22 项条文，18 张检查表中的 169 项安全检查内容的"保证项目"和"一般项目"逐条逐项地进行分解，对建筑施工中易发生伤亡事故的主要环节、部位和工艺等进行安全检查评价，将检查对象分为十个分项，每个分项又设立若干检查项目。

① 安全管理，是对施工单位安全管理工作的评价。

② 文明施工，是对施工现场文明施工的评价。

③ 脚手架，是对落地式脚手架、悬挑式脚手架、门型脚手架、挂脚手架、吊篮脚手架、附着式升降脚手架六种脚手架的评价。

④ 基坑支护与模板工程，是对施工现场基坑支护工程和施工过程中模板工作的安全评价。

⑤ "三宝""四口"防护，是对安全帽、安全网、安全带、楼梯口、预留洞口、坑井口、通道口及阳台、楼板、屋面等临边使用及防护情况的评价。

⑥ 施工用电，是对施工现场临时用电情况的评价。

⑦ 物料提升机与外用电梯，是对龙门架、井字架等物料提升机的设计制作、搭设和使用情况和施工现场用人货两用电梯的评价。

⑧ 塔吊，是塔式起重机使用情况的评价。

⑨ 起重吊装，是对施工现场起重吊装作业和起重吊装机械的安全评价。

⑩ 施工机具，是对施工中使用的平刨、圆盘锯、手持电动工具、钢筋机械、电焊机、搅拌机、气瓶、翻斗车、潜水泵、打桩机械等施工机具安全状况的评价。

复习思考题

1. 项目建设的基本程序有哪些？项目管理的目标是什么？
2. 影响项目投资超额的因素有哪些？如何实施项目投资控制？
3. 影响项目进度控制的因素有哪些？项目进度控制的基本思想是什么？
4. 开发项目质量的特点有哪些？项目质量控制的基本原理和基本原则是什么？
5. 建设监理的概念是什么？建设监理的内容是什么？

第七章　房地产开发项目的市场营销和物业管理

【本章提要】 本章主要介绍了房地产收益的获取方式和销售形式分析；通过房地产促销方式、促销组合和广告策略讲授了房地产促销；讲述了房地产产品定价策略和房地产价格调整，物业管理的任务、内容和物业管理的管理团队及管理规约。

房地产市场营销和物业管理是房地产经营中的重要环节。所谓房地产市场营销是房地产开发企业以企业经营方针、目标为指导，通过对企业内、外部经营环境、资源的分析，找出机会点，选择营销渠道和促销手段，经过创意将物业与服务推向目标市场，以达到占有市场、促进和引导房地产开发企业不断发展目的的经济行为。从某种意义上讲，房地产营销是在对市场的深刻理解的基础上的高智能策划。它蕴含在企业生产开发经营的全过程，由市场调查、方案制定和建筑总体设计、价格定位、广告中介服务、售后服务以及信息反馈等组成。物业管理是指业主对区分所有权建筑物共有部分以及建筑区划内共有建筑物、场所、设施的共同管理或者委托物业服务企业、其他管理人对业主共有的建筑物、设施、设备、场所、场地进行管理的活动。物业管理有狭义和广义之分。狭义的物业管理是指业主委托物业服务企业依托合同进行的房屋建筑及其设备，市政公用设施、绿化、卫生、交通、治安和环境容貌等管理项目进行维护、修缮活动；广义的物业管理应当包括业主共同管理的过程，以及委托物业服务企业或者其他管理人进行的管理过程。

第一节　房地产收益的获取方式和销售形式分析

房地产开发企业是靠市场交易经营来实现投资回报的。房地产市场销售是房地产经济的重要组成部分，它是指房地产开发商在竞争的市场环境下，按照市场形式变化的要求而组织和管理企业的一系列活动，直至在市场上完成商品房的销售、取得效益、达到销售目标的经营过程。

一、房地产收益获取方式及其分析

房地产收益的获取分出售、出租和营业三种方式。

（一）房地产出售

房地产出售是指开发企业将其投资开发的项目或商品房转让或销售给需求者，以求获得项目收益的行为。通过房地产出售获得收益，可以发生在项目完工以后，也可以实行预售，在项目建设中就获取收益。

出售收益的大小是由可出售面积和售价水平决定的。可出售面积应该按照建筑面积计算，其售价由开发企业根据未来房地产的区位、功能、预计的投入成本和市场状态等因素合理确定；最终售价，按规定应经当地物价部门审核。

采用出售方式，开发企业能尽快收回投资，分散投资风险，是保证项目收益、筹措后续建设资金的有效方法，但开发企业也可能会损失房地产的增值收益。

（二）房地产出租

房地产出租是指房地产开发企业作为出租人将其投资开发的房地产出租给承租人使用，由承租人向出租人支付租金的行为。有资金实力的开发商可采取出租方式经营其开发的房地产，这样既适应了市场需求，又不至于损失未来可能的房地产增值，并维持长期收益。当房地产分割转让出租时，应委托（或成立）物业管理公司来维持物业的正常运行；对分割出租的商业房地产，则应委托专业管理公司负责经营，以维护物业形象和完整的服务体系。

出租的收益一般发生在开发项目完工之后，也可以实行预租。出租收益的大小由可出租的面积和租金价格水平确定。开发企业可按使用面积出租，也可按照建筑面积出租。

（三）营业

开发酒店、商场、旅游、娱乐类收益性房地产，开发企业可采取直接经营收益性房地产的方式，即营业方式来收回投资，并获取利润。这种方式使开发企业在拥有房地产的同时，直接获得房地产的全部经营收益。如果经营得当，这种收益将会是长期的、稳定的、不断增长的。采取营业方式，要求开发企业富有经营能力和经验，否则就应委托专业管理公司经营。

营业收入发生在房地产竣工之后，且一般要经过一段时间后，才会进入稳定收入阶段。营业收入的大小，在方案分析阶段，根据项目特征、经营内容、经营管理能力、预计的市场状况、目前类似物业的经营状况等方面进行分析和合理预测来确定。

二、房地产销售方式

从房地产销售的方式来看，主要分为开发商自行销售和委托销售代理两种。

（一）开发商自行销售

开发商自行销售的特点是通过与消费者的直接接触，缩短了流通环节，降低了销售费用，成本低；有利于企业了解顾客的需求和市场的变化，及时调整经营决策，建立良好的企业形象，从而提高企业的市场竞争力。开发商在下述情况下愿意自行销售。

① 大型房地产开发企业，拥有自己专门的市场推广队伍和较大范围的销售网络，他们提供的自我服务有时比委托销售代理更有效。

② 在市场高涨时，市场供应短缺，开发商所开发的项目很受投资置业人士欢迎，且开发商预计在项目竣工后很快能够租售出去。

③ 当开发企业所发展的项目已有较明确的，甚至是较固定的销售对象时，即定向开发时，也无须再委托销售代理。

（二）委托销售代理

在房地产开发项目市场推广时，许多开发商借助于销售代理机构的帮助，利用销售代理机构熟悉市场情况，具有庞大的营销网络和经验丰富的专业人员，对其擅长的市场领域有充分的认识；开发商委托销售代理机构销售房地产项目，有利于提高开发商的效益（市场运行效益），并分散开发商的投资风险。房地产委托销售代理的形式主要有以下几种。

1. 独家销售权代理

独家销售权代理是指开发商授予销售代理公司在某一市场（可能以地域、产品、消费者群等区分）独家权利，开发商的某种特定的商品全部由该代理公司代理销售。其最突出的特征是在合同有效期内，不论是谁将房地产售出，作为委托人的开发企业都必须支付佣金给代理公司。

2. 开发企业与代理公司独售权

此类代理的特征是，尽管代理公司有独家销售权，但如果在合同有效期内开发企业自行找到买主，则不需要付给代理公司任何服务费。但是，开发商只能与一家代理公司签订委托代理合同。

3. 净值销售权

净值销售权是指开发企业对其房屋没有固定的销售价格，无论代理公司售出价格为多少，只需将开发企业所设的固定数额交给开发企业即可。也就是说，开发企业答应支付任何超出其固定数额的差价作为代理公司的佣金，但代理公司必须将此差额告知开发企业。

4. 联合专卖合同——联合代理

为了开发企业能在短时期内将房屋出售，各大小类型的房地产代理公司联合行动，共同收集、分析、整理信息，组成联合专卖服务。签约方式采取"独家销售权"的合同类型。

5. 优先选择权

当代理公司与开发企业签订委托合同后，若开发企业欲以较低的价格将房地产出售，则必须先通知受委托的代理公司，代理公司有优先承购该房地产的权力。

从目前情况来看，销售代理公司的实际运作可分为与业主（卖方）合作和与客户（买方）合作两种类型。房地产开发商通过委托代理公司销售房地产，不论采取哪种代理或代理组合，开发企业应在项目一开始就确定下来，以便使代理公司能就项目发展规划、设计和评估有所贡献。代理公司可能会依据市场情况对项目开发建设提供一些专业性意见，使项目的设计和功能尽可能满足未来入住者的要求；代理公司也可能会就开发项目预期可能获得的租金售价水平、当地竞争性发展项目情况以及最有利的租售时间等给开发企业提供参考意见。此外，通过让代理公司从一开始就参加整个开发队伍的工作，能使他们熟悉其未来要推销的物业，对销售工作效率是十分有益的。

销售代理佣金的收取每种情况各不相同，当仅由一个代理机构独家代理销售时，则依每宗交易的成交额收取佣金或代理费。收费标准是出租物业收取年租金的10%或相当于一个月的租金；出售物业收取销售额的1%～3%。对联合代理的情况，通常为独家代理的1.5倍，各代理机构之间要依据事先协议来分割佣金。

第二节 房地产促销

房地产促销是房地产开发企业将其开发的房地产向用户进行宣传、报道和说明，促进和影响用户的消费和投资行为的活动。房地产促销策略是指房地产开发企业为了推动房地产租售而面向消费者或用户传递房地产产品信息的一系列宣传、说服活动。通过这些活动帮助消费者认识房地产产品的特点与功能，激发其消费欲望，促进其购买行为，以达到扩大销售的目的。

一、房地产促销方式

每个房地产项目都有各自不同的特点,针对项目的差异可以采取不同的促销方式。常用的房地产促销方式有房地产广告、营业推广、人员推销和公共关系四种。

(一) 房地产广告

广告是一种十分有效的信息传播方式,是企业用来对目标顾客和公众进行直接说服性沟通的主要工具之一。广告是向人们介绍商品信息,输送某种观念的一种公开的宣传形式;是市场经济条件下间接促销的一种重要方式。房地产广告是房地产开发企业或房地产广告代理商通过一定的媒体向潜在的买家或租客对预租售的物业进行宣传,以促进房地产租售的一种促销方式。房地产广告有其自身的特点,这是由房地产本身特性所决定的,其特点表现在以下几方面。

1. 房地产广告的广泛性

房地产位置固定不移,房地产广告不能只依靠楼盘现场的广告,而需要信息媒体广泛传播才能达到促销目的。

2. 房地产广告具有较强的区域性和针对性

房地产广告内容要针对目标消费者的偏好和习惯,媒体选择要考虑其覆盖区域与房地产的需求区域相一致。如果仅从"广而告之"的观念出发,希望广告的范围越广越好,不针对目标市场的销售对象,不采取特定的媒体,房地产广告的实际效果并不会理想。

3. 房地产广告具有信息不断传递的特点

房地产建设的周期少则二三年,多则四五年,如果仅靠几次轰炸式的广告是难以达到理想效果的;采用阶段式、波浪形的重点宣传和细水长流的信息传递相结合的广告策略,往往能够达到事半功倍的效果。

4. 房地产广告具有独特性

任何一个房地产在位置、设计、建造、质量等方面都不会与其他房地产一模一样,因此房地产广告宣传要立足自身的优势,雷同、千房一面的房地产广告是不会成功的。

5. 房地产广告体现的是开发商、设计单位、建筑商和中介代理商的综合素质

综合素质既包括实力和规模,也包括信誉和知名度。消费者选择房地产的依据,除了房地产的自身条件外,就是企业的综合素质,这种素质的高低往往是造就房地产品牌的关键因素。

6. 房地产广告具有很强的时效性

随着房地产项目的建设进度,房价、付款方式的变动,广告内容也有所改变,开发商要对每一次广告的内容进行一定的修正,以保证传递信息的时效性。

(二) 营业推广

营业推广范围广泛、形式多样,除人员推销、广告和公共关系以外的所有刺激顾客采取购买行动的措施,都能够成为营业推广。一般分为三类。

① 鼓励消费者直接购买的措施。如赠送礼品、室内设施、地下室、花园等。

② 鼓励房地产销售代理机构交易的措施。如除代理佣金外,还在租售价与底价之间的差额中进行分成等。

③ 鼓励企业推销人员的措施。如按照推销的房地产数量和金额支付报酬等。

(三) 人员推销

人员推销是最古老的一种促销方式，也是四种促销方式中唯一直接依靠人员的促销方式。人员推销是房地产企业的推销人员通过与消费者进行接触和洽谈，向消费者宣传介绍房地产商品，达到促进房地产租售的活动。在人员推销过程中，通过房地产销售人员直接与消费者接触，可以向消费者传递企业和房地产的有关信息；通过与消费者的沟通，可以了解消费者的需求，便于企业能够进一步地满足消费者的需求；通过与消费者的接触，还可以与消费者建立良好的关系，使得消费者也发挥推荐和介绍房地产的作用。因此，人员推销还具有推销与促销的双重职能。由于房地产是价值量巨大的商品，一般消费者不会仅凭一个广告或几次介绍就作出决策；人员推销是房地产企业最主要的推销方式。但人员推销也存在接触成本高、优秀销售员少以及销售人员的流动会影响目标消费者的转移等缺点。

(四) 公共关系

公共关系是企业在市场营销中一种促进销售的手段和管理职能。公共关系是指企业通过公共关系活动，使社会广大公众理解企业的经营方针和宗旨，加强企业与公众之间的联系，在社会上树立企业的信誉，为推进企业的市场销售服务。公共关系的基本思路决定了公共关系已经不再是一种简单地把企业产品推销出去的行为，而是成为一门独立学科，其目的是着眼于企业长远发展，维持企业的盈利性与社会性之间的平衡。

公共关系促销是指房地产开发企业为了获得人们的信赖，树立企业或房地产的形象，用非直接付款的方式通过各种公关工具所进行的宣传活动。公共关系促销与前三种促销方式区别较大，公共关系促销不是由企业直接进行的宣传活动，而是借助于公共传播媒体，由有关新闻单位或社会团体进行的宣传活动。公共关系促销是以新闻等形式出现，而不是以直接的促销宣传形式出现，因而可以引起公众的高度信赖和注意，消除公众的戒备。所以，公共关系促销现在日益引起房地产开发企业的重视，各企业都想通过公共关系活动进行促销宣传。但公共关系促销往往不是针对房地产本身的促销，因而促销的针对性较差，并且房地产开发企业常难以对这种促销方式进行有效的控制。

二、房地产促销组合

房地产开发企业为了有效地与消费者或用户沟通信息，可通过房地产广告来传递本企业及产品的信息，可派销售员面对面地说服顾客购买产品，可通过营业推广方式来加深顾客对产品的了解进而促使其购买产品，还可通过各种公共关系手段来改善企业在公众心目中的形象，即企业可采用多种方式来加强与顾客之间的信息沟通，促进房地产的销售。

房地产促销组合，就是为实现房地产开发企业的促销目标而将不同的促销方式进行组合所形成的有机整体。开发企业应根据促销组合的特点和影响促销组合的因素，对四类促销方式进行有效的组合，使企业能够以最少的促销费用达到所确定的促销目标。

(一) 房地产促销组合的特点

1. 房地产促销组合是一个有机的整体组合

一个房地产开发企业的促销活动，不可能只使用一种促销方式，而是将不同的促销方式作为一个整体使用，使其共同发挥作用。所以，将每种促销方式独立作用的促销效果的简单相加，不能代表不同促销方式作为一个整体使用时所达到的促销效果。在这里，"1+1"往往不等于2。当各促销方式配合默契，组合良好，则"1+1"大于2；若各促销方式使用时相互制约，互相影响，则"1+1"小于2。

2. 构成促销组合的各种促销方式既具有可替代性又具有独立性

促销的实质是企业与消费者间有效信息的沟通，促销的目的就是促进销售，而任一种促销方式都可以承担信息沟通职责，也都可以起到促进销售的作用，因此各种方式具有可替代性。但是，由于各种方式各自具有不同的特点，不同促销方式所产生的效果有所差异，各种方式又都具有独立性。

3. 促销组合的不同促销方式具有相互推动作用

不同促销方式的相互推动作用是指一种促销方式作用的发挥受到其他促销方式的影响，没有其他促销方式的配合和推动，就不能充分发挥其作用，合理的组合将使促销作用达到最大。

4. 促销组合是一种动态组合

促销组合策略必须建立在一定的内、外部环境条件基础上，并且必须与企业营销组合的其他方式相互协调。有的时候，一个效果好的促销组合在环境条件变化后会成为一种效果很差的促销组合。因此，必须根据环境的变化调整企业的促销组合方案。

5. 促销组合是一种多层次组合

每一种促销方式中，都有许多可供选用的促销工具，每种促销工具又可分为许多类型，进行促销组合就是适当地选择各种促销工具。因此，企业的促销组合策略是一种多层次的组合策略。

房地产促销组合的以上特点说明，适当的促销组合能达到每种促销方式简单相加所不能达到的促销效果，同时促销组合需不断根据环境条件的变化而不断调整。

（二）促销组合需考虑的因素

1. 促销目标

促销目标是影响促销组合决策的首要因素。每种促销工具都有各自的特性和成本，房地产营销人员必须根据具体的促销目标选择合适的促销工具组合。

2. 市场特点

除了考虑促销目标外，市场特点也是影响促销组合决策的重要因素。市场特点受每一地区的文化、风俗习惯、政治经济环境等的影响，促销工具在不同类型的市场上所起的作用是不同的。所以，应该综合考虑市场和促销工具的特点，选择合适的促销工具，使他们相匹配，以达到最佳促销效果。

3. 产品性质

由于产品性质的不同，消费者及用户具有不同的购买行为和购买习惯；因而，企业所采取的促销组合也会有所差异。

4. "推动"策略和"拉引"策略

促销组合较大程度上受房地产开发企业选择"推动"或"拉引"策略的影响。"推动"策略要求使用销售队伍和促销，通过销售渠道推出产品；而"拉引"策略则要求在广告和消费者促销方面投入较多，以建立消费者的需求欲望。"推动"策略关键是注重渠道，"拉引"策略关键是关注推广。

5. 其他营销因素

影响促销组合的因素是复杂的，除上述五种因素外，开发企业的营销风格、销售人员素质、整体发展战略、社会和竞争环境等不同程度地影响着促销组合的决策。营销人员应审时度势，全面考虑才能制定出有效的促销组合决策。

三、房地产广告促销策略

房地产广告的突出特点是广告期短、频率高、费用大。在制订广告方案时，必须首先确定目标市场和购买者动机，然后才能做出制订广告方案所需的五种决策，即所谓的 5M。5M 包括广告的目标及任务（mission）、可用的费用及资金（money）、应传递的信息（message）、应使用的媒体（media）和广告效果评价及衡量（measurement）。

（一）确定广告目标

制订广告方案的第一步是确定广告目标，这些目标必须是依据开发企业已经完成的有关目标市场、市场定位及市场营销组合研究进行决策。房地产广告的诉求重点有地段优势、产品优势、价格优势、交通便捷优势、学区优势、开发公司的社会声誉等。市场定位及市场营销组合策略决定了在整个市场营销方案中广告应该完成的工作。广告的目标主要有提供信息、诱导购买、提醒使用等。

1. 提供信息广告的目标

如向房地产市场介绍一种新产品的问世，向顾客说明某种新产品采用的新材料、新工艺、新结构及其使用利益，介绍开发企业提供的各种服务项目，纠正顾客对产品的误解，减少顾客的顾虑，以及树立房地产开发企业形象等。

2. 劝说性广告的目标

劝说性广告主要是为了加深消费者的认知深度，提高房地产项目的竞争力。说服消费者购买，又叫诱导性（或说服性）广告。这种广告的目的是建立选择性需求，使目标消费者的偏好从竞争对手的楼盘转到本企业的楼盘。目前，劝说性广告已发展为比较广告，即企业为了达到说服消费者的目的，常将本企业的楼盘与竞争对手的相比，突出本企业楼盘的优越性，改变消费者的认知深度。

3. 提醒性广告的目标

较常用于房地产销售的后期，或用于新旧楼盘开发的间隙期，以提醒消费者的记忆，加深消费者的印象。

（二）确定广告预算

房地产广告目标确定后，开发企业即可制订广告预算。一个完善的广告预算对于广告决策、广告管理、广告评价来说都是非常重要的。

1. 影响房地产广告预算的因素

在确定房地产广告预算前，首先要考虑以下因素。

（1）竞争程度　取决于房地产市场的竞争状况，竞争激烈、竞争者数量多时，需要较多的广告费用投入。

（2）广告频率　为了防止广告传递的信息被目标消费者遗忘，企业往往要多次重复进行广告促销。国外学者研究发现，目标沟通对象在一个购买周期内需要接触三次广告信息才能产生该广告的记忆；接触次数达到六次一般被认为是最佳频率；当广告频率超过一定限度，一般认为八次以后，将会产生负影响。因此，房地产企业的广告企划人员应针对广告的有效传递情况确定适当的频率，而广告频率的大小必然影响广告预算的大小。

（3）房地产的销售进度　对房地产企业要销售的某一特定楼盘来说，销售总量是固定的，卖一套就少一套，这与一般商品销售多少就生产多少不同；所以就有了房地产销售进度的概念，对于销售刚开始时，往往广告预算较高，当销售进度达到近一半时，许多企业往往投入最多的广告支出,但当销售进度到尾声时,广告预算就很低。

(4) 房地产的替代性　房地产尽管具有异质性,但对于使用功能来说,房地产仍具有替代性。对于替代性强的房地产一般要求做大量的广告以突出其与替代产品的差异性,反之广告预算则可小些。

2. 广告预算的方法

考虑以上因素后,接下去的工作就是决定广告预算。房地产广告预算常用的方法是量入为出法、销售百分比法、目标任务法、竞争平衡法。

(1) 量入为出法　尽管这种方法在市场营销学上没有正式定义,但不少房地产企业都在采用。即企业在确定房地产广告预算时,是根据企业自身的承受能力,企业能拿多少钱就用多少钱为企业做促销宣传。房地产企业由于项目开发投入资金量大,在进行广告投放以前资金状况往往比较紧张,于是多采用这种方法。但这种安排预算的方法完全忽视了广告对销售量的影响,所以严格地说,量入为出法在某种程度上存在着片面性。

(2) 销售百分比法　即企业根据目前或预测的销售额的百分比决定广告费用的大小。销售百分比法有以下几点好处。

① 广告费用将随着企业所能提供的资金量的大小而变化,这可以促使那些注重财务的高级管理人员认识到,企业所有类型的费用支出都与总收入的变动有密切关系。

② 可促使企业管理人员根据单位广告成本、房地产售价和利润之间的关系去考虑企业的经营管理问题。

③ 有利于保持竞争的相对稳定,因为只要各房地产竞争企业都默契地同意让其广告预算随着销售额的某一百分比而变动,就可以避免促销战。

销售百分比法也有不足,一方面是它将销售看成是广告的原因而没有将它看成是广告的结果,这会导致进取性的广告策略得不到应有的重视;另一方面,百分比的选定要么依据过去的做法,要么依据竞争者的做法,缺乏合乎逻辑的基础。

(3) 目标任务法　根据企业既定的广告目标,详细列出完成此目标所要进行的各项工作任务并计算出各项任务的必需费用,从而综合起来以确定广告的总体预算,这种方法叫目标任务法,它受到许多企业的欢迎。不足之处是,企业不容易检验广告费用在完成广告目标上所能达到的具体效果。

(4) 竞争平衡法　市场经济是竞争性经济,根据市场中的竞争企业来调整、平衡本企业的广告预算,这种方法称为竞争平衡法。这种方法认为竞争是任何企业的外部环境的一个重要组成部分,因此广告费用的开支应参考竞争企业的预算情况。事实上,各个企业的营销目标和资源状况是不相同的,所以盲目攀比投入广告费用,效果有时并不明显,甚至适得其反。因此,竞争平衡法并不是唯一的好方法,只能作为广告预算的辅助方法。

在决定促销预算时,不同的房地产开发企业应根据本企业的特点、营销战略与营销目标,选择合适的促销预算决定方法,作为企业比较合理的促销预算。

(三) 选择广告媒体

房地产广告可供选择的广告媒体形式有以下几种类型。

1. 印刷广告

利用印刷品进行房地产广告宣传相当普遍,这也是房地产产品进行营销的主要手段之一。报纸、杂志、有关专业书籍以及开发商或其代理商自行印刷的宣传材料等,都是房地产广告的有效载体。

2. 视听广告

利用电视、电影、霓虹灯、广告牌以及电台、广播等传媒方式都是宣传房地产产品的有效视听广告。

3. 现场广告

在施工现场竖立的现场广告牌以及工地四周围墙上的宣传广告，用以介绍开发项目情况。

4. 网络广告

利用互联网，介绍房地产项目的规模和环境，还可利用各种平台进行房地产信息的查询和 VR 看房。

（四）评估测定广告效果

妥善地规划和控制广告，关键在于对广告效果的衡量。广告效果是指广告信息通过广告媒体传播之后对消费者产生的所有直接和间接的影响总和；广告效果最有效的衡量指标是广告活动对消费者的影响。由此可见，广告效果的内涵首先变现为传播效果，即社会公众接受广告的层次和深度。它是广告作品本身的效果，反映消费者接触和接受广告作品的一般情况。如广告主题是否准确，广告创意是否新颖，广告语言是否形象生动，广告媒体是否选用得当等体现广告作品水平的各种指标，这是测定广告效果的一个重要内容。其次，表现为经济效果，即企业在广告活动中所获得的经济利益。它是做广告的内在动力，直接反映广告所引起的产品销售状况，如销售量的增加、利润的大幅度提高等一切同经济活动有关的指标，它是测定广告效果的最重要内容。再次，表现在心理效果上，即广告对社会公众的各种心理活动的影响程度。它是广告活动对消费者内心世界的影响，反映消费者对广告的注意度、记忆度、兴趣以及购买行为等方面。心理效果主要测定消费者对广告的态度变化，它是广告效果测定不可缺少的内容。最后，表现在社会效果上，即广告构思、广告语言及广告表现所反映出的道德、艺术、审美、尊严等方面对社会的经济、教育、环境等的影响程度。它是广告作品的高层次追求，反映一个社会的文明程度。

第三节　房地产产品定价

一、房地产产品定价策略

（一）影响房地产产品定价的因素

1. 企业的营销目标

根据开发商在市场的定位，开发商的发展目标，可有多种定价方法。如果开发商的目标是成长为市场的领先者，此时定价可采取低价入市的策略，占领巩固市场份额。

2. 产品成本

在建筑物的价值构成中，成本占有重要的地位。开发商在建造、销售楼盘时所投入的各种费用，构成了楼盘的生产、销售成本。一般而言，成本是进行楼盘定价的下限，是影响和制约楼盘定价的重要因素。

3. 市场需求的弹性

市场供求关系、竞争者销售策略的改变对开发商的楼盘定价有着极大的制约作用。

4. 产品的竞争状况

市场竞争在一定程度上表现为差异竞争，而差异竞争主要集中在产品的差异上，即楼盘本身素质及各种卖点的不同上。产品的差异化程度越高，所面临的市场竞争越小，其产品本身的唯一性也越大，价格也将不再是销售中的最大难点，此时产品可以提高定价。产品差异主要表现在建筑风格、户型、外立面、小区环境设计等方面。

（二）房地产产品定价的方法

定价方法，是房地产开发企业为了在目标市场上实现定价目标，而给产品制定的一个基本价格或浮动范围的方法。虽然影响房地产产品价格的因素很多，但是企业在制定价格时主要是考虑产品的成本、市场需求和竞争情况。产品成本规定了价格的最低基数，而竞争者价格和替代品价格则提供了企业在制定其价格时必须考虑的参照系。在实际定价过程中，企业往往侧重于对价格产生重要影响的一个或几个因素来选定定价方法。房地产企业的定价方法通常有成本导向定价、需求导向定价、竞争导向定价三类。

1. 成本导向定价法

成本导向定价是以成本为中心，是一种按卖方意图定价的方法。其基本思路是：在定价时，首先考虑收回企业在生产经营中投入的全部成本，然后加上一定的利润。成本导向定价主要由成本加成定价法和目标定价法构成。

（1）成本加成定价法 这是一种最简单的定价方法，就是在单位产品成本的基础上，加上一定比例的预期利润作为产品的售价。售价与成本之间的差额即为利润。这里所指的成本，包含了税金。由于利润的多少是按成本的一定比例计算的，习惯上将这种比例称为"几成"，因此这种方法被称为成本加成定价法。它的计算公式为

$$单位产品价格 = 单位产品成本 \times (1 + 加成率)$$

这种方法的优点是计算方便，因为确定成本要比确定需求容易得多，定价时着眼于成本，企业可以简化定价工作，也不必经常依据需求情况而作调整。在市场环境诸因素基本稳定的情况下，采用这种方法可保证房地产企业获得正常的利润，从而可以保障企业经营的正常进行。

（2）目标定价法 这种方法又称目标利润定价法，或投资收益率定价法。它是在成本的基础上，按照目标收益率的高低计算售价的方法。其计算的步骤如下。

① 确定目标收益率。目标收益率可表现为投资收益率、成本利润率、销售利润率、资金利润率等多种不同的形式。

② 确定目标利润。由于目标收益率的表现形式的多样性，目标利润的计算也不同，其计算公式有

$$目标利润 = 总投资额 \times 目标投资利润率$$
$$目标利润 = 总成本 \times 目标成本利润率$$
$$目标利润 = 销售收入 \times 目标销售利润率$$
$$目标利润 = 资金平均占用额 \times 目标资金利润率$$

③ 计算售价。

$$售价 = (总成本 + 目标利润) / 预计销售量$$

目标定价法的优点是可以保证企业既定目标利润的实现。这种方法一般适用于在市场上具有一定影响力的企业，市场占有率较高或具有垄断性质的企业。

2. 需求导向定价法

需求导向定价是指以需求为中心,依据买方对产品价值的理解和需求强度来定价,而非依据卖方的成本定价。其主要方法是认知价值定价法和区分需求定价法。

(1) 认知价值定价法　又称理解值定价法,认知价值是消费者对于商品的一种价值观念,这种价值观念实际上是消费者对商品的质量、用途、款式以及服务质量的评估。理解值定价法的基本指导思想是认为决定商品价格的关键因素是消费者对商品价值的认识水平,而非卖方的成本。

房地产企业在运用理解值定价法定价时,企业首先要估计和测量在营销组合中的非价格因素变量在消费者心目中建立起来的认识价值,然后按消费者的可接受程度来确定楼盘的售价;由于理解值定价法可以与现代产品定位思路很好地结合起来,成为市场经济条件下的一种全新的定价方法,因此被越来越多的企业所接受。其步骤是:①确定顾客的认识价值;②根据确定的认识价值,决定商品的初始价格;③预测商品的销售量;④预测目标成本;⑤决策。

理解价值定价法的关键是准确地掌握消费者对商品价值的认知程度。对自身产品价值估计过高的卖主,会令他们的产品定价过高;而对自身产品的消费者认识价值估计过低的企业,定的价格就可能低于他们能够达到的价值。因此,为了建立起市场的认识价值,进行市场调查是必不可少的。

(2) 区分需求定价法　又称差别定价法,是指某一产品可根据不同需求强度、不同购买力、不同购买地点和不同购买时间等因素,采取不同的售价。如消费者在商店的小卖部喝一杯咖啡和吃一块点心要付 10 元,在一个小餐厅则要付 12 元,而在大酒店的咖啡厅就要付 14 元,如果要送到酒店的房间内食用则要付 20 元。价格一级比一级高并非产品的成本所决定的,而是附加服务和环境气氛为产品增添了价值。同样,对于房地产来说,同一种标准、同一种规格、同一种外部环境的商品房,可以根据楼层数的相应变化而使销售价格相应变化。区分需求定价法的主要形式有:以消费群体的差异为基础的差别定价,以数量差异为基础的差别定价,以产品外观、式样、花色等差异为基础的差别定价,以地域差异或时间差异为基础的差别定价等。

3. 竞争导向定价法

竞争导向定价是企业为了应付市场竞争的需要而采取的特殊定价方法。它是以竞争者的价格为基础,根据竞争双方的力量等情况,制定较竞争者价格为低、高或相同的价格,以达到增加利润、扩大销售量或提高市场占有率等目标的定价方法。对于房地产企业而言,当本企业所开发的项目在市场上有较多的竞争者时,适宜采用竞争导向定价法确定楼盘售价,以促进销售,尽快收回投资,减少风险。竞争导向定价法有领导企业定价法和随行就市定价法两种。

(1) 领导企业定价法　使用这种定价方法的房地产企业一般拥有较为丰富的后备资料,为了应付或避免竞争,或为了稳定市场以利其长期经营,往往以同行中对市场影响最大的房地产企业的价格为标准,来制定本企业的商品房价格。

(2) 随行就市定价法　随行就市定价法就是企业使自己的商品价格跟上同行的平均水平。一般来说,在基于产品成本预测比较困难,竞争对手不确定,以及企业希望得到一种公平的报酬和不愿打乱市场现有正常次序的情况下,这种定价方法较为行之有效。在竞争激烈而产品弹性较小或供需基本平衡的市场上,这是一种比较稳妥的定价方法,在房地产业应用比较普遍。因为在竞争的现代市场条件下,销售同样商品房的各个房地产企业在定价时实际上没有选择的余地,只能按现行市场价格来定价。若价格定得太高,其商品房将难以售出;而价格定得过低,一方面企业自己的目标利润难以实现,另一方面会促使其他房地产企业降价,从而引发价格战。因此,这种定价方法受一些中、小房地产企业的欢迎。

(三)房地产产品定价策略

1. 价格折扣与折让定价策略

价格折扣与折让定价策略是指房地产开发企业先为其产品确定一个正式价格,然后以此价格为基础进行适当减让,以吸引消费者购买的定价策略。主要包括以下几种类型。

(1) 期房折扣　期房是指房地产开发商从取得商品房预售许可证开始至开发项目竣工验收交付使用为止所出售的商品房,购买期房也就是购买尚处于建造之中的房地产项目,销售价格比现房定价要低。

(2) 现金折扣　购买者如能及时付现或提早付现,开发商则给予现金折扣。房地产销售中,一次性付款可以给予优惠就是这种策略的具体表现。这种策略可增加买方在付款方式上选择的灵活性,同时卖方可降低发生呆账的风险。

(3) 数量折扣　顾客大量购买时,则予以价格上的优待。这是开发商薄利多销原则的体现,可以缩短销售周期,降低投资利息和经营成本,及早收回投资。但房屋价格高,金额巨大,而且每人所需有限,开发商不可能以鼓励大量购买然后给予折扣的形式来销售,因此,这里的"数量"则需要慎重确定。更多数量甚至整幢大楼的购买虽然不多见(有时会出现机构购买的情况),但一旦如此,通常可以通过谈判获得更高的折扣。

(4) 功能折扣　中间商在房地产产品分销过程中所处的环节不同,其所承担的功能、责任和风险也不同,开发商据此给予不同的折扣称为功能折扣。

(5) 季节折扣　房地产产品的生产是连续的,而其消费却具有一定的季节性。为了调节供需矛盾,房地产开发商可采用季节折扣的方式,对在淡季购买商品房的顾客给予一定的优惠,使开发商的生产和销售在一年四季都能保持相对稳定。

(6) 折让(促销减价形式)　价格折让是根据价目表给顾客以价格折扣的另一种类型,是减价的一种形式。例如,新产品试销折让,如商品标价115元,去掉零头,减价5元,顾客只付110元。

2. 心理定价策略

心理定价策略,是针对顾客心理而采用的一类定价策略。主要包括以下几种类型。

(1) 声望定价　声望定价即针对消费者"便宜无好货、价高质必优"的心理,对在消费者心目中享有一定声望,具有较高信誉的产品制定高价。不少高级名牌产品和稀缺产品,如豪华轿车、高档手表、名牌时装、名人字画、珠宝古董等,在消费者心目中享有极高的声望价值。购买这些产品的人,往往不在乎产品价格,而最关心的是产品能否显示其身份和地位,价格越高,心理满足的程度也就越大。

(2) 尾数定价　又称零头定价或缺额定价,即给产品定一个零头数结尾的非整数价格。大多数消费者在购买产品时,乐于接受尾数价格。如0.99元、9.98元、99.8元等。消费者会认为这种价格经过精确计算,购买不会吃亏,从而产生信任感。同时,价格虽离整数仅相差几分或几角钱,但给人一种低一位数的感觉,符合消费者求廉的心理愿望。这种策略通常适用于基本生活用品。

(3) 吉祥数字定价　是指企业根据不同消费者的偏好,以一些吉祥数字作为产品的价格，以吸引顾客、扩大销售的一种定价策略。

（4）招徕定价　这是适应消费者"求廉"的心理，将产品价格定得低于一般市价，个别的甚至低于成本，以吸引顾客、扩大销售的一种定价策略。采用这种策略，虽然几种低价产品不赚钱，甚至亏本，但从总的经济效益看，由于低价产品带动了其他产品的销售，企业还是有利可图的。

3. 差别定价策略

差别定价又称价格歧视，是指企业按照两种或两种以上不反映成本费用比例差异的价格销售某种产品或劳务。主要包括以下几种类型。

（1）顾客差别定价　即企业按照不同的价格把同一种产品或劳务卖给不同的顾客。例如，某房地产开发商按照目标价格把某种户型房子卖给顾客A，同时按照较低价格把同一种户型房子卖给顾客B。这种价格歧视表明，顾客的需求强度和商品知识有所不同。

（2）形式差别定价　即企业对不同型号或形式的产品分别制定不同的价格，但是，不同型号或型式产品的价格之间的差额和成本费用之间的差额并不成比例。

（3）形象差别定价　是指企业根据不同的形象，给同一种产品定出两个不同的价格。

（4）位置差别定价　即企业对于处在不同位置的产品或服务分别制定不同的价格，即使这些产品或服务的成本费用没有任何差异。例如剧院，虽然不同座位的成本费用都一样，但是不同座位的票价有所不同，这是因为人们对剧院的不同座位的偏好有所不同。

（5）时间差别定价　即企业对于不同季节、不同时期甚至不同钟点的产品或服务也分别制定不同的价格。

4. 产品组合定价策略

（1）产品线定价　开发商开发出的是产品线，即一系列产品，而不是单一物业。

（2）选择品定价　开发商在提供产品的同时，会附带一定的服务，如毛坯房和精装房。

（3）补充品定价　即附属品定价，如后期物业服务单独定价。

（4）产品束定价　以一组产品定价。

二、房地产价格调整

（一）房地产价格调整类型

在市场经济环境中，随着供求关系的变化和市场竞争激烈程度的变化，价格也就有上升或下降的波动。房地产企业在制定好定价策略后，将要面临如何选择时机提价或降价的问题。

1. 降低价格

当卖方面临销售停滞不前，同业竞争极为激烈时，经常需要做降价的考虑。降价终将引起同业间的摩擦与价格战，但却是不得已而为之的。另一种情况是生产能力过剩，产量过多，资金占用严重，而增加销售力量、改进产品或其他营销手段都无法达到销售目标，从而造成资金周转不灵，企业无法进一步扩大业务。于是一些房地产企业放弃"追随领导者的定价"的做法，而采用"攻击性定价"的方法，以便提高销售量。有时企业为了获取市场占有率也会主动降价，随着市场占有率的提高，生产成本又会因销售量的增长而下降。

2. 提高价格

提价会引起消费者及中间商的不满，但有时在外部环境剧烈变化时，房地产企业为了生存也不得不提价。例如由于通货膨胀，成本高涨，但生产率无法提高，许多企业不得不以提高价格的方式来确保利润。提价虽然会招来顾客的抱怨，引起公司销售人员的困扰，但如果运用得当，成功的提价会给公司增加利润。

(二) 调价策略

1. 低开高走调价策略

低开高走调价策略是指随工程形象进度或根据销售进度情况，每到一个调价时点，按预先确定的幅度调高一次售价的策略，也就是价格有计划定期提高的定价策略。低开高走是开发商常用的价格调整策略，多用于期房销售。因为期房销售价与其施工进度关系密切，由于开发商投入资金不同，楼盘的市场价在不断的变化之中。这种价格的动态特征与市场价格的合理变换相一致。

(1) 低开高走调价策略的主要方式

① 根据工程形象进度调整。根据工程形象进度来实施低开高走的价格调整策略，可以按照以下几个阶段来确定调价时机。

第一阶段，项目开工。此时项目尚未正式开盘，项目的形象尚无充分展示，价格也最低。若采取预先认购方式，主要目的是试探市场，检验项目定位是否正确。

第二阶段，项目开盘。此时项目形象包装，卖场包装准备就绪，主力客户即将到来，为确保利润，价格自然要比认购期高出一筹。至实景样板间开放（或其他工程进展中标志性时间），工程形象日臻完善，销售高潮已经形成，此时调整价格，客户抗拒心理一般不大。

第三阶段，项目主体结构封顶。主体结构封顶标志着项目主体完工，购买风险大大降低，项目的大部分优势、卖点大多能充分展示，至项目完全竣工，项目好坏优劣一览无余，客户资金垫付时间短，适当调整价格，消费者也能理解，对于分多期开发的大盘或超大盘来说，随着工程不断展开，商业配套设施日益完善，一期比一期价高更是常见策略。

② 根据销售进度灵活调整。根据销售进度机动灵活调整价格，一般来说是指在项目销售进度完成情况较好，并聚集了十足的人气后，为进一步制造销售高潮，以调高价格的方式来对犹豫中的客户形成压迫性氛围，通过公告调价信息或调价方案来向客户表明该项目极为畅销，如不尽快行动，将不得不高价购买甚至错失良机。

③ 根据销售周期灵活调整。开发项目的销售周期会随着开发产品的不同而存在差异，一般来说，对于总销售周期为一年左右的项目，销售期达两个月左右时即有调价的必要，同时调价的时机也可结合销售率来确定。当销售率达到20%时即可调价。若销售期仅三四周时间即可达到30%的销售率，此时就有了调价的必要；若30%的销售率经过很长时间才达到，此时调价危险性较高。

(2) 低开高走调价策略的主要优点

① 快速成交，促进良性循环。价廉物美是每一个消费者的愿望，以低于行情的价格开盘，肯定能吸引相当一部分客户的注意，客户在对产品进行了解、确认事实后，便很容易成交；这不仅意味着企业创利的开始，而且能鼓舞员工士气，以良好的精神状态开展日后的工作。此外，大量客户上门，即使没有成交，也会营造出现场热烈的气氛，创造楼盘良好形象。

② 高走调价能造成房地产增值的印象。给前期购房者以信心，并通过其口碑传播，能进一步形成人气，刺激有购房动机者的购买欲，促使其产生立即购房的想法。

③ 价格控制较容易。由于低价开盘，价格的主动权掌握在开发商手里，当市场反应热烈时，可以逐步提高销售价格，形成热销的良好局面；当市场反应平淡时，则可以维持低价

优势，在保持一定成交量的情况下，静观市场的反应或放缓提价步伐。

④ 加速资金周转。有成交即有资金流入，开发商的资金运转才能形成良性循环，特别是在市场不景气时。

(3) 低开高走调价策略的主要缺点

① 首期利润不高。低于市场行情的售价往往首期利润不高，有的甚至没有利润。开发商因此将主要利润的获取寄希望于后续调价。

② 楼盘形象难以提升。高价位不一定代表高品质，但高品质是需要高价位来支撑的。低价开盘，作为局部的促销活动问题不大，但若作为开发商的一项长久的策略，则必然会影响楼盘的档次定位和实际运作。

(4) 适用范围

若一个楼盘面对以下一种或多种情况时，低价面市将是一个比较明智的选择。

① 产品的均好性不强。产品的开盘价格虽然受许多外部因素影响，但自身条件仍是最根本的。一定的价格在绝大部分情况下总是对应着一定的产品品质。如果一个楼盘的地点、规划、户型、服务等综合性能和市场其他产品比较，不但没有优势，而且还有或多或少的劣势，若价格的定位不与之匹配则其定价的基础就不稳固，降价的趋势是理所当然的。

② 楼盘的开发量相对较大。房地产是一个区域性的产品，而区域性客源不但是有限的，而且是"喜新厌旧"的。开发量相对较大，吸纳量相对较少，造成销售时间拉长，低价入市，低开高走将是一个比较明智的选择。

③ 市场竞争激烈，类似产品过多。在项目附近地区如果相似产品过多，产品定价则应该以增强产品竞争力为主。否则大量的广告只是替他人做嫁衣。虽然吸引了不少客户，但客户在决定购买之前，必然会与周边楼盘做一比较，如果你的产品没有什么特色，销售价格也没有吸引力，客户自然就会流失。

2. 高开低走调价策略

高开低走这种调价策略是开发商在新开发的楼盘上市初期，以高价开盘销售，迅速从市场上获取丰厚的营销利润，然后降价销售，力求尽快将投资全部收回。

(1) 优点与缺点　与低价开盘不断调高的价格策略相对应，高价开盘的利弊正好相反，其优点主要表现在以下三个方面：①在项目初期便于获取最大的利润；②开盘价格水平定位较高，便于展示楼盘的品质和口碑，与领导者形象相呼应，创造企业无形资产；③由于高开低走，价格先高后低，或者定价高折扣大，消费者也会感到一定的实惠。

其缺点主要表现在以下三个方面：①日后价格直接调控余地少；②若价格偏离当地主流价位，则资金周转相对缓慢；③由于价格较贵，难以聚集人气，难以形成"抢购风"，楼盘营销有一定的风险。

(2) 适用范围　这种策略一般适用于以下两种情况：①一些高档商品房，市场竞争趋于平缓，开发商在以高价开盘取得成功，基本完成了预期的营销目标后，希望通过降价将剩余部分迅速售出，以回笼资金；②楼盘或小区销售处于宏观经济周期的衰退阶段，或者由于竞争过度，高价开盘并未能达到预期效果，开发商不得不调低售价，以促进销售尽早收回投资。

(三) 调价技巧

在调价过程中，为了适应房地产的特殊性，必须采用一些恰当的方式、方法来放大调价产生的积极效果，尽量减少消极影响，这就是调价技巧的运用，主要包括调价方式、调价方法等。

1. 调价方式

调价时降价可以采取"明升暗降"的原则。降低价格，应尽量不变动价目表价格，以调低底价为主，加大议价的空间，除非是因为价目表定得过高，影响消费者的购房意愿。这样，一方面可以避免已购房客户受到销售价格调低而引发的抵抗心理；另一方面也避免客户受"买涨不买跌"心理的影响。降价从本质上来讲分为三种：一种是为抢占市场份额而降价；一种是为吸引买家注意，刺激消费而降价；一种是为加快资金回笼，提高资金周转速度而降价。实质不同，手法也就各异。

对于提价，则市场的风险比降价更大，最主要的是一旦自己提价，而周边的竞争楼盘没有变动，在产品差异不大的情况下，竞争者将享受到比较价格优势，将客户吸引过去。此时除非是自己的销售手法、推广手段有较大的改进，否则提价的后果比较严重。因此在提价时最重要的是依据工程进度和销售状况综合决策。

2. 调价方法

（1）均价调整　就是对一栋楼的计算价格进行上调或者下降，因为均价是制定所有单元价格的计算基础，均价的调整意味着所有单元价格都一起参与调整。这样的调整，每套单元的调整方向和调整幅度都是一致的，是产品对市场总体趋势的统一应对。

（2）差价系数的调整　楼盘定价时每套单元因为产品的差异而制定不同的差价系数，每套单元的价格则是由房屋均价加权制定的水平、垂直差价系数而计算来的，但实际销售中每套单元因为产品的差异性而为市场接纳程度的不同未必与开发商预估的一致。差价系数的调整就要求根据实际销售的具体情况，对原先所设定的差价体系进行修正，将畅销单元的差价系数再调高一点，相对滞销单元的差价系数再调低一点，以均衡各种类型的单元销售比例。差价系数的调整包括：楼盘水平差价系数和单元的垂直差价系数的调整，位置、座向、临街状况、与其他楼宇的间距、与小区花园、公共建筑等配套服务设施的距离，每个梯间的户数等以及朝向，此外，通风、采光、视野、景观、平面布局等也都会作为考虑因素。

（3）付款方式的调整　付款方式是房价在时间上的一种折让，它对价格的调整是较为隐蔽的。付款时段的确定与划分，每个付款时段的款项比例分配，各种期限的贷款利息高低的斟酌，是付款方式的三大要件。付款方式对价格的调整就是通过这三大要件的调整来实现的。

① 付款时间的调整，指总的付款期限的减少或拉长，各个时段付款时间的设定是向前移或向后靠。

② 付款比例的调整，指各个阶段的付款比例是前期高或后期低，还是付款比例在各个阶段的均衡分布。

③ 付款利息的调整，指付款利息高于、等于或低于银行的贷款利息，或者干脆取消贷款利息，纯粹是建筑付款在交房后的延续。

第四节　物业管理

一、物业管理的任务和内容

（一）物业管理的基本概念

1. 物业与物业管理

"物业"一词源于中国香港及东南亚一带的地区和国家，英语为"estate"或"property"，其含义为财产、资产、地产、房地产、产业等。物业一词自 20 世纪 80 年代引入，现已形成了一个完整的概念，即物业是指已建成并投入使用的各类房屋及与之相配套的设备、设施和场地。

2003 年 6 月 8 日，国务院颁布《中华人民共和国物业管理条例》（以下简称《物业管理条例》），2007 年 8 月进行了修订，标志着我国物业管理进入法制化、规范化发展的新时期。2016 年 1 月 13 日《国务院关于修改部分行政法规的决定》（国务院令第 666 号）以及 2018 年 3 月 19 日《国务院关于修改和废止部分行政法规的决定》（国务院令第 698 号）对《物业管理条例》进行了完善修改。

《物业管理条例》规定，物业管理是指业主通过选聘物业服务企业，由业主和物业服务企业按照物业服务合同约定，对房屋及配套的设施设备和相关场地进行维修、养护、管理，维护物业管理区域内的环境卫生和相关秩序的活动。

2. 物业管理的基本特征

物业管理是一种新型的管理模式，具有社会化、专业化、企业化、市场化的特征。

（1）社会化　物业管理社会化有两层含义，一是物业的所有权人要到社会上去选聘物业管理服务企业；二是物业管理企业要到社会上去寻找可以代管的物业。物业管理的社会化体现在业主只需按照约定的收费标准按时缴纳管理费和服务费，就可以获得周到的服务。既方便业主，也便于统一管理，有利于提高整个城市管理的社会化程度，以充分发挥各类物业的综合效益和整体功能。

（2）专业化　物业管理专业化体现在物业管理将分散的社会分工汇集起来，诸如房屋、水电、清洁、保安、绿化等，由专业的物业服务公司实施对物业的统一管理。每位业主只需面对物业服务企业一家就能将所有关于房屋和居住（工作）环境的日常事宜办妥，而不必分别面对各个不同部门，犹如为各业主找到了一个"总管家"。物业管理将有关物业的各专业管理都纳入物业管理企业的范畴之内，物业服务企业可以通过设置分专业的管理职能部门来从事相应的管理业务。随着社会的发展，社会分工渐趋于专业化，物业服务企业也可以将一些专业管理以经济合同的方式交予相应的专业经营服务公司。例如，机电设备维修承包给专业设备维修企业；物业保安可以向保安公司雇聘保安人员；园林绿化可以承包给专业绿化公司；环境卫生也可以承包给专业清洁公司。这些专门组织的成立，表明这一行业已从分散型转向了专业型。这种转向有利于提高城市管理的专业化和社会化程度，并能进一步促进城市管理向现代化的管理方式转换。

（3）企业化　物业管理企业化是指通过组建物业服务公司对物业进行企业化管理和经营的过程，其核心是按照现代企业制度组建物业公司并运作。首先，物业服务公司应"真正成为相对独立的经济实体，成为自主经营、自负盈亏的社会主义商品生产者和经营者，具有自我改造和自我发展的能力，成为具有一定权利和义务的法人"。其次，物业管理行为是一种企业行为，企业以经济手段为主，实行责、权、利相结合的经营责任制。

（4）市场化　物业服务企业向业主、使用者提供服务，业主和使用者购买并消费这种服务，这是市场交换的商业行为。正是市场竞争的机制和商品经营的方式使得物业管理的最根本特征就是市场化。

国家提倡业主通过公开、公平、公正的市场竞争机制选择物业服务企业。国家鼓励采用新技术、新方法，依靠科技进步提高物业管理和服务水平。国务院建设行政主管部门负责全国物业管理活动的监督管理工作。县级以上地方人民政府房地产行政主管部门负责本行政区域内物业管理活动的监督管理工作。

（二）物业管理的基本内容

物业管理按服务的性质和提供的方法可分为公共服务、专项服务和特约服务三类。

1. 公共服务

物业管理公共服务是物业服务企业面向所有业主提供的最基本的管理与服务，目的是确保物业完好与正常使用，保证正常的工作、生活秩序和美化环境，是物业内所有业主每天都能享受到的服务。其内容和要求在物业管理委托合同中有明确规定，物业服务企业有义务按时、保质提供这些服务。这些管理服务包括下列具体内容。

（1）房屋建筑主体的管理　这是为保持房屋完好率、确保房屋使用功能而进行的管理与服务工作。包括房屋基本情况的掌握、房屋修缮及其管理、房屋装修管理等各项工作。

（2）房屋设备、设施的管理　这是为保持房屋及其配套附属的各类设备、设施的完好及正常使用而进行的管理工作。包括各类设备、设施基本情况的掌握，各类设备、设施的日常运营、保养、维修与更新的管理。

（3）环境卫生的管理　包括楼宇内外物业环境的日常清扫保洁、垃圾清除外运等工作。

（4）绿化管理　包括园林绿地的营造与保养、物业整体环境的美化等。

（5）治安管理　包括楼宇内外的安全、保卫、警戒、对各种突发事件的预防与处理以及排除各种干扰，保持物业区域的安静。

（6）消防管理　包括火灾的预防及发生火灾时的救护与处理。

（7）车辆道路管理　包括车辆的保管、道路的管理、交通秩序的维护等。

（8）公众代办性质的服务　指为业主和使用人代收代缴水电费、煤气费、有线电视费、电话费等公共事业性费用。

2. 专项服务

物业管理专项服务是指物业服务企业为改善和提高业主（用户）的工作、生活质量，满足用户的一定需要而提供的各项服务工作。其特点是物业服务企业事先设立服务项目，并将服务内容与质量、收费标准公布，用户可根据需要自行选择。专项服务实质上是一种代理业务，为用户提供工作、生活的方便。专项服务是物业管理企业开展多种经营的主渠道。专项服务涉及千家万户，涉及日常工作、生活的方方面面，内容也比较繁杂。不同的物业服务企业提供专项服务也各有不同，但专项服务的内容不外乎以下几大类。

（1）日常生活服务类　包括为住户收洗衣物、代购日常用品、清扫卫生，代购代订车船票、飞机票，接送小孩上学、入托，接送病人看病，代住户保管自行车与机动车及车辆的保养、清洗与维修等。

（2）商业服务类　指物业服务企业为开展多种经营而提供的各种商业经营服务项目，如开办小型商场、饮食店、美发厅、修理店等；安装、维护和修理各种家用电器和生活用品等。

（3）文化、教育、卫生、体育活动服务类　指各类相关设施的建立与管理，以及各种活动的开展。如开办图书室、录像室、托儿所、幼儿园等，设立卫生站，提供出诊、打针、小孩疫苗接种、家庭病房服务，开办各种健身场所，举办小型体育活动和比赛等。

（4）金融服务类　代办各种财产保险、人寿保险等业务。

（5）经纪代理中介服务　指物业服务企业拓展的经纪、代理与中介服务工作。如请家教、保姆，代理房屋交换、广告业务等。

(6) 社会福利类　物业服务企业可提供带有社会福利性质的各项服务工作。如照顾孤寡老人，拥军优属等，这类服务一般是以低价或无偿的方式提供。

3. 特约服务

特约服务是根据业主和住户需要，提供各类特别服务，这些通常是有偿的。如看护老人、病人、儿童，代购、送货上门等。物业管理服务企业还可以利用部分物业开展多种经营，增加收入，补充管理经费不足，减轻业主和住户的负担。

(三) 物业管理的基本环节

物业管理的运作，既是管理思想的体现，又是管理理论的实践，是全部物业管理活动的总和。为保证物业管理服务有条不紊地顺利启动和正常进行，从规划设计开始到管理工作的全面运作，有若干环节不容忽视。这些基本环节分别包括：物业管理的策划阶段、物业管理的前期准备阶段、物业管理的启动阶段、物业管理的日常运作阶段。

1. 物业管理的策划阶段

这一阶段的工作包括物业管理的前期介入、制订物业管理方案、选聘或组建物业管理服务企业三个基本环节。物业管理的前期介入是指物业管理服务企业在接管物业以前的各个阶段（项目决策、可行性研究、规划设计、施工建设等阶段）就参与介入，从物业管理运作的角度对物业的环境布局、功能规划、楼宇设计、材料选用、设备选型、配套设施、管线布置、房屋租赁经营、施工质量、竣工验收等多方面提供有益的建设性意见，把好规划设计关、建设配套关、工程质量关和使用功能关，以确保物业的设计和建造质量，为物业投入使用后的物业管理服务创造条件。物业管理方案包括以下主要内容：根据物业类型和功能，规划物业消费水平，确定物业管理服务的档次；根据不同类型、功能和档次的物业确定服务标准；进行财务收支预算，即依据政府的有关规定，根据物业管理服务的标准，进行费用的测算，确定各项目的收费标准及支出预算，进行费用分摊，并建立完善的、能有效控制管理费用收支的财务制度。在物业管理方案制订并经审批之后，即应根据方案确定的物业管理服务档次着手进行物业管理服务企业的选聘。在开发项目全面竣工交付使用之前，首次选聘物业管理服务企业的工作由房地产开发建设单位进行。

2. 物业管理的前期准备阶段

物业管理的前期准备工作包括物业管理服务企业内部的机构设置与拟定人员编制、物业管理服务人员的选聘与培训、规章制度的制定、物业租售的介入四个基本环节。首先，受聘的物业管理服务企业要依据受委托管理的物业的规模及特点组建管理机构、设置工作岗位，视实际需要确定具体员工数；其次，对物业管理服务人员进行选聘和培训，选聘的人员一般需要两种类型——管理类型和工程技术类型；第三，依据国家和政府有关部门的法律、法规、文件和示范文本，结合本物业的实际情况，制定一些必要的、适用的制度和管理细则；第四，接受开发建设单位委托，在开始实施物业管理服务后，对剩余物业的销售与租赁。

3. 物业管理的启动阶段

物业管理的全面正式启动以物业的接管验收为标志，从物业的接管验收开始到业主委员会的正式成立，包括物业的接管验收、用户入住、产权备案和档案资料的建立、首次业主大会的召开和业主委员会的正式成立四个基本环节。物业的接管验收包括新建物业的接管验收和原有物业的接管验收。新建物业的接管验收是在政府有关部门和开发建设单位对施工单位竣工验收的基础上进行的再验收。原有物业的接管验收通常发生在产权人将原有物业委托给物业管理服务企业管理之际；或发生在原有物业改聘物业服务企业，在新老物业服务企业之间。用户入住是指住宅小区的业主入住，或商业楼宇中业主和非业主使用人的迁入，这是物业服务企业与服务对象的首次接触。用户入住时，首先要签订《前期物业管理服务协议》，为了能有一个良好的开端，物业服务企业首先需要做好宣传工作，使用户了解和配合物业管理工作。其次，要做配合用户搬迁工作，如清洁卫生、现场协助用户搬迁、做好用户搬迁阶段的安全工作、加强对用户装修的管理等工作。房地产的产权备案和权属登记是不同性质的工作，权属登记是政府行政部门的行业管理。产权备案是物业管理中一个十分重要的环节，物业管理就是使产权人的权利得保障，并承担所应尽的义务。物业中的公共设施和房屋公共部位，是多个产权人共有的财产，其维修养护费用应由共有人按产权份额比例分担。为准确界定每个产权人拥有产权的范围和比例，维护其合法权益，建立产权备案是实施物业管理必须做而且要做好的一项工作。档案资料包括业主或非业主使用人的资料和物业的资料。当物业销售和用户入住达到一定比例时（如50%），应在政府房地产行政主管部门指导下适时召开首次业主大会，制定和通过业主公约，选举产生业主委员会。至此，物业管理工作就从全面启动转向日常运作。

4. 物业管理的日常运作阶段

物业管理的日常运作包括日常的综合服务与管理和系统的协调两个环节。日常综合服务与管理是指用户入住后，物业服务企业在实施物业管理中所做的各项工作，这是物业服务企业最经常、最持久、最基本的工作内容，也是其管理水平的集中体现。物业管理社会化、专业化、市场化的特征，决定了其具有特定的、复杂的系统内、外部环境条件。系统内部环境条件主要是物业服务企业与业主、业主大会、业主委员会的相互关系协调；系统外部环境是与相关部门关系的协调。物业服务企业要想做好物业管理工作，就要创造良好的内、外部环境条件，内部环境条件是基础，外部环境条件是保障。与此同时，政府还要加强物业管理的法制建设和宏观协调。

二、物业管理的管理团体和管理规约

（一）区分所有权建筑物的管理制度

1. 建筑物区分所有权的概念和特征

建筑物区分所有权是指多个区分所有权人共同拥有一栋建筑物时，各区分所有权人对建筑物专有部分所享有的专有所有权、与对建筑物共有部分所享有的共有所有权，以及因区分所有权之间共同关系所产生的成员权的总称。

建筑物区分所有权由专有所有权、共有所有权和成员权三部分组成。专有所有权又称专有权，是指区分所有权人对专有部分享有的占有、使用、收益和处分的权利。共有所有权又称共有权，是指区分所有权人对建筑物整体安全所享有的权利，以及对于自己专有部分以外的共有部分共同享有的权利。共有所有权可分为全体业主共有所有权和部分业主的部分共有权。成员权也称构成员权，是指各区分所有权人作为基于他们的不可分离的产权关系所产生的团体组织的成员而享有的权利和承担的义务。

建筑物区分所有权具有以下特征。

（1）复合权　建筑物区分所有权是由三种权利构成的，即专有所有权、共用部分持分权和成员权。一般不动产所有权，其构成则是单一的，一般仅指权利主体对不动产享有占有、使用、收益及处分的权利。

（2）专有所有权的主导性　在建筑物区分所有权三项内容（权利）中，专有所有权处于主导地位。具体表现为：一是区分所有权人取得专有所有权即意味着取得了共用部分持分权（共有所有权）及成员权。反之，区分所有权人丧失了专有所有权亦即意味着丧失了共用部分持分权与成员权。二是区分所有权人专有所有权的大小，决定了共用部分持分权及成员权的大小。三是对区分所有权进行产权登记，只登记专有所有权，而共用部分持分权及成员权则不单独登记。

（3）一体性　一体性表现在：一是构成建筑物区分所有权的三项内容必须结为一体，不可分离。在转让、处分、抵押、继承时，均应将三者视为一体，不得保留其一、二权而转让、抵押其他权利。二是在同一栋建筑物上，不能既设定区分所有权，又设定一般所有权或一般共有权。要设定区分所有权，必须将整栋建筑物都区分为专有部分和共用部分，并设定相应的专有所有权和共用部分持分权，否则在权利归属和利益分配上将会发生混乱。

（4）权利主体身份的多重性　在建筑物区分所有权上，由于其由专有所有权、共用部分持分权及成员权构成，因而区分所有权人的身份亦具有多重性。

2. 区分所有权建筑物的管理制度

（1）管理内容　包括物的管理和人的管理。

（2）管理方式　自主管理或委托管理。

（3）管理规约　是指全体区分所有权人就建筑物的管理、使用及所有关系，以书面的形式修订的自治规则。

（4）管理团体　为了维护建筑物各部分应有的机能，解决纠纷，维护公共生活秩序，所成立超越个人的团体组织，以定规约、设机构管理。

（二）业主大会和业主委员会

1. 业主大会的组织形式

业主大会是由物业管理区域内全体业主组成，代表和维护物业管理区域内全体业主在物业管理活动中的合法权益的自治组织。一个物业管理区域成立一个业主大会，物业管理区域的划分应当考虑物业的共用设施设备、建筑物规模、社区建设等因素。

同一个物业管理区域内的业主，应当在物业所在地的区、县人民政府房地产行政主管部门或者街道办事处、乡镇人民政府的指导下成立业主大会，并选举产生业主委员会。但是，只有一个业主的，或者业主人数较少且经全体业主一致同意，决定不成立业主大会的，由业主共同履行业主大会、业主委员会职责。

（1）首次业主大会　首次业主大会在物业交付使用，且入住率达到一定比例时（一般规定为50%），由政府物业管理行政部门指导，由业主按法定程序和形式召开。业主大会每年至少召开一次，经20%以上业主提议，可召开临时会议。召开业主大会会议，应当于会议召开15日以前通知全体业主。住宅小区的业主大会会议，应当同时告知相关的居民委员会。

（2）业主大会的职责

① 制定和修改业主大会议事规则。

② 制定和修改建筑物及其附属设施的管理规约。

③ 选举业主委员会或者更换业主委员会成员。

④ 选聘和解聘物业服务企业或者其他管理人。

⑤ 筹集和使用建筑物及其附属设施的维修资金。

⑥ 改建、重建建筑物及其附属设施。

⑦ 有关共有和共同管理权利的其他重大事项。

2. 业主委员会的产生和组织

业主委员会由业主大会从业主中选举产生。业主委员会委员的人数应当为单数，但是不得少于5人，具体人数由业主大会议事规则确定。主任、副主任在业主委员会委员中推举产生。业主委员会委员任期由业主大会议事规程规定。第一次业主大会选举产生业主委员会，人数5~15人，设主任一名，副主任2~3名。

3. 业主委员会的职责

业主委员会是业主大会的执行机构，业主委员会执行业主大会的决定事项，履行下列职责：召集业主大会会议，报告物业管理的实施情况；代表业主与业主大会选聘的物业服务企业签订物业服务合同；及时了解业主、物业使用人的意见和建议，监督和协助物业服务企业履行物业服务合同；监督管理规约的实施；业主大会赋予的其他职责。

复习思考题

1. 房地产收益获取方式有哪些？
2. 房地产促销组合的内容包括哪几方面？
3. 如何进行房地产产品定价？
4. 结合房地产市场案例说明高开低走、低开高走定价策略的应用及适用情况分析。
5. 物业管理的基本环节有哪几个阶段？每个阶段的特点是什么？
6. 业主大会和业委员会是怎样形成的？
7. 物业管理的基本内容是什么？

第八章 房地产交易管理与权属登记

【本章提要】 主要依据最新公布的《中华人民共和国城市房地产管理法》《中华人民共和国土地管理法》《中华人民共和国物权法》《不动产登记暂行条例》《城市房地产抵押管理办法》《城市房屋权属登记管理办法》《城市房地产权属档案管理办法》等阐述我国现行的房地产交易和房地产权属登记制度，通过本章学习掌握从事房地产开发、经营或投资活动中房地产有关交易和权属问题。

房地产交易是指房屋及土地的供应与需求双方通过在市场上的买卖活动而实现房屋或土地的所有权或使用权转移的行为过程；房地产权属登记是指法律规定的管理机构对房地产的权属状况进行持续的记录，对拥有房地产的人的权利进行登记，包括权利的种类、权利的范围等情况的记录。房地产权属管理是房地产交易管理的基础，房地产交易管理是房地产权属管理的继续，是房地产权属的动态管理。一项合法有效的房地产交易其前提是房地产产权明确、数量准确、质量可靠，这必须要借助于房地产权属管理资料；而房地产交易活动的最终结果是房地产权属登记、发证。对房地产交易的管理也就是对房屋权属变动情况的跟踪管理，房地产交易权属转移登记是产权登记的组成部分，产权的取得很大一部分是市场交易行为的实现。因此，房地产交易与权属管理紧密衔接，密不可分。

第一节 房地产交易管理

一、房地产交易及其管理

（一）房地产交易的概念及特征

房地产交易是房地产交易主体之间以房地产这种特殊商品作为交易对象所从事的市场交易活动，《中华人民共和国城市房地产管理法》规定，房地产交易包括房地产转让、房地产抵押和房屋租赁三种形式。房地产交易具有一般商品交易的性质和法律特征，但与一般商品交易又有很大的区别。

（1）房地产交易对象的特殊性 房地产交易的对象是房地产，包括土地使用权、土地上的房屋以及其他建筑物的所有权，无论交易以何种形式进行，交易的对象都不会发生空间上的移动。

（2）房地产交易形式的确定性 房地产交易形式包括房地产转让、房地产抵押和房屋租赁，不包括房地产开发。

（3）房地产交易内涵的连动性 房屋必须建筑在土地之上，而土地的使用在多数情况下表现为建造房屋。因此，房地产的交易是房产和地产两者无形权利的转移，是房产和地产的有机统一；房地产交易中房产交易与地产交易必须同时进行，房产所有权与土地使用权两者有机结合、同时连动转移。

（4）房地产交易过程的复杂性　房地产交易总价高，影响房地产价格因素多；交易过程中房地产权属的流通不是瞬间完成的，不能做到"一手交钱、一手交货"，交易的安全性和复杂性远远大于普通商品的交易，通常需要有中介机构和专业人员的辅助。

（5）房地产交易是一种民事法律行为　房地产交易中的标的物是典型的不动产，买卖双方主要通过各种交易合同形式来实现交易，由此引发的房地产权属的变动必须办理登记手续，方能完成房地产权属的转移。

（二）房地产交易管理的内容

房地产交易管理是指政府设立的房地产交易管理部门及其他相关部门以行政的、法律的、经济的手段，对房地产交易活动行使指导、监督等管理职能。房地产交易管理是房地产市场管理的重要内容，房地产交易活动历来是国家对房地产市场进行管理和规范的主要对象之一。我国房地产交易管理法律制度主要包括房地产转让、商品房预售、房地产抵押和房屋租赁等内容。

我国执行房地产交易管理职能的行政主管机关是自然资源部和住房和城乡建设部，地方各级房地产管理机关主要指县级以上地方人民政府的房地产管理部门、自然资源和规划管理部门。房地产交易管理所（中心）是政府根据房地产市场发展需要设立的，供人们进行房地产交易的固定场所。

（三）房地产交易中的基本制度

《中华人民共和国城市房地产管理法》规定了三项房地产交易基本制度，即房地产成交价格申报制度、房地产价格评估制度和房地产价格评估人员资格认证制度。

1. 房地产价格评估制度

《中华人民共和国城市房地产管理法》第三十四条规定：国家实行房地产价格评估制度。房地产价格评估，应当遵循公正、公平、公开的原则，按照国家规定的技术标准和评估程序，以基准地价、标定地价和各类房屋的重置价格为基础，参照当地的市场价格进行评估。基准地价、标定地价和各类房屋重置价格应当定期确定并公布。具体办法由国务院规定。

2. 房地产成交价格申报制度

《中华人民共和国城市房地产管理法》第三十五条规定：国家实行房地产成交价格申报制度。房地产权利人转让房地产，应当向县级以上地方人民政府规定的部门如实申报成交价，不得瞒报或者作不实的申报。

《城市房地产转让管理规定》（建设部令第96号）中也规定：房地产转让当事人在房地产转让合同签订后90日内持房地产权属证书、当事人的合法证明、转让合同等有关文件向房地产所在地的房地产管理部门提出申请，并申报成交价格；房地产转让应当以申报的房地产成交价格作为缴纳税费的依据。成交价格明显低于正常市场价格的，以评估价格作为缴纳税费的依据。

3. 房地产价格评估人员资格认证制度

《中华人民共和国城市房地产管理法》第五十九条规定：国家实行房地产价格评估人员资格认证制度。《城市房地产中介服务管理规定》进一步明确：国家实行房地产价格评估人员资格认证制度。房地产价格评估人员分为房地产估价师和房地产估价员。房地产估价师必须是经国家统一考试、执业资格认证，取得房地产估价师执业资格证书，并经注册登记取得房地产估价师注册证的人员。未取得房地产估价师注册证的人员，不得以房地产估价师的名义从事房地产估价业务。房地产估价员必须是经过考试并取得房地产估价员岗位合格证的人员。未取得房地产估价员岗位合格证的人员，不得从事房地产估价业务。

二、房地产转让

（一）房地产转让的概念

《中华人民共和国城市房地产管理法》第三十七条：房地产转让是指房地产权利人通过买卖、赠与或者其他合法方式将其房地产转移给他人的行为。

《城市房地产转让管理规定》规定，房地产转让时，房屋所有权和该房屋占用范围内的土地使用权同时转让。房地产转让的实质是房地产权属发生转移变更。

房地产转让人必须是房地产权利人，而且该权利人对房地产必须拥有处分权，如所有权人、抵押权人等。转让的对象是特定的房地产权利，包括国有土地使用权和建在国有土地上的房屋的所有权。房地产转让的形式主要有三种，即房地产买卖、赠与和其他合法方式。

1. 房地产买卖

房地产买卖是指房地产所有权人（包括土地使用权人）将其合法拥有的房地产以一定价格转让给他人的行为。房地产买卖是一种民事法律行为，但房地产转让中的土地使用权转让与民法上的一般买卖行为有所不同；一般买卖行为是将财产所有权由出卖人转让给买受人，而土地使用权的买卖只是转让土地使用权，土地所有权仍属于国家。

2. 房地产赠与

房地产赠与是指当事人一方将自己拥有的房地产无偿地转让给受赠人一方的民事法律行为。房地产赠与涉及房地产权属的转移，是一种转让行为。

3. 其他合法方式

《城市房地产转让管理规定》对房地产转让的其他合法方式作了进一步细化，规定其他合法方式主要包括下列行为：①以房地产作价入股，与他人成立企业法人，房地产权属发生变更的；②一方提供土地使用权，另一方或多方提供资金，合资、合作开发经营房地产，而使房地产权属发生变更的；③因企业被收购、兼并或合并，房地产权属随之转移的；④以房地产抵债的；⑤法律、法规规定的其他情形。

（二）房地产转让的条件

房地产转让的核心是一种房地产产权转移行为，在房地产交易中占据重要地位。《中华人民共和国城市房地产管理法》对房地产转让从房地产转让的禁止条件和允许条件两个角度对房地产转让的条件做出界定。

1. 允许房地产转让的条件

《中华人民共和国城市房地产管理法》规定，房地产转让必须具备一定的条件，以出让方式取得土地使用权的房地产转让与以划拨方式取得土地使用权的房地产转让具有不同的条件要求。

（1）以出让方式取得土地使用权的，转让房地产时，应当符合下列条件。

① 按照出让合同约定已经支付全部土地使用权出让金，并取得土地使用权证书。

② 按照出让合同约定进行投资开发，属于房屋建设工程的，完成开发投资总额的百分之二十五以上，属于成片开发土地的，形成工业用地或者其他建设用地条件。

③ 转让房地产时房屋已经建成的，还应当持有房屋所有权证书。房地产转让时，土地

使用权出让合同载明的权利、义务随之转移。

（2）以划拨方式取得土地使用权的，转让房地产时，应当按照国务院规定，报有批准权的人民政府审批。有批准权的人民政府准予转让的，应当由受让方办理土地使用权出让手续，并依照国家有关规定缴纳土地使用权出让金。

以划拨方式取得土地使用权的，转让房地产报批时，有批准权的人民政府按照国务院规定决定可以不办理土地使用权出让手续的，转让方应当按照国务院规定将转让房地产所获收益中的土地收益上缴国家或者作其他处理。

2. 房地产转让的禁止条件

《中华人民共和国城市房地产管理法》规定，下列房地产不得转让：①以出让方式取得土地使用权的，不符合以出让方式取得土地使用权的房地产转让条件的；②司法机关和行政机关依法裁定、决定查封或者以其他形式限制房地产权利的；③依法收回土地使用权的；④共有房地产，未经其他共有人书面同意的；⑤权属有争议的；⑥未依法登记领取权属证书的；⑦法律、行政法规规定禁止转让的其他情形。

（三）房地产转让的程序

房地产权利人在具备了规定的转让条件后，可以根据自己的意志转让房地产，但需要按照一定的程序，经房地产管理部门办理有关手续方可成交。《城市房地产转让管理规定》要求在房地产转让时，应当按照下列程序办理：①房地产转让当事人签订书面转让合同；②房地产转让当事人在房地产转让合同签订后90日内持房地产权属证书、当事人的合法证明、转让合同等有关文件向房地产所在地的房地产管理部门提出申请，并申报成交价格；③房地产管理部门对提供的有关文件进行审查，并在7日内作出是否受理申请的书面答复，7日内未作书面答复的，视为同意受理；④房地产管理部门核实申报的成交价格，并根据需要对转让的房地产进行现场查勘和评估；⑤房地产转让当事人按照规定缴纳有关税费；⑥房地产管理部门办理房屋权属登记手续，核发房地产权属证书。

（四）房地产转让合同

1. 房地产转让合同的概念

房地产转让合同是指房地产转让当事人之间签订的用于明确各方权利义务关系的协议。房地产转让合同依照平等、自愿、有偿的原则，由双方当事人签订。合同双方若违背转让合同规定的权利义务，则必须承担相应的违约责任。

2. 房地产转让合同的主要内容

《城市房地产转让管理规定》规定，房地产转让合同应当载明下列主要内容：①双方当事人的姓名或者名称、住所；②房地产权属证书名称和编号；③房地产座落位置、面积、四至界限；④土地宗地号、土地使用权取得的方式及年限；⑤房地产的用途或使用性质；⑥成交价格及支付方式；⑦房地产交付使用的时间；⑧违约责任；⑨双方约定的其他事项。

（五）房地产转让的法律规定

① 房地产转让应当签订书面转让合同，合同中应当载明土地使用权取得的方式。

② 房地产转让时，土地使用权出让合同载明的权利、义务随之转移。

③ 以出让方式取得土地使用权的，转让房地产后，其土地使用权的使用年限为原土地使用权出让合同约定的使用年限减去原土地使用者已经使用年限后的剩余年限。

④ 以出让方式取得土地使用权的，转让房地产后，受让人改变原土地使用权出让合同约定的土地用途的，必须取得原出让方和市、县人民政府城市规划行政主管部门的同意，签

订土地使用权出让合同变更协议或者重新签订土地使用权出让合同，相应调整土地使用权出让金。

（六）关于已购公有住房和经济适用住房的转让

已购公有住房是指城镇职工根据国家和县级以上地方人民政府有关城镇住房制度改革政策规定，按照成本价（或者标准价）购买的公有住房。经济适用房是指城镇职工根据政府的有关规定，按照地方人民政府指导价购买的住房，其中包括安居工程住房和集资合作建设的住房。

经济适用住房的土地使用权全部是划拨土地，已购公有住房的土地使用权绝大部分也是划拨土地。为规范已购公有住房和经济适用住房的上市出售活动，促进房地产市场的发展和存量住房的流通，满足居民改善居住条件的需要，1999年4月，建设部发布了《已购公有住房和经济适用住房上市出售管理暂行办法》（建设部令第69号），规范已购公有住房和经济适用住房首次进入市场的出售管理。

1. 已购公有住房和经济适用住房上市出售的条件

根据《已购公有住房和经济适用住房上市出售管理暂行办法》第五条的规定，已取得合法产权证书的已购公有住房和经济适用住房可以上市出售，但有下列情形之一的已购公有住房和经济适用住房不得上市出售：①以低于房改政策规定的价格购买且没有按照规定补足房价款的；②住房面积超过省、自治区、直辖市人民政府规定的控制标准，或者违反规定利用公款超标准装修，且超标部分未按照规定退回或者补足房价款及装修费用的；③处于户籍冻结地区并已列入拆迁公告范围内的；④产权共有的房屋，其他共有人不同意出售的；⑤已抵押且未经抵押权人书面同意转让的；⑥上市出售后形成新的住房困难的；⑦擅自改变房屋使用性质的；⑧法律、法规以及县级以上人民政府规定其他不宜出售的。

2. 已购公有住房和经济适用住房上市出售的程序

已购公有住房和经济适用住房所有权人要求将已购公有住房和经济适用住房上市出售的，要经过申请、审核批准、办理过户手续和办理房屋所有权转移等程序。

（1）申请　对于已购公有住房和经济适用住房所有权人要求将已购公有住房和经济适用住房上市出售的，应当向房屋所在地的县级以上人民政府房地产行政主管部门提出申请，并提交下列材料：①职工已购公有住房和经济适用住房上市出售申请表；②房屋所有权证书、土地使用权证书或者房地产权证书；③身份证及户籍证明或者其他有效身份证件；④同住成年人同意上市出售的书面意见；⑤个人拥有部分产权的住房，还应当提供原产权单位在同等条件下保留或者放弃优先购买权的书面意见。

（2）审核批准　房地产行政主管部门对已购公有住房和经济适用住房所有权人提出的上市出售申请进行审核，自收到申请之日起十五日内作出是否准予其上市出售的书面意见。

（3）办理过户手续　经房地产行政主管部门审核，准予出售的房屋，由买卖当事人向房屋所在地房地产交易管理部门申请办理交易过户手续，如实申报成交价格，并按照规定到有关部门缴纳有关税费和土地收益。房地产交易管理部门对所申报的成交价格进行核实，对需要评估的房屋进行现场查勘和评估。

（4）办理房屋所有权转移　买卖当事人在办理完毕交易过户手续之日起三十日内，应当向房地产行政主管部门申请办理房屋所有权转移登记手续，并凭变更后的房屋所有权证书向同级人民政府土地行政主管部门申请土地使用权变更登记手续。

3. 已购公有住房和经济适用住房上市出售后的收益分配

城镇职工以成本价购买、产权归个人所有的已购公有住房和经济适用住房上市出售的，其收入在按照规定交纳有关税费和土地收益后归职工个人所有。以标准价购买、职工拥有部分产权的已购公有住房和经济适用住房上市出售的，可以先按照成本价补足房价款及利息，原购住房全部产权归个人所有后，该已购公有住房和经济适用住房上市出售收入按照本条前款的规定处理；也可以直接上市出售，其收入在按照规定交纳有关税费和土地收益后，由职工与原产权单位按照产权比例分成。原产权单位撤销的，其应当所得部分由房地产交易管理部门代收后，纳入地方住房基金专户管理。

4. 已购公有住房和经济适用住房上市出售后购买商品房

鼓励城镇职工家庭为改善居住条件，将已购公有住房和经济适用住房上市出售换购住房。已购公有住房和经济适用住房上市出售后一年内该户家庭按照市场价购买住房，或者已购公有住房和经济适用住房上市出售前一年内该户家庭已按照市场价购买住房的，可以视同房屋产权交换。

已购公有住房和经济适用住房上市出售后，房屋维修仍按照上市出售前公有住房售后维修管理的有关规定执行。个人缴交的住房共用部位、共用设施设备维修基金的结余部分不予退还，随房屋产权同时过户。

三、商品房预售

(一) 商品房预售的概念和特征

1. 商品房预售的概念

商品房是指由房地产开发公司综合开发，建成后出售的住宅、商业用房及其他建筑物。为了自用而自建或委托施工单位建设的房屋，不属于商品房的范围。

商品房预售，是指房地产开发企业将正在建设中的商品房预先出售给买受人，并由买受人支付定金或者房价款的行为。其实质是商品房期货买卖，买卖的只是商品房的一张期货合约，它与商品房现售已成为我国商品房市场中的两种主要的房屋销售形式。

2. 商品房预售的特征

商品房预售是商品房买卖的一种特殊形式，作为一种远期交货的买卖行为，主要有以下特征。

(1) 商品房预售具有较强的国家干预性　商品房预售不同于现房销售，预售商品房正在建设，预购人将面临商品房能否按期按质交付、自然灾害、预售人经营、标的物的法律诉讼、标的物的重大瑕疵等风险，将对商品房预售行为产生一定的影响。实践证明，放任自流的"楼花"交易会引发房地产交易中的过分投机、欺诈等违法行为；为此，美国、加拿大等国家禁止商品房预售。借鉴国外经验，考虑我国实际情况，我国对商品房预售一直持谨慎态度，《中华人民共和国城市房地产管理法》《城市商品房预售管理办法》和《商品房销售管理规定》等对商品房预售的条件及程序作了明确规定，如商品房预售实行预售许可制度、在预售合同签订后向当地房地产管理部门办理登记备案手续、对商品房预售款实施第三方监管并仅用于本项目建设等，体现了较强的国家干预性。

(2) 商品房预售法律关系主体一方的特定性　根据《商品房销售管理规定》《城市商品房预售管理办法》规定，商品房预售法律关系中的预售方，只能是具有房地产开发经营资格，并符合法定条件的房地产开发企业，不是普通的公、私房屋所有者。对预购方没有特定的要求和限制，可以是任何法人、公民个人和其他社会组织。

（3）商品房预售合同履行周期长、法律关系复杂　商品房预售是一种远期交货的法律行为，客体具有不可移动性，在预售行为履行期间，除预售人、预购人之间形成商品房预售法律关系外，还涉及开发企业与工程承包商之间的工程承包法律关系；若银行提供抵押贷款，则开发企业、银行与预购人又形成抵押、贷款法律关系；若预购人转让期房，则预售人、预购人、受让人之间又建立了以期房为交易标的的法律关系。预售商品房行为的具体运行中，从预售人资格申请、房屋设计、建材供应，到房屋建造、竣工交付、房屋产权登记办理等一系列环节中，任何一个环节出现误差，都可能导致预售行为不能履行或不能完全履行。相对于现房买卖，预售商品房涉及的法律关系更为复杂，履约周期更长。

（4）商品房预售合同不同于一般的分期付款买卖合同　分期付款买卖是指双方约定买受人的应付价款以分期方式交付的买卖行为，其特点是合同的标的物必须在合同生效时交付给买受人，价款尚未完全支付；分期付款方式购房可能在商品房交付给买受人后，价款尚未全部支付。商品房预售合同在合同生效时无法交付标的物，一般是房屋交付前，预售人均要求预购人以贷款或现金形式付清全部价款。因此，商品房预售合同不同于一般分期付款合同。

(二) 商品房预售的条件

1. 商品房预售的条件

为了保护购房人合法权益，规范商品房预售行为，《中华人民共和国城市房地产管理法》和《城市商品房预售管理办法》明确规定，商品房预售应当符合下列条件：①已交付全部土地使用权出让金，取得土地使用权证书；②持有建设工程规划许可证；③按提供预售的商品房计算，投入开发建设的资金达到工程建设总投资的百分之二十五以上，并已经确定施工进度和竣工交付日期；④向县级以上人民政府房产管理部门办理预售登记，取得商品房预售许可证明。

2. 商品房预售许可证办理

开发企业申请预售许可，应当提交下列证件（复印件）及资料：①商品房预售许可申请表；②开发企业的营业执照和资质证书；③土地使用权证、建设工程规划许可证、施工许可证；④投入开发建设的资金占工程建设总投资的比例符合规定条件的证明；⑤工程施工合同及关于施工进度的说明；⑥商品房预售方案。预售方案应当说明预售商品房的位置、面积、竣工交付日期等内容，并应当附预售商品房分层平面图。

(三) 商品房预售的一般规定

1. 商品房预售合同的登记备案

商品房预售，开发企业应当与承购人签订商品房预售合同。商品房预售人应当按照国家有关规定将预售合同报县级以上人民政府房产管理部门和土地管理部门登记备案。

2. 商品房预售所得款项的第三方监管

商品房预售所得款项是开发商将正在建设中的商品房出售给购房人，购房人按照商品房买卖合同约定支付给开发商的购房款（包括定金、首付款、后续付款、按揭付款）。由房地产行政主管部门会同银行对商品房预售资金实施第三方监管，房产开发企业须将预售资金存入银行专用监管账户，只能用作本项目建设，不得随意支取、使用。

3. 商品房预售许可证的公示

商品房预售许可决定书应当加盖房地产管理部门的行政许可专用印章，"商品房预售许可证"应当加盖房地产管理部门的印章。房地产管理部门作出的准予商品房预售许可的决定，应当予以公开，公众有权查阅。

开发企业进行商品房预售，应当向承购人出示"商品房预售许可证"。售楼广告和说明书应当载明"商品房预售许可证"的批准文号。

4. 预售商品房再行转让的问题

预售商品房的再转让是指商品房预售后，承购人将购买的未竣工的预售商品房再行转让的行为。这种转让只变更预售合同的主体，预售合同的内容不发生变化，由商品房承购人将预售合同的债权或权利义务转让给第三人，使第三人与预售人之间建立新的权利义务关系。预售商品房再转让的目的虽然也是使受让人取得房屋所有权，但承购人在预售商品房再转让中转让的是取得房屋所有权的期待权，而不是现存的房屋所有权。

预售商品房经转让后，原承购人从商品房预售法律关系中脱离出来，而由受让人取代其在合同中的当事人地位，享有原承购人应享有的合同权利，负担原承购人应承担的合同义务，是一种合同转让行为。

四、房地产抵押

房地产抵押是伴随着中国土地使用权制度改革和房地产业的发展，而产生的一种房地产利用方式；房地产抵押是房地产开发、交易中资金融通的重要保障手段，其实质是一种担保制度，属于担保物权的范畴。为规范房地产抵押行为，国家发布了《中华人民共和国城市房地产管理法》和《城市房地产抵押管理办法》等法律制度。

(一) 房地产抵押的概念和特征

1. 房地产抵押的概念

《中华人民共和国城市房地产管理法》第四十七条规定：房地产抵押，是指抵押人以其合法的房地产以不转移占有的方式向抵押权人提供债务履行担保的行为。债务人不履行债务时，抵押权人有权依法以抵押的房地产拍卖所得的价款优先受偿。

在房地产抵押关系中，作为担保财产的房地产就是抵押物；抵押人是指将依法取得的房地产提供给抵押权人，作为本人或者第三人履行债务担保的公民、法人或者其他组织；享有房地产抵押权的债权人为抵押权人。

房地产抵押包含预购商品房贷款抵押和在建工程抵押。

(1) 预购商品房贷款抵押　预购商品房贷款抵押（又称按揭）是指购房人在支付首期规定的房价款后，由贷款银行代其支付其余的购房款，将所购商品房抵押给贷款银行作为偿还贷款履行担保的行为。

(2) 在建工程抵押　在建工程抵押是指抵押人为取得在建工程继续建造资金的贷款，以其合法方式取得的土地使用权连同在建工程的投入资产，以不转移占有的方式抵押给贷款银行作为偿还贷款履行担保的行为。

2. 房地产抵押的特征

房地产抵押是抵押的一种形式，房地产经济价值大，耐用期限长，具有保值、增值和不可移动性，是一种较为理想的抵押品。房地产抵押具有以下特征。

(1) 房地产抵押以确保债权实现为目的　设定抵押权的直接目的在于保证债权的实现，房地产抵押权设定后，享有抵押权的债权人对抵押房地产享有优先受偿权。

(2) 设定房地产抵押不转移标的物的占有方式　房地产抵押后，抵押人可以继续对设定抵押权的房地产进行开发、经营和使用，抵押权的设定不影响房地产使用价值的实现。

(3) 房地产抵押权的获得以处分抵押房地产的价款优先受偿　债务人不履行债务时，抵押权人有权依法以抵押的房地产折价、拍卖、变卖所得的价款优先受偿。

(4) 房地产抵押物的设定为要式法律行为　房地产抵押是以不动产即房地产为标的作为抵押的，抵押权的设定必须采取书面合同的形式，并以登记为生效要件。

（二）房地产抵押权的设定

1. 设定房地产抵押的范围

《中华人民共和国城市房地产管理法》规定：依法取得的房屋所有权连同该房屋占用范围内的土地使用权，可以设定抵押权；以出让方式取得的土地使用权，可以设定抵押权。

《城市房地产抵押管理办法》规定：以依法取得的房屋所有权抵押的，该房屋占用范围内的土地使用权必须同时抵押；房地产抵押，应当遵循自愿、互利、公平和诚实信用的原则。下列房地产不得设定抵押：①权属有争议的房地产；②用于教育、医疗、市政等公共福利事业的房地产；③列入文物保护的建筑物和有重要纪念意义的其他建筑物；④已依法公告列入拆迁范围的房地产；⑤被依法查封、扣押、监管或者以其他形式限制的房地产；⑥依法不得抵押的其他房地产。

2. 房地产抵押权设定的一般规定

① 同一房地产设定两个以上抵押权的，抵押人应当将已经设定过的抵押情况告知抵押权人。抵押人所担保的债权不得超出其抵押物的价值。房地产抵押后，该抵押房地产的价值大于所担保债权的余额部分，可以再次抵押，但不得超出余额部分。

② 以两宗以上房地产设定同一抵押权的，视为同一抵押房地产。但抵押当事人另有约定的除外。

③ 以在建工程已完工部分抵押的，其土地使用权随之抵押。

④ 以享受国家优惠政策购买的房地产抵押的，其抵押额以房地产权利人可以处分和收益的份额比例为限。

⑤ 国有企业、事业单位法人以国家授予其经营管理的房地产抵押的，应当符合国有资产管理的有关规定。

⑥ 以集体所有制企业的房地产抵押的，必须经集体所有制企业职工（代表）大会通过，并报其上级主管机关备案。

⑦ 以中外合资企业、合作经营企业和外商独资企业的房地产抵押的，必须经董事会通过，但企业章程另有规定的除外。

⑧ 以有限责任公司、股份有限公司的房地产抵押的，必须经董事会或者股东大会通过，但企业章程另有规定的除外。

⑨ 有经营期限的企业以其所有的房地产设定抵押的，所担保债务的履行期限不应当超过该企业的经营期限。

⑩ 以具有土地使用年限的房地产设定抵押的，所担保债务的履行期限不得超过土地使用权出让合同规定的使用年限减去已经使用年限后的剩余年限。

⑪ 以共有的房地产抵押的，抵押人应当事先征得其他共有人的书面同意。

⑫ 预购商品房贷款抵押的，商品房开发项目必须符合房地产转让条件并取得商品房预售许可证。

⑬ 以已出租的房地产抵押的，抵押人应当将租赁情况告知抵押权人，并将抵押情况告知承租人。原租赁合同继续有效。

⑭ 设定房地产抵押时，抵押房地产的价值可以由抵押当事人协商议定，也可以由房地产价格评估机构评估确定；法律、法规另有规定的除外。

⑮ 抵押当事人约定对抵押房地产保险的，由抵押人为抵押的房地产投保，保险费由抵押人负担。抵押房地产投保的，抵押人应当将保险单移送抵押权人保管。在抵押期间，抵押权人为保险赔偿的第一受益人。

⑯ 企业、事业单位法人分立或者合并后，原抵押合同继续有效，其权利和义务由变更后的法人享有和承担。

抵押人死亡、依法被宣告死亡或者被宣告失踪时，其房地产合法继承人或者代管人应当继续履行原抵押合同。

(三) 房地产抵押的程序

房地产抵押的程序主要分为房地产抵押合同订立和房地产抵押登记两个阶段。

1. 房地产抵押合同的订立

房地产抵押，抵押当事人应当签订书面抵押合同。抵押合同应当载明下列主要内容：①抵押人、抵押权人的名称或者个人姓名、住所；②主债权的种类、数额；③抵押房地产的处所、名称、状况、建筑面积、用地面积以及四至等；④抵押房地产的价值；⑤抵押房地产的占用管理人、占用管理方式、占用管理责任以及意外损毁、灭失的责任；⑥债务人履行债务的期限；⑦抵押权灭失的条件；⑧违约责任；⑨争议解决方式；⑩抵押合同订立的时间与地点；⑪双方约定的其他事项。

以预购商品房贷款抵押的，须提交生效的预购房屋合同；以在建工程抵押的，抵押合同还应当载明以下内容。

① "国有土地使用权证""建设用地规划许可证"和"建设工程规划许可证"编号。

② 已交纳的土地使用权出让金或需交纳的相当于土地使用权出让金的款额。

③ 已投入在建工程的工程款。

④ 施工进度及工程竣工日期。

⑤ 已完成的工作量和工程量。

抵押权人要求抵押房地产保险的，以及要求在房地产抵押后限制抵押人出租、转让抵押房地产或者改变抵押房地产用途的，抵押当事人应当在抵押合同中载明。

2. 房地产抵押登记

《城市房地产抵押管理办法》规定，国家实行房地产抵押登记制度。房地产抵押合同自签订之日起 30 日内，抵押当事人应当到房地产所在地的房地产管理部门办理房地产抵押登记；房地产抵押合同自登记之日起生效。

办理房地产抵押登记，应当向登记机关交验下列文件：①抵押当事人的身份证明或法人资格证明；②抵押登记申请书；③抵押合同；④"国有土地使用权证""房屋所有权证"或"房地产权证"，共有的房屋还必须提交"房屋共有权证"和其他共有人同意抵押的证明；⑤可以证明抵押人有权设定抵押权的文件与证明材料；⑥可以证明抵押房地产价值的资料；⑦登记机关认为必要的其他文件。

登记机关应当对申请人的申请进行审核。凡权属清楚、证明材料齐全的，应当在受理登记之日起 7 日内决定是否予以登记，对不予登记的，应当书面通知申请人。

以依法取得的房屋所有权证书的房地产抵押的，登记机关应当在原"房屋所有权证"上作他项权利记载后，由抵押人收执。并向抵押权人颁发"房屋他项权证"。以预售商品房或者在建工程抵押的，登记机关应当在抵押合同上作记载。抵押的房地产在抵押期间竣工的，当事人应当在抵押人领取房地产权属证书后，重新办理房地产抵押登记。

抵押合同发生变更或者抵押关系终止时，抵押当事人应当在变更或者终止之日起15日内，到原登记机关办理变更或者注销抵押登记。因依法处分抵押房地产而取得土地使用权和土地建筑物、其他附着物所有权的，抵押当事人应当自处分行为生效之日起30日内，到县级以上地方人民政府房地产管理部门申请房屋所有权转移登记，并凭变更后的房屋所有权证书向同级人民政府土地管理部门申请土地使用权变更登记。

（四）抵押房地产的占用与管理

1. 抵押房地产的占用与管理概念

已作抵押的房地产，由抵押人占用与管理。抵押人在抵押房地产占用与管理期间应当维护抵押房地产的安全与完好。抵押权人有权按照抵押合同的规定监督、检查抵押房地产的管理情况。

抵押人占用与管理的房地产发生损毁、灭失的，抵押人应当及时将情况告知抵押权人，并应当采取措施防止损失的扩大。抵押的房地产因抵押人的行为造成损失使抵押房地产价值不足以作为履行债务的担保时，抵押权人有权要求抵押人重新提供或者增加担保以弥补不足。抵押人对抵押房地产价值减少无过错的，抵押权人只能在抵押人因损害而得到的赔偿的范围内要求提供担保。抵押房地产价值未减少的部分，仍作为债务的担保。

2. 抵押房地产的转让

房地产抵押权可以随债权转让。抵押权转让时，应当签订抵押权转让合同，并办理抵押权变更登记。抵押权转让后，原抵押权人应当告知抵押人。

经抵押权人同意，抵押房地产可以转让或者出租。抵押房地产转让或者出租所得价款，应当向抵押权人提前清偿所担保的债权。超过债权数额的部分，归抵押人所有，不足部分由债务人清偿。

3. 抵押房地产被列入拆迁范围

因国家建设需要，将已设定抵押权的房地产列入拆迁范围的，抵押人应当及时书面通知抵押权人；抵押双方可以重新设定抵押房地产，也可以依法清理债权债务，解除抵押合同。

（五）抵押房地产的处分

当债务人不能履行到期债务时，房地产抵押权人有权依法处分抵押的房地产，并就处分抵押房地产的所得优先受偿；房地产抵押权人行使处分权是抵押法律关系最为重要的一项权利，是债权得以实现的手段。

1. 房地产抵押权的实现条件

《城市房地产抵押管理办法》规定，有下列情况之一的，抵押权人有权要求处分抵押的房地产：①债务履行期满，抵押权人未受清偿的，债务人又未能与抵押权人达成延期履行协议的；②抵押人死亡，或者被宣告死亡而无人代为履行到期债务的；或者抵押人的合法继承人、受遗赠人拒绝履行到期债务的；③抵押人被依法宣告解散或者破产的；④抵押人违反有关规定，擅自处分抵押房地产的；⑤抵押合同约定的其他情况。

2. 房地产抵押权实现的一般规定

① 房地产抵押权人行使处分权，经抵押当事人协商可以通过拍卖等合法方式处分抵押房地产。协议不成的，抵押权人可以向人民法院提起诉讼。

② 抵押权人处分抵押房地产时，应当事先书面通知抵押人；抵押房地产为共有或者出

租的,还应当同时书面通知共有人或承租人;在同等条件下,共有人或承租人依法享有优先购买权。

③ 同一房地产设定两个以上抵押权时,以抵押登记的先后顺序受偿。

④ 设定房地产抵押权的土地使用权是以划拨方式取得的,依法拍卖该房地产后,应当从拍卖所得的价款中缴纳相当于应缴纳的土地使用权出让金的款额后,抵押权人方可优先受偿。

⑤ 房地产抵押合同签订后,土地上新增的房屋不属于抵押财产。需要拍卖该抵押的房地产时,可以依法将土地上新增的房屋与抵押财产一同拍卖,但对拍卖新增房屋所得,抵押权人无权优先受偿。

3. 抵押权人对抵押房地产的处分中止

《城市房地产抵押管理办法》规定,抵押权人对抵押房地产的处分,因下列情况而中止:①抵押权人请求中止的;②抵押人申请愿意并证明能够及时履行债务,并经抵押权人同意的;③发现被拍卖抵押物有权属争议的;④诉讼或仲裁中的抵押房地产;⑤其他应当中止的情况。

4. 处分抵押房地产所得金额的分配顺序

《城市房地产抵押管理办法》规定,处分抵押房地产所得金额,依下列顺序分配:①支付处分抵押房地产的费用;②扣除抵押房地产应缴纳的税款;③偿还抵押权人债权本息及支付违约金;④赔偿由债务人违反合同而对抵押权人造成的损害;⑤剩余金额交还抵押人。

处分抵押房地产所得金额不足以支付债务和违约金、赔偿金时,抵押权人有权向债务人追索不足部分。

五、房屋租赁

城市规划区内国有土地上的商品房屋租赁(以下简称房屋租赁)是房地产交易的主要形式之一,是现实生产、生活中解决用房困难、满足生产经营需要的重要途径,是民间调剂住房余缺的主要方式,是实现房地产价值的另一种形式。为规范房屋租赁行为,保障当事人的合法权益,国家发布了《中华人民共和国城市房地产管理法》和《商品房屋租赁管理办法》等法律制度。

(一)房屋租赁的概念和特征

1. 房屋租赁的概念

《中华人民共和国城市房地产管理法》规定:房屋租赁,是指房屋所有权人作为出租人将其房屋出租给承租人使用,由承租人向出租人支付租金的行为。

2. 房屋租赁的特征

房屋租赁是现实生产、生活中的一种十分普遍的法律关系,具有以下特征。

① 房屋租赁的出租人一般为房屋的所有权人。非房屋所有权人除法律有明确规定或合同有明确约定的外,一般不能对他人所有的房屋行使出租权。

② 房屋租赁不转移出租房屋的所有权。房屋出租是房屋使用权让渡,房屋所有权仍由房屋所有权人享有,承租人只取得一定时期房屋的占有权和使用权。在租赁期间内,房屋所有权人仍然能够对出租房屋行使处分权,即依法转让、抵押等;同时,在房屋租赁期间承租人也依法享有优先保护权,如"买卖不破租赁"、优先购买权等。

③ 房屋租赁一般有明确的期限。租赁期是房屋租赁关系中的一个重要因素,房屋租赁

通常是一种有偿并有固定租赁期限的合同关系，无偿与无期限房屋租赁的为例外。

④ 作为房屋租赁法律关系客体的房屋必须是法律允许出租的。

⑤ 房屋租赁应将双方当事人订立的租赁合同向房产管理部门登记备案。

(二) 房屋租赁的原则和条件

1. 房屋租赁的基本原则

房屋租赁应当遵循平等、自愿、合法和诚实信用原则。

2. 房屋租赁的条件

《商品房屋租赁管理办法》规定，具有下列情况之一的房屋不得出租：①属于违法建筑的；②不符合安全、防灾等工程建设强制性标准的；③违反规定改变房屋使用性质的；④法律、法规规定禁止出租的其他情形。

因此，房屋出租的必要条件应该是：①依法取得房屋所有权证；②没有被司法机关或行政机关依法裁定、决定查封或以其他形式限制房地产权利；③共有房屋必须取得共有人书面同意；④权属无争议；⑤已抵押的，须经抵押权人同意；⑥不属于违章建筑；⑦符合安全、防灾等工程建设强制性标准；⑧符合公安、环保、卫生等主管部门有关规定的。

(三) 房屋租赁的合同和登记

1. 房屋租赁合同的内容

《中华人民共和国城市房地产管理法》规定：房屋租赁，出租人和承租人应当签订书面租赁合同，约定租赁期限、租赁用途、租赁价格、修缮责任等条款，以及双方的其他权利和义务，并向房产管理部门登记备案。

租用房屋从事生产、经营活动的，由租赁双方协商议定租金和其他租赁条款。

以营利为目的，房屋所有权人将以划拨方式取得使用权的国有土地上建成的房屋出租的，应当将租金中所含土地收益上缴国家。

房屋租赁合同的内容由当事人双方约定，一般应当包括以下内容：①房屋租赁当事人的姓名（名称）和住所；②房屋的坐落、面积、结构、附属设施，家具和家电等室内设施状况；③租金和押金数额、支付方式；④租赁用途和房屋使用要求；⑤房屋和室内设施的安全性能；⑥租赁期限；⑦房屋维修责任；⑧物业服务、水、电、燃气等相关费用的缴纳；⑨争议解决办法和违约责任；⑩其他约定。

根据租赁房屋的实际情况，若可能面临房屋拆迁等，房屋租赁当事人应当在房屋租赁合同中约定房屋被征收或者拆迁时的处理办法。

2. 房屋租赁合同对当事人的行为约束

① 住宅用房的租赁，应当执行国家和房屋所在城市人民政府规定的租赁政策。出租住房的，应当以原设计的房间为最小出租单位，人均租住建筑面积不得低于当地人民政府规定的最低标准。厨房、卫生间、阳台和地下储藏室不得出租供人员居住。

② 出租人应当按照合同约定履行房屋的维修义务并确保房屋和室内设施安全。未及时修复损坏的房屋，影响承租人正常使用的，应当按照约定承担赔偿责任或者减少租金。

③ 房屋租赁合同期内，出租人不得单方面随意提高租金水平。

④ 承租人应当按照合同约定的租赁用途和使用要求合理使用房屋，不得擅自改动房屋承重结构和拆改室内设施，不得损害其他业主和使用人的合法权益。承租人因使用不当等原因造成承租房屋和设施损坏的，承租人应当负责修复或者承担赔偿责任。

⑤ 承租人转租房屋的，应当经出租人书面同意。承租人未经出租人书面同意转租的，

出租人可以解除租赁合同，收回房屋并要求承租人赔偿损失。

⑥ 房屋租赁期间内，因赠与、析产、继承或者买卖转让房屋的，原房屋租赁合同继续有效。承租人在房屋租赁期间死亡的，与其生前共同居住的人可以按照原租赁合同租赁该房屋。

⑦ 房屋租赁期间出租人出售租赁房屋的，应当在出售前合理期限内通知承租人，承租人在同等条件下有优先购买权。

3. 房屋租赁合同的登记

房屋租赁合同订立后三十日内，房屋租赁当事人应当到租赁房屋所在地直辖市、市、县人民政府建设（房地产）主管部门办理房屋租赁登记备案。房屋租赁当事人可以书面委托他人办理房屋租赁登记备案。

办理房屋租赁登记备案，房屋租赁当事人应当提交下列材料：①房屋租赁合同；②房屋租赁当事人身份证明；③房屋所有权证书或者其他合法权属证明；④直辖市、市、县人民政府建设（房地产）主管部门规定的其他材料。

房屋租赁当事人提交的材料应当真实、合法、有效，不得隐瞒真实情况或者提供虚假材料。对符合下列要求的，直辖市、市、县人民政府建设（房地产）主管部门应当在三个工作日内办理房屋租赁登记备案，向租赁当事人开具房屋租赁登记备案证明。

① 申请人提交的申请材料齐全并且符合法定形式。

② 出租人与房屋所有权证书或者其他合法权属证明记载的主体一致。

③ 不属于按规定不得出租的房屋。

申请人提交的申请材料不齐全或者不符合法定形式的，直辖市、市、县人民政府建设（房地产）主管部门应当告知房屋租赁当事人需要补正的内容。

房屋租赁登记备案证明应当载明出租人的姓名或者名称，承租人的姓名或者名称、有效身份证件种类和号码、出租房屋的坐落、租赁用途、租金数额、租赁期限等。房屋租赁登记备案证明遗失的，应当向原登记备案的部门补领。房屋租赁登记备案内容发生变化、续租或者租赁终止的，当事人应当在三十日内，到原租赁登记备案的部门办理房屋租赁登记备案的变更、延续或者注销手续。

直辖市、市、县建设（房地产）主管部门应当建立房屋租赁登记备案信息系统，逐步实行房屋租赁合同网上登记备案，并纳入房地产市场信息系统。房屋租赁登记备案记载的信息应当包含以下内容：①出租人的姓名（名称）、住所；②承租人的姓名（名称）、身份证件种类和号码；③出租房屋的坐落、租赁用途、租金数额、租赁期限；④其他需要记载的内容。

第二节 房地产权属登记

现代房地产法律制度由产权制度、交易制度和管理制度三部分组成，房地产权属登记为这些制度的运行提供了对房地产权属以及相关权利的确认服务，是房地产产权确认、房地产交易安全和房地产管理运行的基本保障。由于房地产在社会生活和经济活动中的重要地位，世界各国和地区都对房地产权属实行登记管理制度，但管理制度有所不同，主要分成两大类，一类是契证登记制度，一类是权证登记制度，我国实施的房地产权属登记制度采用权证登记制度。为了加强城市房屋权属管理，维护房地产市场秩序，保障房屋权利人的合法权益,国家发布了《中华人民共和国城市房地产管理法》《城市房屋权属登记管理办法》等法律制度。

一、房地产权属登记的内含

(一) 房地产权属登记的概念及功能

1. 房地产权属登记的概念

《城市房屋权属登记管理办法》规定:房屋权属登记是指房地产行政主管部门代表政府对房屋所有权以及由上述权利产生的抵押权、典权等房屋他项权利进行登记,并依法确认房屋产权归属关系的行为。《中华人民共和国城市房地产管理法》第六十条规定:国家实行土地使用权和房屋所有权登记发证制度。

我国的房地产权属登记包括土地使用权登记和房屋所有权登记两种类型,即一宗房地产要办理两个产权证书:一个是国有土地使用权证书,一个是房屋所有权证书。这是与我国现阶段土地和房屋分开管理的行政管理体制相适应的,基于房屋和土地的不可分割性,我国某些城市已开始试行两证合一的制度,以简化手续,节约交易和公示成本。

房地产权属登记过程中涉及房屋权利人、房屋权利申请人两个特定的主体。

① 房屋权利人。简称权利人,是指依法享有房屋所有权和该房屋占用范围内的土地使用权、房地产他项权利的法人、其他组织和自然人。

② 房屋权利申请人。简称申请人,是指已获得了房屋并提出房屋登记申请,但尚未取得房屋所有权证书的法人、其他组织和自然人。

2. 房地产权属登记的功能

《城市房屋权属登记管理办法》规定:房屋权属证书是权利人依法拥有房屋所有权并对房屋行使占有、使用、收益和处分权利的唯一合法凭证。依法登记的房屋权利受国家法律保护。可以看出,房地产是一种通过登记才能表征其权属的财产,房地产权属登记是一项行政法律制度,具有强行性;未经登记的权利,法律不予认可和保护。房地产权属登记具有以下功能。

(1) 公示功能　任何人设定或移转房地产权利,都会涉及第三人利益;房地产权利的设立或移转必须公开和透明,以利于保护第三人的利益,维护交易安全和秩序。房地产权属登记是公示的手段,是把房地产权利的事实向公众公开以标明房地产动态流转的情况。

(2) 公信功能　房地产权属登记记载的权利人在法律上为真正权利人,如果以后事实证明登记的物权不存在或存在瑕疵,对于信赖该物权的存在并已从事了物权交易的人,法律仍然承认其具有与真实的物权相同的法律效果。公信功能具有三个方面的内容:一是房地产权属变动的依据;二是产权正确性的推断;三是善意保护第三人。凡是信赖登记所记载的权利而与权利人进行交易的人,在没有相反的证据证明其明知或应当知道不动产登记簿上记载的权利的权利人并非真正权利人时,都应当推定其为善意第三人。

(3) 管理功能　房地产权属登记建立的房地产产权产籍资料体系,有助于国家管理房地产市场。一是对房地产市场进行监督管理,实现国家对房地产业的宏观调控职能;二是对房地产权属登记程序的审查,实现国家对税收的监管。

(4) 警示功能　房地产权属登记的警示功能,是指对各种记载房地产权利的变动均纳入登记,将各种房地产物权的排他性效力通过房地产登记薄的记载予以明确宣示,以达到告诫相对人存在房地产交易风险的作用。

（5）效率功能　交易的便捷和安全是市场经济的重要特征。经过登记的房地产权利受法律确认，有国家强制力予以保护，当事人可以充分信赖登记的内容，在交易之前不必要投入更多的精力和费用去调查、了解对方当事人是否对转让的房地产享有权利或存在权利的负担。可以节省交易费用，并能快捷地完成交易，符合市场经济的特征。

房地产权属登记有利于明确房地产所有权的归属，定纷止争；同时将房地产的权属状态变动的事实向社会公开，便于有利害关系的第三人查阅，防范"一房两卖"，维护了房地产交易的安全。

（二）房地产权属登记的原则

1. 一体登记原则

房屋的所有权登记应当与其所附着的土地一并登记，保持权利主体一致。《中华人民共和国城市房地产管理法》第六十一条规定：以出让或者划拨方式取得土地使用权，应当向县级以上地方人民政府土地管理部门申请登记，经县级以上地方人民政府土地管理部门核实，由同级人民政府颁发土地使用权证书。在依法取得的房地产开发用地上建成房屋的，应当凭土地使用权证书向县级以上地方人民政府房产管理部门申请登记，由县级以上地方人民政府房产管理部门核实并颁发房屋所有权证书。房地产转让或者变更时，应当向县级以上地方人民政府房产管理部门申请房产变更登记，并凭变更后的房屋所有权证书向同级人民政府土地管理部门申请土地使用权变更登记，经同级人民政府土地管理部门核实，由同级人民政府更换或者更改土地使用权证书。

《中华人民共和国城市房地产管理法》第六十三条规定：经省、自治区、直辖市人民政府确定，县级以上地方人民政府由一个部门统一负责房产管理和土地管理工作的，可以制作、颁发统一的房地产权证书，依照本法第六十一条的规定，将房屋的所有权和该房屋占用范围内的土地使用权的确认和变更，分别载入房地产权证书。

2. 属地登记原则

房地产是不动产，房地产权属登记采用属地登记原则便于管理，也是比较科学的。《中华人民共和国物权法》规定：不动产登记，由不动产所在地的登记机构办理。《中华人民共和国城市房地产管理法》规定：房地产权属登记，由权利人向房地产所在地的县级以上地方人民政府土地管理部门和房产管理部门申请登记，并由同级人民政府颁发土地使用权证书和房屋所有权证书。

二、我国房地产权属登记体系

房地产属于不动产，根据《中华人民共和国物权法》规定：国家对不动产实行统一登记制度。不动产物权的设立、变更、转让和消灭，应当依照法律规定登记。《不动产登记暂行条例》规定：不动产登记包括首次登记、变更登记、转移登记、注销登记、更正登记、异议登记、预告登记、查封登记。

《中华人民共和国土地管理法》规定：国家依法实行土地登记发证制度。土地登记分为土地权属的首次登记、变更登记、注销登记等；《城市房屋权属登记管理办法》规定：城市规划区国有土地范围内的房屋权属登记分为总登记、初始登记、转移登记、变更登记、他项权利登记、注销登记。

（一）土地登记

在不动产登记制度中与土地登记相关的包括集体土地所有权登记、国有建设用地使用权

登记、国有建设用地使用权及房屋所有权登记、宅基地使用权及房屋所有权登记、集体建设用地使用权及建筑物和构筑物所有权登记、地役权登记、抵押权登记等，与房地产开发与经营行为相关的包括国有建设用地使用权登记和国有建设用地使用权及房屋所有权登记。因此，房地产开发经营过程中的土地登记是指国有建设用地使用权登记。土地登记分为土地权属的首次登记、变更登记、转移登记、注销登记。土地登记资料可以公开查询。

1. 首次登记

依法取得国有建设用地使用权，可以单独申请国有建设用地使用权首次登记。

（1）申请主体　国有建设用地使用权首次登记的申请主体应当为土地权属来源材料上记载的国有建设用地使用权人。

（2）申请材料　申请国有建设用地使用权首次登记，提交的材料包括以下几方面。

① 不动产登记申请书。

② 申请人身份证明。

③ 土地权属来源材料，包括以下内容。

a. 以出让方式取得的，应当提交出让合同和缴清土地出让价款凭证等相关材料。

b. 以划拨方式取得的，应当提交县级以上人民政府的批准用地文件和国有建设用地使用权划拨决定书等相关材料。

c. 以租赁方式取得的，应当提交土地租赁合同和土地租金缴纳凭证等相关材料。

d. 以作价出资或者入股方式取得的，应当提交作价出资或者入股批准文件和其他相关材料。

e. 以授权经营方式取得的，应当提交土地资产授权经营批准文件和其他相关材料。

④ 不动产权籍调查表、宗地图、宗地界址点坐标等不动产权籍调查成果。

⑤ 依法应当纳税的，应提交完税凭证。

⑥ 法律、行政法规规定的其他材料。

2. 变更登记

（1）适用条件　已经登记的国有建设用地使用权，因下列情形发生变更的，当事人可以申请变更登记。

①权利人姓名或者名称、身份证明类型或者身份证明号码发生变化的；②土地坐落、界址、用途、面积等状况发生变化的；③国有建设用地使用权的权利期限发生变化的；④同一权利人分割或者合并国有建设用地的；⑤共有性质变更的；⑥法律、行政法规规定的其他情形。

（2）申请主体　国有建设用地使用权变更登记的申请主体应当为不动产登记簿记载的权利人。共有的国有建设用地使用权，因共有人的姓名、名称发生变化的，可以由发生变化的权利人申请；因土地面积、用途等自然状况发生变化的，可以由共有人一人或多人申请。

（3）申请材料　申请国有建设用地使用权变更登记，提交的材料包括以下内容。

① 不动产登记申请书。

② 申请人身份证明。

③ 不动产权属证书。

④ 国有建设用地使用权变更材料，包括以下内容。

a. 权利人姓名或者名称、身份证明类型或者身份证明号码发生变化的，提交能够证实其身份变更的材料。

b. 土地面积、界址范围变更的，除应提交变更后的不动产权籍调查表、宗地图、宗地界址点坐标等不动产权籍调查成果外，还应提交：以出让方式取得的，提交出让补充合同；因自然灾害导致部分土地灭失的，提交证实土地灭失的材料。

c. 土地用途变更的，提交国土资源主管部门出具的批准文件和土地出让合同补充协议。依法需要补交土地出让价款的，还应当提交缴清土地出让价款的凭证。

d. 国有建设用地使用权的权利期限发生变化的，提交国土资源主管部门出具的批准文件、出让合同补充协议。依法需要补交土地出让价款的，应提交缴清土地出让价款的凭证。

e. 同一权利人分割或者合并国有建设用地的，提交国土资源主管部门同意分割或合并的批准文件以及变更后的不动产权籍调查表、宗地图以及宗地界址点坐标等不动产权籍调查成果。

f. 共有人共有性质变更的，提交共有性质变更合同书或生效法律文书。夫妻共有财产共有性质变更的，还应提交婚姻关系证明。

⑤ 依法应当纳税的，应提交完税凭证。

⑥ 法律、行政法规规定的其他材料。

3. 转移登记

（1）适用条件　已经登记的国有建设用地使用权，因下列情形导致权属发生转移的，当事人可以申请转移登记。

①转让、互换或赠与的；②继承或受遗赠的；③作价出资（入股）的；④法人或其他组织合并、分立导致权属发生转移的；⑤共有人增加或者减少导致共有份额变化的；⑥分割、合并导致权属发生转移的；⑦因人民法院、仲裁委员会的生效法律文书等导致权属发生变化的；⑧法律、行政法规规定的其他情形。

（2）申请主体　国有建设用地使用权转移登记应当由双方共同申请，转让方应当为不动产登记簿记载的权利人。其中第②、⑦项情形的，可以由单方申请。

（3）申请材料　国有建设用地使用权转移登记，提交的材料包括以下内容。

① 不动产登记申请书。

② 申请人身份证明。

③ 不动产权属证书。

④ 国有建设用地使用权转移的材料，包括以下内容。

a. 买卖的，提交买卖合同；互换的，提交互换合同；赠与的，提交赠与合同。

b. 因继承、受遗赠取得的，按照《不动产登记操作规范（试行）》继承、受遗赠的不动产登记的规定提交材料。

c. 作价出资（入股）的，提交作价出资（入股）协议。

d. 法人或其他组织合并、分立导致权属发生转移的，提交法人或其他组织合并、分立的材料以及不动产权属转移的材料。

e. 共有人增加或者减少的，提交共有人增加或者减少的协议；共有份额变化的，提交份额转移协议。

f. 分割、合并导致权属发生转移的，提交分割或合并协议书，或者记载有关分割或合并内容的生效法律文书。实体分割或合并的，还应提交国土资源主管部门同意实体分割或合并的批准文件以及分割或合并后的不动产权籍调查表、宗地图、宗地界址点坐标等不动产权籍调查成果。

g. 因人民法院、仲裁委员会的生效法律文书等导致权属发生变化的，提交人民法院、仲裁委员会的生效法律文书等材料。

⑤ 申请划拨取得国有建设用地使用权转移登记的，应当提交有批准权的人民政府的批准文件。

⑥ 依法需要补交土地出让价款、缴纳税费的，应当提交缴清土地出让价款凭证、税费缴纳凭证。

⑦ 法律、行政法规规定的其他材料。

4. 注销登记

（1）适用条件　已经登记的国有建设用地使用权，有下列情形之一的，当事人可以申请办理注销登记。

①土地灭失的；②权利人放弃国有建设用地使用权的；③依法没收、收回国有建设用地使用权的；④因人民法院、仲裁委员会的生效法律文书致使国有建设用地使用权消灭的；⑤法律、行政法规规定的其他情形。

（2）申请主体　国有建设用地使用权注销登记的申请主体应当是不动产登记簿记载的权利人。

（3）申请材料　申请国有建设用地使用权注销登记，提交的材料包括以下内容。

① 不动产登记申请书。

② 申请人身份证明。

③ 不动产权属证书。

④ 国有建设用地使用权消灭的材料，包括以下内容。

a. 国有建设用地灭失的，提交其灭失的材料。

b. 权利人放弃国有建设用地使用权的，提交权利人放弃国有建设用地使用权的书面文件。被放弃的国有建设用地上设有抵押权、地役权或已经办理预告登记、查封登记的，需提交抵押权人、地役权人、预告登记权利人或查封机关同意注销的书面文件。

c. 依法没收、收回国有建设用地使用权的，提交人民政府的生效决定书。

d. 因人民法院或者仲裁委员会生效法律文书导致权利消灭的，提交人民法院或者仲裁委员会生效法律文书。

⑤ 法律、行政法规规定的其他材料。

（二）房地产权属登记（国有建设用地使用权及房屋所有权登记）

在不动产登记制度中狭义的房地产权属登记就是指国有建设用地使用权及房屋所有权登记，也称为房屋权属登记。房地产权属登记分为首次登记、变更登记、转移登记、注销登记。房屋权属登记资料可以公开查询。

1. 首次登记

（1）适用条件　依法利用国有建设用地建造房屋的，可以申请国有建设用地使用权及房屋所有权首次登记。

（2）申请主体　国有建设用地使用权及房屋所有权首次登记的申请主体应当为不动产登记簿或土地权属来源材料记载的国有建设用地使用权人。

（3）申请材料　申请国有建设用地使用权及房屋所有权首次登记，提交的材料包括：①不动产登记申请书；②申请人身份证明；③不动产权属证书或者土地权属来源材料；④建设工程符合规划的材料；⑤房屋已经竣工的材料；⑥房地产调查或者测绘报告；⑦建筑物区分所有的,确认建筑区划内属于业主共有的道路、绿地、其他公共场所、公用设施和物业服务用房等材料;⑧相关税费缴纳凭证;⑨法律、行政法规规定的其他材料。

(4) 存在查封或者预查封登记的

① 国有建设用地使用权被查封或者预查封的,申请人与查封被执行人一致的,不影响办理国有建设用使用权及房屋所有权首次登记。

② 商品房被预查封的,不影响办理国有建设用使用权及房屋所有权首次登记以及预购商品房预告登记转国有建设用使用权及房屋所有权转移登记。

2. 变更登记

(1) 适用条件 已经登记的国有建设用地使用权及房屋所有权,因下列情形发生变更的,当事人可以申请变更登记。

① 权利人姓名或者名称、身份证明类型或者身份证明号码发生变化的。

② 不动产坐落、界址、用途、面积等状况发生变化的。

③ 国有建设用地使用权的权利期限发生变化的。

④ 同一权利人名下的不动产分割或者合并的。

⑤ 法律、行政法规规定的其他情形。

(2) 申请主体 国有建设用地使用权及房屋所有权变更登记的申请主体应当为不动产登记簿记载的权利人。因共有人的姓名、名称发生变化的,可以由发生变更的权利人申请;面积、用途等自然状况发生变化的,可以由共有人一人或多人申请。

(3) 申请材料 申请房屋所有权变更登记,提交的材料包括以下内容。

① 不动产登记申请书。

② 申请人身份证明。

③ 不动产权属证书。

④ 国有建设用地使用权及房屋所有权变更的材料,包括以下内容。

a.权利人姓名或者名称、身份证明类型或者身份证明号码发生变化的,提交能够证实其身份变更的材料。

b.房屋面积、界址范围发生变化的,除应提交变更后的不动产权籍调查表、宗地图、宗地界址点坐标等不动产权籍调查成果外,还需提交:属部分土地收回引起房屋面积、界址变更的,提交人民政府收回决定书;改建、扩建引起房屋面积、界址变更的,提交规划验收文件和房屋竣工验收文件;因自然灾害导致部分房屋灭失的,提交部分房屋灭失的材料;其他面积、界址变更情形的,提交有权机关出具的批准文件。依法需要补交土地出让价款的,还应当提交土地出让合同补充协议和土地价款缴纳凭证。

c.用途发生变化的,提交城市规划部门出具的批准文件、与国土资源主管部门签订的土地出让合同补充协议。依法需要补交土地出让价款的,还应当提交土地价款以及相关税费缴纳凭证。

d.国有建设用地使用权的权利期限发生变化的,提交国土资源主管部门出具的批准文件和出让合同补充协议。依法需要补交土地出让价款的,还应当提交土地价款缴纳凭证。

e.同一权利人分割或者合并不动产的,应当按有关规定提交相关部门同意分割或合并的批准文件。

f.共有性质变更的,提交共有性质变更协议书或生效法律文书。

⑤ 法律、行政法规规定的其他材料。

3. 转移登记

(1) 适用条件　已经登记的国有建设用地使用权及房屋所有权，因下列情形导致权属发生转移的，当事人可以申请转移登记。国有建设用地使用权转移的，其范围内的房屋所有权一并转移；房屋所有权转移，其范围内的国有建设用地使用权一并转移。

①买卖、互换、赠与的；②继承或受遗赠的；③作价出资（入股）的；④法人或其他组织合并、分立等导致权属发生转移的；⑤共有人增加或者减少以及共有份额变化的；⑥分割、合并导致权属发生转移的；⑦因人民法院、仲裁委员会的生效法律文书等导致国有建设用地使用权及房屋所有权发生转移的；⑧法律、行政法规规定的其他情形。

(2) 申请主体　国有建设用地使用权及房屋所有权转移登记应当由当事人双方共同申请。属适用条件第②、⑦项情形的，可以由单方申请。

(3) 申请材料　国有建设用地使用权及房屋所有权转移登记，提交的材料包括以下内容。

① 不动产登记申请书。
② 申请人身份证明。
③ 不动产权属证书。
④ 国有建设用地使用权及房屋所有权转移的材料，包括以下内容。

a. 买卖的，提交买卖合同；互换的，提交互换协议；赠与的，提交赠与合同。

b. 因继承、受遗赠取得的，按照《不动产登记操作规范（试行）》继承、受遗赠的不动产登记的规定提交材料。

c. 作价出资（入股）的，提交作价出资（入股）协议。

d. 法人或其他组织合并、分立导致权属发生转移的，提交法人或其他组织合并、分立的材料以及不动产权属转移的材料。

e. 共有人增加或者减少的，提交共有人增加或者减少的协议；共有份额变化的，提交份额转移协议。

f. 不动产分割、合并导致权属发生转移的，提交分割或合并协议书，或者记载有关分割或合并内容的生效法律文书。实体分割或合并的，还应提交有权部门同意实体分割或合并的批准文件以及分割或合并后的不动产权籍调查表、宗地图、宗地界址点坐标等不动产权籍调查成果。

g. 因人民法院、仲裁委员会的生效法律文书等导致权属发生变化的，提交人民法院、仲裁委员会的生效法律文书等材料。

⑤ 已经办理预告登记的，提交不动产登记证明。

⑥ 划拨国有建设用地使用权及房屋所有权转移的，还应当提交有批准权的人民政府的批准文件。

⑦ 依法需要补交土地出让价款、缴纳税费的，应当提交土地出让价款缴纳凭证、税费缴纳凭证。

⑧ 法律、行政法规规定的其他材料。

4. 注销登记

(1) 适用条件　已经登记的国有建设用地使用权及房屋所有权，有下列情形之一的，当事人可以申请办理注销登记。

①不动产灭失的；②权利人放弃权利的；③因依法被没收、征收、收回导致不动产权利

消灭的；④因人民法院、仲裁委员会的生效法律文书致使国有建设用地使用权及房屋所有权消灭的；⑤法律、行政法规规定的其他情形。

（2）申请主体　申请国有建设用地使用权及房屋所有权注销登记的主体应当是不动产登记簿记载的权利人或者其他依法享有不动产权利的权利人。

（3）申请材料　申请国有建设用地使用权及房屋所有权注销登记，提交的材料包括以下内容。

① 不动产登记申请书。

② 申请人身份证明。

③ 不动产权属证书。

④ 国有建设用地使用权及房屋所有权消灭的材料，包括以下内容。

a. 不动产灭失的，提交其灭失的材料。

b. 权利人放弃国有建设用地使用权及房屋所有权的，提交权利人放弃权利的书面文件。设有抵押权、地役权或已经办理预告登记、查封登记的，需提交抵押权人、地役权人、预告登记权利人、查封机关同意注销的书面材料。

c. 依法没收、征收、收回不动产的，提交人民政府生效决定书。

d. 因人民法院或者仲裁委员会生效法律文书导致国有建设用地使用权及房屋所有权消灭的，提交人民法院或者仲裁委员会生效法律文书。

⑤ 法律、行政法规规定的其他材料。

（三）地役权属登记

1. 地役权的概念

地役权是指为使用自己不动产的便利或提高其效益而按照合同约定利用他人不动产的权利。地役权包含三方面的内涵。

① 地役权是按照当事人的约定设立的用益物权。

② 地役权是存在于他人不动产上的用益物权。

③ 地役权是为了需役地的便利而设立的用益物权。

2. 地役权的分类

按照地役权的内容可分为以下几种。

① 因用水、排水、通行利用他人不动产的。

② 因铺设电线、电缆、水管、输油管线、暖气和燃气管线等利用他人不动产的。

③ 因架设铁塔、基站、广告牌等利用他人不动产的。

④ 因采光、通风、保持视野等限制他人不动产利用的。

⑤ 其他为提高自己不动产效益，按照约定利用他人不动产的情形。

3. 地役权登记的内容

地役权登记包括首次登记、变更登记、转移登记、注销登记。

（四）抵押权登记

1. 抵押权登记的概念

在借贷、买卖等民事活动中，自然人、法人或其他组织为保障其债权实现，依法设立不动产抵押权的，可以由抵押人和抵押权人共同申请办理不动产抵押登记。以建设用地使用权抵押的，该土地上的建筑物、构筑物一并抵押；以建筑物、构筑物抵押的，该建筑物、构筑物占用范围内的建设用地使用权一并抵押。

2. 抵押权登记的内容

建设用地使用权、建筑物和其他土地附着物、正在建造的建筑物以及法律、行政法规未禁止抵押的房地产，均可以申请办理不动产抵押登记。抵押权登记包括首次登记、变更登记、转移登记、注销登记。

(1) 首次登记

① 为担保债务的履行，债务人或者第三人不转移不动产的占有，将该不动产抵押给债权人的，当事人可以申请一般抵押权首次登记。

② 为担保债务的履行，债务人或者第三人对一定期间内将要连续发生的债权提供担保不动产的，当事人可以申请最高额抵押权首次登记。

③ 以正在建造的建筑物设定抵押的，当事人可以申请建设用地使用权及在建建筑物抵押权首次登记。

④ 抵押权首次登记应当由抵押人和抵押权人共同申请。

⑤ 申请抵押权首次登记，提交的材料包括以下内容。

a. 不动产登记申请书。

b. 申请人身份证明。

c. 不动产权属证书。

d. 主债权合同。最高额抵押的，应当提交一定期间内将要连续发生债权的合同或者其他登记原因文件等必要材料。

e. 抵押合同。主债权合同中包含抵押条款的，可以不提交单独的抵押合同书。最高额抵押的，应当提交最高额抵押合同。

f. 下列情形还应当提交以下材料：同意将最高额抵押权设立前已经存在的债权转入最高额抵押担保的债权范围的，应当提交已存在债权的合同以及当事人同意将该债权纳入最高额抵押权担保范围的书面材料；在建建筑物抵押的，应当提交建设工程规划许可证；法律、行政法规规定的其他材料。

(2) 变更登记

① 已经登记的抵押权，因下列情形发生变更的，当事人可以申请抵押权变更登记。

a. 权利人姓名或者名称、身份证明类型或者身份证明号码发生变化的。

b. 担保范围发生变化的。

c. 抵押权顺位发生变更的。

d. 被担保的主债权种类或者数额发生变化的。

e. 债务履行期限发生变化的。

f. 最高债权额发生变化的。

g. 最高额抵押权债权确定的期间发生变化的。

h. 法律、行政法规规定的其他情形。

② 申请抵押权变更登记，应当由抵押人和抵押权人共同申请。因抵押人或抵押权人姓名、名称发生变化的，可由发生变化的当事人单方申请；不动产坐落、名称发生变化的，可由抵押人单方申请。

③ 申请抵押权变更登记，提交的材料包括以下内容。

a. 不动产登记申请书。

b. 申请人身份证明。

c. 不动产权证书和不动产登记证明。

d. 抵押权变更的材料，包括：抵押权人或者抵押人姓名、名称变更的，提交能够证实其身份变更的材料；担保范围、抵押权顺位、被担保债权种类或者数额、债务履行期限、最高债权额、债权确定期间等发生变更的，提交抵押人与抵押权人约定相关变更内容的协议。

e. 因抵押权顺位、被担保债权数额、最高债权额、担保范围、债务履行期限发生变更等，对其他抵押权人产生不利影响的，还应当提交其他抵押权人的书面同意文件和身份证明文件。

f. 法律、行政法规规定的其他材料。

（3）转移登记

① 因主债权转让导致抵押权转让的，当事人可以申请抵押权转移登记。

最高额抵押权担保的债权确定前，债权人转让部分债权的，除当事人另有约定外，不得办理最高额抵押权转移登记。债权人转让部分债权，当事人约定最高额抵押权随同部分债权的转让而转移的，应当分别申请下列登记。

a. 当事人约定原抵押权人与受让人共同享有最高额抵押权的，应当申请最高额抵押权转移登记和最高额抵押权变更登记。

b. 当事人约定受让人享有一般抵押权、原抵押权人就扣减已转移的债权数额后继续享有最高额抵押权的，应当一并申请一般抵押权转移登记和最高额抵押权变更登记。

c. 当事人约定原抵押权人不再享有最高额抵押权的，应当一并申请最高额抵押权确定登记和一般抵押权转移登记。

② 抵押权转移登记应当由不动产登记簿记载的抵押权人和债权受让人共同申请。

③ 申请抵押权转移登记，提交的材料包括以下内容。

a. 不动产登记申请书。

b. 申请人身份证明。

c. 不动产权证书和不动产登记证明。

d. 抵押权转移的材料，包括：申请一般抵押权转移登记的，还应当提交被担保主债权的转让协议；申请最高额抵押权转移登记的，还应当提交部分债权转移的材料、当事人约定最高额抵押权随同部分债权的转让而转移的材料；债权人已经通知债务人的材料。

e. 法律、行政法规规定的其他材料。

（4）注销登记

① 已经登记的抵押权，发生下列情形之一的，当事人可以申请抵押权注销登记：

a. 主债权消灭的。

b. 抵押权已经实现的。

c. 抵押权人放弃抵押权的。

d. 因人民法院、仲裁委员会的生效法律文书致使抵押权消灭的。

e. 法律、行政法规规定抵押权消灭的其他情形。

② 不动产登记簿记载的抵押权人与抵押人可以共同申请抵押权的注销登记。债权消灭或抵押权人放弃抵押权的，抵押权人可以单方申请抵押权的注销登记。人民法院、仲裁委员会生效法律文书确认抵押权消灭的，抵押人等当事人可以单方申请抵押权的注销登记。

③ 申请抵押权注销登记，提交的材料包括以下内容。

a. 不动产登记申请书。

b. 申请人身份证明。

c. 抵押权消灭的材料。

d. 抵押权人与抵押人共同申请注销登记的，提交不动产权证书和不动产登记证明；抵押权人单方申请注销登记的，提交不动产登记证明；抵押人等当事人单方申请注销登记的，提交证实抵押权已消灭的人民法院、仲裁委员会作出的生效法律文书。

e. 法律、行政法规规定的其他材料。

（五）预告登记

1. 预告登记的设立

（1）有下列情形之一的，当事人可以按照约定申请不动产预告登记 ①商品房等不动产预售的；②不动产买卖、抵押的；③以预购商品房设定抵押权的；④法律、行政法规规定的其他情形。

（2）预告登记的申请主体应当为买卖房屋或者其他不动产物权的协议的双方当事人 预购商品房的预售人和预购人订立商品房买卖合同后，预售人未按照约定与预购人申请预告登记时，预购人可以单方申请预告登记。

（3）申请预告登记，申请人提交的材料包括以下内容。

① 不动产登记申请书。

② 申请人身份证明。

③ 当事人关于预告登记的约定。

④ 属于下列情形的，还应当提交下列材料。

a. 预购商品房的，提交已备案的商品房预售合同。依法应当备案的商品房预售合同，经县级以上人民政府房产管理部门或土地管理部门备案，作为登记的申请材料。

b. 以预购商品房等不动产设定抵押权的，提交不动产登记证明以及不动产抵押合同、主债权合同。

c. 不动产转移的，提交不动产权属证书、不动产转让合同。

d. 不动产抵押的，提交不动产权属证书、不动产抵押合同和主债权合同。

⑤ 预售人与预购人在商品房预售合同中对预告登记附有条件和期限的，预购人应当提交相应材料。

⑥ 法律、行政法规规定的其他材料。

买卖房屋或者其他不动产物权的协议中包括预告登记的约定或对预告登记附有条件和期限的约定，可以不单独提交相应材料。

2. 预告登记的变更

（1）因当事人的姓名、名称、身份证明类型或者身份证明号码等发生变更的，当事人可申请预告登记的变更。

（2）预告登记变更可以由不动产登记簿记载的当事人单方申请。

（3）申请预告登记的变更，申请人提交的材料包括：①不动产登记申请书；②申请人身份证明；③预告登记内容发生变更的材料；④法律、行政法规规定的其他材料。

3. 预告登记的转移

（1）有下列情形之一的，当事人可申请预告登记的转移：①因继承、受遗赠导致不动产预告登记转移的；②因人民法院、仲裁委员会生效法律文书导致不动产预告登记转移的；③因主债权转移导致预购商品房抵押预告登记转移的；④因主债权转移导致不动产抵押预告登记转移的；⑤法律、行政法规规定的其他情形。

（2）预告登记转移的申请人由不动产登记簿记载的预告登记权利人和该预告登记转移的受让人共同申请。因继承、受遗赠、人民法院、仲裁委员会生效法律文书导致不动产预告登记转移的可以单方申请。

4. 预告登记的注销

（1）有下列情形之一的，当事人可申请注销预告登记：①买卖不动产物权的协议被认定无效、被撤销、被解除等导致债权消灭的；②预告登记的权利人放弃预告登记的；③法律、行政法规规定的其他情形。

（2）申请人为不动产登记簿记载的预告登记权利人或生效法律文书记载的当事人。预告当事人协议注销预告登记的，申请人应当为买卖房屋或者其他不动产物权的协议的双方当事人。

（六）更正登记

1. 依申请更正登记

（1）权利人、利害关系人认为不动产登记簿记载的事项有错误，或者人民法院、仲裁委员会生效法律文书等确定的不动产权利归属、内容与不动产登记簿记载的权利状况不一致的，当事人可以申请更正登记。

（2）依申请更正登记的申请人应当是不动产的权利人或利害关系人。利害关系人应当与申请更正的不动产登记簿记载的事项存在利害关系。

（3）申请更正登记提交的材料包括：①不动产登记申请书；②申请人身份证明；③证实不动产登记簿记载事项错误的材料，但不动产登记机构书面通知相关权利人申请更正登记的除外；④申请人为不动产权利人的，提交不动产权属证书；申请人为利害关系人的，证实与不动产登记簿记载的不动产权利存在利害关系的材料；⑤法律、行政法规规定的其他材料。

2. 依职权更正登记

（1）不动产登记机构发现不动产登记簿记载的事项有错误，不动产登记机构应书面通知当事人在30个工作日内申请办理更正登记，当事人逾期不办理的，不动产登记机构应当在公告15个工作日后，依法予以更正；但在错误登记之后已经办理了涉及不动产权利处分的登记、预告登记和查封登记的除外。

（2）不动产登记机构依职权更正登记应当具备下列材料：①证实不动产登记簿记载事项错误的材料；②通知权利人在规定期限内办理更正登记的材料和送达凭证；③法律、行政法规规定的其他材料。

（七）异议登记

1. 异议登记

（1）利害关系人认为不动产登记簿记载的事项有错误，权利人不同意更正的，利害关系人可以申请异议登记。

（2）异议登记申请人应当是利害关系人。

（3）申请异议登记需提交下列材料：①不动产登记申请书；②申请人身份证明；③证实对登记的不动产权利有利害关系的材料；④证实不动产登记簿记载的事项错误的材料；⑤法律、行政法规规定的其他材料。

2. 注销异议登记

（1）异议登记期间，异议登记申请人可以申请注销异议登记；异议登记申请人自异议登记之日起 15 日内，未提交人民法院受理通知书、仲裁委员会受理通知书等提起诉讼、申请仲裁的，异议登记失效。

（2）注销异议登记申请人是异议登记申请人。

（3）申请注销异议登记提交的材料包括：①不动产登记申请书；②申请人身份证明；③异议登记申请人申请注销登记的，提交不动产登记证明；或者异议登记申请人的起诉被人民法院裁定不予受理或者予以驳回诉讼请求的材料；④法律、行政法规规定的其他材料。

三、房地产权属登记资料管理

（一）登记资料管理

1. 一般规定

（1）登记资料的范围 不动产登记资料包括：①不动产登记簿等不动产登记结果；②不动产登记原始资料，包括不动产登记申请书、申请人身份证明、不动产权属来源材料、登记原因文件、不动产权籍调查表等申请材料；不动产登记机构查验、询问、实地查看或调查、公告等形成的审核材料；其他有关机关出具的复函、意见以及不动产登记过程中产生的其他依法应当保存的材料等。

不动产登记资料应当由不动产登记机构管理。不动产登记资料中属于归档范围的，应当按照法律、行政法规的规定进行归档管理。

（2）登记资料管理 不动产登记资料由不动产登记机构管理。不动产登记机构应按照以下要求确保不动产登记信息的绝对安全：①不动产登记簿等不动产登记结果及权籍图应当永久保存；不动产权籍图包括宗地图、宗海图（宗海位置图、界址图）和房屋平面图等；②不动产登记原始资料应当按照规定整理后归档保存和管理；③不动产登记资料应当逐步电子化，不动产登记电子登记资料应当通过统一的不动产登记信息管理基础平台进行管理、开发和利用；④任何单位和个人不得随意损毁登记资料、不得泄露登记信息；⑤不动产登记机构应当建立符合防火、防盗、防渍、防有害生物等安全保护要求的专门场所，存放不动产登记簿和权籍图等；⑥除法律、行政法规另有规定或者因紧急情况为避免不动产登记簿毁损、灭失外，任何单位或个人不得将不动产登记簿携出不动产登记机构。

2. 登记资料管理的内容

不动产登记资料管理包括纸质资料管理和电子资料管理两部分。纸质登记资料管理包括保管、移交、接收、立卷、编号、装订、入库、上架和保管等内容；电子资料管理的范围包括电子资料目录、电子登记簿和纸质资料的数字化加工处理成果等内容。

（二）登记资料查询

1. 查询主体

查询不动产登记资料的单位和个人应当向不动产登记机构说明查询目的，不得将查询获得的不动产登记资料用于其他目的；未经权利人同意，不得泄露查询获得的不动产登记信息。下列情形可以依法查询不动产登记资料：①权利人可以查询、复制其全部的不动产登记资料；②因不动产交易、继承、诉讼等涉及的利害关系人可以查询、复制不动产自然状况、权利人及其不动产查封、抵押、预告登记、异议登记等状况；③人民法院、人民检察院、国家安全机关、监察机关以及其他因执行公务需要的国家机关可以依法查询、复制与调查和处理事项有关的不动产登记资料；④法律、行政法规规定的其他情形。

2. 申请材料

申请人申请查询不动产登记资料，应当填写不动产登记机构制定的不动产登记资料查询申请书，并应当到不动产登记机构现场提出申请。查询不动产登记资料提交的材料包括：①查询申请书；②申请人身份证明材料。委托查询的，应当提交授权委托书和代理人的身份证明材料，境外委托人的授权委托书还需经公证或者认证；③利害关系人查询的，提交存在利害关系的材料；④人民法院、人民检察院、国家安全机关、监察机关以及其他因执行公务需要的国家机关查询的，应当提供本单位出具的协助查询材料和工作人员的工作证和执行公务的证明文件；⑤法律、行政法规规定的其他材料。

不动产登记簿上记载的权利人通过设置在具体办理不动产登记的不动产登记机构的终端自动系统查询登记结果的，可以不提交上述材料。

3. 查询条件

符合下列条件的，不动产登记机构应当予以查询或复制不动产登记资料：①查询主体到不动产登记机构来查询的；②查询的不动产属于本不动产登记机构的管辖范围；③查询申请材料齐全，且符合形式要求；④查询主体及其内容符合《不动产登记操作规范（试行）》第20.1条的规定；⑤查询目的明确且不违反法律、行政法规规定；⑥法律、行政法规规定的其他条件。

4. 出具查询结果

查询人要求出具查询结果证明的，不动产登记机构应当审查申请人的查询目的是否明确，审查是否符合规定的查询条件。经审查符合查询条件的，按下列程序办理：①申请人签字确认申请材料，并承诺查询结果的使用目的和使用范围；②向申请人出具查询结果，并在查询结果或者登记资料复印材料上加盖登记资料查询专用章。

5. 办理时限

符合查询条件的，不动产登记机构应当当场向申请人提供查询结果。因情况特殊，不能当场提供的，应当在5个工作日内向申请人提供查询结果。

四、房地产权属档案管理

（一）房地产权属档案管理的内容

1. 房地产权属档案管理的概念

房地产权属档案是城市房地产行政主管部门在房地产权属登记、调查、测绘、权属转移、变更等房地产权属管理工作中直接形成的有保存价值的文字、图表、声像等不同形式的历史记录，是城市房地产权属登记管理工作的真实记录和重要依据，是城市建设档案的组成部分。

国务院建设行政主管部门负责全国城市房地产权属档案管理工作；省、自治区人民政府建设行政主管部门负责本行政区域内的房地产权属档案的管理工作；直辖市、市、县人民政府房地产行政主管部门负责本行政区域内的房地产权属档案的管理工作；房地产权属档案管理业务上受同级城市建设档案管理部门的监督和指导。

市（县）人民政府房地产行政主管部门应当根据房地产权属档案管理工作的需要，建立房地产权属档案管理机构，配备专职档案管理人员，健全工作制度，配备必要的安全保护设施，确保房地产权属档案的完整、准确、安全和有效利用。房地产权属登记管理部门应当建立健全房地产权属文件材料的收集、整理、归档制度。

2. 房地产权属档案管理的内容

《城市房地产权属档案管理办法》第八条规定，下列文件材料属于房地产权属档案的归档范围。

（1）房地产权利人、房地产权属登记确权、房地产权属转移及变更、设定他项权利等有关的证明和文件，包括：①房地产权利人（自然人或法人）的身份（资格）证明、法人代理人的身份证明、授权委托书等；②建设工程规划许可证、建设用地规划许可证、土地使用权证书或者土地来源证明、房屋拆迁批件及补偿安置协议书、联建或者统建合同、翻改扩建及固定资产投资批准文件、房屋竣工验收有关材料等；③房地产买卖合同书、房产继承书、房产赠与书、房产析产协议书、房产交换协议书、房地产调拨凭证、有关房产转移的上级批件，有关房产的判决、裁定、仲裁文书及公证文书等；④设定房地产他项权利的有关合同、文件等。

（2）房屋及其所占用的土地使用权权属界定位置图；房地产分幅平面图、分丘平面图、分层分户平面图等。

（3）房地产产权登记工作中形成的各种文件材料，包括房产登记申请书、收件收据存根、权属变更登记表、房地产状况登记表、房地产勘测调查表、墙界表、房屋面积计算表、房地产登记审批表、房屋灭籍申请表、房地产税费收据存根等。

（4）反映和记载房地产权属状况的信息资料，包括统计报表、摄影片、照片、录音带、录像带、缩微胶片、计算机软盘、光盘等。

（5）其他有关房地产权属的文件材料，包括房地产权属冻结文件、房屋权属代管文件，历史形成的各种房地产权证、契证、账、册、表、卡等。

（二）房地产权属档案的管理和利用

1. 房地产权属档案的管理

房地产权属档案管理机构对归档的房地产权属文件材料应当及时进行登记、整理、分类编目、划分密级、编制检索工具。

① 房地产权属档案应当以丘为单元建档。丘号的编定按照国家《房产测量规范》标准执行。

② 房地产权属档案应当以房地产权利人（即权属单元）为宗立卷。卷内文件排列，应当按照房地产权属变化、产权文件形成时间及权属文件主次关系为序。

③ 房地产权属档案管理机构应当掌握房地产权属变化情况，及时补充有关权属档案材料，保持房地产权属档案与房地产权属现状的一致。

④ 房地产权属档案管理人员应当严格执行权属档案管理的有关规定，不得擅自修改房地产权属档案。确需变更和修改的，应当经房地产权属登记机关批准，按照规定程序进行。

⑤ 房地产权属档案应当妥善保存，定期检查和鉴定。对破损或者变质的档案，应当及时修复；档案毁损或者丢失，应当采取补救措施。未经批准，任何人不得以任何借口擅自销毁房地产权属档案。

⑥ 保管房地产权属档案应当配备符合设计规范的专用库房，并按照国家《档案库房技术管理暂行规定》实施管理。

2. 房地产权属档案的利用

① 房地产权属档案管理机构应当充分利用现有的房地产权属档案，及时为房地产权属登记、房地产交易、房地产纠纷仲裁、物业管理、房屋拆迁、住房制度改革、城市规划、城

市建设等各项工作提供服务。

② 房地产权属档案管理机构应当严格执行国家档案管理的保密规定，防止房地产权属档案的散失、泄密；定期对房地产权属档案的密级进行审查，根据有关规定，及时调整密级。

③ 查阅、抄录和复制房地产权属档案材料应当履行审批手续，并登记备案。涉及军事机密和其他保密的房地产权属档案，以及向境外团体和个人提供的房地产权属档案应当按照国家安全、保密等有关规定保管和利用。

④ 向社会提供利用房地产权属档案，可以按照国家有关规定，实行有偿服务。

复习思考题

1. 房地产交易的内容包括哪几方面？
2. 房地产预售的条件是什么？预售的利弊分析？
3. 预售商品房再行转让如何办理交易手续？
4. 在建工程可以设定抵押吗？有何规定？
5. 房地产抵押的内容及效力分析。
6. 房地产权属登记包括哪几方面内容？哪些情况均应申请房屋注销登记？
7. 房地产档案管理的作用和特点是什么？

第九章 房地产税收制度

【本章提要】 主要介绍我国现行的房地产税收制度及税收政策。我国现阶段在房地产取得、交易和保有等环节涉及的税收主要有土地增值税、房产税、城镇土地使用税、契税、耕地占用税以及房地产业所涉及的增值税、企业所得税、个人所得税、印花税等，通过本章学习掌握从事房地产开发、经营或投资活动必须缴纳的相关税收。

第一节 房地产税收概述

税收是以完成社会资源再分配为目标而对社会财富进行强制征缴的行为，它既是政府用以调节经济活动的重要工具，也是保障国家社会经济活动正常运行筹集资金的主要方式。税收政策变动对各经济主体的利益分配存在调节作用，进而使得各利益主体根据税收制度的变动进行行为博弈和选择。房地产税收是指房地产行业所涉及的国家税收，也就是在房地产经济运动过程中所涉及的有直接关系的税收。房地产税收是我国税收的重要组成部分，也是地方政府财政收入的主要来源之一。我国现阶段在房地产取得、交易和保有等环节涉及的税收主要有土地增值税、房产税、城镇土地使用税、契税、耕地占用税以及房地产业所涉及的增值税、企业所得税、个人所得税、印花税等，从事房地产开发、经营或投资活动，必须缴纳相关税收。

一、税收的基本知识

（一）税收的概念和特征

税收是指国家为了向社会提供公共产品、满足社会共同需要、按照法律的规定，参与社会产品的分配、强制、无偿取得财政收入的一种规范形式。税收不仅是国家或地方政府获得财政收入的主要渠道，也是国家和地方政府对各项活动进行宏观调控的重要政策工具。

税收与其他分配方式相比，具有强制性、无偿性和固定性的特征。

1. 强制性

税收的强制性是指税收是国家以社会管理者的身份，凭借政权力量，依据政治权力，通过颁布法律或政令来进行强制征收。负有纳税义务的社会集团和社会成员，都必须遵守国家强制性的税收法令，在国家税法规定的限度内，纳税人必须依法纳税，否则就要受到法律的制裁，这是税收具有法律地位的体现。强制性特征体现在两个方面：一方面税收分配关系的建立具有强制性，即税收征收完全是凭借国家拥有的政治权力；另一方面是税收的征收过程具有强制性，即如果出现了税务违法行为，国家可以依法进行处罚。

2. 无偿性

税收的无偿性是指通过征税，社会集团和社会成员的一部分收入转归国家所有，国家不向纳税人支付任何报酬或代价。税收这种无偿性是与国家凭借政治权力进行收入分配的本质相联系的。无偿性体现在两个方面：一方面是指政府获得税收收入后无需向纳税人直接支付任何报酬；另一方面是指政府征得的税收收入不再直接返还给纳税人。税收无偿性是税收的本质体现，它反映的是一种社会产品所有权、支配权的单方面转移关系，而不是等价交换关系。税收的无偿性是区分税收收入和其他财政收入形式的重要特征。

3. 固定性

税收的固定性是指税收是按照国家法令规定的标准征收的，即纳税人、课税对象、税目、税率、计价办法和期限等，都是税收法令预先规定了的，有一个比较稳定的试用期间，是一种固定的连续收入。对于税收预先规定的标准，征税和纳税双方都必须共同遵守，非经国家法令修订或调整，征纳双方都不得违背或改变这个固定的比例或数额以及其他制度规定。

税收的三个基本特征是统一的整体。其中，强制性是实现税收无偿征收的强有力保证，无偿性是税收本质的体现，固定性是强制性和无偿性的必然要求。

（二）税收制度及其构成要素

税收制度简称"税制"，是指国家（政府）以法律或法规的形式确定的各种课税方法的总称。它属于上层建筑范畴，是政府税务机关向纳税人征税的法律依据，也是纳税人履行纳税义务的法律规范。

税收制度是国家税收法律、行政法规、部门规章和规范性文件的总称，主要包括纳税人、征税对象、税率、税目、计税依据、纳税环节、纳税期限、减免和加征、法律责任等基本要素。它反映了国家与纳税人之间的经济关系，既是国家筹集财政收入的重要载体，也是税收管理的行为规范和准则。

1. 纳税义务人

纳税义务人简称纳税人，是国家行使课税权所指向的单位和个人，即税法规定的直接负有纳税义务的单位和个人。与纳税义务人相关的扣缴义务人是指负有代扣或者代收税款、代缴给税务机关义务的单位或者个人。纳税义务人是缴纳税款的主体，包括自然人和法人。

2. 课税对象

课税对象又称征税对象，是税法规定的课税目的物，即国家对什么事物征税。这是区别不同税种的主要标志，每一种税都必须明确规定对什么征税，体现着税收范围的广度。与之相关的概念是税目，它是课税对象的具体化，是课税对象的具体项目。

3. 税基、税率

税基即纳税的基础；税率是据以计算应纳税额的比例，即应纳税额与课税对象之间的比例，是计算应纳税额的尺度，体现征税的深度。税率是税法中的核心要素，税率的大小直接关系到国家财政收入和纳税人的负担，起着调节收入的作用。税率有三种形式。

（1）比例税率　比例税率是指对不同征税对象数额，只规定一个百分比的税率。可以分为单一比例税率、差别比例税率、幅度比例税率、有起征点或免征额的比例税率。

（2）累进税率　累进税率是按征税对象数额的大小规定不同等级的税率，数额越大税率越高。累进税率又可以分为全额累进税率和超额累进税率、全率累进税率和超率累进税率。全额累进税率按征税对象的全部数额达到哪一级，就按哪一级的税率征税，这种税率不科学、不合理，现行税法已不再采用。超额累进税率是把征税对象按数额大小划分为若干等级，每个等级由低到高规定相应的税率，每个等级分别按该级的税率计税。与超额累进税率相似的是超率累进税率，超率累进税率与超额累进税率的原理相同，只是税率累进的依据不是征税对象的数额而是征税对象的某种比率。我国现行的个人所得税中采用了超额累进税率，土地增值税采用了超率累进税率。

（3）定额税率　定额税率是指对征税对象的每一单位直接规定固定的税额，不采用百分比形式。定额税率可以分为地区差别定额税率、幅度定额税率、分类分级定额税率。

4. 纳税期限

纳税期限是指税法规定的纳税人应当缴纳税款的具体时限。它是税收强制性、固定性在时间上的体现，不同的税纳税期限也不尽相同，一般可分为按期纳税和按次纳税两种。

5. 纳税地点

纳税地点是指纳税人申报缴纳税款的地点。规定纳税人申报纳税的地点，既有利于税务机关实施税源控管，防止税收流失，又便利纳税人缴纳税款。

6. 附加、加成和减免税

① 附加是地方附加的简称，是地方政府在正税之外附加征收的一部分税款，也称副税。附加对所有纳税人加征。其纳税义务人与独立税相同，但是税率另有规定。附加税以正税的存在和征收为前提和依据。

② 加成是加成征收的简称，加成只对特定的纳税人加征。

③ 减免属于减免纳税人负担的措施，是对纳税人的优惠规定，体现了国家鼓励发展的行业方向。其形式主要有减税、免税，以及规定起征点和免征额。

减税是减征部分应纳税款；免税是免征全部应纳税款；起征点是对征税对象开始征税的数额，未达到起征点的不征税，达到或者超过起征点的，对全额征税；免征额是在征税对象中免予征税的数额，未超过免征额的不征税，仅对超过免征额的部分征税。

7. 违章处理

违章处理是对纳税人违反税法行为所采取的教育处罚措施，它体现了税收的强制性，是保证税法正确贯彻执行、严肃纳税纪律的重要手段。

二、我国现行的房地产税收体系

（一）房地产税收的概念和作用

房地产税收是国家凭借政治权力，依法强制、无偿、固定地参与房地产收益分配而取得财政收入的一种形式；房地产税收是直接以房地产为计税依据，或主要以房地产开发经营流转行为为计税依据的税赋。

房地产税收制度是指国家以法律的形式规定的税种设置及征税办法的总和，由各种不同的房地产赋税配合而组成一个系统的税收体系，用以完成该国家或地区的房地产政策、特别是土地政策目标。国家根据宏观经济的发展水平，房地产行业的产业情况，调整税种、税目、税率以及进行相关的税收减免等，通过调整税收负担和税制结构，影响房地产市场的供给和需求，实现国家房地产调控的政策目标。

房地产税收是政府干预房地产经济活动、促进房地产市场均衡的一种重要的经济政策工具，在引导房地产资源合理配置和有效利用以及社会财富公平分配等方面具有独特的功能。房地产税收在经济社会发展过程中发挥着重要作用，世界大部分国家与地区对房地产税收都极为重视，通过完善房地产税收政策建设房地产市场平稳健康发展的长效机制。

房地产税收具有以下作用。

1. 税收税源充足，财政收入稳定

房地产既是生活资料，又是生产资料，房地产的占有和使用是一切生产、生活得以进行的前提；以房地产为征税对象，房地产税收的区位特征明显，税基稳定，税源广布，能够成为地方政府理想的税收来源。在一些发达国家和地区，房地产税收收入通常占年度财政收入的三分之一以上。地方政府将税收收入用于公共服务的优化和基础设施的改善，当地条件变好，房产增值，反过来扩大了税收规模，有利于财政收入和经济发展的良性循环。

2. 调节收入分配，缩小贫富差距

房地产税收中的财产、所得相关税种，肩负了调节国民收入、促进再次分配公平的使命。近三十年我国房地产业的高速发展，使房产相对于股票、银行存款等其他资产，保持了长期高速的增值表现。拥有房产的居民其财富快速增值，而没有房地产的居民财富增值慢，两者之间的差距越来越大；对房地产财产增值课税，调节了不同收入人群的财富差距。

3. 优化资源配置，促进土地合理利用

房地产税收对资源优化配置的操作空间非常大，房地产税收能够优化市场的资源配置。比如，通过增加囤地者的土地增值税，可以促使其减少土地的空置，促进土地资源的利用。以土地的占有量为依据征收的税，则可以限制土地的过多占用，减少土地资源的浪费。通过对房地产市场的税收调控，增加资金在房地产市场聚集的成本，可以使得资金逐渐脱离房地产市场，进入实体经济领域。

4. 调节房地产市场，抑制投机行为

房地产税收具有调节房地产市场的功能。该功能主要体现在调节房价、刺激房地产需求及调节房地产库存三个方面。在房价过高、增速过快的时候，房地产税收被给予了稳定房价和抑制投机的功能。而社会经济出现了危机，经济增速过缓时，房地产市场成为支撑经济的支柱，税收政策会被用来刺激房地产市场。房地产库存过高时，需要增加房地产需求，此时税收政策可以用来鼓励居民购房。

房地产税收不仅保证国家稳定地组织、积累财政收入，为城市建设积累资金，促进土地资源合理配置，调节土地级差收益，合理调节各方面的经济利益；而且还可以加强国家宏观调控，完善经济运行机制，引导社会资金合理流动，调整产业结构，促进房地产经济快速、稳定、健康地发展。

（二）我国房地产税收制度的历史沿革

房地产税制作为我国财税制度的重要组成部分，与我国的经济、社会发展背景密切相关。回顾我国房地产税收发展进程，将其分为下列几个阶段：起步阶段（1950～1957）、停滞阶段（1958～1983）、恢复阶段（1984～1993）、改革阶段（1994～至今）。

1. 房地产税制起步阶段（1950～1957）

新中国税制建立是从1950年开始，中国建国初期的房地产税收体系比较简单，1950年1月，政务院颁布《全国税收实施要则》，规定统一实行包括农业税在内的15个税种，其中房地产税收主要包括房产税、地产税、契税、遗产税和工商业税，1950年6月决定暂不开征遗产税。1951年8月8日政务院颁布《城市房地产税暂行条例》，把房产税和地产税合并为城市房地产税，对所有房地产的产权人征收。这是我国第一个房地产税收相关法规。

《城市房地产税暂行条例》和1950年4月3日中央人民政府政务院发布的《契税暂行条例》，规定开征单一的房地产税以及在不动产的流通转让环节征收契税。在1957年之前，我国在房地产领域开征的税收只有契税和城市房地产税两种，它们构成了新中国最早的房地产税制体系。

2. 房地产税制停滞阶段（1958~1983）

此阶段简化税制成为我国税制改革的指导思想，到 1973 年，房地产税一分为二：一部分是将企业缴纳的城市房地产税并入工商税，另外一部分名称不变，仍为城市房地产税，其征收对象是拥有房产的个人、外资企业和房地产管理部。这个时期由于城镇土地使用无偿化、职工住房国有化，房地产税的实际纳税人主要是国内企业，私房所有者、外侨和外企缴纳，课税范围很小，房地产税在整个税收体系中比例很小作用不大。从 1962 年起，部分地方契税零征收，事实上暂停征收。

3. 房地产税制恢复阶段（1984~1993）

为了推进经济体制改革，我国政府在 20 世纪 80 年代实施了两步"利改税"以及工商税制改革。第一步将国营企业本来向国家上缴利润的大部分改成征收所得税；1984 年在全国范围内实行第二步，全面改革工商税制，将房产税和城镇土地使用税替代原来的城市房地产税。1986 年国务院颁布《中华人民共和国房产税暂行条例》。为了保护中国的耕地资源，抑制滥占耕地行为，解决"谁来养活中国人"的问题，1987 年国务院颁布《中华人民共和国耕地占用税暂行条例》，开征耕地占用税，自 1987 年起，中国政府开始推进土地有偿使用制度的试点改革，1988 年颁布《中华人民共和国城镇土地使用税暂行条例》，开征城镇土地使用税，国有土地使用从无偿变有偿，以调节城镇土地级差地租收益，促进城镇土地资源的有效使用。

中国东南沿海地区在 1992 年到 1993 年出现房地产业开发过热现象，土地和房产频繁交易，房地产投机行为非常严重，并由此蔓延到全国。1995 年后，房地产业受到重创。为控制土地过度投机，调节土地收益，1994 年 1 月 1 日开始实施《中华人民共和国土地增值税暂行条例》，这充分体现了政府限制房地产投资的政策导向。

4. 房地产税制的改革与完善阶段（1994~今）

1994 年的分税制改革，其实质是为了有效地处理中央和地方之间的事权和财权关系。这次税制改革深刻体现了税收的收入职能，也是我国房地产税制改革过程中的一个重要里程碑。房地产领域的改革内容主要有：在所得税方面，对内资企业在房地产业的经营所得征收企业所得税；个人所得税的征收范围扩展到房地产租赁和财产转让行为。在流转税方面，一是对土地使用权和建筑物的转让收入征收营业税；二是开征土地增值税，在土地使用权、房屋及其附着物转让环节取得的增值额征收土地增值税。1997 年 10 月，国家颁布了新的契税条例并开始实施。2000 年我国开始开征房产转让所得税。

为了充分发挥房地产税收功能，近几十年来我国政府在不断地探索房地产领域的税制改革。2003 年，十六届三中全会提到"物业税"，并提出要着手研究住房保有环节税收的开征时机和税制要素设计等相关事宜。2005 年，十六届五中全会提出"税制改革的一项重要内容就是房地产税的稳步推行"。2009 年国务院《关于 2009 年深化经济体制改革工作的意见》提到要"深化房地产税制改革，研究开征房产税"。2011 年，上海、重庆两市开始实行试点房产税；2015 年，两会正式提出"加快房地产税立法"；2017 年，原财政部部长明确指出要加快推进房地产税的立法和实施；2018 年政府工作报告提到了房地产税的立法问题，明确指出要健全地方税体系；2018 年 9 月，全国人大常委会提出审议包括房地产税的 10 部单行税法；2019 年政府工作报告提出要"稳步推进房地产税立法"。

我国的房地产税制在 1994 年分税制改革定下大框架，伴随着我国税收体系的改革而改革调整并不断改善，形成了我国现行的房地产税收体系。

(三) 我国现行的房地产税收体系

我国现行的房地产税收体系涵盖了所得税、流转税、财产税和行为税等多类税收，涉及房地产开发投资、交易流通、持有三个阶段。

(1) 房地产开发投资阶段　房地产开发投资阶段的征税，主要是对房地产商征税，影响其开发成本，进而影响到房地产开发投资规模，对于房地产市场来说，房地产的供给将会受到一定影响，带动住房的价格的变化。

(2) 房地产交易流通阶段　交易流通阶段对房地产交易征税，增加了该阶段的交易成本，将会抑制供求两端。而减轻该阶段的税负，将会刺激房地产市场的交易，既增加需求，也会增加供给，带动了房地产市场的繁荣。

(3) 房地产持有阶段　在持有阶段征税，主要是增加房地产持有者的成本，从而可以有效阻止房地产投机需求，防止房地产泡沫的产生。对于房地产企业来说，可以减少其"捂盘不售""购地不建"的行为，增加房地产市场的供给，促进房地产业持续稳定健康发展。

房地产税收存在于市场经济环境下，从房地产开发、保有到流通交易的每一个流程都与其相关，对于房地产行业的整体经济效益和购买者的消费成本有着直接的关系。就国内来说，涉及房地产行业的税种有10种，直接涉及的税种主要有增值税（营业税）、土地增值税、房产税、城镇土地使用税、契税、耕地占用税6个税种，是将房地产作为直接征税对象的。除此之外的4个税种是印花税、企业所得税和个人所得税、城市维护建设税以及教育费附加。房地产税收体系按照不同的分类方式有如下分类。

按照税收征收发生的环节，房地产税收可分为房地产的取得、流转和保有三个环节的税收。①房地产取得环节的房地产税收是指在房地产一级市场中涉及的税收，对取得土地、开发房地产和取得房地产权的企业或个人征收。②房地产开发环节征收的税种主要有：增值税（营业税）、土地增值税、耕地占用税、城市维护建设税、土地使用税、契税、印花税、企业所得税等，获取产权环节征收的税种主要有：契税、印花税。③房地产流转环节的房地产税收是指在房地产二、三级市场中涉及的税收，主要分为交易环节和经营环节，前者主要包括增值税（营业税）、土地增值税、契税、印花税、个人所得税、企业所得税等，后者包括增值税（营业税）、城市维护建设税、房产税、土地使用税、个人所得税、企业所得税等。两者针对的都是对房地产经营、交易、赠与中有所得或增值收益的自然人或法人。房地产保有环节的房地产税收征收对象是房产所有人，其课税依据是土地、房产或者同时包括房产和土地的不动产，主要征收的税种有房产税和土地使用税。

按征收环节划分房地产税收种类，如图9-1所示。

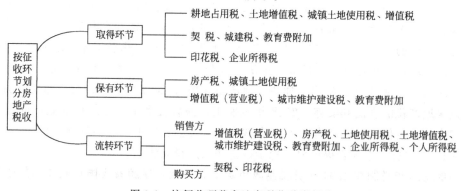

图 9-1　按征收环节房地产税收种类划分

按照计税依据划分，房地产税收可分为从量计征房地产税收和从价计征房地产税收。①从量计征房地产税收是根据土地或土地改良物的面积征收税款，如城镇土地使用税、耕地占用税等；②从价计征房地产税收则是基于土地和土地改良物的价值及价值增量，如房产税、土地增值税、契税等。

按照不同的税率形式，房地产税收可分为比例税率、累进税率和定额税率。①比例税率是指对同一课税对象，无论量的多少，都按一定比例征收的税收，如契税、房产税等；②累进税率是指随着征税对象数量增大而相应逐级提高计征比例，比如土地增值税；③定额税率亦称"固定税额"，按征税对象的数量单位，直接规定征税数额。它是税率的一种特殊形式，一般适用于从量征收的税种。定额税率具体又可分为地区差别税额、幅度税额、分类分级税额等多种形式。例如城镇土地使用税按照地区差别税额分大、中、小城市和县城、建制镇、工矿区等级幅度税额标准，以每平方米为计税单位，分别确定幅度判别税额。

按照税类归属划分，房地产税收可分为房地产财产税、商品税、所得税及其他税。财产税是将土地及土地改良物当作财产进行征税，如房产税；商品税是对房地产经营行为课征的税，如增值税；所得税是对从房地产获得的收入进行课税，如土地增值税；契税和印花税相对独立、自成体系，在此将其归为其他税。

按照课税对象的属性，房地产税收可分为流转税、所得税、财产税、资源税和行为税五类。房地产财产税类主要包括房产税和城镇土地使用税，房地产流转税类主要包括增值税（原营业税）、土地增值税、城市维护建设税和教育费附加，房地产所得税类主要包括企业所得税和个人所得税，房地产资源税类主要包括耕地占用税，房地产行为税类主要包括契税、印花税。

房地产税收也可以分为直接税和间接税，直接税是指直接以房地产为课税对象的税收，即土地增值税、城镇土地使用税、耕地占用税、城市房地产税（2009年1月1日起取消）、契税和固定资产方向调节税（2000年1月1日起暂停征收）；间接税是与房地产紧密相关的、要从第三者征收的税收，包括增值税（原营业税）、企业所得税、个人所得税、印花税、城市维护建设税及教育费附加等。

从房地产开发与再开发流程看，我国房地产有土地一级开发、土地使用权取得、土地二级开发、房地产交易、房地产使用等多个环节，相应地，房地产税收几乎遍布整个房地产的开发与运行。在拿地阶段，有耕地占用税、契税等；在建设阶段，有建筑业营业税金及附加、印花税、土地使用税；在销售阶段，有营业税金及附加、土地增值税、企业所得税、印花税、房产税、契税、个人所得税等。在二手房交易环节则涉及营业税金及附加、土地增值税、个人所得税、契税、印花税等。在使用阶段，有城镇土地使用税、房产税等。

房地产税收体系如表9-1所示。

表9-1 房地产税收体系

征收环节	阶段	税种	税率	是否直接针对房地产	是否对个人住宅征税
取得环节	开发投资	耕地占用税	定额税率(12.5～45元/平方米)	是	是
		土地增值税	超额累进税率(30%～60%)	是	否
		增值税(原营业税)	税率11%	否	是
		印花税	定额税率(5元)；比例税率(0.05%～0.1%)	否	是
		契税	比例税率(3%～5%)	是	是

续表

征收环节	阶段	税种	税率	是否直接针对房地产	是否对个人住宅征税
流转环节	交易流通	土地增值税	超额累进税率（30%～60%）	是	否
		增值税（原营业税）	税率11%	否	是
		城市维护建设税	增值税税额×（5%～7%）	否	是
		教育费附加	增值税税额×（3%）	否	是
		企业所得税	比例税率（25%）	否	否
		个人所得税	比例税率（20%）	否	是
		印花税	定额税率（5元）；比例税率（0.05%～0.1%）	否	是
		契税	比例税率（3%～5%）	是	是
保有环节	持有	房产税	余值×1.2%；租金×12%	是	否
		城镇土地使用税	定额税率（0.6～30元/平方米）	是	否

为贯彻落实党中央、国务院关于优化税务执法方式、深化"放管服"改革、改善营商环境的决策部署，切实减轻纳税人、缴费人（以下统称纳税人）负担，税务总局决定，对城镇土地使用税、房产税、耕地占用税、车船税、印花税、城市维护建设税、教育费附加（以下简称"六税一费"）享受优惠有关资料实行留存备查管理方式。

① 纳税人享受"六税一费"优惠实行"自行判别、申报享受、有关资料留存备查"办理方式，申报时无须再向税务机关提供有关资料。纳税人根据具体政策规定自行判断是否符合优惠条件，符合条件的，纳税人申报享受税收优惠，并将有关资料留存备查。

② 纳税人对"六税一费"优惠事项留存备查资料的真实性、合法性承担法律责任。

③ 各级税务机关根据国家税收法律、法规、规章、规范性文件等规定开展"六税一费"减免税后续管理。对不应当享受减免税的，依法追缴已享受的减免税款，并予以相应处理。

第二节　房产税

一、房产税概述

房产税，是以房产为课税对象，向产权所有人征收的一种税。它属于房产保有环节的税种、财产税的范畴，具有强化财产调节作用，有利于缩小贫富差距。

20世纪80年代，鉴于城镇土地属于国家所有，使用者没有土地所有权，我国将城市房地产税分为房产税和城镇土地使用税两个税种，并于1986年9月15日国务院颁布了《中华人民共和国房产税暂行条例》，自1986年10月1日起施行。在2010年之前，房产税一直没有实行，只是在试点城市空转运行了7年之久；直到国务院批转发展改革委关于《2010年深化经济体制改革重点工作意见的通知》中，明确将"逐步推进房产税改革"列入深化财税体制改革重点内容之一，这是我国房产税在新时期顺应经济形势做的一次全新的调整。2010年12月2日，财政部表示"十二五"期间将稳步推进房产税改革，房产税可以成为地方政府重要且稳定的财政收入来源，个人房产将逐步纳入到征税范畴。

2008年12月31日，国务院公布了第546号令，自2009年1月1日起废止《城市房地产税暂行条例》，外商投资企业、外国企业和组织以及外籍个人，依照《中华人民共和国房产税暂行条例》缴纳房产税。自此，税法的可操作性得到加强，税收政策更加易于被纳税人理解和接受，有利于做好税收征管工作，维护了税法的统一性和权威性。更好地体现了税收公平性原则，有利于内外资企业按照市场经济规律开展公平竞争。

二、房产税的基本内容

（一）纳税人

房产税由产权所有人缴纳。凡是中国境内拥有房屋产权的单位和个人都是房产税的纳税人。其中产权属于全民所有的，由经营管理的单位缴纳；产权出典的，由承典人缴纳；产权所有人、承典人不在房产所在地的，或者产权未确定及租典纠纷未解决的，由房产代管人或者使用人缴纳。因此，产权所有人、经营管理单位、承典人、房产代管人或者使用人，在一定条件下均可成为纳税人。

（二）课税依据

房产税计税依据分为两种，即房价和房租。按照房产计税余值征税的称为从价计征；按照房产租金收入计征的，称为从租计征。

1. 从价计征

从价计征是以房价为计税依据，采用计税余值作为计税依据。计税余值是指依照税法规定按房产原值一次减除 10%～30% 的损耗价值以后的余额。具体减除幅度由省、自治区、直辖市人民政府确定。这样规定，既有利于各地区根据本地情况，因地制宜地确定计税余值，又有利于平衡各地税收负担，简化计算手续，提高征管效率。

房产原值是指纳税人按照会计制度规定，在账簿"固定资产"科目中记载的房屋原价。对纳税人未按会计制度规定记载的，在计征房产税时，应按规定调整房产原值，对房产原值明显不合理的，应重新予以评估。房产原值应包括与房屋不可分割的各种附属设备或一般不单独计算价值的配套设施，主要有：暖气、卫生、通风、照明、煤气等设备；各种管线，如蒸气、压缩空气、石油、给水排水等管道及电力、电信、电缆导线；电梯、升降机、过道、晒台等。属于房屋附属设备的水管、下水道、暖气管、煤气管等从最近的探视井或三通管算起，电灯网、照明线从进线盒联接管算起。

2. 从租计征

从租计征以租金收入为计税依据。房产的租金收入，是房屋产权所有人出租房产使用权所取得的报酬，包括货币收入和实物收入。对以劳务或其他形式作为报酬抵付房租收入的，应根据当地同类房产的租金水平，确定一个标准租金额，依率计征。

3. 投资联营问题计税依据的确定

① 对投资联营的房产，在计征房产税时应予以区别对待。对于以房产投资联营，投资者参与投资利润分红，共担风险的，按房产的余值作为计税依据计征房产税。

② 对以房产投资，收取固定收入，不承担联营风险的，实际是以联营名义取得房产租金，应根据暂行条例的有关规定由出租方按租金收入计算缴纳房产税。

4. 融资租赁问题计税依据的确定

融资租赁的房产，由承租人自融资租赁合同约定开始日的次月起依照房产余值缴纳房产税。合同未约定开始日的，由承租人自合同签订的次月起依照房产余值缴纳房产税。

需注意，新建房屋交付使用时，如中央空调设备已计算在房产原值之中，则房产原值应包括中央空调设备；旧房安装空调设备，一般都作单项固定资产入账，不应计入房产原值。

（三）税率

我国的房产税实行比例税率，因计税依据不同而分为两种，按照房产余值计征的，税率为1.2%；按房屋出租的租金收入计征的，税率为12%。

$$应纳税额＝房产计税余值（或租金收入）\times 适用税率$$

$$房产计税余值＝房产原值\times（1－原值减除率）$$

原值减除率：10%～30% 一般取30%

例如：某房产原值100万元，当地政府规定征税时可一次减除30%，那么应缴的房产税为$100\times（1－30\%）\times 1.2\%＝0.84$（万元）；某房主愿将其名下门市房出租给他人，每年收取租金10万元，则应缴纳房产税为$10\times 12\%＝1.2$（万元）。

特殊规定：从2001年1月1日起，对个人按市场价格出租的居民住房，用于居住的，暂时减按4%的税率从租计征。注意这里只能是居民住房，且出租给他人是用于居住，不包括用于经营同时又用于居住。

【例9-1】 某城市国有企业A公司，2002年度自有房屋6幢，其中4幢用于生产经营，房产原值800万元；不包括冷暖通风设备100万元；2幢房屋租给某公司作生产经营用房，年租金收入80万元。该省规定按房产原值一次扣除30%后的余值计税。计算A公司当年应纳的房产税。

解：自用房产应纳税＝$[（800＋100）\times（1－30\%）]\times 1.2\%＝7.56$（万元）

租金收入应纳税额＝$80\times 12\%＝9.6$（万元）

所以，全年应纳房产税额＝$7.56＋9.6＝17.16$（万元）

（四）课税对象的征收范围

房产税的课税对象是房产。征收范围为城市、县城、建制镇和工矿区，不包括农村。

房产，即以房屋形态表现的财产，是指有屋面和围护结构，能够遮风避雨，可供人们在其中生产、学习、工作、娱乐、居住或储藏物资的场所。但独立于房屋之外的建筑物，如围墙、烟囱、水塔、室外游泳池等不属于房产。

城市是指经国务院批准设立的市；县城是指未设立建制镇的县人民政府所在地；建制镇是指经省、自治区、直辖市人民政府批准设立的建制镇；工矿区是指工商业比较发达，人口比较集中，符合国务院规定的建制镇标准，但尚未设立镇建制的大中型工矿企业所在地。城市的征税范围为市区、郊区和市辖县县城，不包括农村；建制镇的征税范围为镇人民政府所在地，不包括所辖的行政村；开征房产税的工矿区须经省、自治区、直辖市人民政府批准。

（五）纳税地点和纳税期限

《中华人民共和国房产税暂行条例》中规定：房产税按年征收、分期缴纳。纳税期限由省、自治区、直辖市人民政府规定。纳税地点为房产所在地税务机关。

关于纳税时间，有以下规定。

① 购置新建商品房，自房屋交付使用之次月起计征房产税。

② 购置存量房，自办理房屋权属转移、变更登记手续，房地产权属登记机关签发房屋权属证书之次月起计征房产税。

③ 出租、出借房产，自交付出租、出借房产之次月起计征房产税。

④ 房地产开发企业自用、出租、出借本企业建造的商品房，自房屋使用或交付之次月起计征房产税。

(六) 减税、免税

对下述房地产免征房产税。

（1）国家机关、人民团体、军队自用的房产（是指这些单位本身的办公用房和公务用房），但上述单位的出租房产及非自身业务使用的生产、经营用房，不属于免征范围。

（2）由国家财政部门拨付事业经费的单位自用房产（是指这些单位本身的业务用房）。

（3）宗教寺庙、公园、名胜古迹自用的房产，但其附设的营业用房及出租的房产，不属于免征范围（宗教寺庙自用的房产是指举行宗教仪式等活动的房屋和宗教人员的生活用房；公园、名胜古迹自用的房产是指供公共参观游览的房屋及其管理单位的办公用房）。

（4）个人所有非营业用的房产。

（5）经财政部批准免税的其他房产。其包括以下内容。

① 损坏不堪使用的房屋和危险房屋，经有关部门鉴定后，可免征。

② 对企业因停产、撤销而闲置不用的房产可暂不征，恢复使用时征收。

③ 房产大修停用半年以上的，经申请审核，大修期间免征。

④ 在建项目的服务性临时建筑，施工期间一律免征。

⑤ 企业办的各类学校、医院、托儿所、幼儿园自用的房产。

⑥ 中、小、高等学校用于教育和科研等本身业务的房产免税，但校办工厂、校办企业、商店、招待所等的房产应按规定缴纳房产税。

⑦ 房地产开发企业开发的商品房在出售前免征房产税，但对出售前已投入使用或出租、出借的商品房应征收房产税。

⑧ 对向居民供热收取采暖费的供热企业，为居民供热所使用的厂房免征房产税；对供热企业其他厂房应当按照规定征收房产税。

⑨ 对廉租住房经营管理单位按照政府规定价格、向规定保障对象出租廉租住房的租金收入，免征房产税。

⑩ 对经营公租房所取得的租金收入，免征房产税。公租房租金收入与其他住房经营收入应单独核算，未单独核算的，不得享受免征房产税优惠政策。

第三节 城镇土地使用税

一、城镇土地使用税概述

城镇土地使用税是指在城市、县城、建制镇、工矿区范围内使用国家所有和集体所有土地的单位和个人，以实际占用的土地面积为计税依据，依照规定由土地所在地的税务机关征收的一种税赋。它是以城镇土地为课税对象，向拥有土地使用权的单位和个人征收的一种税。

我国的城镇土地属于国家所有，长期以来的土地无偿使用使土地占有很不均衡，在实践中少用多占、占而不用的现象十分普遍，土地利用不合理，浪费十分严重，这与我国人多地少，城市土地更为紧张的现状极不适应。开征城镇土地使用税，就是用经济手段加强土地的宏观调控和管理，调整土地占用关系，促使土地使用者节约用地，提高土地的使用效益，并适当调节不同地区之间的土地级差收益；同时，也适当增加国家财政收入，优化地方财政收入结构。1988年9月27日，国务院颁布《中华人民共和国城镇土地使用税暂行条例》，并于2006年12月31日国务院第163次常务会议通过修改，自2007年1月1日起施行。

二、城镇土地使用税的基本内容

（一）纳税人

在城市、县城、建制镇、工矿区范围内使用土地的单位和个人，为城镇土地使用税的纳税人。拥有土地使用权的单位和个人是纳税人；拥有土地使用权的纳税人不在土地所在地的，由代管人或实际使用人纳税；土地使用权未确定或权属纠纷未解决的，由实际使用人纳税；土地使用权共有的，由共有各方分别纳税。前款所称单位，包括国有企业、集体企业、私营企业、股份制企业、外商投资企业、外国企业以及其他企业和事业单位、社会团体、国家机关、军队以及其他单位；所称个人，包括个体工商户以及其他个人。

（二）课税依据

城镇土地使用税以纳税人实际占用的土地面积为计税依据。

凡有由省、自治区、直辖市人民政府确定的单位组织测定土地面积的，以测定的面积为准；尚未组织测量，但纳税人持有政府部门核发的土地使用证书的，以证书确认的土地面积为准；尚未核发出土地使用证书的，应由纳税人申报土地面积，据以纳税，待核发土地使用证以后再作调整。

（三）税率

城镇土地使用税采用分类分级的幅度定额税率，有幅度的差别税额，各大、中、小城市和县城每平方米土地年税额各不同。每平方米的年幅度税额按城市大小分四个档次。

大、中、小城市以公安部门登记在册的非农业正式户口人数为依据，1989年颁布的《中华人民共和国城市规划法》规定，大城市是指市区和近郊区非农业人口50万以上的城市，中等城市是指市区和近郊区非农业人口20万以上、不满50万的城市，小城市是指市区和近郊区非农业人口不满20万的城市。但是这部规划法已于2008年1月1日废止，2015年4月和2019年4月两次修订实施的《中华人民共和国城乡规划法》没有设定城市规模的条文。也就是说，目前我国尚未从立法的层面对大、中、小等城市规模概念进行定义。2014年，国务院印发《国务院关于调整城市规模划分标准的通知》，对原有城市规模划分标准进行了调整，明确了新的城市规模划分标准。新的城市规模划分标准以城区常住人口为统计口径，将城市划分为五类七档：城区常住人口50万以下的城市为小城市，其中20万以上50万以下的城市为Ⅰ型小城市，20万以下的城市为Ⅱ型小城市；城区常住人口50万以上100万以下的城市为中等城市；城区常住人口100万以上500万以下的城市为大城市，其中300万以上500万以下的城市为Ⅰ型大城市，100万以上300万以下的城市为Ⅱ型大城市；城区常住人口500万以上1000万以下的城市为特大城市；城区常住人口1000万以上的城市为超大城市（以上包括本数，以下不包括本数）。

根据1988年颁布的《中华人民共和国城镇土地使用税暂行条例》与2006年修订后的相关数据可得我国城镇土地使用税税率表，如表9-2所示。

各省、自治区、直辖市人民政府可根据市政建设情况和经济繁荣程度在规定的税额幅度内，确定所在辖区的适用税额幅度。经济落后地区。土地使用税的适用税额标准可适当降低，但降低额不得超过上述规定最低税额的30%。经济发达地区的适用税额标准可以适当提高，但必须报财政部批准。

表 9-2 城镇土地使用税税率表

级别	人口/人	每平方米税额/元	
		1988 年标准	2006 年标准
大城市	50 万以上	0.5～10	1.5～30
中等城市	20 万～50 万	0.4～8	1.2～24
小城市	20 万以下	0.3～6	0.9～18
县城、建制镇、工矿区		0.2～4	0.6～12

例如：陕西省《中华人民共和国城镇土地使用税暂行条例》实施办法规定：西安市五角至五元；宝鸡市、咸阳市、铜川市四角至三元；汉中、渭南、韩城、延安、榆林、商州、安康市三角至二元；县城、建制镇、工矿区二角至一元。随着时间的推移，一些地方已在此基础上乘以 3 倍。

（四）课税对象的征收范围

城镇土地使用税的征税对象是城镇范围内的土地使用者使用的土地，包括城市、县城、建制镇、工矿区范围内的一切生产用地和生活用地（包括国家所有和集体所有的土地）。

（五）纳税地点和纳税期限

1. 纳税地点

城镇土地使用税在土地所在地的税务机关缴纳。纳税人应在独立核算单位的所在地（个人应在土地所在地）向主管税务机关缴纳土地使用税。例如陕西省的土地使用税按年一次布征，在每年的四月和十月各征收半年的土地使用税。

纳税人使用的土地不属于同一省（自治区、直辖市）管辖范围的，应由纳税人分别向土地所在地的税务机关缴纳土地使用税；当在同一省（自治区、直辖市）管辖范围内，纳税人跨地区使用的土地，由各省、自治区、直辖市税务局确定。

2. 纳税期限

城镇土地使用税按年计算、分期缴纳。具体纳税期限由省、自治区、直辖市人民政府确定。各地一般结合当地情况，分别确定按月、季或半年等不同的期限缴纳。纳税人应按税务机关规定的期限，填写《城镇土地使用税纳税申报表》将占用土地的权属、位置、用途、面积和税务机关规定的其他内容，据实向税务机关办理纳税申报登记，并提供有关证明文件资料。

（1）征收的耕地，自批准征用之日起满 1 年时开始缴纳土地使用税。

（2）征收的非耕地，自批准征收次月起缴纳土地使用税。

（3）以出让或转让方式有偿取得土地使用权的，应由受让方从合同约定交付土地时间的次月起缴纳城镇土地使用税；合同未约定交付土地时间的，由受让方从合同签订的次月起缴纳城镇土地使用税。

（六）减税、免税

根据《中华人民共和国城镇土地使用税暂行条例》的规定，我国城镇土地使用税的减免范围主要有：

① 国家机关、人民团体、军队自用的土地，免征城镇土地使用税。

② 由国家财政部门拨付事业经费的单位自用的土地，免征城镇土地使用税。

③ 宗教寺庙、公园、名胜古迹自用的土地，免征城镇土地使用税；这些单位的生产、经营用地和其他用地，不属于免税范围。

④ 市政街道、广场、绿化地带等公共用地，免征城镇土地使用税。

⑤ 为发展农、林、牧、渔业生产和鼓励整治土地，改造废地，直接用于农、林、牧、渔业的生产用地，免征城镇土地使用税。

⑥ 经批准开山填海整治的土地，从使用的月份起免纳城镇土地使用税5至10年，具体免税期限由各地自定。

⑦ 企业办的学校、医院、托儿所、幼儿园，其用地能与企业其他用地明确区分的，可以比照由国家财政部门拨付事业经费的单位自用的土地，免征城镇土地使用税。

⑧ 为体现国家产业倾斜政策，支持重点产业的发展，国家对核能、电力、煤炭等能源开发用地，民航、港口、铁路等交通设施用地和水利设施用地特点，划分了征免税界限，给予了政策性减免照顾。如对向居民供热收取采暖费的供热企业，为居民供热所使用的土地免征城镇土地使用税；对供热企业其他土地，应当按照规定征收城镇土地使用税。对矿山的采矿场、排土场、尾矿库、炸药库的安全区、采区运矿及运岩公路、尾矿输送管道及回水系统用地，免征土地使用税。对矿山企业采掘地下矿造成的塌陷地以及荒山占地，在未利用之前，暂免征收土地使用税。但对矿山企业的其他生产用地及办公、生活区用地，应照章征收土地使用税。在商品住房等开发项目中配套建造安置住房的，依据政府部门出具的相关材料、房屋征收（拆迁）补偿协议或棚户区改造合同（协议），按改造安置住房建筑面积占总建筑面积的比例免征城镇土地使用税。

下列土地的城镇土地使用税免税，由省、自治区、直辖市税务局确定。

① 个人所有的居住房屋及院落用地。

② 房产管理部门在房租调整改革前经租的居民住房用地。

③ 免税单位职工家属的宿舍用地。

④ 民政部门举办的安置残疾人占一定比例的福利工厂用地。

⑤ 集体和个人办的各类学校、医院、托儿所、幼儿园用地。

除上述免税规定外，纳税人缴纳城镇土地使用税确有困难，需要定期减免税的，由省级财政税务机关审批，或审核后上报财政部、国家税务总局批准。

【例9-2】 本市某商场坐落在该市繁华地段，企业土地使用证书记载占用土地的面积为10000平方米，经确定属一等地段；该商场另设两个统一核算的分店均坐落在市区三等地段，共占地6000平方米；一座配送仓库位于市郊，属五等地段，占地面积为20000平方米；另外，该商场自办托儿所占地面积3500平方米，属三等地段。（注：一等地段年税额4元/平方米；三等地段年税额2元/平方米；五等地段年税额1元/平方米）。该商场全年应纳城镇土地使用税税额为多少？

解： 商场占地应纳税额＝10000×4＝40000（元）

分店占地应纳税额＝6000×2＝12000（元）

仓库占地应纳税额＝20000×1＝20000（元）

商场自办托儿所按税法规定免税。

所以，全年应纳土地使用税额＝40000＋12000＋20000＝72000（元）

第四节 耕地占用税

一、耕地占用税概述

耕地，是指用于种植农作物的土地。耕地占用税是国家对占用耕地建设建筑物、构筑物或者从事非农业建设的单位和个人，依据实际占用耕地面积、按照规定税额一次性征收的一种税。占用耕地建设农田水利设施的，不缴纳耕地占用税。

我国是人均耕地少、农业后备资源严重不足的国家，据相关数据显示，我国耕地面积只有约 20.25 亿亩，人均耕地面积仅 1.52 亩，不到世界人均耕地面积的一半；为了合理利用土地资源，加强土地管理，保护耕地，1987 年 4 月 1 日国务院颁布《中华人民共和国耕地占用税暂行条例》。耕地占用税是国家税收的重要组成部分，具有特定性、一次性、限制性和开发性等不同于其他税收的特点；经过二十年的发展，2007 年 12 月国务院颁布修改版《中华人民共和国耕地占用税暂行条例》，在实践中通过实施细则的配套和管理规程的补充不断完善；乘国家税制体制改革的东风，2018 年 12 月 29 日，第十三届全国人民代表大会常务委员会第七次会议通过并出台了《中华人民共和国耕地占用税法》，自 2019 年 9 月 1 日起施行，《中华人民共和国耕地占用税暂行条例》同时废止。

《中华人民共和国耕地占用税法》的实施利用经济手段限制乱占滥用耕地，补偿占用耕地所造成的农业生产力的损失，为大规模的农业综合开发提供必要的资金来源，促进农业生产的稳定发展。《中华人民共和国耕地占用税法》的出台实施，从更高层级，以更大力度贯彻落实国家最严格的耕地保护制度，限制非农业建设无序、低效占用农业生产用地，以经济手段保护有限的土地资源，尤其是耕地资源，促进土地资源的合理配置。

二、耕地占用税的基本内容

（一）纳税人

在中华人民共和国境内占用耕地建设建筑物、构筑物或者从事非农业建设的单位和个人，为耕地占用税的纳税人。

经批准占用耕地的，纳税人为农用地转用审批文件中标明的建设用地人；农用地转用审批文件中未标明建设用地人的，纳税人为用地申请人，其中用地申请人为各级人民政府的，由同级土地储备中心、自然资源主管部门或政府委托的其他部门、单位履行耕地占用税申报纳税义务。未经批准占用耕地的，纳税人为实际用地人。

（二）课税依据

耕地占用税以纳税人实际占用的耕地面积为计税依据，按照规定的适用税额一次性征收，应纳税额为纳税人实际占用的耕地面积（平方米）乘以适用税额。实际占用的耕地面积包括经批准占用的耕地面积和未经批准占用的耕地面积。

耕地占用税计算公式为：应纳税额＝应税土地面积×适用税额

应税土地面积包括经批准占用面积和未经批准占用面积，以平方米为单位。当地适用税额是指省、自治区、直辖市人民代表大会常务委员会决定的应税土地所在地县级行政区的现行适用税额。

（三）税额

耕地占用税根据不同地区的人均耕地面积和经济发展情况实行有地区差别的幅度税额

标准。

① 人均耕地不超过一亩的地区（以县、自治县、不设区的市、市辖区为单位，下同），每平方米为十元至五十元。

② 人均耕地超过一亩但不超过二亩的地区，每平方米为八元至四十元。

③ 人均耕地超过二亩但不超过三亩的地区，每平方米为六元至三十元。

④ 人均耕地超过三亩的地区，每平方米为五元至二十五元。

我国经纬度跨度大，地形地貌多样，从全国层面上看，各地人均耕地面积和经济发展情况的差异较大，人均耕地面积最多和最少的省份相差近 10 倍。《中华人民共和国耕地占用税法》中将全国所有省份分为 9 档，并分别确定了平均税额标准，由各省根据各县级单位人均耕地面积和经济发展的情况，在税法规定的幅度内，制定辖区内各县级单位具体适用的税额。

各地区耕地占用税的适用税额，由省、自治区、直辖市人民政府根据人均耕地面积和经济发展等情况，在规定的税额幅度内提出，报同级人民代表大会常务委员会决定，并报全国人民代表大会常务委员会和国务院备案。各省、自治区、直辖市耕地占用税适用税额的平均水平，不得低于表 9-3《各省、自治区、直辖市耕地占用税平均税额表》规定的平均税额。

表 9-3　各省、自治区、直辖市耕地占用税平均税额表　　　单位：元/平方米

省、自治区、直辖市	平均税额	省、自治区、直辖市	平均税额
上海	45	河北、安徽、江西、山东、河南、重庆、四川	22.5
北京	40	广西、海南、贵州、云南、陕西	20
天津	35	山西、吉林、黑龙江	17.5
江苏、浙江、福建、广东	30	内蒙古、西藏、甘肃、青海、宁夏、新疆	12.5
辽宁、湖北、湖南	25		

在人均耕地低于零点五亩的地区，省、自治区、直辖市可以根据当地经济发展情况，适当提高耕地占用税的适用税额，但提高的部分不得超过本地区确定的适用税额的百分之五十。占用基本农田的，应当按照本地区确定的当地适用税额，加按百分之一百五十征收（基本农田是指依据《基本农田保护条例》划定的基本农田保护区范围内的耕地）。

（四）课税对象的征收范围

耕地占用税的征收对象，是占用耕地从事其他非农业生产建设的行为。

决定耕地占用税征税对象有两方面要素：一是建设行为（建房，从事非农业建设），二是占用耕地。按照用途，应税的建设行为可分为两种，一是建房，不管所建房屋是从事农业建设，还是从事非农业建设，只要占用耕地建设永久性建筑物，都要缴纳耕地占用税；二是从事非农业建设，不管是否建房，均应课税。

占用园地、林地、牧草地、农田水利用地、养殖水面、渔业水域滩涂以及其他农用地建设建筑物、构筑物或者从事非农业建设的，依法缴纳耕地占用税。

因挖损、采矿塌陷、压占、污染等损毁耕地属于税法所称的非农业建设，应依法缴纳耕地占用税；自自然资源、农业农村等相关部门认定损毁耕地之日起 3 年内依法复垦或修复，恢复种植条件的全额退还已经缴纳的耕地占用税。

依法复垦应由自然资源主管部门会同有关行业管理部门认定并出具验收合格确认书。

（五）纳税地点和纳税期限

耕地占用税由耕地所在地税务机关负责征收。

耕地占用税的纳税义务发生时间为纳税人收到自然资源主管部门办理占用耕地手续的书面通知的当日。纳税人应当自纳税义务发生之日起三十日内申报缴纳耕地占用税。自然资源主管部门凭耕地占用税完税凭证或者免税凭证和其他有关文件发放建设用地批准书。

纳税人因建设项目施工或者地质勘查临时占用耕地，应当依照《中华人民共和国耕地占用税法》的规定缴纳耕地占用税。纳税人在批准临时占用耕地期满之日起一年内依法复垦，恢复种植条件的，全额退还已经缴纳的耕地占用税。

临时占用耕地，是指经自然资源主管部门批准，在一般不超过2年内临时使用耕地并且没有修建永久性建筑物的行为。

未经批准占用耕地的，耕地占用税纳税义务发生时间为自然资源主管部门认定的纳税人实际占用耕地的当日。

因挖损、采矿塌陷、压占、污染等损毁耕地的纳税义务发生时间为自然资源、农业农村等相关部门认定损毁耕地的当日。

纳税人享受免征或者减征耕地占用税的，应当留存相关证明资料备查。

（六）减税、免税

（1）军事设施、学校、幼儿园、社会福利机构、医疗机构占用耕地，免征耕地占用税

① 军事设施占用耕地，包括指挥机关，地面和地下的指挥工程、作战工程；军用机场、港口、码头；营区、训练场、试验场；军用洞库、仓库；军用通信、侦察、导航、观测台站，测量、导航、助航标志；军用公路、铁路专用线，军用通信、输电线路，军用输油、输水管道；边防、海防管控设施；国务院和中央军事委员会规定的其他军事设施。

② 学校占用耕地，具体范围包括县级以上人民政府教育行政部门批准成立的大学、中学、小学，学历性职业教育学校和特殊教育学校，以及经省级人民政府或其人力资源社会保障行政部门批准成立的技工院校。学校内经营性场所和教职工住房占用耕地的，按照当地适用税额缴纳耕地占用税。

③ 幼儿园占用耕地，具体范围限于县级以上人民政府教育行政部门批准成立的幼儿园内专门用于幼儿保育、教育的场所。

④ 社会福利机构占用耕地，具体范围限于依法登记的养老服务机构、残疾人服务机构、儿童福利机构、救助管理机构、未成年人救助保护机构内，专门为老年人、残疾人、未成年人、生活无着的流浪乞讨人员提供养护、康复、托管等服务的场所。

⑤ 医疗机构占用耕地，具体范围限于县级以上人民政府卫生健康行政部门批准设立的医疗机构内专门从事疾病诊断、治疗活动的场所及其配套设施。医疗机构内职工住房占用耕地的，按照当地适用税额缴纳耕地占用税。

（2）铁路线路、公路线路、飞机场跑道、停机坪、港口、航道、水利工程占用耕地，减按每平方米二元的税额征收耕地占用税　下列项目占用耕地，可以减按每平方米二元的税额标准征收耕地占用税。

① 减税的铁路线路，具体范围限于铁路路基、桥梁、涵洞、隧道及其按照规定两侧留地、防火隔离带。专用铁路和铁路专用线占用耕地的，按照当地适用税额缴纳耕地占用税。

② 减税的公路线路，具体范围限于经批准建设的国道、省道、县道、乡道和属于农村公路的村道的主体工程以及两侧边沟或者截水沟。专用公路和城区内机动车道占用耕地的，

按照当地适用税额缴纳耕地占用税。

③ 减税的飞机场跑道、停机坪，具体范围限于经批准建设的民用机场专门用于民用航空器起降、滑行、停放的场所。

④ 减税的港口，具体范围限于经批准建设的港口内供船舶进出、停靠以及旅客上下、货物装卸的场所。

⑤ 减税的航道，具体范围限于在江、河、湖泊、港湾等水域内供船舶安全航行的通道。

⑥ 减税的水利工程，具体范围限于经县级以上人民政府水行政主管部门批准建设的防洪、排涝、灌溉、引（供）水、滩涂治理、水土保持、水资源保护等各类工程及其配套和附属工程的建筑物、构筑物占压地和经批准的管理范围用地。

(3) 减免耕地占用税的其他情况

① 农村居民在规定用地标准以内占用耕地新建自用住宅，按照当地适用税额减半征收耕地占用税；其中农村居民经批准搬迁，新建自用住宅占用耕地不超过原宅基地面积的部分，免征耕地占用税。

② 农村烈士遗属、因公牺牲军人遗属、残疾军人以及符合农村最低生活保障条件的农村居民，在规定用地标准以内新建自用住宅，免征耕地占用税。

③ 占用园地、林地、草地、农田水利用地、养殖水面、渔业水域滩涂以及其他农用地建设直接为农业生产服务的生产设施的，不缴纳耕地占用税；建设建筑物、构筑物或者从事非农业建设的，缴纳耕地占用税。适用税额可以适当低于本地区确定的适用税额，但降低的部分不得超过百分之五十。具体适用税额由省、自治区、直辖市人民政府提出，报同级人民代表大会常务委员会决定，并报全国人民代表大会常务委员会和国务院备案。

④ 根据国民经济和社会发展的需要，国务院可以规定免征或者减征耕地占用税的其他情形，报全国人民代表大会常务委员会备案。

⑤ 免征或者减征耕地占用税后，纳税人改变原占地用途，不再属于免征或者减征耕地占用税情形的，应当按照当地适用税额补缴耕地占用税。

第五节　土地增值税

一、土地增值税概述

土地增值税是指转让国有土地使用权、地上的建筑物及其附着物（以下简称转让房地产）并取得收入的单位和个人，以转让所取得的收入（包括货币收入、实物收入和其他收入）为计税依据向国家缴纳的一种税赋，不包括以继承、赠与方式无偿转让房地产的行为。它是以对土地使用权转让及出售房地产时所产生的增值额作为计税依据而征收的税种。1993年12月13日国务院发布了《中华人民共和国土地增值税暂行条例》，自1994年1月1日起施行；2011年1月8日中华人民共和国国务院令第588号发布了修改后的《中华人民共和国土地增值税暂行条例》。

国家征收土地增值税的作用和意义主要表现在三方面。

① 规范土地和房地产市场交易秩序，增强国家对房地产开发和房地产交易市场的调控。改革开放后，对土地使用管理制度逐步实行了改革，确立了有偿使用，允许转让使用权的政

策和制度，促进了我国房地产开发和房地产交易市场的发展。但是，我国在房地产业发展中也出现了一些问题：房地产开发过热，一度炒买炒卖房地产的投机盛行，房地产价格上涨过快，投入房地产的资金规模过大，国家土地资源浪费较严重，国有土地资源收益流失过多，也影响和危害了国民经济的健康协调发展，造成了社会分配不公。在这种情况下，我国决定借鉴世界上一些国家和地区的有益做法，开征土地增值税，利用税收杠杆对房地产业的开发、经营和房地产市场进行适当调控，以保护房地产业和房地产市场的健康发展，控制投资规模，促进土地资源的合理利用，调节部分单位和个人通过炒买炒卖房地产取得的高额收入。

② 抑制房地产投机和炒卖活动，合理调节土地增值收益，防止国有土地收益流失。土地增值税以转让房地产收入的增值额为计税依据，并实行超率累进税率，对增值多的多征税，对增值少的少征税，这就在一定程度上抑制了房地产的炒卖投机行为。

③ 规范国家参与土地增值收益的分配方式，有利于增加国家财政收入。由级差地租 II 的特性可知，随着城市经济发展，土地价值通常呈上升趋势，具有自然增值的特点。土地使用者将土地使用权再转移时，一般都有很高的增值收益，而这些增值收益的形成，主要是国家长期投资、进行城市建设、改善人民生活条件和环境的结果，而非转让者的劳动所得。因此，由国家以税的形式将这部分收益收归全社会所有，规范国家参与土地增值收益的分配方式，增加国家财政收入，为城市建设和经济发展积累资金。

二、土地增值税的基本内容

（一）纳税人

土地增值税的纳税人为转让国有土地使用权及地上建筑物和其他附着物（包括地上地下的各种附属设施）产权、并取得收入的单位和个人。其中，单位是指各类企业单位、事业单位、国家机关和社会团体及其他组织；个人，包括个体经营者。

（二）课税依据

土地增值税是以有偿转让国有土地使用权及地上建筑物和其他附着物产权所取得的增值额为计税依据的。土地增值税的增值额是指以征税对象的全部销售收入额减除与其相关的房地产开发成本、费用、税金及其他项目金额后的余额。

转让房地产的收入包括货币收入、实物收入和其他收入，即与转让房地产有关的经济收益。扣除项目主要包括下列几项。

(1) 取得土地使用权所支付的金额　包括纳税人为取得土地使用权所支付的地价款和按国家统一规定交纳的有关费用，具体为：以出让方式取得土地使用权的，为支付的土地出让金；以行政划拨方式取得土地使用权的，为转让土地使用权时按规定补交的出让金；以转让方式得到土地使用权的，为支付的地价款。

(2) 开发土地和新建房及配套设施的成本（以下简称房地产开发成本）　包括土地征用及拆迁补偿费、前期工程费、建筑安装工程费、基础设施费、公共设施配套费、开发间接费用，这些成本允许按实际发生额扣除。

(3) 开发土地和新建房及配套设施的费用（以下简称房地产开发费用）　是指销售费用、管理费用、财务费用。根据新会计制度规定，与房地产开发有关的费用直接计入当年损益，不按房地产项目进行归集或分摊。为了便于计算操作，财务费用中的利息支出，凡能够按转让房地产项目计算分摊，并提供金融机构证明的，允许据实扣除，但最高不能超过按商业银行同类同期贷款利率计算的金额；其他房地产开发费用按取得土地使用权所支付的金额及房地产开发成本之和的5%以内予以扣除。凡不能提供金融机构证明的，利息不单独扣除，三项费用的扣除按取得土地使用权所支付的金额及房地产开发成本的10%以内计算扣除。

(4) 旧房及建筑物的评估价格　是指在转让已使用的房屋及建筑物时，由政府批准设立的房地产评估机构评定的重置成本价乘以成新度折扣率后的价值，并由当地税务机关参考评估机构的评估而确认的价格。

(5) 与转让房地产有关的税金　是指在转让房地产时缴纳的增值税（原营业税）、城市维护建设税、印花税。因转让房地产交纳的教育费附加，也可视同税金予以扣除。

(6) 加计扣除　对从事房地产开发的纳税人，可按取得土地使用权所支付的金额与房地产开发成本之和加计20%的扣除。

(三) 税率

我国的土地增值税实行四级超率累进税率，即以征税对象数额的相对率划分若干级距，分别规定相应的差别税率，相对率每超过一个级距的，对超过的部分就按高一级的税率计算征税。该税率由级距、差别税率和速算扣除数三部分组成。

1. 土地增值税的级距和税率

(1) 土地增值税实行四级超率累进税率。

增值额未超过扣除项目金额50%的部分，税率为30%。

增值额超过扣除项目金额50%、未超过扣除项目金额100%的部分，税率为40%。

增值额超过扣除项目金额100%、未超过扣除项目金额200%的部分，税率为50%。

增值额超过扣除项目金额200%的部分，税率为60%。

(2) 土地增值税超率累进税率、速算扣除系数如表9-4所示。

表9-4　土地增值税超率累进税率、速算扣除系数表

级数	增值额与扣除项目金额的比率	税率/%	速算扣除系数/%
1	未超过扣除项目金额50%的部分	30	0
2	超过扣除项目金额50%~100%的部分	40	5
3	超过扣除项目金额100%~200%的部分	50	15
4	超过扣除项目金额200%的部分	60	35

2. 土地增值税的简化计算

计算土地增值税税额，可按增值额乘以适用的税率减去扣除项目金额乘以速算扣除系数的简便方法计算，具体公式如下。

(1) 土地增值额未超过扣除项目金额50%的

$$应纳税额 = 土地增值额 \times 30\%$$

(2) 土地增值额超过扣除项目金额50%，未超过100%的

$$应纳税额 = 土地增值额 \times 40\% - 扣除项目 \times 5\%$$

(3) 土地增值额超过扣除项目金额100%，未超过200%的

$$应纳税额 = 土地增值额 \times 50\% - 扣除项目 \times 15\%$$

(4) 土地增值额超过扣除项目金额200%的

$$应纳税额 = 土地增值额 \times 60\% - 扣除项目 \times 35\%$$

注：公式中的"增值额"为纳税人转让房地产所取得的收入减除扣除项目金额后的余

额。纳税人转让房地产所取得的收入，包括货币收入、实物收入和其他收入。而以上所列各级超额累进税率，每一级"增值额未超过扣除项目金额"的比例，均包括本比例数。

【例 9-3】 某私营业主准备将自己的一临街商业门面转手，价格协商为 90 万元，设应扣除项目为 30 万元，则业主应缴纳多少土地增值税？

解：增值额为：$90-30=60$（万元）

增值率为：$60/30=200\%$

应纳税额为：$60\times 50\%-30\times 15\%=25.5$（万元）

（四）课税对象的征收范围

土地增值税的课税对象是有偿转让房地产所得的土地增值额。不包括通过继承、赠与等方式无偿转让的房地产行为。

纳税人有下列情形之一的，按照房地产评估价格计算征收。

① 隐瞒、虚报房地产成交价格的。

② 提供扣除项目金额不实的。

③ 转让房地产的成交价格低于房地产评估价格，又无正当理由的。

房地产评估价格是指由政府批准设立的房地产评估机构根据相同地段、同类房地产进行综合评定的价格；评估价格须经当地税务机关确认。

隐瞒、虚报房地产成交价格是指纳税人不报或有意低报转让土地使用权、地上建筑物及其附着物价款的行为。提供扣除项目金额不实的是指纳税人在纳税申报时不据实提供扣除项目金额的行为。转让房地产的成交价格低于房地产评估价格，又无正当理由，是指纳税人申报的转让房地产的实际成交价低于房地产评估机构评定的交易价，纳税人又不能提供凭据或无正当理由的行为。

隐瞒、虚报房地产成交价格，应由评估机构参照同类房地产的市场交易价格进行评估。税务机关根据评估价格确定转让房地产的收入。提供扣除项目金额不实的，应由评估机构按照房屋重置成本价乘以成新度折扣率计算的房屋成本价和取得土地使用权时的基准地价进行评估。税务机关根据评估价格确定扣除项目金额。转让房地产的成交价格低于房地产评估价格，又无正当理由的，由税务机关参照房地产评估价格确定转让房地产的收入。

（五）纳税地点和纳税期限

土地增值税按属地征收，由房地产所在地的主管税务机关负责征收管理。

土地增值税的纳税人应在转让房地产合同签订之日起七日内，到房地产所在地主管税务机关办理纳税申报，并向税务机关提交房屋及建筑物产权、土地使用权证书，土地转让、房产买卖合同，房地产评估报告及其他与转让房地产有关的资料。

纳税人因经常发生房地产转让而难以在每次转让后申报的，经税务机关审核同意后，可以定期进行纳税申报，具体期限由税务机关根据情况确定。

纳税人因经常发生房地产转让而难以在每次转让后申报，是指房地产开发企业开发建造的房地产、因分次转让而频繁发生纳税义务、难以在每次转让后申报纳税的情况，土地增值税可按月或按各省、自治区、直辖市和计划单列市税务局规定的期限申报缴纳。纳税人选择定期申报方式的，应向纳税所在地的税务机关备案。定期申报方式确定后，一年之内不得变更。

纳税人在项目全部竣工结算前转让房地产取得的收入，由于涉及成本确定或其他原因，而无法据以计算土地增值税的，可以预征土地增值税，待该项目全部竣工、办理结算后再进行清算,多退少补。具体办法由各省、自治区、直辖市地方税务局根据当地情况制定。

(六) 减税、免税

下列情况免征土地增值税。

(1) 纳税人建造普通标准住宅出售(普通标准住宅,是指按所在地一般民用住宅标准建造的居住用住宅。高级公寓、别墅、度假村等不属于普通标准住宅。普通标准住宅与其他住宅的具体划分界限由各省、自治区、直辖市人民政府规定),增值额未超过扣除项目金额的20%的房地产;增值额超过扣除项目金额之和20%的,应就其全部增值额按规定计税。

(2) 因国家建设需要依法征用、收回的房地产。

(3) 由于城市实施规划、国家建设需要而搬迁,由纳税人自行转让的房地产。

个人因工作调动或改善居住条件而转让原自用住房,经向税务机关申报核准,凡居住满五年或五年以上的,免予征收土地增值税;居住满三年未满五年的,减半征收土地增值税。居住未满三年的,按规定计征土地增值税。财政部规定,从2008年11月1日起,对个人销售住房暂免征收土地增值税。

(七) 特殊情况土地增值税相关规定

1. 关于转让旧房准予扣除项目的计算问题

纳税人转让旧房及建筑物,凡不能取得评估价格,但能提供购房发票的,经当地税务部门确认,扣除项目的金额可按发票所载金额并从购买年度起至转让年度止每年加计5%计算。对纳税人购房时缴纳的契税,凡能提供契税完税凭证的,准予作为"与转让房地产有关的税金"予以扣除,但不作为加计5%的基数。

对于转让旧房及建筑物,既没有评估价格,又不能提供购房发票的,地方税务机关可以根据《中华人民共和国税收征收管理法》(以下简称《税收征管法》)第35条的规定,实行核定征收。

2. 关于土地增值税的预征和清算问题

各地要进一步完善土地增值税预征办法,根据本地区房地产业增值水平和市场发展情况,区别普通住房、非普通住房和商用房等不同类型,科学合理地确定预征率,并适时调整。工程项目竣工结算后,应及时进行清算,多退少补。

对未按预征规定期限预缴税款的,应根据《税收征管法》及其实施细则的有关规定,从限定的缴纳税款期限届满的次日起,加收滞纳金。

对已竣工验收的房地产项目,凡转让的房地产的建筑面积占整个项目可售建筑面积的比例在85%以上的,税务机关可以要求纳税人按照转让房地产的收入与扣除项目金额配比的原则,对已转让的房地产进行土地增值税的清算。具体清算办法由各省、自治区、直辖市和计划单列市地方税务局规定。

3. 关于以房地产进行投资或联营的征免税问题

以房地产作价入股进行投资或联营的,转让到所投资、联营的企业中的房地产,免征土地增值税。对于以土地(房地产)作价入股进行投资或联营的,凡所投资、联营的企业从事房地产开发的,或者房地产开发企业以其建造的商品房进行投资和联营的,全额征收土地增值税。

4. 关于企业改制重组有关土地增值税政策

① 按照《中华人民共和国公司法》的规定,非公司制企业整体改建为有限责任公司或者股份有限公司,有限责任公司(股份有限公司)整体改建为股份有限公司(有限责任公

司)。整体改建是指不改变原企业的投资主体,并承继原企业权利、义务的行为。对改建前的企业将国有土地、房屋权属转移、变更到改建后的企业,暂不征土地增值税。

② 按照法律规定或者合同约定,两个或两个以上企业合并为一个企业,且原企业投资主体存续的,对原企业将国有土地、房屋权属转移、变更到合并后的企业,暂不征土地增值税。

③ 按照法律规定或者合同约定,企业分设为两个或两个以上与原企业投资主体相同的企业,对原企业将国有土地、房屋权属转移、变更到分立后的企业,暂不征土地增值税。

④ 单位、个人在改制重组时以国有土地、房屋进行投资,对其将国有土地、房屋权属转移、变更到被投资的企业,暂不征土地增值税。

⑤ 上述改制重组有关土地增值税政策不适用于房地产开发企业。

⑥ 企业改制重组后再转让国有土地使用权并申报缴纳土地增值税时,应以改制前取得该宗国有土地使用权所支付的地价款和按国家统一规定缴纳的有关费用,作为该企业"取得土地使用权所支付的金额"扣除。企业在重组改制过程中经省级以上(含省级)国土管理部门批准,国家以国有土地使用权作价出资入股的,再转让该宗国有土地使用权并申报缴纳土地增值税时,应以该宗土地作价入股时省级以上(含省级)国土管理部门批准的评估价格,作为该企业"取得土地使用权所支付的金额"扣除。办理纳税申报时,企业应提供该宗土地作价入股时省级以上(含省级)国土管理部门的批准文件和批准的评估价格,不能提供批准文件和批准的评估价格的,不得扣除。

三、土地增值税的筹划

税收筹划又称合理避税,是指纳税人在符合国家法律及税收法规的前提下,为尽可能地取得节税利益,事前选择税收利益最大化的纳税方案来组织企业生产、经营和投资、理财活动的一种筹划行为。

土地增值税对房地产开发企业而言,是个税负较重的税种。因此对于这一税种的筹划工作在实现减轻企业负担、增强企业持续发展的活力、提高企业的竞争力方面的作用显得尤为重要。对土地增值税进行合理地税收筹划,有利于降低企业的营业成本,增加企业净收益;有利于充分利用企业的现有资源,提高资源的利用率;有利于树立企业良好的社会形象,推动企业的可持续发展。

【例9-4】 某普通商品房住宅,销售价格3100万元,按税法规定计算的可扣除项目金额为2500万元。则应缴纳的土地增值税计算如下:

$$增值额 = 3100 - 2500 = 600(万元)$$
$$增值率 = 600/2500 = 24\%$$
$$应纳税额 = 600 \times 30\% = 180(万元)$$

而把价格降为3000万元,其他条件不变,增值未超过20%,企业免征土地增值税。所以可以看出,筹划前与合理筹划后,企业收入反而增加了80万元。

第六节 契 税

一、契税概述

契税,是指对契约征收的税,属于财产转移税,由财产承受人缴纳。

新中国成立后，1950年4月3日中央人民政府政务院发布《契税暂行条例》，规定对土地、房屋的买卖、典当、赠与和交换征收契税。社会主义改造完成以后，土地禁止买卖和转让，征收土地契税也就自然停止了。改革开放后，国家重新调整了土地、房屋管理方面的有关政策，房地产市场逐步得到了恢复和发展。为适应形势的要求，1997年7月7日国务院第224号令，发布了《中华人民共和国契税暂行条例》，并于1997年10月1日起开始实施。

契税是在土地使用权和房屋所有权发生转移时，国家按照当事人双方订立契约时，以其所确定价格的一定比例，向承受权属者一次性征收的一种行为税。

二、契税的基本内容

（一）纳税人

契税是以房地产权利发生转移变动的不动产为征税对象，向产权承受人征收的一种财产税。在中华人民共和国境内转移土地、房屋权属，承受的单位和个人为契税的纳税人，包括土地使用权受让人、房屋购买人、受赠人和交换人。

（二）课税依据

契税的计税依据为不动产价格。由于土地、房屋权属转移方式不同，定价方法不同，因而具体计税依据视不同情况而决定。

1. 成交价格

国有土地使用权出让、土地使用权出售、房屋买卖，以成交价格为计税依据。成交价格是指土地、房屋权属转移合同确定的价格，包括承受者应交付的货币、实物、无形资产或者其他经济利益。

2. 核定价

土地使用权赠与、房屋赠与，由征收机关参照土地使用权出售、房屋买卖的市场价格核定，以核定价作为计税依据。

3. 交换的价差

土地使用权交换、房屋交换，为所交换的土地使用权、房屋的价格差额。也就是说，交换价格相等时，免征契税；交换价格不等时，由多交付的货币、实物、无形资产或者其他经济利益的一方缴纳契税。

为了避免偷、逃税款，税法规定，成交价格明显低于市场价格并且无正当理由的，或者所交换土地使用权、房屋的价格的差额明显不合理并且无正当理由的，征收机关可以参照市场价格核定计税依据。

（三）税率

契税实行的是3%～5%的幅度比例税率。

实行幅度税率是考虑到中国经济发展的不平衡，各地经济差别较大的实际情况。因此，各省、自治区、直辖市人民政府按照本地区的实际情况确定，并报财政部和国家税务总局备案。

$$应纳税额 = 计税依据 \times 税率$$

（四）课税对象的征收范围

契税的征税对象是中华人民共和国境内转移土地、房屋权属的行为。其征收范围主要包括以下内容。

① 国有土地使用权的出让。

② 土地使用权的转让，包括出售、赠与和交换，但不包括农村集体土地承包经营权的转移。

③ 房屋买卖。

④ 房屋赠与。

⑤ 房屋交换。

土地、房屋权属以下列方式转移的，视同土地使用权转让、房屋买卖或者房屋赠与征收契税。

① 以土地、房屋权属作价投资、入股。

② 以土地、房屋权属抵债。

③ 以获奖方式承受土地、房屋权属。

④ 以预购方式或者预付集资建房款方式承受土地、房屋权属。

其他方式：①以划拨方式取得土地使用权的，经批准转让房地产时，应由房地产转让者补缴契税。其计税依据为补缴的土地使用权出让费用或者土地收益。

②对于《中华人民共和国继承法》规定的法定继承人（包括配偶、子女、父母、兄弟姐妹、祖父母、外祖父母）继承土地、房屋权属，不征契税；非法定继承人根据遗嘱承受死者生前的土地、房屋权属，属于赠与行为，应征收契税。

（五）纳税地点和纳税期限

契税应在土地、房屋所在地的税务机关征收缴纳。

纳税义务发生的时间是纳税人签订土地、房屋权属转移合同的当天，或者纳税人取得其他具有土地、房屋权属转移合同性质凭证的当天。

纳税人应当自纳税义务发生之日起10日内，向土地、房屋所在地的契税征收机关办理纳税申报，并在契税征收机关核定的期限内缴纳税款。

纳税人因改变土地、房屋用途应当补缴已经减征、免征契税的，其纳税义务发生时间为改变有关土地、房屋用途的当天。

纳税人未出具契税完税凭证的，土地管理部门、房产管理部门不予办理有关土地、房屋的权属变更登记手续。

（六）减税、免税

① 国家机关、事业单位、社会团体、军事单位承受土地、房屋用于办公、教学、医疗、科研和军事设施的，免征契税。

② 城镇职工按规定第一次购买公有住房的，免征契税。

③ 对个人购买家庭唯一住房（家庭成员范围包括购房人、配偶以及未成年子女），面积为90平方米及以下的，减按1%的税率征收契税；面积为90平方米以上的，减按1.5%的税率征收契税。对个人购买家庭第二套改善性住房，面积为90平方米及以下的，减按1%的税率征收契税；面积为90平方米以上的，减按2%的税率征收契税。对个人购买经济适用住房，在法定税率基础上减半征收契税。

④ 市、县级人民政府根据《国有土地上房屋征收与补偿条例》有关规定征收居民房屋，居民因个人房屋被征收而选择货币补偿用以重新购置房屋，并且购房成交价格不超过货币补偿的，对新购房屋免征契税；购房成交价格超过货币补偿的，对差价部分按规定征收契税。居民因个人房屋被征收而选择房屋产权调换，并且不缴纳房屋产权调换差价的，对新换房屋免征契税；缴纳房屋产权调换差价的，对差价部分按规定征收契税。

⑤ 对经营管理单位回购已分配的改造安置住房继续作为改造安置房源的，免征契税。对廉租住房经营管理单位购买住房作为廉租住房、经济适用住房经营管理单位回购经济适用住房继续作为经济适用住房房源的，免征契税。

⑥ 个体工商户的经营者将其个人名下的房屋、土地权属转移至个体工商户名下，或个体工商户将其名下的房屋、土地权属转回原经营者个人名下，免征契税。

⑦ 合伙企业的合伙人将其名下的房屋、土地权属转移至合伙企业名下，或合伙企业将其名下的房屋、土地权属转回原合伙人名下，免征契税。

⑧ 国家支持企业、事业单位改制、重组有关契税政策。

企业改制：企业按照《中华人民共和国公司法》有关规定整体改制，包括非公司制企业改制为有限责任公司或股份有限公司，有限责任公司变更为股份有限公司，股份有限公司变更为有限责任公司，原企业投资主体存续并在改制（变更）后的公司中所持股权（股份）比例超过75%，且改制（变更）后公司承继原企业权利、义务的，对改制（变更）后公司承受原企业土地、房屋权属，免征契税。

事业单位改制：事业单位按照国家有关规定改制为企业，原投资主体存续并在改制后企业中出资（股权、股份）比例超过50%的，对改制后企业承受原事业单位土地、房屋权属，免征契税。

公司合并：两个或两个以上的公司，依照法律规定、合同约定，合并为一个公司，且原投资主体存续的，对合并后公司承受原合并各方土地、房屋权属，免征契税。

公司分立：公司依照法律规定、合同约定分立为两个或两个以上与原公司投资主体相同的公司，对分立后公司承受原公司土地、房屋权属，免征契税。

企业破产：企业依照有关法律法规规定实施破产，债权人（包括破产企业职工）承受破产企业抵偿债务的土地、房屋权属，免征契税；对非债权人承受破产企业土地、房屋权属，凡按照《中华人民共和国劳动法》等国家有关法律法规政策妥善安置原企业全部职工规定，与原企业全部职工签订服务年限不少于三年的劳动用工合同的，对其承受所购企业土地、房屋权属，免征契税；与原企业超过30%的职工签订服务年限不少于三年的劳动用工合同的，减半征收契税。

资产划转：对承受县级以上人民政府或国有资产管理部门按规定进行行政性调整、划转国有土地、房屋权属的单位，免征契税。同一投资主体内部所属企业之间土地、房屋权属的划转，包括母公司与其全资子公司之间，同一公司所属全资子公司之间，同一自然人与其设立的个人独资企业、一人有限公司之间土地、房屋权属的划转，免征契税。母公司以土地、房屋权属向其全资子公司增资，视同划转，免征契税。

债权转股权：经国务院批准实施债权转股权的企业，对债权转股权后新设立的公司承受原企业的土地、房屋权属，免征契税。

划拨用地出让或作价出资：以出让方式或国家作价出资（入股）方式承受原改制重组企业、事业单位划拨用地的，不属上述规定的免税范围，对承受方应按规定征收契税。

公司股权（股份）转让：在股权（股份）转让中，单位、个人承受公司股权（股份），公司土地、房屋权属不发生转移，不征收契税。

⑨ 纳税人承受荒山、荒沟、荒丘、荒滩土地使用权，用于农、林、牧、渔业生产的，免征契税。

⑩ 因不可抗力灭失住房而重新购买住房的，酌情准予减征或者免征契税。

⑪ 财政部规定的其他减征、免征契税的项目。

经批准减征、免征契税的纳税人改变有关土地、房屋的用途，不再属于减征、免征契税范围的，应当补缴已经减征、免征的税款。

第七节 印 花 税

一、印花税概述

印花税是对经济活动和经济交往中书立、领受的应税经济凭证所征收的一种税，因采用在应税凭证上粘贴印花税票作为完税的标志而得名。印花税是一种具有行为税性质的凭证税；凡发生书立、领受应税凭证的行为，必须依法履行纳税义务。

中华人民共和国成立后，中央政府于 1950 年 12 月公布了《印花税暂行条例》；1958 年，全国施行税改，中央取消了印花税并将其并入工商统一税。1988 年 8 月 6 日，国务院 11 号令发布《中华人民共和国印花税暂行条例》，规定重新在全国统一开征印花税，1988 年 10 月 1 日起正式恢复征收印花税。

印花税具有以下特点。

(1) 兼有凭证税和行为税性质　印花税是单位和个人书立、领受的应税凭证征收的一种税，具有凭证税性质。另一方面，任何一种应税经济凭证反映的都是某种特定的经济行为，因此，对凭证征税，实质上是对经济行为的课税。

(2) 征税范围广泛　印花税的征税对象包括了经济活动和经济交往中的各种应税凭证，凡书立和领受这些凭证的单位和个人都要缴纳印花税，其征税范围是极其广泛的。随着市场经济的发展和经济法制的逐步健全，依法书立经济凭证的现象将会愈来愈普通。因此，印花税的征收面将更加广阔。

(3) 税率低、负税轻　印花税与其他税种相比较，税率要低得多，其税负较轻，具有广集资金、积少成多的财政效应。

(4) 由纳税人自行完成纳税义务　纳税人通过自行计算、购买并粘贴印花税票的方法完成纳税义务，并在印花税票和凭证的骑缝处自行盖戳注销或画销。这也与其他税种的缴纳方法存在较大区别。目前，随着大量电子凭证的出现，难以再采用贴花的纳税方式；为降低征管成本、提升纳税便利度，适应电子凭证发展需要，税务机关规定印花税统一实行申报纳税方式，不再采用"贴花"纳税方式。

二、印花税的基本内容

(一) 纳税人

印花税的纳税人为中国境内书立、领受税法规定应税凭证的单位和个人。下列凭证为应纳税凭证。

① 购销、加工承揽、建设工程承包、财产租赁、货物运输、仓储保管、借款、财产保险、技术合同或者具有合同性质的凭证。

② 产权转移书据。

③ 营业账簿。

④ 权利、许可证照。
⑤ 经财政部确定征税的其他凭证。

(二) 课税依据

印花税计税依据根据应税凭证的种类，分别规定如下。
① 合同或有合同性质的凭证，以凭证所载金额为计税依据。
② 营业账簿中记载资金的账簿，以固定资产原值和自由流动资金总额为计税依据。
③ 不记载金额的营业执照，按凭证件数计税。

(三) 税率

1. 印花税的税率

纳税人根据应纳税凭证的性质，分别按比例税率或者按件定额计算应纳税额。具体税率、税额的确定，依照表 9-5 所示《印花税税目税率表》执行。

表 9-5　印花税税目税率表

序号	税目	税率	纳税人
1	购销合同	按购销金额 0.3‰ 贴花	立合同人
2	加工承揽合同	按加工或承揽收入 0.5‰ 贴花	立合同人
3	建设工程勘察设计合同	按收取费用 0.5‰ 贴花	立合同人
4	建筑安装工程承包合同	按承包金额 0.3‰ 贴花	立合同人
5	财产租赁合同	按租赁金额 1‰ 贴花。税额不足 1 元、按 1 元贴花	立合同人
6	货物运输合同	按运输费用 0.5‰ 贴花	立合同人
7	仓储保管合同	按仓储保管费用 1‰ 贴花	立合同人
8	借款合同	按借款金额 0.05‰ 贴花	立合同人
9	财产保险合同	按保险费收入 1‰ 贴花	立合同人
10	技术合同	按所载金额 0.3‰ 贴花	立合同人
11	产权转移书据	按所载金额 0.5‰ 贴花	立据人
12	营业账簿	记载资金的账簿，按实收资本和资本公积的合计金额 0.5‰ 贴花。其他账簿按件贴花 5 元/件	立账簿人
13	权利、许可证照	按件贴花 5 元	领受人

2. 应纳印花税额的计算

① 按比例税率计算应纳税额：应纳税额＝计税金额×适用税率。
② 按定额税率计算应纳税额：应纳税额＝凭证数量×单位税额。

应纳税额不足一角的，免纳印花税。应纳税额在一角以上的，其税额尾数不满五分的不计，满五分的按一角计算缴纳。

(四) 课税对象的征收范围

印花税的征收对象是书立和领受应税凭证的行为，主要是经济活动中的各种商事和产权凭证。主要有以下几种。
① 书立应税的合同或具有合同性质的凭证。
② 书立产权转移书据。
③ 领受权利、许可证照。
④ 书立经财政部确定征税的其他凭证。

同一凭证，由两方或者两方以上当事人签订并各执一份的，应当由各方就所执的一份各自全额贴花。

（五）纳税地点和纳税期限

印花税实行的是"三自"（自行计算、自行购买、自行贴花）缴纳方式，一般实行就地纳税，即印花税实行由纳税人根据规定自行计算应纳税额，购买并一次贴足印花税票（以下简称贴花）的缴纳办法。应纳税额较大或者贴花次数频繁的，纳税人可向税务机关提出申请，采取以缴款书代替贴花或者按期汇总缴纳的办法。

印花税的纳税期限是在应纳税凭证书立或者领受时贴花完税。对实行印花税汇总缴纳的单位，缴款期限最长不得超过一个月。

（六）减税、免税

对下列凭证免征印花税。

① 已缴纳印花税的凭证的副本或者抄本。

② 财产所有人将财产赠给政府、社会福利单位、学校所立的书据。

③ 经财政部批准免税的其他凭证。如：

a. 对改造安置住房经营管理单位、开发商与改造安置住房相关的印花税以及购买安置住房的个人涉及的印花税予以免征。

b. 在商品住房等开发项目中配套建造安置住房的，依据政府部门出具的相关材料、房屋征收（拆迁）补偿协议或棚户区改造合同（协议），按改造安置住房建筑面积占总建筑面积的比例免征印花税。

c. 财政部规定，从2008年起，对个人销售或购买住房暂免征收印花税；对个人出租、承租住房签订的租赁合同，免征印花税。

第八节　增值税等"两税一费"

一、增值税等"两税一费"概述

"两税一费"包括增值税、城市建设维护税及教育费附加。

（一）增值税（原营业税改为增值税）

增值税是以商品（含应税劳务）在流转过程中产生的增值额作为计税依据而征收的一种流转税。从计税原理上说，增值税是对商品生产、流通、劳务服务中多个环节的新增价值或商品的附加值征收的一种流转税。实行价外税，由消费者负担，有增值才征税，没增值不征税。

营业税是对在我国境内提供应税劳务、转让无形资产或者销售不动产的单位和个人，就其所取得的营业额开征的一种税。营业税是价内税，属于流转税制中的一个主要税种。

营业税和增值税，是我国实行的两大主体税种。1993年12月13日中华人民共和国国务院令第134号公布《中华人民共和国增值税暂行条例》，2008年11月5日国务院第34次常务会议修订通过，新增值税条例及细则经修订后从2009年1月1日起实施。2011年，经国务院批准，财政部、国家税务总局联合下发营业税改增值税试点方案；2016年3月18日召开的国务院常务会议决定，自2016年5月1日起，中国将全面推开营改增试点，将建筑业、房地产业、金融业、生活服务业全部纳入营改增试点，至此，营业税退出历史舞台，增值税制度将更加规范。2017年11月19日《国务院关于废止〈中华人民共和国营业税暂行条例〉和修改〈中华人民共和国增值税暂行条例〉的决定》第二次修订，这是自1994年分税制改革以来，财税体制的又一次深刻变革。

"营改增"的最大特点是减少重复征税，就是避免了营业税重复征税、不能抵扣、不能退税的弊端，实现了增值税"道道征税，层层抵扣"的目的，能有效降低企业税负。更重要的是，"营改增"改变了市场经济交往中的价格体系，把营业税的价内税变成了增值税的价外税，形成了增值税进项和销项的抵扣关系，这将从深层次上影响到产业结构的调整及企业的内部架构。

为了规范房地产市场开发、经营和交易行为，国家税务总局制定公布了《房地产开发企业销售自行开发的房地产项目增值税征收管理暂行办法》《纳税人转让不动产增值税征收管理暂行办法》《纳税人提供不动产经营租赁服务增值税征收管理暂行办法》等配套政策，自2016年5月1日起施行。本教材仅涉及与房地产相关的增值税内容。

（二）城市维护建设税

城市维护建设税（简称城建税），是以纳税人实际缴纳的增值税、消费税的税额为计税依据，依法计征的一种税。

为了加强城市的维护建设，扩大和稳定城市维护建设资金的来源，1985年2月8日，由国务院发布《中华人民共和国城市维护建设税暂行条例》；2011年1月8日，根据国务院令第588号修订。城市维护建设税具有以下特点。

1. 税款专款专用，具有受益税性质

城市维护建设税专款专用，用来保证城市的公共事业和公共设施的维护和建设，是一种具有受益税性质的税种。

2. 属于一种附加税

城市维护建设税与其他税种不同，没有独立的征税对象或税基，而是以增值税、消费税"二税"实际缴纳的税额之和为计税依据，随"二税"同时附征，本质上属于一种附加税。

3. 根据城建规模设计税率

一般来说，城镇规模越大，所需要的建设与维护资金越多，确定的税率越高。这种根据城镇规模不同差别设置税率的办法，较好地照顾了城市建设的不同需要。

4. 征收范围较广

鉴于增值税、消费税在我国现行税制中属于主体税种，而城市维护建设税又是其附加税，原则上讲，只要缴纳增值税、消费税中任一税种的纳税人都要缴纳城市维护建设税。这也就等于说，除了减免税等特殊情况以外，任何从事生产经营活动的企业单位和个人都要缴纳城市维护建设税，这个征税范围当然是比较广的。

（三）教育费附加

凡缴纳增值税、消费税的单位和个人，均为教育费附加的纳费义务人（简称纳费人）。教育费附加是由税务机关负责征收，同级教育部门统筹安排，同级财政部门监督管理，专门用于发展地方教育事业的预算外资金。

为了贯彻落实《中共中央关于教育体制改革的决定》，加快发展地方教育事业，扩大地方教育经费的资金来源，国务院于1986年4月28日发布《征收教育费附加的暂行规定》。

二、增值税的基本内容

（一）纳税人

在中华人民共和国境内销售货物或者加工、修理修配劳务（以下简称劳务），销售服务、无形资产、不动产以及进口货物的单位和个人，为增值税的纳税人（以下简称纳税人）。

《中华人民共和国增值税暂行条例》将纳税人按其经营规模大小以及会计核算是否健全划分为一般纳税人和小规模纳税人。具体划分标准为：生产型纳税人，年增值税应税销售额为50万元人民币；批发、零售等非生产型纳税人，年增值税应税销售额为80万元人民币。

1. 小规模纳税人

年销售额达不到前述标准的为小规模纳税人，此外个人、非企业性单位以及不经常发生增值税应税行为的企业也被认定为小规模纳税人。小规模纳税人在达到标准后经申请被批准后可以成为一般纳税人。

对小规模纳税人实现简易办法征收增值税，其进项税不允许抵扣。

2. 一般纳税人

年增值税应税销售额达到标准的可以成为一般纳税人，此外对于生产型纳税人如果会计核算健全的，这一标准可以放宽至30万元人民币，但对非生产型商贸企业无论其会计核算是否健全均要达到标准才能认定为一般纳税人。

（二）课税依据

增值税是以商品（含应税劳务）在流转过程中产生的增值额作为计税依据的。

纳税人销售货物、劳务、服务、无形资产、不动产（以下统称应税销售行为），应纳税额为当期销项税额抵扣当期进项税额后的余额。

应纳税额计算公式：应纳税额＝当期销项税额－当期进项税额

当期销项税额小于当期进项税额不足抵扣时，其不足部分可以结转下期继续抵扣。

1. 销项税额计算

纳税人发生应税销售行为，按照销售额及规定的税率计算收取的增值税额，为销项税额。销项税额计算公式：销项税额＝销售额×税率。

销售额为纳税人发生应税销售行为收取的全部价款和价外费用，但是不包括收取的销项税额。纳税人发生应税销售行为的价格明显偏低并无正当理由的，由主管税务机关核定其销售额。

2. 进项税额计算

纳税人购进货物、劳务、服务、无形资产、不动产支付或者负担的增值税额，为进项税额。下列进项税额准予从销项税额中抵扣。

① 从销售方取得的增值税专用发票上注明的增值税额。

② 从海关取得的海关进口增值税专用缴款书上注明的增值税额。

③ 自境外单位或者个人购进劳务、服务、无形资产或者境内的不动产，从税务机关或者扣缴义务人取得的代扣代缴税款的完税凭证上注明的增值税额。

3. 小规模纳税人税额计算

小规模纳税人发生应税销售行为，实行按照销售额和征收率计算应纳税额的简易办法，并不得抵扣进项税额。应纳税额计算公式

$$应纳税额＝销售额×征收率$$

(三) 税率

① 纳税人销售货物、劳务、有形动产租赁服务或者进口货物，税率为17%。
② 纳税人销售建筑、不动产租赁服务，销售不动产，转让土地使用权，税率为11%。
③ 纳税人销售服务、无形资产，税率为6%。
④ 小规模纳税人增值税征收率为3%，国务院另有规定的除外。

从2018年5月1日起，国务院将制造业等行业增值税税率从17%降至16%，将交通运输、建筑、基础电信服务等行业及农产品等货物的增值税税率从11%降至10%。

(四) 课税对象的征收范围

1. 纳税人转让不动产增值税征收

纳税人转让其取得的不动产，包括以直接购买、接受捐赠、接受投资入股、自建以及抵债等各种形式取得的不动产，不包括房地产开发企业销售自行开发的房地产项目。

① 一般纳税人转让其2016年4月30日前取得（不含自建）的不动产，可以选择适用简易计税方法计税，以取得的全部价款和价外费用扣除不动产购置原价或者取得不动产时的作价后的余额为销售额，按照5%的征收率计算应纳税额。纳税人应按照上述计税方法向不动产所在地主管税务机关预缴税款，向机构所在地主管税务机关申报纳税。

② 一般纳税人转让其2016年4月30日前自建的不动产，可以选择适用简易计税方法计税，以取得的全部价款和价外费用为销售额，按照5%的征收率计算应纳税额。纳税人应按照上述计税方法向不动产所在地主管税务机关预缴税款，向机构所在地主管税务机关申报纳税。

③ 一般纳税人转让其2016年4月30日前取得（不含自建）的不动产，选择适用一般计税方法计税的，以取得的全部价款和价外费用为销售额计算应纳税额。纳税人应以取得的全部价款和价外费用扣除不动产购置原价或者取得不动产时的作价后的余额，按照5%的预征率向不动产所在地主管税务机关预缴税款，向机构所在地主管税务机关申报纳税。

④ 一般纳税人转让其2016年4月30日前自建的不动产，选择适用一般计税方法计税的，以取得的全部价款和价外费用为销售额计算应纳税额。纳税人应以取得的全部价款和价外费用，按照5%的预征率向不动产所在地主管税务机关预缴税款，向机构所在地主管税务机关申报纳税。

⑤ 一般纳税人转让其2016年5月1日后取得（不含自建）的不动产，适用一般计税方法，以取得的全部价款和价外费用为销售额计算应纳税额。纳税人应以取得的全部价款和价外费用扣除不动产购置原价或者取得不动产时的作价后的余额，按照5%的预征率向不动产所在地主管税务机关预缴税款，向机构所在地主管税务机关申报纳税。

⑥ 一般纳税人转让其2016年5月1日后自建的不动产，适用一般计税方法，以取得的全部价款和价外费用为销售额计算应纳税额。纳税人应以取得的全部价款和价外费用，按照5%的预征率向不动产所在地主管税务机关预缴税款，向机构所在地主管税务机关申报纳税。

小规模纳税人转让其取得的不动产，除个人转让其购买的住房外，按照以下规定缴纳增值税。

① 小规模纳税人转让其取得（不含自建）的不动产，以取得的全部价款和价外费用扣除不动产购置原价或者取得不动产时的作价后的余额为销售额，按照5%的征收率计算应纳税额。

② 小规模纳税人转让其自建的不动产，以取得的全部价款和价外费用为销售额，按照5%的征收率计算应纳税额。

个人（含个体工商户）转让其购买的住房，按照以下规定缴纳增值税。

① 个人转让其购买的住房，按照有关规定全额缴纳增值税的，以取得的全部价款和价外费用为销售额，按照5%的征收率计算应纳税额。

② 个人转让其购买的住房，按照有关规定差额缴纳增值税的，以取得的全部价款和价外费用扣除购买住房价款后的余额为销售额，按照5%的征收率计算应纳税额。

其他个人以外的纳税人转让其取得的不动产，区分以下情形计算应向不动产所在地主管税务机关预缴的税款。

① 以转让不动产取得的全部价款和价外费用作为预缴税款计算依据的，计算公式为

$$应预缴税款 = 全部价款和价外费用 \div (1+5\%) \times 5\%$$

② 以转让不动产取得的全部价款和价外费用扣除不动产购置原价或者取得不动产时的作价后的余额作为预缴税款计算依据的，计算公式为

$$应预缴税款 = (全部价款和价外费用 - 不动产购置原价或者取得不动产时的作价) \div (1+5\%) \times 5\%$$

2. 纳税人提供不动产经营租赁服务增值税征收

纳税人以经营租赁方式出租其取得的不动产（以下简称出租不动产），包括以直接购买、接受捐赠、接受投资入股、自建以及抵债等各种形式取得的不动产，不包括纳税人提供道路通行服务。

(1) 一般纳税人出租不动产，按照以下规定缴纳增值税

① 一般纳税人出租其2016年4月30日前取得的不动产，可以选择适用简易计税方法，按照5%的征收率计算应纳税额。

$$应预缴税款 = 含税销售额 \div (1+5\%) \times 5\%$$

② 一般纳税人出租其2016年5月1日后取得的不动产，适用一般计税方法计税。

$$应预缴税款 = 含税销售额 \div (1+11\%) \times 3\%$$

(2) 小规模纳税人出租不动产

① 单位和个体工商户出租不动产（不含个体工商户出租住房），按照5%的征收率计算应纳税额，应纳税款=含税销售额÷(1+5%)×5%。个体工商户出租住房，按照5%的征收率减按1.5%计算应纳税额，应预缴税款=含税销售额÷(1+5%)×1.5%。

② 其他个人出租不动产（不含住房），按照5%的征收率计算应纳税额，应纳税款=含税销售额÷(1+5%)×5%。其他个人出租住房，按照5%的征收率减按1.5%计算应纳税额，应纳税款=含税销售额÷(1+5%)×1.5%。

(五) 纳税地点和纳税期限

1. 增值税纳税地点

固定业户应当向其机构所在地的主管税务机关申报纳税；非固定业户销售货物或者劳务，应当向销售地或者劳务发生地的主管税务机关申报纳税。

2. 增值税纳税义务发生时间和纳税期限

增值税扣缴义务发生时间为纳税人增值税纳税义务发生的当天。发生应税销售行为，为收讫销售款项或者取得索取销售款项凭据的当天；先开具发票的，为开具发票的当天。进口货物，为报关进口的当天。

增值税的纳税期限分别为1日、3日、5日、10日、15日、1个月或者1个季度。纳税人的具体纳税期限，由主管税务机关根据纳税人应纳税额的大小分别核定；不能按照固定期限纳税的，可以按次纳税。

纳税人以1个月或者1个季度为1个纳税期的，自期满之日起15日内申报纳税；以1

日、3 日、5 日、10 日或者 15 日为 1 个纳税期的，自期满之日起 5 日内预缴税款，于次月 1 日起 15 日内申报纳税并结清上月应纳税款。

纳税人出租不动产，应在取得租金的次月纳税申报期或不动产所在地主管税务机关核定的纳税期限预缴税款。

三、城市维护建设税的基本内容

（一）纳税人

凡缴纳消费税、增值税的单位和个人，都是城市维护建设税的纳税义务人（以下简称纳税人）。

（二）课税依据

城市维护建设税，以纳税人实际缴纳的消费税、增值税的税额为计税依据，分别与消费税、增值税同时缴纳。

（三）税率

纳税人所在地在市区的，税率为 7%；

纳税人所在地在县城、镇的，税率为 5%；

纳税人所在地不在市区、县城或镇的，税率为 1%。

（四）课税对象的征收范围

城市维护建设税征费范围同增值税、消费税的征收范围相同。

城市维护建设税的征收、管理、纳税环节、奖罚等事项，比照消费税、增值税的有关规定办理。城市维护建设税应当保证用于城市的公用事业和公共设施的维护建设，具体安排由地方人民政府确定。

四、教育费附加的基本内容

（一）纳税人

凡缴纳增值税、消费税的单位和个人，均为教育费附加的纳费义务人（简称纳费人）。

（二）课税依据

教育费附加以纳税人实际缴纳的增值税、消费税的税额为计费依据。

（三）税率

教育费附加率为 3%。

（四）课税对象的征收范围

教育费附加征费范围同增值税、消费税的征收范围相同。

教育费附加的征收、管理、纳税环节、奖罚等事项，比照消费税、增值税的有关规定办理。

第九节　企业所得税与个人所得税

一、企业所得税、个人所得税概述

企业所得税是指对中华人民共和国境内的企业（居民企业及非居民企业）和其他取得收入的组织以其生产经营所得为课税对象所征收的一种所得税。但个人独资企业及合伙企业除外。现行《中华人民共和国企业所得税法》是经过两次修正，2018年12月29日第十三届全国人民代表大会常务委员会第七次会议通过的。

个人所得税是以个人（自然人）取得的各项应税所得为对象征收的一种税。现行《中华人民共和国个人所得税法》是经过七次修正，2018年8月31日第十三届全国人民代表大会常务委员会第五次会议通过的。

二、企业所得税的基本内容

（一）纳税人

在中华人民共和国境内，企业和其他取得收入的组织（以下统称企业）为企业所得税的纳税人，企业分为居民企业和非居民企业。

居民企业是指依法在中国境内成立，或者依照外国（地区）法律成立但实际管理机构在中国境内的企业。

非居民企业是指依照外国（地区）法律成立且实际管理机构不在中国境内，但在中国境内设立机构、场所的，或者在中国境内未设立机构、场所，但有来源于中国境内所得的企业。

（二）课税依据

企业所得税以应纳税所得额为计税依据。

居民企业应当就其来源于中国境内、境外的所得缴纳企业所得税。

非居民企业在中国境内设立机构、场所的，应当就其所设机构、场所取得的来源于中国境内的所得，以及发生在中国境外但与其所设机构、场所有实际联系的所得，缴纳企业所得税。非居民企业在中国境内未设立机构、场所的，或者虽设立机构、场所但取得的所得与其所设机构、场所没有实际联系的，应当就其来源于中国境内的所得缴纳企业所得税。

（三）税率

企业所得税的税率为25%，非居民企业适用税率为20%。

（四）课税对象的征收范围

企业所得税的征税对象是纳税人取得的所得。包括销售货物所得、提供劳务所得、转让财产所得、股息红利所得、利息所得、租金所得、特许权使用费所得、接受捐赠所得和其他所得。

企业每一纳税年度的收入总额，减除不征税收入、免税收入、各项扣除以及允许弥补的以前年度亏损后的余额，为应纳税所得额。

企业以货币形式和非货币形式从各种来源取得的收入，为收入总额。包括：①销售货物收入；②提供劳务收入；③转让财产收入；④股息、红利等权益性投资收益；⑤利息收入；⑥租金收入；⑦特许权使用费收入；⑧接受捐赠收入；⑨其他收入。

收入总额中的下列收入为不征税收入：①财政拨款；②依法收取并纳入财政管理的行政事业性收费、政府性基金；③国务院规定的其他不征税收入。

企业实际发生的与取得收入有关的、合理的支出，包括成本、费用、税金、损失和其他支出，准予在计算应纳税所得额时扣除。

企业发生的公益性捐赠支出，在年度利润总额12%以内的部分，准予在计算应纳税所得额时扣除；超过年度利润总额12%的部分，准予结转以后三年内在计算应纳税所得额时扣除。

在计算应纳税所得额时，下列支出不得扣除：①向投资者支付的股息、红利等权益性投资收益款项；②企业所得税税款；③税收滞纳金；④罚金、罚款和被没收财物的损失；⑤非公益性捐赠支出；⑥赞助支出；⑦未经核定的准备金支出；⑧与取得收入无关的其他支出。

在计算应纳税所得额时，企业按照规定计算的固定资产折旧，准予扣除。下列固定资产不得计算折旧扣除。

① 房屋、建筑物以外未投入使用的固定资产。
② 以经营租赁方式租入的固定资产。
③ 以融资租赁方式租出的固定资产。
④ 已足额提取折旧仍继续使用的固定资产。
⑤ 与经营活动无关的固定资产。
⑥ 单独估价作为固定资产入账的土地。
⑦ 其他不得计算折旧扣除的固定资产。

在计算应纳税所得额时，企业按照规定计算的无形资产摊销费用，准予扣除。下列无形资产不得计算摊销费用扣除。

① 自行开发的支出已在计算应纳税所得额时扣除的无形资产。
② 自创商誉。
③ 与经营活动无关的无形资产。
④ 其他不得计算摊销费用扣除的无形资产。

在计算应纳税所得额时，企业发生的下列支出作为长期待摊费用，按照规定摊销的，准予扣除。

① 已足额提取折旧的固定资产的改建支出。
② 租入固定资产的改建支出。
③ 固定资产的大修理支出。
④ 其他应当作为长期待摊费用的支出。

企业对外投资期间，投资资产的成本在计算应纳税所得额时不得扣除。

企业使用或者销售存货，按照规定计算的存货成本，准予在计算应纳税所得额时扣除。

企业转让资产，该项资产的净值，准予在计算应纳税所得额时扣除。

企业在汇总计算缴纳企业所得税时，其境外营业机构的亏损不得抵减境内营业机构的盈利。

企业纳税年度发生的亏损，准予向以后年度结转，用以后年度的所得弥补，但结转年限最长不得超过五年。

非居民企业取得的所得，按照下列方法计算其应纳税所得额。

① 股息、红利等权益性投资收益和利息、租金、特许权使用费所得，以收入全额为应纳税所得额。
② 转让财产所得，以收入全额减除财产净值后的余额为应纳税所得额。
③ 其他所得，参照前两项规定的方法计算应纳税所得额。

（五）应纳税额

企业的应纳税所得额乘以适用税率，减除关于税收优惠的规定减免和抵免的税额后的余额，为应纳税额。

企业取得的下列所得已在境外缴纳的所得税税额，可以从其当期应纳税额中抵免，抵免限额为该项所得依照《中华人民共和国企业所得税法》规定计算的应纳税额；超过抵免限额的部分，可以在以后五个年度内，用每年度抵免限额抵免当年应抵税额后的余额进行抵补。

① 居民企业来源于中国境外的应税所得。

② 非居民企业在中国境内设立机构、场所，取得发生在中国境外但与该机构、场所有实际联系的应税所得。

居民企业从其直接或者间接控制的外国企业分得的来源于中国境外的股息、红利等权益性投资收益，外国企业在境外实际缴纳的所得税税额中属于该项所得负担的部分，可以作为该居民企业的可抵免境外所得税税额，在《中华人民共和国企业所得税法》第二十三条规定的抵免限额内抵免。

（六）税收优惠

国家对重点扶持和鼓励发展的产业和项目，给予企业所得税优惠。

(1) 企业的下列收入为免税收入

① 国债利息收入。

② 符合条件的居民企业之间的股息、红利等权益性投资收益。

③ 在中国境内设立机构、场所的非居民企业从居民企业取得与该机构、场所有实际联系的股息、红利等权益性投资收益。

④ 符合条件的非营利组织的收入。

(2) 企业的下列所得，可以免征、减征企业所得税

① 从事农、林、牧、渔业项目的所得。

② 从事国家重点扶持的公共基础设施项目投资经营的所得。

③ 从事符合条件的环境保护、节能节水项目的所得。

④ 符合条件的技术转让所得。

⑤ 非居民企业在中国境内未设立机构、场所的，或者虽设立机构、场所但取得的所得与其所设机构、场所没有实际联系的所得。

(3) 符合条件的小型微利企业，减按20%的税率征收企业所得税。

(4) 国家需要重点扶持的高新技术企业，减按15%的税率征收企业所得税。

(5) 民族自治地方的自治机关对本民族自治地方的企业应缴纳的企业所得税中属于地方分享的部分，可以决定减征或者免征。自治州、自治县决定减征或者免征的，须报省、自治区、直辖市人民政府批准。

(6) 企业的下列支出，可以在计算应纳税所得额时加计扣除

① 开发新技术、新产品、新工艺发生的研究开发费用。

② 安置残疾人员及国家鼓励安置的其他就业人员所支付的工资。

(7) 创业投资企业从事国家需要重点扶持和鼓励的创业投资，可以按投资额的一定比例抵扣应纳税所得额。

(8) 企业的固定资产由于技术进步等原因，确需加速折旧的，可以缩短折旧年限或者采取加速折旧的方法。

(9) 企业综合利用资源，生产符合国家产业政策规定的产品所取得的收入，可以在计算应纳税所得额时减计收入。

（10）企业购置用于环境保护、节能节水、安全生产等专用设备的投资额，可以按一定比例实行税额抵免。

三、个人所得税概述

个人所得税是调整征税机关与自然人之间在个人所得税的征纳与管理过程中所发生的社会关系的法律规范的总称。

在中国境内有住所，或者无住所而在境内居住满一年的个人，从中国境内和境外取得的所得，依照规定缴纳个人所得税。在中国境内无住所又不居住或者无住所而在境内居住不满一年的个人，从中国境内取得的所得，依照规定缴纳个人所得税。

国家征收个人所得税主要是为了增加国库收入，同时调节收入平衡。随着经济的发展和人们收入水平的逐步提高以及收入差距的缩小，我国个人所得税的发展趋势，是从以调节收入为主逐渐转为以组织收入为主，从重点调节转为普遍征收。但因为现阶段的国情，目前开征个人所得税主要还是调节收入，特别是调节高收入。

四、个人所得税的基本内容

（一）纳税人

1. 居民纳税人

在中国境内有住所，或者无住所而一个纳税年度内在中国境内居住累计满一百八十三天的个人，为居民个人。居民个人从中国境内和境外取得的所得，依法规定缴纳个人所得税。个人所得税法所称在中国境内有住所，是指因户籍、家庭、经济利益关系而在中国境内习惯性居住；所称从中国境内和境外取得的所得，分别是指来源于中国境内的所得和来源于中国境外的所得。

2. 非居民纳税人

在中国境内无住所又不居住，或者无住所而一个纳税年度内在中国境内居住累计不满一百八十三天的个人，为非居民个人。非居民个人从中国境内取得的所得，依法规定缴纳个人所得税。

（二）课税依据

下列各项个人所得，应当缴纳个人所得税。

① 工资、薪金所得。

② 劳务报酬所得。

③ 稿酬所得。

④ 特许权使用费所得。

⑤ 经营所得。

⑥ 利息、股息、红利所得。

⑦ 财产租赁所得。

⑧ 财产转让所得。

⑨ 偶然所得。

居民个人取得的第一项至第四项所得（以下称综合所得），按纳税年度合并计算个人所得税；非居民个人取得前款第一项至第四项所得，按月或者按次分项计算个人所得税。纳税人取得前款第五项至第九项所得，依照《中华人民共和国个人所得税法》规定分别计算个人所得税。

(三) 税率

(1) 综合所得,适用百分之三至百分之四十五的超额累进税率,如表 9-6 所示。

表 9-6　综合所得适用个人所得税税率表

级数	全年应纳税所得额	税率/%
1	不超过 36000 元的	3
2	超过 36000 元至 144000 元的部分	10
3	超过 144000 元至 300000 元的部分	20
4	超过 300000 元至 420000 元的部分	25
5	超过 420000 元至 660000 元的部分	30
6	超过 660000 元至 960000 元的部分	35
7	超过 960000 元的部分	45

注:1.本表所称全年应纳税所得额是指依照法律规定,居民个人取得综合所得以每一纳税年度收入额减除费用六万元以及专项扣除、专项附加扣除和依法确定的其他扣除后的余额。

2.非居民个人取得工资、薪金所得,劳务报酬所得,稿酬所得和特许权使用费所得,依照本表按月换算后计算应纳税额。

(2) 经营所得,适用百分之五至百分之三十五的超额累进税率,如表 9-7 所示。

表 9-7　经营所得适用个人所得税税率表

级数	全年应纳税所得额	税率/%
1	不超过 30000 元的	5
2	超过 30000 元至 90000 元的部分	10
3	超过 90000 元至 300000 元的部分	20
4	超过 300000 元至 500000 元的部分	30
5	超过 500000 元的部分	35

注:本表所称全年应纳税所得额是指依照法律规定,以每一纳税年度的收入总额减除成本、费用以及损失后的余额。

(3) 利息、股息、红利所得,财产租赁所得,财产转让所得和偶然所得,适用比例税率,税率为百分之二十。

(四) 减税、免税

1.下列各项个人所得,免征个人所得税

① 省级人民政府、国务院部委和中国人民解放军军以上单位,以及外国组织、国际组织颁发的科学、教育、技术、文化、卫生、体育、环境保护等方面的奖金。

② 国债和国家发行的金融债券利息。

③ 按照国家统一规定发给的补贴、津贴。

④ 福利费、抚恤金、救济金。

⑤ 保险赔款。

⑥ 军人的转业费、复员费、退役金。

⑦ 按照国家统一规定发给干部、职工的安家费、退职费、基本养老金或者退休费、离休费、离休生活补助费。

⑧ 依照有关法律规定应予免税的各国驻华使馆、领事馆的外交代表、领事官员和其他

人员的所得。

⑨ 中国政府参加的国际公约、签订的协议中规定免税的所得。

⑩ 国务院规定的其他免税所得。

2. 有下列情形之一的，可以减征个人所得税，具体幅度和期限，由省、自治区、直辖市人民政府规定，并报同级人民代表大会常务委员会备案

① 残疾、孤老人员和烈属的所得。

② 因自然灾害遭受重大损失的。

（五）应纳税所得额的计算

① 居民个人的综合所得，以每一纳税年度的收入额减除费用六万元以及专项扣除、专项附加扣除和依法确定的其他扣除后的余额，为应纳税所得额。

专项扣除包括居民个人按照国家规定的范围和标准缴纳的基本养老保险、基本医疗保险、失业保险等社会保险费和住房公积金等；专项附加扣除，包括子女教育、继续教育、大病医疗、住房贷款利息或者住房租金、赡养老人等支出，具体范围、标准和实施步骤由国务院确定，并报全国人民代表大会常务委员会备案。

② 非居民个人的工资、薪金所得，以每月收入额减除费用五千元后的余额为应纳税所得额；劳务报酬所得、稿酬所得、特许权使用费所得，以每次收入额为应纳税所得额。

③ 经营所得，以每一纳税年度的收入总额减除成本、费用以及损失后的余额，为应纳税所得额。

④ 财产租赁所得，每次收入不超过四千元的，减除费用八百元；四千元以上的，减除百分之二十的费用，其余额为应纳税所得额。

⑤ 财产转让所得，以转让财产的收入额减除财产原值和合理费用后的余额，为应纳税所得额。

⑥ 利息、股息、红利所得和偶然所得，以每次收入额为应纳税所得额。

劳务报酬所得、稿酬所得、特许权使用费所得以收入减除百分之二十的费用后的余额为收入额。稿酬所得的收入额减按百分之七十计算。

个人将其所得对教育、扶贫、济困等公益慈善事业进行捐赠，捐赠额未超过纳税人申报的应纳税所得额百分之三十的部分，可以从其应纳税所得额中扣除；国务院规定对公益慈善事业捐赠实行全额税前扣除的，从其规定。

（六）其他规定

1. 居民个人从中国境外取得的所得

居民个人从中国境外取得的所得，可以从其应纳税额中抵免已在境外缴纳的个人所得税税额，但抵免额不得超过该纳税人境外所得依照《中华人民共和国个人所得税法》规定计算的应纳税额。

2. 纳税人识别号与扣缴义务人

个人所得税以所得人为纳税人，以支付所得的单位或者个人为扣缴义务人。纳税人有中国公民身份号码的，以中国公民身份号码为纳税人识别号；纳税人没有中国公民身份号码的，由税务机关赋予其纳税人识别号。扣缴义务人扣缴税款时，纳税人应当向扣缴义务人提供纳税人识别号。

3. 有下列情形之一的，纳税人应当依法办理纳税申报

① 取得综合所得需要办理汇算清缴。

② 取得应税所得没有扣缴义务人。
③ 取得应税所得，扣缴义务人未扣缴税款。
④ 取得境外所得。
⑤ 因移居境外注销中国户籍。
⑥ 非居民个人在中国境内从两处以上取得工资、薪金所得。
⑦ 国务院规定的其他情形。

扣缴义务人应当按照国家规定办理全员全额扣缴申报，并向纳税人提供其个人所得和已扣缴税款等信息。

4. 纳税时间

居民个人取得综合所得，按年计算个人所得税；有扣缴义务人的，由扣缴义务人按月或者按次预扣预缴税款；需要办理汇算清缴的，应当在取得所得的次年三月一日至六月三十日内办理汇算清缴。

居民个人向扣缴义务人提供专项附加扣除信息的，扣缴义务人按月预扣预缴税款时应当按照规定予以扣除，不得拒绝。

非居民个人取得工资、薪金所得，劳务报酬所得，稿酬所得和特许权使用费所得，有扣缴义务人的，由扣缴义务人按月或者按次代扣代缴税款，不办理汇算清缴。

纳税人取得经营所得，按年计算个人所得税，由纳税人在月度或者季度终了后十五日内向税务机关报送纳税申报表，并预缴税款；在取得所得的次年三月三十一日前办理汇算清缴。

纳税人取得利息、股息、红利所得，财产租赁所得，财产转让所得和偶然所得，按月或者按次计算个人所得税，有扣缴义务人的，由扣缴义务人按月或者按次代扣代缴税款。

纳税人取得应税所得没有扣缴义务人的，应当在取得所得的次月十五日内向税务机关报送纳税申报表，并缴纳税款。

纳税人取得应税所得，扣缴义务人未扣缴税款的，纳税人应当在取得所得的次年六月三十日前，缴纳税款；税务机关通知限期缴纳的，纳税人应当按照期限缴纳税款。

居民个人从中国境外取得所得的，应当在取得所得的次年三月一日至六月三十日内申报纳税。

非居民个人在中国境内从两处以上取得工资、薪金所得的，应当在取得所得的次月十五日内申报纳税。

纳税人因移居境外注销中国户籍的，应当在注销中国户籍前办理税款清算。

复习思考题

1. 分析我国现行的房地产税收体系，各项税收分别在房地产市场运行的哪个阶段？
2. 房产税的课税依据是什么？
3. 城镇土地使用税的纳税人有哪些？
4. 征收耕地占用税的目的是什么？
5. 简述土地增值税的四级超率累进税率。
6. "两税一费"是指什么？城市维护建设税与教育费附加的课税依据是什么？
7. 某国有企业，将A厂房（原值500万元，成新率60%），以融资租赁方式租赁给一实业公司，租期为4年，月租金为12万元，承租方在租赁期满后即获该房产的所有权；将B厂房（原值800万元，成新率80%）作为投资，与一开发公司组成联营企业，合同规定，双方利润分红，共担风险。计算该企业当年应纳的房产税。

参 考 文 献

[1] 陈红玲.房地产概论 [M].北京：电子工业出版社，2012.
[2] 刘洪玉.房地产开发经营与管理 [M].北京：中国建筑工业出版社，2017.
[3] 谭术魁.房地产开发与经营 [M].3 版.上海：复旦大学出版社，2015.
[4] 周小平，熊志刚.房地产开发与经营 [M].2 版.北京：清华大学出版社，2014.
[5] 田杰芳.房地产开发与经营 [M].北京：清华大学出版社·北京交通大学出版社，2011.
[6] 刘薇，滕一峰.房地产开发与管理 [M].北京：北京大学出版社，2010.
[7] 兰峰.房地产开发与经营 [M].北京：中国建筑工业出版社，2008.
[8] 丁烈云.房地产开发 [M].4 版.北京：中国建筑工业出版社，2014.
[9] 丁烈云.房地产开发 [M].3 版.北京：中国建筑工业出版社，2008.
[10] 简德三，王洪卫.房地产经济学 [M].上海：上海财经大学出版社，2003.
[11] 王霞，尤建新.城市土地经济学 [M].上海：复旦大学出版社，2004.
[12] 刘洪玉.房地产开发 [M].北京：首都经济贸易大学出版社，2006.
[13] 蔡育天.房地产综合开发 [M].上海：同济大学出版社，2002.
[14] 周月萍，王达.房地产开发与经营实务操作 [M].北京：中国建材工业出版社，2011.
[15] 殷友田，吴建藩.房地产开发理论与实务 [M].北京：高等教育出版社，1998.
[16] 祖立厂，王召东.房地产营销策划 [M].2 版.北京：机械工业出版社，2011.
[17] 王爱民.房地产市场营销 [M].上海：复旦大学出版社，2006.
[18] 王克强，石忆邵，刘红梅.城市规划原理 [M].3 版.上海：上海财经大学出版社，2015.
[19] 王克强，马祖琦，石忆邵.城市规划原理 [M].2 版.上海：上海财经大学出版社，2011.
[20] 李延荣，周珂.房地产法 [M].5 版.北京：中国人民大学出版社，2016.
[21] 田杰芳，苏幼波.建筑与房地产法规 [M].北京：清华大学出版社，北京交通大学出版社，2012.
[22] 李延荣，周珂.房地产法 [M].北京：中国人民大学出版社，2003.
[23] 李忠富.建筑施工组织与管理 [M].北京：机械工业出版社，2009.
[24] 刘晓君.工程经济学 [M].北京：中国建筑工业出版社，2015.
[25] 陆宁.工程经济学 [M].北京：化学工业出版社，2008.
[26] 陆宁，史玉芳.建设项目评价 [M].北京：化学工业出版社，2009.
[27] 国家发改委、建设部.建设项目经济评价方法与参数（第三版）[M].北京：中国计划出版社，2006.
[28] 中华人民共和国建设部.房地产开发项目经济评价方法 [M].北京：中国计划出版社，2000.
[29] 侯其锋，薛彬.房地产企业政策法规全解读 [M].北京：化学工业出版社，2014.
[30] 陈琳，谭建辉.房地产项目投资分析 [M].北京：清华大学出版社，2015.
[31] 成立.三大扭转、六大回调和两大关系——房地产市场近期回顾与展望 [J].中国房地产，2019（10）：13-19.
[32] 向为民.房地产产业属性及产业关联度研究 [D].重庆：重庆大学，2014.
[33] 林志勇.浅议经济新常态下房地产经济在国民经济中的地位作用 [J].现代经济信息，2016（20）：329-330.
[34] 凤凰网房产武汉站.回首改革开放40年，房地产的"那一刻".(2018-07-27).http://wuhan.ihouse.ifeng.com/news/2018_07_27-51543707_0.shtml.
[35] 钟益鑫.基于不同融资结构的房地产开发项目投资决策研究 [D].南昌：江西理工大学，2015.
[36] 王磊.我国房地产税收调控机制研究 [D].北京：中国矿业大学，2019.
[37] 林渊.完善我国房地产税收调控政策的研究 [D].北京：中国财政科学研究院，2018.
[38] 刘秀丽.财政收入视角下我国房地产业税收改革研究 [D].合肥：安徽大学，2019.
[39] 刘水杏.房地产税收体系：现状、问题与发展方向 [J].中国市场，2018（24）：57-58.
[40] 王林.完善我国房地产税制改革的几点建议 [J].河南财政税务高等专科学校学报，2018，32（04）：9-13.